MECKLENBURGISCHE SEENPLATTE

Sabine Becht • Sven Talaron

Die Mecklenburgische Seenplatte

1000 Seen und ein kleines Meer

Einleitung
Reisepraktisches

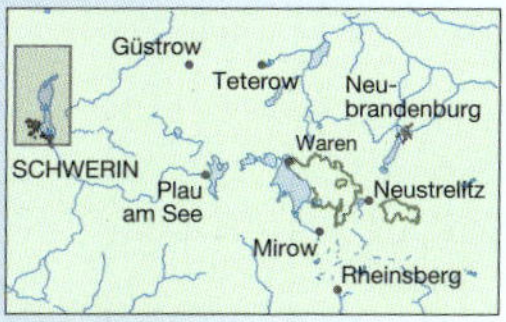

Schwerin und Schweriner See

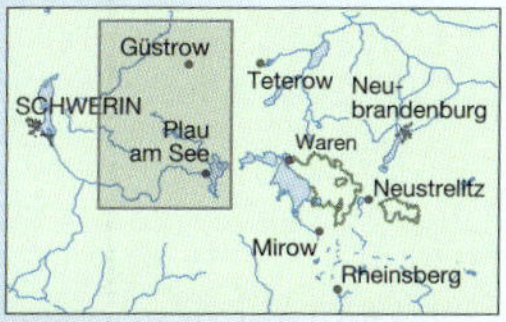

Im Westen der Seenplatte

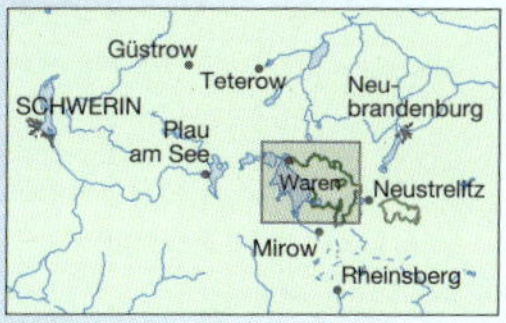

Um die Müritz

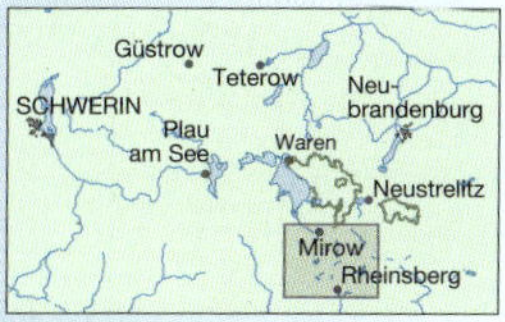

Die Kleinseenplatte

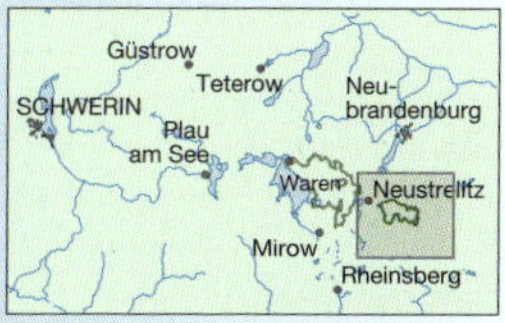

Neustrelitz und die Feldberger Seenlandschaft

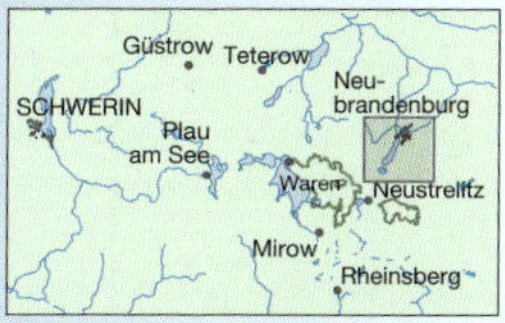

Neubrandenburg und der Tollensesee

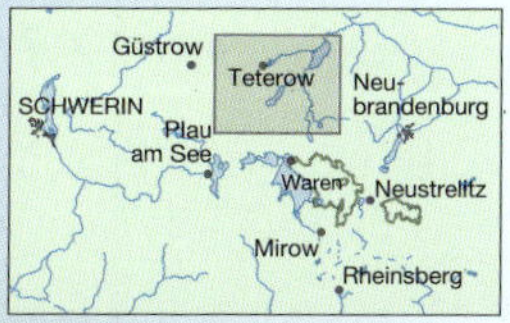

Die Mecklenburgische Schweiz

Text und Recherche: Sabine Becht, Sven Talaron
Lektorat: Horst Christoph
Redaktion und Layout: Dirk Thomsen
Karten: Joachim Bode, Carlos Borell, Hana Budka, Judit Ladik, Gárbor Sztrecska
Fotos: s. Fotoverzeichnis unten
Covergestaltung: Karl Serwotka
Covermotive: oben: An der Müritz bei Röbel (Sabine Becht)
unten: Waren an der Müritz (Sabine Becht)
Seite 3: Bei Mirow (Sven Talaron)
Seite 7: Am Großen Labussee (Sven Talaron)
Seite 8/9: Am Schweriner See (Sven Talaron)
Seite 60/61: Blick von Röbels Kirchturm auf die Müritz (Sven Talaron)

Fotoverzeichnis

Sabine Becht: 10, 13, 14, 16, 17, 18, 22, 27, 29, 36, 47, 49, 51, 53, 54, 55, 56, 65, 74, 76, 89, 93, 102, 104, 124, 125, 126, 129, 135, 136, 138, 144, 161, 180, 190, 193, 204, 215, 216, 219, 221, 222, 223, 234, 249, 253, 254

Schlossgartenfestspiele Neustrelitz GmbH: 42, 201

Dr. Günter Nowald (www.Kraniche.de): 153, 155

Stadtmarketing Schwerin: 62, 70, 73

Sven Talaron: 8/9, 11, 15, 19, 20, 21, 25, 31, 33, 34, 35, 37, 38, 40, 41, 45, 48, 57, 59, 60/61, 67, 71, 75, 79, 80, 82, 83, 86, 87, 91, 92, 94, 99, 108, 112, 115, 119, 122, 127, 142, 147, 148, 158, 159, 165, 173, 174, 178, 179, 181, 183, 188, 197, 198, 203, 208, 225, 226, 228, 233, 237, 240, 241, 242, 245, 250, 255, 256, 257, 260

Tourismusverband Mecklenburgische Seenplatte e.V.: 133, 151, 164, 167, 185

Besten Dank an Dirk Thomsen für den Textbeitrag zu Georg Adolph Demmler.

ISBN 978-3-89953-358-3

 Druck: Wilhelm und Adam, Heusenstamm.

1. Auflage 2009

Verzeichnis der Karten und Wanderungen/Radtouren

Wanderungen und Radtouren

Mittels **GPS kartierte Wanderungen** – Waypoint-Dateien zum Downloaden unter: www.michael-mueller-verlag.de/gps

Zeichenerklärung für die Karten und Pläne

Autobahn	Camping	Information
Bundesstraße	Badestrand	Schloss/Burg
Hauptverkehrsstraße	Aussichtspunkt	Kirche
Nebenstraße	Rastplatz/Picknickplatz	Museum
Wanderung (mit GPS-Punkt)	Allgem. Sehenswürdigkeit	Hafenanlage
Fahrradtour (mit GPS-Punkt)	Quelle	Parkplatz
Nationalparkgrenze		Krankenhaus

Was haben Sie entdeckt?

Welches Gasthaus hat Ihnen besonders gut-
gefallen? In welcher Unterkunft haben Sie sich
wohlgefühlt? Haben Sie einen schönen
Wanderweg oder einen idyllischen
Strandabschnitt entdeckt?
Wenn Sie Anregungen, Empfehlungen
oder auch Kritikpunkte haben, lassen Sie
es uns bitte wissen. Schreiben Sie an:

Sabine Becht, Sven Talaron
c/o Michael Müller Verlag
Gerberei 19
91054 Erlangen
becht.talaron@michael-mueller-verlag.de

Die Mecklenburgische Seenplatte

Schwanenidyll: die Müritz bei Röbel

1000 Seen und ein kleines Meer

... und sogar eine Schweiz gibt es hier. Nicht zu vergessen die schmucke Landeshauptstadt Schwerin, die sehenswerten Residenzstädte und malerischen Dörfer, den weitläufigen Nationalpark mit intakten Naturräumen und, und, und ... Die zauberhaften Landschaften rund um die Mecklenburgische Seenplatte sind mehr als nur eine Reise wert.

Vom Schweriner See im Westen bis zur Feldberger Seenlandschaft, von der gewundenen Warnow bis zur verzweigten Havel, vom weitläufigen Kummerower See am Rand der Mecklenburgischen Schweiz bis zur vielgestaltigen Kleinseenplatte an der Grenze zu Brandenburg – zahllose Flüsse und Kanäle verbinden die mecklenburgischen Seen zu einem dichten Netz von Wasserwegen. In dessen Mitte erstreckt sich die Müritz, „das Kleine Meer", Deutschlands größter Binnensee mit dem herrlichen Müritz-Nationalpark. Entlang der gewundenen Flussläufe und der zergliederten Seen finden sich versteckte Badebuchten und unberührte Natur, lebhafte kleine Häfen und idyllische Anlegestellen, tiefe Wälder und sanfte Hügel, prächtige Schlösser und malerische Dörfer ... Kurzum: In Mecklenburg findet man eine Seenlandschaft von faszinierender Schönheit, die in Deutschland ihresgleichen sucht.

Mecklenburg vom Wasser aus

Wunderbar entschleunigend wirkt die Fortbewegung auf dem Wasser. Mit dem Hausboot macht man zwar sicher nur bescheiden Strecke, aber man kommt voran und erlebt die herrliche Natur entspannt mit Komfort und Langsamkeit. Das Kanu dagegen bietet zwar nicht so viel Stauraum wie das Hausboot – und paddeln muss

Hoch hinaus: Schwerins Dom bestimmt die Silhouette der Landeshauptstadt

man auch –, dafür aber sind Ufer erreichbar, die jedem motorbetriebenen Boot verwehrt bleiben, da sie unter strengem Naturschutz stehen. Ein abwechslungsreicheres und landschaftlich schöneres Wasserwanderrevier wird man hierzulande schwerlich finden. Aber auch ohne eigenes Boot sollte man sich aufs Wasser wagen. Fast überall werden Ausflugsfahrten angeboten, von der einstündigen Seenrundfahrt bis zur ganztägigen Viel-Seen-Tour. Die Mecklenburgische Seenplatte muss man vom Wasser aus erleben.

Mecklenburg aktiv

Nicht nur Kanuten und Wasserwanderer finden in Mecklenburg ein herrliches Aktionsfeld und ideale Bedingungen, auch Segler können auf den weiten Flächen der großen Seen auf günstige Winde und immer eine Handbreit Wasser unterm Kiel hoffen. Wer das Wasser dagegen lieber vom Land aus betrachtet und dabei dennoch sportiv vom Fleck kommen will, dem bietet sich ein weitläufiges Radwegenetz an mit überwiegend guten Wegen und zumeist überwindbaren Steigungen. Das Rad erweist sich als geradezu erstklassiges Fortbewegungsmittel, wenn man mit dem Auto im Nationalpark nicht weiterkommt – oder der Ehrgeiz auf eine Seeumrundung drängt. Aber auch Wanderer können sich daran machen, das ein oder andere (kleinere) Gewässer zu umrunden, und finden vielerorts guten Untergrund und eingängige Markierungen. Und: So manch attraktives Ziel wie die versteckte kleine Badebucht wird man nur zu Fuß entdecken.

Schwerin und andere Residenzen

Dass die Landeshauptstadt Mecklenburg-Vorpommerns am Wasser liegt, erscheint unmittelbar einleuchtend, aber es war keine Hansestadt, auf die 1990 die Wahl fiel, sondern etwas überraschend die beschauliche Residenzstadt am Schweriner See.

Schwerin besticht nicht allein durch die idyllische Lage zwischen Wasser und Wald, durch sein prächtiges Schloss im See samt schmuckem Schlossgarten und sein unbedingt sehenswertes Stadtbild. Es ist vor allem die angenehme und (für einen Regierungssitz) unaufgeregte Atmosphäre, die den Charme der kleinsten Landeshauptstadt der Republik ausmacht.

Aber Schwerin ist nicht die einzige prächtige Residenz, die in Mecklenburgs wechselvoller Geschichte entstand. Ein eindrucksvolles Schloss findet sich auch in Güstrow, dem schmucken Städtchen, das sich heute dank des berühmten Künstlers Ernst Barlach als Barlachstadt einen Namen macht. Residenzstadt war auch Neustrelitz, das zwar seines Schlosses verlustig gegangen ist, nichtsdestotrotz aber mit einem einzigartigen Stadtbild samt schönem Schlosspark verwöhnt. Und schließlich ist, Kurt Tucholskys literarischem Reisevorschlag folgend, auch das brandenburgische, aber nahe Rheinsberg einen Abstecher wert.

Im Land der Schlösser

Doch man muss nicht unbedingt in die Residenzstädte reisen, um prächtige, gutsherrliche Behausungen zu besichtigen. Die Dichte an Schlössern und Gutshäusern auf dem Land und vor allem in der Mecklenburgischen Schweiz ist bemerkenswert. Das Spektrum reicht vom eher schlichten Gutshaus über den klassizistisch erhabenen Herrensitz bis zum verspielt tudorgotischen Schloss. Viele der Schlösser beherbergen heute Hotels, in denen es sich komfortabel und ein wenig wie anno dazumal logieren lässt. Zumeist verfügen die noblen Herbergen auch über eine angemessen noble Küche sowie einen großzügigen Wellness-Bereich. Und wie es sich gehört, umgibt so manches Schloss ein herrlicher Landschaftspark, dabei oft so alt wie das Gemäuer selbst und nach englischem Vorbild als romantisches Idyll gestaltet.

Steckbrief Mecklenburgische Seenplatte

Lage: Die Mecklenburgische Seenplatte erstreckt sich im Süden Mecklenburg-Vorpommerns zwischen dem Schweriner See im Westen, Güstrow im Norden, der Feldberger Seenlandschaft im Südosten und der Landesgrenze zu Brandenburg im Süden. Die Mecklenburgische Schweiz schließt sich nördlich von Waren bis Güstrow, Teterow und im Nordosten bis zum Kummerower See an.

Geografie: Vielfach hügelige Landschaft mit über 2000 Seen, die knapp 10 % der Fläche ausmachen. 20 % der Gesamtfläche entfallen auf Wald, über 60 % werden landwirtschaftlich genutzt; der Rest sind Siedlungen, Verkehrswege usw. Die Fläche der Seenplatte macht mit 5810 km^2 etwa ein Viertel der Gesamtfläche Mecklenburg-Vorpommerns aus (23.180 km^2).

Bevölkerung: Mit 52 Einwohnern pro km^2 ist die Mecklenburgische Seenplatte nur dünn besiedelt (im Vergleich: Mecklenburg-Vorpommern 74 Einwohner/km^2, Deutschland 236 Einwohner/km^2). Etwa 300.000 der rund 1,7 Mio. Einwohner Mecklenburgs leben im Gebiet der Seenplatte – das sind weniger als 20 % der Gesamtbevölkerung des Bundeslandes. 65 % der Bevölkerung leben in Städten, die größten sind: Schwerin (ca. 96.000 Einwohner), Neubrandenburg (ca. 67.000), Güstrow (ca. 31.000), Neustrelitz (ca. 23.000) und Waren/Müritz (ca. 22.000).

Festspielort und Schlosshotel: Schloss Ulrichshusen

Ein Grund zum Feiern findet sich allemal

... und das Angebot ist immens. Von der anzug- und abendkleidpflichtigen Kulturveranstaltung wie den hochklassigen Konzerten der Festspiele Mecklenburg-Vorpommern über die leichtere Abendunterhaltung, sei es eine Operette im gepflegten Rahmen der Schlossgartenfestspiele Neustrelitz, eine actiongeladene Aufführung der Müritzsaga in Waren oder eine traditionelle Regatta, bis zum bodenständigen Hafen-, See-, Altstadt- oder Schützenfest – irgendwo wird immer etwas geboten. Auch für private Veranstaltungen oder Betriebsausflüge bieten sich jede Menge Möglichkeiten: ein Schiff chartern für die versammelte Verwandtschaft, einmal die gesamte Abteilung durch den Hochseilgarten jagen oder im romantischen Schlosshotel heiraten ...

Natur erleben

Es gibt vor allem einen Grund, seinen Urlaub in Mecklenburg zu verbringen – und das ist die herrliche Natur. Dem Schutz der wunderbaren Landschaften wird in Mecklenburg ein hoher Stellenwert eingeräumt – sei es an Land, am Ufer oder im Wasser, in unzugänglichen Mooren oder Bruchwäldern, im urwüchsigen Nationalpark, in den Naturparks und Naturschutzgebieten, in den landwirtschaftlich genutzten Kulturlandschaften oder auch in den gepflegten Landschaftsgärten. Und die Natur dankt es mit erstaunlicher Artenvielfalt. Als Beispiel sei hier nur die Vogelwelt genannt: Die Kraniche machen in Mecklenburg Rast von ihren langen Flügen, See- und Fischadler beherrschen den Luftraum, Waldschnepfen und Rohrdommeln tapsen zeternd durch Unterholz und Schilf, Störche staksen über Felder und Untiefen, bunte Eisvögel und die seltenen Silberreiher, Schwarzstörche oder Schreiadler finden Orte zum Brüten ... Wo sonst sollte man sie noch zu Gesicht bekommen, wenn nicht in der zauberhaften Landschaft Mecklenburgs?

Geografie und Landschaft

Täler und Hügel aus Grund- und Endmoränen, Seen, Niederungen und Senken aus Gletscherzungen, Tunneltälern und Söllen: Das Relief der Landschaften Mecklenburgs wurde vom Eis geformt.

Mecklenburg wurde in seinen Grundlagen von der letzten **Eiszeit** geschaffen, der sog. *Weichseleiszeit*, die vor etwa 115.000 Jahren begann und vor rund 10.000 Jahren endete. Gigantische Gletscher wanderten in mehreren Schüben über das Land und schmolzen wieder ab, so dass sich das Relief des Landes bildete – unter hohem Druck geformt, geschabt, zermalmt, ausgespült und gepresst. Während ihres Vorstoßens rissen die Gletscher Sedimentschichten auf und transportierten gewaltige Geröllmassen, sog. Geschiebe. Zeugen dieses Vorgangs sind die großen Gesteinsbrocken, die sich bis heute verstreut über das Land finden: Die *Findlinge*, auch „Wanderer des Nordens" genannt, wurden vom Eis aus Skandinavien herangetragen und blieben nach dem Rückzug der Gletscher in Mecklenburg-Vorpommern liegen.

Das eigentliche Ergebnis dieser gewaltigen Bewegungen aber sind die Grund- und Endmoränen. **Grundmoränen** entstanden unter den Gletschern, sind meist eben und haben als Sediment den sog. Geschiebemergel, den der Gletscher mit sich führte und nach dem Abtauen zurückließ. **Endmoränen** nennt man die Hügelformationen, die sich am äußeren Rand der sich vor- und zurückschiebenden Gletscher bildeten. Eine typische Endmoränenlandschaft ist die Mecklenburgische Schweiz. Auch die **Seenvielfalt** Mecklenburgs bildete sich unter dem Eis. Grob gesprochen unterscheidet man zwischen drei Entstehungsarten: durch *Gletscherzungen*, die Vertiefungen ins Land schabten; durch Schmelzwasser, das in *subglazialen*

Tunneltälern (riesige Abflusskanäle unter dem Gletscher) tiefe Rinnen ausspülte; und durch sog. *Toteis*, gewaltige Eisblöcke, die, vom Gletscher getrennt, später abtauten und absackten. Mischformen, aber auch Umdeutungen sind dabei durchaus denkbar. So entstand die *Müritz* sowohl durch Toteislöcher als auch durch Rinnenbildung. Der *Tollensesee* bei Neubrandenburg galt lange Zeit als Produkt einer Gletscherzunge – eine Erklärung, die sich angesichts der Ausrichtung des lang gezogenen Sees anbietet. Heute aber geht man davon aus, dass ein glazialer Abfluss sich tief in die Erde eingegraben hat und so den See bei Neubrandenburg formte. Ein eindrucksvolles Beispiel für eine glaziale Rinne ist auch der *Schmale Luzin* bei Feldberg, hier hat das Schmelzwasser unter dem Druck des gigantischen Gletschers ein steiles Relief in den Grund gegraben. Dagegen handelt es sich beispielsweise beim *Schweriner See* um einen reinen Gletscherzungensee.

Der Sternberger Kuchen

Nein, eine kulinarische Köstlichkeit der Region ist der Sternberger Kuchen nicht, eher eine geologische Spezialität. Vor Tausenden von Jahren hatten sich Muscheln, Schnecken, Haifischzähne, Seeigel – das Sediment eines Ur-Ozeans – in den gelblichen bis dunkelbraunen Sandstein eingebacken. Ein Gletscher der letzten Eiszeit transportierte den Sandsteinschmirgel dann in die Gegend um das heutige Sternberg. Im Laufe der Jahrtausende verwitterte der Sandstein teilweise, so dass die versteinerten Meeresfrüchte wieder zum Vorschein kamen. Die schmecken zwar nicht, sehen aber ein bisschen aus wie Kuchen, der Sternberger Kuchen eben.

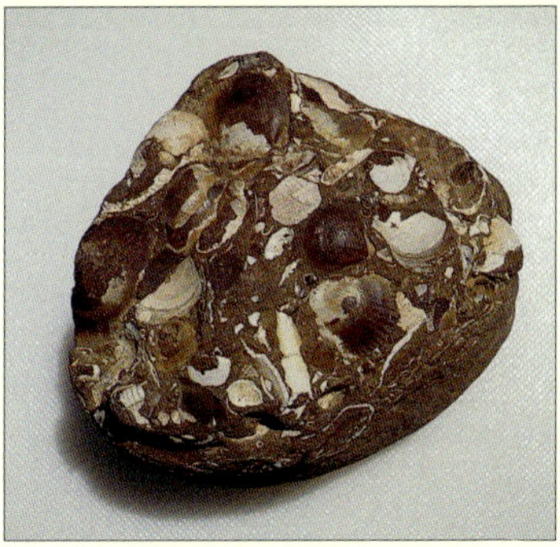

Ein Ergebnis von Toteis-Ablagerungen sich zurückziehender Gletscher sind auch die sog. *Sölle* (Singular: *das Soll*), die man in Mecklenburg vielerorts vorfindet: Wo sich z. B. inmitten eines Feldes eine Mulde absenkt, deren Vegetation auf einen sumpfigen oder feuchten Untergrund schließen lässt oder in der sich gar ein kleiner, oft kreisrunder See befindet, ist davon auszugehen, dass es sich um ein Soll handelt. Diese eiszeitlichen Hinterlassenschaften sind nicht nur als Biotope und Rückzugsräume für Vögel von großem Nutzen; den Bauern dienen sie bis heute als Wasserspeicher und sorgen auf den umliegenden Feldern für höheren Ertrag. Das geschieht auch dadurch, dass die Sölle als Feuchtigkeitsspeicher die Taubildung verstärken und in einer niederschlagsarmen Gegend wie Mecklenburg für den nötigen Bewässerungsausgleich sorgen. Früher wurden Sölle zwar trockengelegt, aber klug war das nicht. Zum einen war es schwer möglich, alle Feuchtigkeit aus dem Boden zu bekommen, zum anderen fehlte nun der Niederschlagsausgleich. Heute weiß man von der wertvollen Funktion der Sölle und bewahrt dieses Erbe der Eiszeit genauso wie die darin befindlichen Biotope.

Ein typisches Bild der Mecklenburgischen Seenplatte

Mecklenburg-Vorpommerns **größter See** ist die Müritz, mit 117 Quadratkilometern und maximal 31 Metern Tiefe der zweitgrößte See Deutschlands. Gefolgt wird die Müritz vom Schweriner See (ca. 63 Quadratkilometer, max. 52 Meter tief), der nach Bodensee, Müritz und Chiemsee im bundesweiten Ranking Platz vier belegt. Mit rund 38 Quadratkilometern die drittgrößte Wasserfläche Mecklenburg-Vorpommerns ist der bis zu 24 Meter tiefe Plauer See. Der mit 71 Metern tiefste See des Landes ist übrigens der Schaalsee westlich von Schwerin.

Grundsätzlich unterscheidet man zwischen den **Mecklenburgischen Großseen** und den **Mecklenburgischen Kleinseen**. Zu Ersteren, auch als Oberseen bezeichnet, zählen vor allem *Müritz*, *Kölpinsee*, *Fleesensee* und *Plauer See*, die durch den oberen Teil der Müritz-Elde-Wasserstraße miteinander verbunden sind. Zu den „Kleinseen", auch *Mecklenburgische Kleinseenplatte* genannt, zählt man die zahlreichen Seen zwischen Müritz, Rheinsberg und Neustrelitz, die, untereinander mit Flüssen und Kanälen verbunden, ein dichtes Netz von Wasserwegen bilden. Um die Ränder dieser beiden Gebiete erstreckt sich der Rest der Mecklenburgischen Seenlandschaft: die *Feldberger Seenlandschaft* im Osten, die Seen der Mecklenburgischen Schweiz im Norden (v. a. *Kummerower, Malchiner* und *Teterower See*) sowie die *Sternberger Seenlandschaft* und der *Schweriner See* im Westen.

Dank der **Wasserstraßen** bildet die Müritz, das „Kleine Meer", die Mitte des weit verzweigten Wasserwegenetzes, das vom Schweriner See bis zu den Feldberger Seen reicht. Durch die Kleinseenplatte verläuft die *Müritz-Havel-Wasserstraße*. Das zentrale Verbindungsstück ist der *Mirower Kanal* (Müritz-Havel-Kanal) zwischen Mirow und Kleiner Müritz, der die Mecklenburgischen Kleinseen (und damit auch die Havel) mit der Müritz verbindet. Von der Müritz führt die erwähnte Müritz-Elde-Wasserstraße über die Großseen zur Elde, die schließlich in die Elbe mündet. Über eine Abzweigung, den Störkanal, gelangt man zum Schweriner See.

Der **längste Fluss** Mecklenburg-Vorpommerns ist die Elde: Sie entspringt südlich der Müritz, durchfließt selbige und mündet nach 220 gewundenen Kilometern bei Dömitz in die Elbe. Zweitlängster Fluss ist indes nicht die Havel, die bei Ankershagen am Rand des Müritz-Nationalparks entspringt, sondern die Warnow mit ca. 155 Kilometern, gefolgt von der ca. 145 Kilometer langen Peene.

Mit über 2000 Seen (also Gewässern von nennenswerter Größe), zahllosen kleineren Teichen und Tümpeln und etwa 30.000 Kilometern Fließgewässer steht kein Bundesland mehr unter Wasser als Mecklenburg-Vorpommern. Nicht ganz so superlativisch sieht es bei den „Berge" genannten Erhebungen aus. Deren mit 179 Metern höchste ist eine Hügelkette namens Helpter Berge – eine eiszeitliche Endmoräne.

Die „Alte Fahrt" – die einstige Müritz-Havel-Wasserstraße

Die Müritz ist Schauplatz einer Episode interessanter Landschaftsgeschichte: Anfang des 19. Jh. begann man, die Flüsse Elde und Havel zu regulieren und für die Schifffahrt auszubauen. In diesem Zusammenhang wurde die alte *Müritz-Havel-Wasserstraße* geschaffen, die das Verbindungsstück zwischen Elde und Havel darstellt. Sie folgte der Seenkette nördlich von Mirow und mündet über den Bolter Kanal (und die Bolter Schleuse) in die Müritz. Die Öffnung der Schleusen im Jahr 1837 hatte dabei gleich mehrere Effekte. Zum einen war für die Region zwischen Elde, Müritz und Havel eine bedeutsame Schifffahrtsstraße entstanden, zum anderen sank aufgrund der Angleichung der Pegelstände der Wasserspiegel der Müritz um bis zu zwei Meter. Das seichte Ostufer des „Kleinen Meeres" zog sich zurück und hinterließ reiche Tonvorkommen, üppiges Weideland und eine unzugängliche Moorlandschaft. Heute zählt das gestaltreiche Ostufer der Müritz zu den faszinierendsten Bereichen des Nationalparks.

Mit dem Bau des *Mirower Kanals* in den 1930er Jahren wurde der Schifffahrtsweg aus dem 19. Jahrhundert aufgegeben und damit zur *Alten Fahrt.* Diese ist bis heute befahrbar, allerdings in weiten Teilen nur mit dem Kanu. Es herrscht striktes Motorbootverbot, schließlich befindet man sich hier in der Kernzone des Nationalparks. Bei der Bolter Schleuse allerdings ist der Kanal zugeschüttet, so dass dieser Bereich umtragen werden muss.

Glückliche Kühe bei Hohenzieritz unweit des Tollensesees

Flora und Fauna

Viel Wasser, viel Wald, Moore und Sümpfe, die meist unter Naturschutz stehen – die Mecklenburgische Seenplatte ist ein Paradies für Pflanzen und Tiere, deren Lebenselixier das Wasser ist. Doch auch auf dem Trockenen zeigt sich eine überaus lebendige Flora und Fauna.

Eine landwirtschaftlich geprägte, dünn besiedelte Gegend mit nur wenigen größeren Städten, dazu rund 20 % Fläche, die als National- bzw. Naturpark ausgewiesen sind – all das begünstigt das Tierleben an der Mecklenburgischen Seenplatte enorm. Wer die wenigen großen Bundesstraßen verlässt und auf Nebenstrecken ausweicht, wird mit großer Wahrscheinlichkeit auf **Tiere** in freier Wildbahn treffen. Dabei zeigt sich das weit verbreitete Reh auf dem Feld noch recht unspektakulär, Feldhasen, Wildschweine und Füchse sind v. a. abends und nachts anzutreffen, und besonders die imposanten Greifvögel hinterlassen bleibende Eindrücke. In der Nähe der Seen gehören Reiher, Schwäne, Gänse und Enten zum üblichen Bild. Im Frühjahr und Herbst sind auf den Feldern neben den Straßen (und sogar neben der Autobahn) oftmals mehrere Hunderte von Kranichen zu sehen – die sonst so scheuen Tiere tolerieren Autos, solange sie ihnen nicht zu nahe kommen (und niemand aussteigt). Kurzum: Das Naturerlebnis Mecklenburgische Seenplatte und Mecklenburgische Schweiz ist quasi vorprogrammiert.

Die **Pflanzenwelt** der Mecklenburgischen Seenplatte und Mecklenburgischen Schweiz ist geprägt von weiten Wiesen, Feldern und ausgedehnten Waldgebieten, die sich mit weit verzweigten Seenlandschaften mit oftmals schilfigen, unzugänglichen Ufern abwechseln. Zu den Besonderheiten zählen die (Kessel-)Moore mit ihrer ganz eigenen Pflanzenwelt sowie Sumpf- und Bruchwälder (z. B. Erlenbrüche) mit unzählige Flechten-, Moos- und Pilzarten. Torfmoos und Wollgräser sind die typischen Pflanzen dieser Feuchtgebiete, an den verwachsenen Seeufern außerdem Röhricht und Schilf, Weiße Seerose und Teichrose – im Müritz-Nationalpark ist sogar der seltene fleischfressende Sonnentau zu finden.

Brutpflege auf dem Dach

In den **Wäldern** breitet sich vor allem im Frühjahr ein wahrer Blütenteppich schönster Waldblumen aus, auf den Feuchtwiesen blüht dann ein knappes Dutzend verschiedener Orchideenarten. In den Wäldern dominieren Kiefern und Buchen, Eichen und Birken, in Feuchtgebieten findet man Erlen. Die oft malerischen Alleenstraßen sind häufig von Linden gesäumt.

Ältester Buchenwald Deutschlands ist das Naturschutzgebiet „Heilige Hallen" bei Feldberg (S. 215) mit bis zu 50 Meter hohe Baumkronen. Nicht ganz so hoch, aber ebenso urwaldartig zeigt sich der *Serrahner Buchenwald* im Müritz-Nationalpark (S. 206). Die mächtigen *Ivenacker Eichen* im gleichnamigen Park nahe Stavenhagen (S. 244) bringen es auf ein beeindruckendes Alter von über 1000 Jahren, ihr Durchmesser beträgt teilweise mehr als drei Meter. Wer exotisches Gehölz sucht, kann in der Seenplatte und Mecklenburgischen Schweiz in den *Parkanlagen* u. a. von Burg Schlitz (S. 255), Blücherhof (S. 254) und Krumbeck (S. 216) interessante Entdeckungen machen.

Die gängigen deutschen Wildtiere wie Rehe, Rot- und Damwild, Wildschweine, Füchse und Marder findet man natürlich auch hier, doch ist die besondere Fauna der Region vor allem von einem geprägt: dem Wasser. Nur die zahllosen Seen und unzugänglichen Moore und Bruchwälder ermöglichen vielen seltenen Arten das Überleben, sei es ganzjährig oder auf der Durchreise. Allein die Vielfalt an Schmetterlingen und Libellen in den Feuchtgebieten ist beachtlich, über 800 verschiedene Arten leben hier. Bei den Schlangen ist vor allem die Ringelnatter verbreitet, die hier einen reich gedeckten Tisch vorfindet (und aus Ermangelung an Zähnen Frösche im Ganzen und lebend verschlingt), bei den Lurchen dominieren die weit verbreitete Erdkröte sowie der eher seltene Laubfrosch. Eine Besonderheit ist der Moorfrosch, dessen männliche Exemplare sich zur Paarungszeit leuchtend blau verfärben und die Laichplätze dann als blaue Punkte sprenkeln.

In den Laubwäldern sind u. a. Specht, Zaunkönig, Kleiber und Wendehals zuhause, in den Feuchtgebieten und Bruchwäldern auch der kleinste Fische jagende Eisvogel, der seltene Flussregenpfeifer und die ebenso seltene Große Rohrdommel; Letztere ist sehr scheu und, auch aufgrund ihrer perfekten Tarnung im Schilf, kaum je zu sehen.

Spektakulärer sind natürlich die großen *Raub- und Wasservögel* der Seenplatte, die in fast allen Gebieten zumindest vereinzelt vorkommen, in den Schutzgebieten auch häufiger. *Seeadler*, die das ganze Jahr über hier zuhause sind, erkennt man so-

Farbenfroh im Herbst

fort an ihrer immensen Größe sowie im Flug an ihren brettartig ausgebreiteten Flügeln – geschätzte 180 Brutpaare leben in ganz Mecklenburg-Vorpommern. Zu beobachten sind die größten europäischen Greifvögel u. a. in der Kernzone des Müritz-Nationalparks, aber auch in den anderen Naturparks; etwa zehn Brutpaare zählt man auch in der Gegend um Warin ganz im Westen der Seenplatte. Den deutlich kleineren *Fischadler* (mit weißem Kopf) bekommt man nur von März bis Oktober zu Gesicht. Anders als der Seeadler, der auch Mäuse und Wasservögel jagt und in Notzeiten sogar mit Aas vorliebnimmt, ernährt sich der Fischadler ausschließlich von Fisch und zieht im Winter in wärmere Gefilde um. Wie beim Seeadler stehen die Chancen nicht schlecht, einen Fischadler zu sichten. Dritter Adler der Seenplatte ist der seltene *Schreiadler* (auch Pommernadler genannt), von ähnlicher Größe wie der Fischadler und ebenfalls in Afrika überwinternd. Er lebt in Wäldern in der Nähe von Wiesen und Feuchtgebieten, z. B. im Gebiet des Naturparks Feldberger Seenlandschaft (S. 209).

Den größten Besucherandrang in ganz Mecklenburg-Vorpommern verzeichnen jedoch die majestätischen *Kraniche*, die hier im Frühjahr und Herbst auf ihrer Reise zwischen Winterquartier (Südfrankreich bis Nordafrika) und Sommerquartier (meist Schweden) zu Tausenden „zwischenlanden". Zu nahe kommen darf man den Tieren nicht, dann flüchten sie, aber mit dem Fernglas vom Beobachtungsstand oder vom Auto aus lassen sich wunderbare Szenen im Kranichleben verfolgen. Das Interesse an den Kranichen ist mittlerweile so groß, dass Besucher zu den Stoßzeiten im Frühjahr und Herbst nur noch nach Voranmeldung zu den Beobachtungsplätzen kommen (Details S. 153f.).

Daneben gibt es noch eine lange Reihe anderer Wasservögel zu sehen: schwarze Kormorane (v. a. Müritz-Nationalpark) ebenso wie Bläss-, Saat- und Graugänse, Graureiher und die sehr seltenen Silberreiher, Haubentaucher, Blässhühner, die seltenen Schwarzstörche, die weit verbreiteten Weißstörche sowie jede Menge Schwäne und Enten (u. a. Pfeifenten).

Fischotter und Biber leben fast überall in den Gewässern der Seenplatte und Mecklenburgischen Schweiz; zu Gesicht bekommen wird man den scheuen Otter wohl nie, schon eher den Biber (besonders in der Abenddämmerung), der bekanntlich durch angenagte Bäume und „Biberburgen" (einen Bau aus Ästen, Zweigen und

Schlamm) Bäche aufstaut und damit deutliche Spuren hinterlässt.

Erst im 20. Jh. wurden Waschbären (v. a. Müritz-Nationalpark), Minke und Marderhunde heimisch. Während Erstere durch Flucht aus der Pelztierfarm hier einen neuen Lebensraum fanden, ist der Marderhund aus Osteuropa eingewandert. Besonders die allesfressenden Waschbären, denen es hier an natürlichen Feinden mangelt, könnten laut Biologen allerdings zum Problem werden – nirgendwo sonst in Mitteleuropa gibt es mehr Waschbären als im Müritz-Nationalpark.

Tipp: Wer Tiere beobachten will, muss früh aufstehen, ein Fernglas dabeihaben und auch mal geduldig ausharren können, bis sich beispielsweise der Seeadler zum Erscheinen bequemt. Gut sind die Beobachtungschancen auch am Abend kurz vor Einbruch der Dämmerung (Kraniche!), wenig zu sehen gibt es dagegen in der Mittagszeit.

In Mecklenburg eher selten: der Vogel Strauß

Naturschutz in der Mecklenburgischen Seenplatte und der Mecklenburgischen Schweiz

Den Schutz seiner zauberhaften Landschaften verdankt Mecklenburg-Vorpommern einem umweltpolitischen Husarenstück. In den letzten Tagen der DDR gelang es Michael Succow, dem stellvertretenden Umweltminister der DDR, sowie Hannes Knapp, Lebrecht Jeschke und Matthias Freude quasi im Handstreich, zahlreiche Landstriche unter verschärften Naturschutz zu stellen: Auf der letzten Ministerratssitzung der DDR am 12. September 1990 beschlossen sie, ein Dutzend Schutzgebiete zu schaffen, die meisten davon an der Ostsee, aber auch den heutigen Müritz-Nationalpark. Unterstützt wurden sie dabei von Klaus Töpfer, dem damaligen Umweltminister der Bundesrepublik, der das Unternehmen später das „Tafelsilber der deutschen Einheit" nannte. Zu Recht: Succow und seine Mitstreiter hatten in wenigen Monaten erreicht, wozu im vereinigten Deutschland Jahre, wenn nicht Jahrzehnte nötig gewesen wären.

In den folgenden Jahren wurden die Schutzgebiete um vier Naturparks erweitert: Nossentiner/Schwinzer Heide (1994), Feldberger Seenlandschaft (1997), Mecklenburgische Schweiz und Kummerower See (1997) sowie das Sternberger Seenland (2004). Zusammen mit dem Müritz-Nationalpark steht damit heute gut ein Fünftel der Gesamtfläche der Mecklenburgischen Seenplatte unter Naturschutz, hinzu kommen diverse kleinere Naturschutzgebiete (NSG) und Landschaftsschutzgebiete.

Vorchristliche Behausung – im Slawendorf Neustrelitz

Geschichte Mecklenburgs

Die wechselhafte Geschichte Mecklenburgs begann vergleichsweise spät. Von einem eigenständigen und territorial geschlossenen Land Mecklenburg lässt sich erst im Hochmittelalter reden. Eine mecklenburgische Herrscherfamilie, die sich in der mittelalterlichen „Gründerzeit" etablierte und damit auf slawische Vorfahren zurückblicken konnte, überdauerte dagegen die Jahrhunderte bis ins 20. Jh.

Aussprache: Die erste Silbe von Mecklenburg wird nicht kurz, also /mä:ck/ gesprochen, sondern lang: /me:ck/. Das *C* nämlich ist ein norddeutsches Dehnungs-C, das die vorhergehende Silbe in die Länge zieht.

Ur- und Frühgeschichte: Mit den zurückweichenden Gletschern kamen die Menschen. Jäger und Sammler lebten an den Rändern der ausklingenden Eiszeit und durch die Jahrtausende der Alt- und Mittelsteinzeit. Mit dem Übergang zur Jungsteinzeit, dem Neolithikum (ab 3000 v. Chr.), begannen die Menschen sesshaft zu werden. Die in dieser Zeit entstandenen Grabanlagen (Großstein- oder Hünengräber aus meist tonnenschweren Findlingen, teils aufrecht stehend in einem Trapez angeordnet, teils mit Deckstein als Dolmen) sind in Mecklenburg – verglichen mit Vorpommern – nur eingeschränkt erhalten. Mecklenburgs bemerkenswerteste Großsteingräber finden sich im Everstorfer Forst (im Klützer Winkel an der Ostseeküste). Mit der *Bronzezeit* (ab etwa 1500 v. Chr. bis ca. 600 v. Chr.) änderte sich nicht nur das bevorzugte Material für Werkzeug und Waffen, sondern auch die Bestattungsart. In riesigen, künstlich aufgeschütteten Grabhügeln wurden nun Urnen beigesetzt. Während der *Eisenzeit* (ab 600 v. Chr.) siedelten ein paar germanische

Stämme auf dem Gebiet des heutigen Mecklenburg, darunter Langobarden, möglicherweise auch Sachsen, sicherlich aber die Warnen. Letztere hinterließen ihre Spuren u. a. in Ortsnamen, so in Warin oder Waren, eher zweifelhaft dagegen ist, ob sie auch die Namensgeber des Flusses *Warnow* waren.

Slawenzeit/Frühmittelalter: Mit der großen Völkerwanderung im 4. und 5. Jh. n. Chr. wurden auch die germanischen Stämme aus Mecklenburg nach Süden gespült. Die verbliebenen Germanen mischten sich mit den nachrückenden Slawen, die seit dem 7. Jh. auf mecklenburgischem Gebiet siedelten. Bei den Neusiedlern handelte es sich um vereinzelte Stämme, die sich teils zu losen Stammesverbänden bündelten. Im Westen ließ sich der Stammesverband der Obotriten nieder, darunter die Warnower, die, wie der Name verrät, an der Warnow lebten, sowie die namensgebenden Obotriten selbst, die um den Schweriner See siedelten. An den Ufern des „Kleinen Meeres" ließen sich die Müritzer nieder und im Osten der Stammesverband der Wilzen (die wenige Jahrhunderte später als Lutizen bekannt wurden), denen u. a. die Tollenser (am gleichnamigen Tollensesee) angehörten. Allein an der Aufzählung einiger Stämme wird deutlich, dass das Erbe der slawischen Siedler nicht zuletzt in der Namensgebung bis heute überdauert hat.

Nach der Landnahme im 7. Jh. räumlich weit voneinander und vom Rest der Welt getrennt, rückte in den folgenden Jahrhunderten die Welt in Gestalt von Franken, Dänen und Polen näher an die slawischen Stämme heran. Diese Bedrohung von außen führte aber keineswegs dazu, dass sich die Stammesverbände in geschlossenen militärischen oder gar politischen Gemeinschaften organisierten. Im Gegenteil: Untereinander pflegten sie eine teils leidenschaftlich gehegte Feindschaft – und entsprechend flexible Bündnisse. Dass sich ein heidnisch-slawischer Stamm an der Seite der christianisierenden Dänen gegen den direkten heidnischen Nachbarn wandte, war gang und gäbe. Das erleichterte natürlich die Expansionsbestrebungen und den Christianisierungseifer von Dänen und Deutschen (Sachsen). Nichtsdestotrotz war es ein slawisches Bündnis, dem auch die Obotriten beistanden, das im *Lutizenaufstand* von 983 die christlich-deutsche Expansion um weitere 150 Jahre verzögern sollte.

Politisches und militärisches Zentrum der Obotriten war die *Mickelenburg* (beim heutigen Dorf Mecklenburg bei Wismar), die dem Land seinen Namen geben sollte. Die „große Burg" wird erstmals im 10. Jh. urkundlich erwähnt; archäologischen Befunden zufolge wurde sie in ihren Grundfesten wohl schon im 7. Jh. errichtet. Weitere Zentren waren die Tempelburg bei *Groß Raden* (S. 91), das sagenumwobene (und unauffindbare) Heiligtum *Rethra*, von dem angenommen wird, dass es sich am Südufer des Tollensesees befand, sowie die *Burg Werle* im Warnowtal.

Hochmittelalter: Mit dem streitbaren sächsischen Herzog *Heinrich dem Löwen* endete die slawische Unabhängigkeit im 12. Jh. Vorausgegangen waren lange Kämpfe, dem 1160 der obotritische Fürst *Niklot* zum Opfer fiel. Heinrich dehnte sein Einflussgebiet auf das Gebiet des heutigen Mecklenburgs aus, gründete Schwerin (damit die älteste Stadt Mecklenburgs), machte es zur Grafschaft und zum Bischofssitz und christianisierte die noch weitgehend paganischen Slawen. Aber der Löwe hatte noch andere Revierkämpfe zu bestehen. Um im Norden Ruhe zu haben, gab er 1167 *Pribislaw*, dem Sohn Niklots, einen Großteil des Landes zum Lehen und dessen Sohn und Thronfolger *Heinrich Borwin I.* die eigene (wenngleich uneheliche) Tochter Mathilde zur Frau. Damit war nicht nur das Fürstentum Mecklenburg (als Teil des Reiches) geschaffen, sondern auch eine Fürstendynastie begründet, die bis

1918 bestehen sollte. Mit dem Sieg Heinrichs und der Christianisierung begann auch der verstärkte Zuzug (zumeist nieder)deutscher Siedler nach Mecklenburg. Sie fanden ein in manchen Teilen entvölkertes Land vor. Andernorts verdrängten sie die slawischen „Altsiedler" oder existierten neben ihnen her. Auf lange Sicht wurde die slawische Bevölkerung assimiliert.

Heinrich der Löwe verstrickte sich bekanntlich mit Kaiser *Friedrich I. Barbarossa* in ein Ringen von europäischem Ausmaß – und verlor. Nun waren es die Dänen, die die Gunst der Stunde nutzten und sich anschickten, das Machtvakuum zu füllen und ihren Einfluss über Norddeutschland auszudehnen. Erst eine norddeutsche Koalition zwischen Holstein, Bremen, Mecklenburg und anderen beendete 1227 die Herrschaft der Dänen – Mecklenburg wurde wieder sächsisches Lehen.

Eine größere Gefahr für den fragilen Territorialstaat aber drohte von innen. Der Fürst von Mecklenburg und der Graf von Schwerin standen zuweilen in offener Konkurrenz zueinander. Nach dem Tod Heinrich Borwins im Jahr 1227 erbten gleich vier seiner Enkel das junge Fürstentum, das nun zerfiel: Nach der **Ersten Hauptlandesteilung** 1229 gab es neben der Herrschaft Mecklenburg einen Landesteil um die aufstrebende Stadt Rostock, einen um die alte Slawenburg Werle sowie einen um das eben erst mit dem Stadtrecht geschmückte Parchim – daneben existierte weiterhin die Grafschaft Schwerin, und auch das Bistum Ratzeburg verfügte über mecklenburgisches Stiftsland.

Ein Herrscher namens Heinrich

Einen „Großen" gab es nicht, am ehesten hätte vielleicht *Albrecht II.* den Beinamen „der Große" (Mecklenburger) verdient. Doch zahlreiche mecklenburgische Fürsten und Herzöge schmückten sich – mehr oder weniger freiwillig – mit sprechenden Namen, und zufälligerweise waren es vor allem Herrscher namens Heinrich.

Heinrich I. von Mecklenburg (um 1230–1302) wurde *der Pilger* genannt. Leider wurde seine Pilgerreise ins Heilige Land außerplanmäßig um 27 Jahre verlängert – in einem Kerker in Kairo als Gefangener des Sultans. Sein Sohn *Heinrich II.* (1266–1329) verdiente sich den Beinamen *der Löwe*, seiner Kampfeslust geschuldet und als Hommage an den streitbaren und ungleich berühmteren Sachsen. Der Enkel Heinrichs II. (und Sohn des „großen" Albrecht) wiederum, *Heinrich III.*, (gest. 1379) wurde bekannt unter dem drastischen Namen *Heinrich der Hänger*. Der Herzog mühte sich redlich, unruhigen Zeiten Recht und Ordnung zu verleihen, und unterstrich seinen Eifer mit unverzüglichem Strafvollzug. Der vierte Heinrich, ein Großneffe des dritten und ebenfalls Herzog, hieß beredt *Heinrich der Dicke* (1417–1477), dessen maßloser Lebensstil unmittelbar von erweiterter Leibesfülle repräsentiert wurde. Sein Sohn *Magnus II.* pflegte zwar keinen Beinamen, war aber seinem eigentlichen Namen gemäß ein größerer Herrscher denn so mancher Vorfahr. Magnus' Sohn wiederum trug als letzter Mecklenburger Herzog den Namen Heinrich und erhielt nach all den nicht immer schmeichelhaften Bezeichnungen seiner Vorfahren einen freundlicheren Beinamen. *Heinrich V.* nämlich (1503–1552) führte ein frommes und sanftmütiges Leben, und Mecklenburg war wenigstens für eine Generation gesegnet mit einem Herrscher namens *Heinrich der Friedfertige*.

Einst ein Ort des Terrors, sorgt der Folterkeller in Penzlin heute nur noch für ein wenig Grusel

Spätmittelalter: Der ersten Teilung 1229 sollten zwei weitere große Landesteilungen 1621 (Mecklenburg-Schwerin und -Güstrow) und 1701 (Mecklenburg-Strelitz und -Schwerin) sowie zahlreiche kleinere territoriale Aufsplitterungen folgen, immer wieder umrahmt von zeitweiligen staatlichen Konsolidierungen. So wurde beispielsweise Parchim nach einer Generation wieder zwischen Mecklenburg, Schwerin und Werle aufgeteilt, Rostock dagegen fiel 1314 an Mecklenburg. Dessen Fürst *Heinrich I. (der Pilger)* aber war nicht in der Lage, sich eingehend um sein kleines Reich zu kümmern: Auf seiner Pilgerfahrt wurde er verschleppt und war 27 Jahre Gefangener des Sultans in Kairo. Sein Sohn, *Heinrich II. (der Löwe)*, war ein effektiverer (und kampfesfreudiger) Herrscher, verstarb aber früh (1329). Als dessen Sohn wiederum endlich mündig wurde, war in Mecklenburg der bedeutendste Herrscher des Mittelalters (wenn nicht der ganzen Linie) erwachsen geworden: *Albrecht II.* (1318–1379). Albrecht gelang es unter anderem, die Grafschaft Schwerin zu erwerben und die Herrschaft im Land zu stabilisieren. Doch er musste die Macht in Mecklenburg (man ahnt es) teilen – mit seinem Bruder Johann: Albrecht stand der Linie Schwerin vor, sein Bruder der Linie Stargard (woraus sich später die Linie Güstrow entwickeln sollte). Wichtigstes Verdienst Albrechts aber war, dass er und sein Bruder und damit Mecklenburg von König (später Kaiser) *Karl IV.* aus der Lehenspflicht gegenüber Sachsen entlassen und beide zu Herzögen erhoben wurden (1348). Dieser Vorgang bedeutete nicht nur eine formale Beförderung, vielmehr zeugt die damit verbundene Reichsunmittelbarkeit, der Umstand also, dass die mecklenburgischen Herzöge niemandem als dem Kaiser (und Gott) untertan und verantwortlich waren, von der zunehmenden Bedeutung und Stabilisierung der mecklenburgischen Herrschaft.

Albrecht drang mit gewachsenem Selbstbewusstsein aber auch in politische Sphären von europäischem Ausmaß vor – und verhedderte sich in den Fallstricken der großen Politik. Leidtragender war v. a. sein Sohn *Albrecht III.* (um 1338–1412). Dieser nämlich war auf Betreiben des Vaters zeitweilig zum schwedischen König avanciert, doch waren weder er noch das Herzogtum Mecklenburg dem Ringen um die Vorherrschaft im Norden Europas gewachsen. Spätestens 1389 musste sich Albrecht der großen dänischen Königin *Margarthe I.* geschlagen geben. Das „nordische Abenteuer" war gescheitert.

Während genannte Wirrungen das Machtverhältnis auch auf mecklenburgischem Territorium neu justierten, war längst eine andere politische, militärische, vor allem aber wirtschaftliche Entwicklung zur Entfaltung gelangt, die den gesamten Ostseeraum für Generationen prägen sollte: die **Hanse**. Aus einer „Fahrgemeinschaft" Fernhandel treibender Kaufleute war im Laufe der Zeit ein mächtiges Bündnis zwischen Händlern und Städten geworden. Der Städtebund, der politische Ausdruck hanseatischer Macht, war das Ergebnis eines 1259 abgeschlossenen Vertrags zwischen Lübeck, Rostock und Wismar, der die Handelswege zwischen den aufstrebenden Städten sichern sollte. Als das Bündnis 1264/65 um Stralsund und Greifswald erweitert wurde, tagte der Prototyp des später traditionell in Lübeck stattfindenden Hansetages in Wismar. Gleichzeitig hatten die Städte gegenüber ihren Territorialfürsten ein bemerkenswertes Maß an Unabhängigkeit erlangt. Im Kampf um die Vorherrschaft über das *Mare Balticum*, die Ostsee, gelang der Hanse 1368 der entscheidende Sieg über Dänemark. Der am 24. Mai 1370 geschlossene *Friede von Stralsund* markierte den politischen Höhepunkt der Hanse.

Im Windschatten dieses rasanten Aufstiegs profitierte auch das mecklenburgische Hinterland von der Blüte der Hansestädte an der Ostsee, zumindest in wirtschaftlicher Hinsicht. Denn die Produzenten landwirtschaftlicher Rohstoffe fanden in den Städten Wismar und Rostock florierende Märkte, zumal beispielsweise Wismar als bedeutender Brauereistandort den Rohstoff Getreide vor der Verschiffung veredelte. Doch das nordische Abenteuer Albrechts III. hatte dem Land nicht gut getan. Ausdruck dafür ist der Beiname von Albrechts Bruder *Heinrich III.*, Herzog von Mecklenburg, der in Abwesenheit Albrechts das Land regierte: In seinem Vorgehen gegen heimische und benachbarte Adelige, die sich in der Raubritterei oder der Piraterie versuchten, zeigte sich Heinrich rabiat. Er ließ, wen er stellte, stante pede aufknüpfen und erhielt darob den drastischen Beinamen *Heinrich der Hänger*. Doch Heinrich starb 1383, sein Bruder Albrecht III., 1395 aus langer dänischer Gefangenschaft zurückgekehrt, verschied im Jahr 1412 – und Mecklenburg war erschöpft, im Innern zerstritten und leichte Beute für benachbarte Räuber.

Frühe Neuzeit: Ironischerweise sollte die Einigung der mecklenburgischen Gebiete, die dem fähigen Albrecht II. nicht gelang, einem Herzog von minderer Begabung zufallen. Ohne nennenswertes eigenes Zutun gelangte *Heinrich IV. (der Dicke)* an die mecklenburgischen Teilgebiete um Werle (1436) und Stargard (1471). Sein Sohn und Nachfolger *Magnus II.* dagegen, der ab 1477 regierte und 1503 starb, führte das geeinte Mecklenburg mit Umsicht und Effizienz und machte sich um die Festigung des sich entwickelnden Territorialstaats verdient. Doch die großen Konflikte Mecklenburgs konnte auch er nicht lösen: Diese waren und blieben u. a. die auch gewaltsam ausgetragenen Konflikte zwischen der Landesherrschaft und den selbstbewussten (und weitgehend autonomen) Hansestädten einerseits und zwischen der Landesherrschaft und dem aufstrebenden niederen Landadel andererseits; hinzu kamen Konflikte zwischen weltlicher und kirchlicher Herrschaft oder auch zwischen hanseatisch-städtischem Bürgertum und ländlich-ständischem Adel. Während die

Ritterschaft sich zusammentat und mit der *Landständischen Union* 1523 Einigkeit demonstrierte, wurde die Landesherrschaft wieder einmal geteilt, und was sich nach dem Tod Magnus II. angekündigt hatte, wurde 1621 abgeschlossen. Bereits die Söhne des Herzogs Magnus, *Heinrich V. (der Friedfertige)* und *Albrecht VII. (der Schöne)*, teilten sich die Macht. 1555 wiederholte sich die Aufteilung zwischen *Ulrich* und *Johann Albrecht I.*, den Söhnen Albrechts VII. Mit der **Zweiten Hauptlandesteilung** 1621 hatten sich schließlich die beiden mecklenburgischen Linien herauskristallisiert: auf der einen Seite Mecklenburg-Schwerin, auf der anderen Mecklenburg-Güstrow.

Atmosphärisch: die mittelalterliche Burg Stargard

Unterdessen war Mecklenburg protestantisch geworden. Noch bevor die **Reformation** in Bewegung geraten war, hatte es Versuche gegeben, die kirchlichen Strukturen zu reformieren, und schon früh deutete sich an, dass die Reformation in Mecklenburg auf fruchtbaren Boden fallen würde. Die reformatorische Bewegung begann sich bereits in den 1520er Jahren in Mecklenburg zu etablieren, zunächst in den Städten (und dank des Reformators *Joachim Slüter* vor allem in der Universitätsstadt Rostock), zudem aber auch protegiert von Herzog *Heinrich V. (dem Friedfertigen)*. 1549 schließlich wurde Mecklenburg während des Sternberger Landtags offiziell protestantisch. Gleichzeitig und von dieser Entwicklung begünstigt wandelte sich das Gutswesen. Mit der wachsenden Macht des Landadels bildeten sich verstärkt feudale Strukturen aus, das „Bauernlegen" begann sich abzuzeichnen: Kleinere Höfe wurden wachsenden Rittergütern einverleibt, aus freien Bauern wurden Leibeigene. Dies geschah übrigens nicht in der Gegend um Warin und Bützow, denn dies war Stiftsland des Bistums Schwerin, so dass die Bauern hier frei blieben. Bis heute, so heißt es, sei das an der Eigensinnigkeit der Bevölkerung zu spüren.

In den Residenzstädten dagegen entwickelte sich in der zweiten Hälfte des 16. Jh. trotz oder gerade wegen der Teilung Mecklenburgs eine kunstsinnige und architekturfreundliche Stimmung. Die Renaissance hielt Einzug im Norden Deutschlands und die herzoglichen Brüder wetteiferten um die ansehnlichste Heimstatt. *Johann Albrecht I.* und *Ulrich* ließen bedeutende Renaissancebauten errichten: in Schwerin und Güstrow prächtige Schlösser, in Wismar den Fürstenhof.

17. Jahrhundert: Wie auch das benachbarte Pommern traf der Dreißigjährige Krieg (1618–1648) Mecklenburg mit voller Wucht. Anfangs schien es, als könnten sich die beiden Herzogtümer aus dem europäischen Konflikt heraushalten. Doch die mecklenburgische Führungsschwäche verwässerte den Neutralitätskurs, bis beide doch in den Krieg hineingedrängt wurden, und das ausgerechnet auf Seiten des Verlierers. Nachdem der expansionsfreudige dänische König *Christian IV.* in der zunächst entscheidenden Schlacht *General Tilly* unterlegen war, konnte sich der Däne in sein Stammland zurückziehen. Die kaiserlichen Truppen aber marschierten nach Norddeutschland und besetzten Mecklenburg. Der Kaiser erklärte beide Herzöge als abgesetzt und installierte 1628 *General Wallenstein* als Herzog von Mecklenburg. 1630 griffen die Schweden in den großen Krieg ein. *Gustav II. Adolf* und seine Truppen landeten bei Peenemünde auf Usedom und trugen den Krieg nach Pommern und Mecklenburg. In Wellen zogen kaiserliche und schwedische Truppen plündernd, brandschatzend und mordend über das Land. Im Windschatten des Krieges wüteten Pest und Hungersnot. Beispielhaft für die Schrecken steht das Schicksal Neubrandenburgs. Die Stadt wurde zuerst von schwedischen Truppen im Februar 1631 eingenommen, aber bereits im März von Tilly zurückerobert, der die neubrandenburgische Waffenhilfe für die Schweden durch ein furchtbares Massaker rächen ließ. Als der Dreißigjährige Krieg endlich vorbei war, war das Land entvölkert. Über die Verluste gibt es unterschiedliche Schätzungen. Mindestens um die Hälfte war die mecklenburgische Bevölkerung zurückgegangen, vielleicht sogar um drei Viertel.

Mit dem Westfälischen Frieden (1648) wurde die **Zweite Hauptlandesteilung** von 1621 bestätigt. *Gustav Adolf* (von Mecklenburg) herrschte über Mecklenburg-Güstrow, *Adolf Friedrich I.* über Mecklenburg-Schwerin. Letzterer aber musste Wismar, die Insel Poel und Neukloster an die Schweden abtreten.

18. Jahrhundert: Nachdem Gustav Adolf 1695 gestorben war, entbrannte ein Erbfolgestreit, der 1701 durch den *Hamburger Vergleich* beigelegt wurde. Damit war die **Dritte Hauptlandesteilung** fixiert. *Friedrich Wilhelm*, der selbstgefällige Enkel Adolf Friedrichs I., wurde Herzog von Mecklenburg-Schwerin und bekam einen Großteil des mecklenburgischen Gebiets zugesprochen. Der jüngste Sohn Adolf Friedrichs I. dagegen begründete als *Adolf Friedrich II.* die Linie Mecklenburg-Strelitz. Er galt als ein geistreicher und gebildeter Mann, der seinen Anspruch auch daraus ableiten konnte, dass er der Schwiegersohn des verstorbenen Gustav Adolf war. Diese Zweiteilung Mecklenburgs samt ihrer fürstlichen Dynastien sollte auch über die deutsche Reichseinigung bis 1918 bestehen bleiben.

Gleichzeitig wurde im Zuge des Hamburger Vergleichs aber auch bestätigt und im *Landesgrundgesetzlichen Erbvergleich* 1755 letztlich festgelegt, dass die Landtage und Stände weiterhin gesamtmecklenburgisch waren und die Macht des Landadels unangetastet blieb. Diesem war es gelungen, in der zweiten Hälfte des 17. Jh. die eigene Gutsherrschaft (auch mittels Bauernlegen) auszubauen, zugleich aber auch Tendenzen zu einer absolutistischen Herrschaftsausbildung in Mecklenburg zu verhindern. Die schon damals nicht mehr zeitgemäße feudale, ständestaatliche Ordnung beider Mecklenburgs sollte ebenfalls bis 1918 Bestand haben. „Mecklenburg", so urteilt der Greifswalder Historiker Michael North, „blieb damit ein altständisches Fossil in einer sich allmählich modernisierenden Umwelt".

Nichtsdestotrotz hielt die höfische Kultur auch in den mecklenburgischen Residenzen Einzug. Augenfälligster Ausdruck waren die Residenzen selbst: Das altehrwürdige Schwerin erblühte. Die neue Strelitzer Linie ihrerseits erschuf sich aus einem alten Jagdschloss eine prächtige Residenz mitsamt Schlosspark und barocker Planstadt und nannte sie Heimstatt der jungen Dynastie Neustrelitz. Die Schweriner wollten dem nicht nachstehen und gönnten sich mit Ludwigslust ebenfalls eine Residenzstadt, die auf quasi grüner Wiese erbaut wurde.

Das 18. Jh. verschonte Mecklenburg weitgehend vor Kriegen. Zwar wurde Mecklenburg Aufmarschgebiet fremder Truppen, die sich im *Großen Nordischen Krieg* (1701–1721) gegen die mecklenburgischen Gebiete der schwedischen Großmacht richteten. Aus dem *Dritten Schlesischen Krieg* (auch: Siebenjähriger Krieg) 1756–1763, den das erstarkende Preußen unter *Friedrich II.* gegen Österreich focht, konnten sich die kleinen mecklenburgischen Nachbarn dank ihres strikten Neutralitätskurses aber weitgehend heraushalten. Glücklich agierte Mecklenburg-Strelitz auch in seiner Heiratspolitik: Unter anderem wurde *Sophie Charlotte von Mecklenburg-Strelitz* 1761 mit dem englischen König *Georg III.* vermählt und somit zu *Queen Charlotte* (S. 199). Eine ihrer Nichten wiederum, *Luise Auguste Wilhelmine Amalie*, wurde 1793 mit dem preußischen Kronprinzen verheiratet und als *Königin Luise* zur Legende (S. 239).

19. Jahrhundert: Als die Freiheit an Mecklenburgs reaktionäre Tür klopfte, beharrten die Mächtigen der beiden Herzogtümer noch immer auf ihren überkommenen Strukturen. Die Französische Revolution stieß in den beiden Mecklenburgs nur bedingt auf Verständnis. Als die Revolution in Form von Koalitionskriegen auf Europa übergriff und mit **Napoleon** der „Weltgeist zu Pferde“ seine Schatten auch auf das rückständige Mecklenburg warf, verhielten sich die beiden Mecklenburgs fast schon aus Tradition neutral. Doch die Ereignisse scherten sich nicht um Neutralität: Wegen der vermeintlichen Unterstützung preußischer Truppen (tatsächlich waren die flüchtenden Armeen Blüchers ungefragt quer durch Mecklenburg marschiert) besetzten französische Truppen 1806 Mecklenburg-Schwerin, dessen Herzog *Friedrich Franz I.* zeitweilig ins Exil geschickt wurde, sowie Mecklenburg-Strelitz, dessen Herzog *Carl II.* hingegen bleiben durfte. Als letzte deutsche Staaten traten beide 1808 dem Rheinbund bei.

Birgt die Erinnerung an eine Prinzessin: Schloss Hohenzieritz

Die Bevölkerung beider Mecklenburgs litt in den folgenden Jahren unter den Einquartierungen, Durchmärschen und Rekrutierungsmaßnahmen der französischen Truppen sowie indirekt unter Napoleons *Kontinentalsperre*, die jeden Handel mit England unterband, zugleich aber der hiesigen Wirtschaft schweren Schaden zufügte. Wer indes hoffte, dass sich zumindest die gesellschaftlichen Zustände veränderten – zur Erinnerung: in Mecklenburg wie auch in (Schwedisch-)Pommern waren Bauern noch immer Leibeigene –, wurde enttäuscht: Eine Staatsreform war zwar geplant, konnte aber von den zögerlichen Herzögen nicht durchgesetzt werden und war nach Napoleons verheerender Niederlage in Russland, die auch knapp 2000 mecklenburgische Soldaten das Leben kostete, endgültig vom Tisch. In den folgenden sog. **Freiheitskriegen** ab 1813 kämpften auch zahlreiche Mecklenburger als freiwillige Jäger oder Teil der preußischen Armee gegen Napoleons Truppen. Im Nachhinein fragt man sich natürlich, warum ein Mecklenburger, der nicht aus dem Ritterstand stammte, sich dem anschloss. Sicherlich wurde man die Franzosen los, nach dem *Wiener Kongress* 1815 aber blieb alles beim Alten: Mecklenburg blieb geteilt, beide Herzöge durften sich von nun an Großherzöge nennen, die eigentliche Macht im Lande aber lag wie zuvor in der Hand der gutsherrlichen Ritterschaft, die Bauern blieben Leibeigene, und beide Mecklenburgs waren – auch in der Zeit der Restauration – die rückständigsten und reaktionärsten Länder Deutschlands.

Auch die deutsche **Revolution 1848** sollte daran nichts ändern. Immerhin war die Leibeigenschaft bereits Stück für Stück aufgehoben worden – oft aber dahingehend, dass der Bauer, der vorher an seine Scholle gekettet war, nun auf der Straße stand. Zahllose Mecklenburger verließen das Land, flohen entweder in die Großstadt oder ganz aus dem Land nach Amerika oder Australien. Alle Hoffnungen, die die auch von der mecklenburgischen Bevölkerung getragene Revolution von 1848 geweckt hatte – Aufhebung des Ständestaats, eine liberale Verfassung, Demokratie gar und vielleicht die deutsche Einheit –, blühten ein Jahr lang in den Köpfen und zerstoben dann als Traumbilder mit den Resten der Revolution. Mit dem *Freienwalder Schiedsspruch* 1850 drehte das alte System das Rad der Geschichte zurück. Wenn *Fritz Reuter, der* Dichter Mecklenburgs, der als Demagoge zu Festungshaft verurteilt worden war, satirisch einer „Mecklenborgschen Verfassung" den Paragrafen 1 „Allens bliewt bi'n Ollen" vorstellt, dann klingt daraus auch bittere Ernüchterung. In eine ähnlich Kerbe schlug auch *Otto von Bismarck*, preußischer Ministerpräsident und deutscher Reichskanzler: Bismarck soll – freilich frei von Bitterkeit und wohl eher hämisch, bissig – gesagt haben, wenn die Welt unterginge, begebe er sich nach Mecklenburg, denn dort passiere alles 100 Jahre später.

Unverzüglich dagegen folgten beide Mecklenburgs der von Bismarck geschmiedeten deutschen Einigung. 1867 traten beide dem **Norddeutschen Bund** bei. Für die Mecklenburger bedeutete das zwar, wählen zu dürfen (wenngleich nach dem Dreiklassenwahlrecht), doch nützte ihnen das wenig, denn ernsthafte Reformen blieben aus – vor und nach der **Reichsgründung 1871**. Obschon der Beitritt zum Norddeutschen Bund wirtschaftliche Impulse gab, begann selbst die industrielle Revolution nur verzögert und entwickelte sich schleppend – die Werften an der Ostsee, ein paar Zuckerfabriken und Ziegeleien, etwas Papierindustrie ... Mecklenburg blieb weitgehend landwirtschaftlich geprägt. Das bedeutet aber keineswegs, dass die soziale Frage in Mecklenburg nicht virulent gewesen wäre. Die Landflucht entwurzelter Bauern in die Städte und nach Übersee hielt unvermindert an.

20. Jahrhundert: Der **Erste Weltkrieg** euphorisierte in Mecklenburg, wie im gesamten Deutschland, zunächst die jungen Männer und ließ sie dann zu Hunderttausenden in den Schützengräben Frankreichs, den Schlachtfeldern Russlands oder auf hoher See fallen, während die Menschen zuhause zunehmend Hunger litten. Der berühmte Tropfen, der das Fass zum Überlaufen brachte, schwappte von Kiel zunächst nach Wismar und Rostock über und wurde dann zu einer Welle, die das ganze kriegsmüde Land erfasste. 1918 meuterten Kieler Matrosen gegen ein abschließendes Himmelfahrtskommando am Ende eines bisher nie dagewesenen Krieges. Aus der Meuterei wurde ein Aufstand, aus dem Aufstand die **Novemberrevolution**, die auch vor Mecklenburg nicht haltmachte und den erzkonservativen Herzog *Friedrich Franz IV.* in die Knie respektive ins Exil zwang. Friedrich Franz war zu diesem Zeitpunkt auch Verweser von Mecklenburg-Strelitz, nachdem der dortige Großherzog, der schnittige *Adolf Friedrich VI.*, im Februar 1918 unter bis heute nicht ganz geklärten Umständen zu Tode gekommen war (S. 180).

In Mecklenburg geschah nun das Unfassbare: Eine Koalition aus Demokraten übernahm die Macht. In der folgenden Wahl zum verfassungsgebenden Landtag errangen die Sozialdemokraten in beiden Landesteilen Mecklenburgs die Mehrheit. Doch aller Aufbruchstimmung und nicht unbegründeter Hoffnung zum Trotz konnten die demokratischen Kräfte nicht in wenigen Jahren Strukturen aufbrechen, die seit dem Mittelalter verkrustet waren, und Mecklenburg in ein modernes Staatswesen verwandeln.

Das Drama der **Weimarer Republik** fand auch in Mecklenburg statt. Von den politischen Rändern wucherten die extremistischen Parteien in die Mitte der Gesellschaft und erstickten die junge demokratische Kultur. Insbesondere die NSDAP fasste in den krisengeschüttelten 1920er Jahren sowohl im ländlichen Mecklenburg als auch in den Städten schnell Fuß, deren Industrien, beispielsweise die Werften, schwer unter der Weltwirtschaftskrise litten. Bei den Wahlen 1932 erhielt die NSDAP in Mecklenburg-Schwerin fast die Hälfte aller Stimmen und konnte auch in Mecklenburg-Strelitz die Regierung bilden (hier mit Beteiligung der Deutschnationalen). Mit der Machtergreifung 1933 begann die Gleichschaltung, und der Terror, den rechte Schlägertrupps schon vorher praktiziert hatten, wurde nun systematisch betrieben. Noch 1933 begannen die Pogrome gegen Juden. Kommunisten und Sozialisten wurden verfolgt und inhaftiert, die NS-Diktatur etablierte sich in Mecklenburg schnell und in aller Brutalität. Dabei war das Regime gerade in Mecklenburg, dessen Landesteile Mecklenburg-Schwerin und Mecklenburg-Strelitz 1934 zwangsvereinigt worden waren, bei vielen akzeptiert. Denn das weiterhin vornehmlich agrarisch geprägte Mecklenburg profitierte von der Rüstungsindustrie, mit der die Nationalsozialisten einen vermeintlichen wirtschaftlichen Aufschwung generierten. Wenn auch die Waffenschmieden in Mecklenburg nicht so prestigeträchtig waren wie Usedoms Heeresversuchsanstalt Peenemünde, so waren sie doch bemerkenswert: allen voran die Flugzeugindustrie in Wismar, Schwerin, Neubrandenburg und andernorts, in Rechlin eine Fliegerversuchsanstalt der Luftwaffe, in Neubrandenburg eine Torpedoversuchsanstalt, auf der Halbinsel Wustrow eine Flakartillerieschule, eine U-Boot-Werft in Rostock, eine Sprengstofffabrik in Dömitz usf. Aber jede Kriegswirtschaft mündet unweigerlich in den Krieg, und wenngleich Fortschritt und Industrialisierung oft an Mecklenburg vorbeigezogen waren, der große Krieg tat es nicht.

Mit Ausbruch des **Zweiten Weltkriegs** fehlten in Mecklenburg mit einem Mal Arbeitskräfte, denn die mussten an die Front. Also wurden Außenlager der KZs aufgebaut, bei Neubrandenburg beispielsweise, bei Krakow und bei Boizenburg. Kriegsgefangene und KZ-Häftlinge mussten unter unmenschlichen Bedingungen oftmals bis zum Tod für die Rüstungsindustrie arbeiten. Die mecklenburgischen Juden, die es nicht geschafft hatten, vor der Barbarei ins Ausland zu fliehen, waren bis 1942 in die Vernichtungslager deportiert worden.

Hatten Waffen aus Mecklenburg den Krieg in die Welt getragen, so kam der Krieg 1942 nach Mecklenburg zurück – zuerst in Form von Luftangriffen, die sich kriegslogisch vor allem gegen die Rüstungsindustrie und militärische Einrichtungen richteten, aber zunehmend auch Opfer unter der Bevölkerung forderten. Ab 1944 kamen die Flüchtlingsströme aus dem Osten und ihnen auf den Fersen die Truppen der Sowjetarmee. Die Städte Mecklenburgs, die sich der Roten Armee nicht in den Weg stellten, kamen vergleichsweise glimpflich davon, Städte, die Widerstand leisteten, wie beispielsweise Neubrandenburg, erlitten großflächige Zerstörungen. Vor der Roten Armee fliehend, trieben SS-Mannschaften KZ-Häftlinge auch durch Mecklenburg, zu den furchtbarsten Todesmärschen zählt der Leidensweg der Insassen der Konzentrationslager Sachsenhausen und Ravensbrück (S. 207) nach Schwerin, der Tausende Menschen das Leben kostete.

Nach 1945: Anfang Mai 1945 war Mecklenburg besetzt. Gemäß der Vereinbarung der Alliierten zogen sich die Briten, die bis Schwerin vorgedrungen waren, zurück, die Sowjetadministration übernahm die Macht in Mecklenburg. Es wurde das Land Mecklenburg-Vorpommern gegründet, bald in nur Mecklenburg umbenannt und schließlich wieder aufgelöst. Zügig voran schritt die Entnazifizierung, die allerdings als politische Säuberung auch dahingehend wirkte, demokratisch gesinnte, konservative Kreise loszuwerden. Demokratische Parteien wurden zunächst noch zugelassen, bald aber wurde ihr Wirkungskreis wieder eingeschränkt oder, wie im Fall der Sozialdemokraten, die SPD mit der KPD zur SED zwangsvereinigt. Die Industriebetriebe, die von den alliierten Bomben verschont geblieben waren, wurden nun von den Sowjets weitgehend demontiert und Maschinen und Anlagen als

„Wiedergutmachung" in die zerstörten russischen Regionen abtransportiert. Die Großgrundbesitzer wurden enteignet, das Land kollektiviert und von LPGs (Landwirtschaftliche Produktionsgenossenschaften) bestellt. Schritt für Schritt nahm die 1949 gegründete Deutsche Demokratische Republik Formen an. Mit der Verwaltungsreform 1952 wurde das Land Mecklenburg aufgelöst und in die Regierungsbezirke Rostock (Küste), Schwerin (im Westen) und Neubrandenburg (im Osten) eingeteilt.

Zerbeulter Zeuge: der 12 Zylinder Rolls-Royce Merlin aus einem abgeschossenen britischen Bomber

Nach 1989: Nach dem Mauerfall und mit der Wiedervereinigung 1990 wurden die drei Regierungsbezirke zusammengefasst. Entstanden war das nordöstlichste Land der Bundesrepublik Deutschland. Überraschenderweise wurde nicht Rostock zur Landeshauptstadt, sondern die alte Residenzstadt Schwerin. Erster Ministerpräsident wurde 1990 *Alfred Gomolka* (CDU), der allerdings 1992 zurücktrat. Sein Nachfolger war *Berndt Seite* (CDU), der zunächst die schwarz-gelbe Koalition weiterführte und nach der Landtagswahl 1994 einer Großen Koalition vorstand. Stellvertretender Ministerpräsident dieser Koalition war *Harald Ringstorff* (SPD), der nach der Wahl 1998 eine Regierung mit der PDS bildete und bis 2008 im Amt blieb. Nach der Wahl 2006 ging die SPD eine Koalition mit der CDU ein. Nach dem von Ringstorff eingeleiteten Generationswechsel löste ihn *Erwin Sellering* (SPD) 2008 ab, der als Ministerpräsident derzeit der Großen Koalition vorsteht.

Rechtsradikalismus: Die Angriffe auf die Wohnungen von Asylbewerbern im Rostocker Stadtteil Lichtenhagen im August 1992 sind zwar viele Jahre her, doch immer noch gilt der Vorort als Synonym für den Rechtsradikalismus im Osten. Dabei blieben diese rechtsradikal motivierten Angriffe bei weitem kein Einzelfall, vielmehr haben die Übergriffe in den vergangenen Jahren deutlich zugenommen. Zudem zog die NPD nach der Landtagswahl 2006 in den Schweriner Landtag ein.

Die Vermutung, dass der Rechtsradikalismus nur ein Problem einiger ländlicher Gebiete im strukturschwächsten Bundesland ist, wäre aber zu kurz gegriffen. Auf der touristisch ausgezeichnet erschlossenen und damit von der Arbeitslosigkeit wenig betroffenen Insel Usedom erreichte die rechtsradikale Partei bei den letzten Landtagswahlen 11,5 %. Auf Rügen waren es immerhin noch über 7 %, und auch in den Städten wurde die 5-Prozent-Hürde übersprungen. Das daraus resultierende schlechte Image wirkt sich auch auf den Tourismus messbar aus und führt zu wirtschaftlichen Einbußen, die dem Land und damit seiner Bevölkerung schaden. Nach Angaben des Tourismusverbands Mecklenburg-Vorpommern blieben bisher aufgrund dieses Imageproblems jährlich mehrere Hunderttausend Gäste weg.

Ein architektonisches Kleinod: das Taubenhaus im Blücherhof, dahinter das Schloss mit dem dendrologischen Park

Architektur

Ein Traumschloss auf einer kleinen Insel im See der Landeshauptstadt: Für Mecklenburg ist das nicht genug. Übers Land verstreut finden sich zahlreiche Schlösser und Herrenhäuser unterschiedlicher Epochen – und in unterschiedlichem Zustand: von restlos ruiniert bis komplett saniert. Die im wahrsten Sinne des Wortes überragende Bauform der Gegend ist dagegen die Norddeutsche Backsteingotik.

Im Zuge der Blütezeit der Hanse entstanden auch in den Städten des Küstenhinterlands und mithin in weiten Teilen Mecklenburgs prächtige Gebäude als Ausdruck kaufmännischen Selbstbewusstseins. Allen voran waren das natürlich Kirchen, aber auch Kaufmannshäuser und mittelalterliche städtische Wehrbauten (zur Norddeutschen Backsteingotik → S. 37). In *Neubrandenburg* beispielsweise blieb neben der backsteingotischen Kirche die mittelalterliche Verteidigungsanlage mit umlaufender Stadtmauer und den vier Stadttoren fast vollständig erhalten, in *Teterow* sind es zwei Tore und die mittelalterliche Kirche. Auch von einer einst regen mittelalterlichen **Klosterkultur** hat einiges die Jahrhunderte überdauert, allen voran die teilweise noch erhaltenen Klosteranlagen von *Dobbertin* und *Neukloster* oder das später zum Schloss säkularisierte Kloster *Dargun*. Dabei ist die Norddeutsche Backsteingotik keineswegs eine rein urbane oder klösterliche Erscheinungsform, auch in den Kirchen kleiner Dörfer finden sich immer wieder derartige Zeugnisse.

Eine Sonderstellung nimmt die schöne Landeshauptstadt *Schwerin* ein. Hier erhebt sich mit dem Dom ein herausragendes Beispiel der Norddeutschen Backsteingotik. Das Bild der Stadt ist aber vor allem durch die Umgestaltung zu einer repräsentativen **Residenzstadt** in der ersten Hälfte des 19. Jh. geprägt. Verantwortlich dafür war der Architekt *Georg Adolph Demmler*, dessen Meisterstück, das von Wasser umgebene prächtige Schweriner Schloss (im Kern ein Renaissancebau), bis heute Glanzpunkte setzt.

Buttels Meisterwerk: die Schlosskirche in Neustrelitz

Außergewöhnlich und sehenswert ist auch die Residenzstadt *Neustrelitz*, obschon ihr das repräsentative Schloss abhandengekommen ist. Die Residenz der Herzöge von Mecklenburg-Strelitz ist eine nach der Landesteilung 1701 (S. 28) entstandene barocke Planstadt, die weitgehend auf die Pläne des Architekten *Christian Julius Löwe* zurückgeht, mit vornehmlich klassizistischer Ausarbeitung, für die der Schinkel-Schüler *Friedrich Wilhelm Buttel* verantwortlich zeichnete. Als dritte Residenzstadt schließlich ist die Barlachstadt *Güstrow* mit ihrem prächtigen Renaissanceschloss zu erwähnen.

Abseits der Städte hat sich im ländlichen Mecklenburg eine Vielzahl von **Schlössern** und **Herrenhäusern** erhalten. Gebaut in den unterschiedlichsten Epochen, von der Renaissance im 16. Jh. bis zur Neo-Renaissance Ende des 19. Jh., vereinen sie oftmals ein Sammelsurium an architektonischen Stilen. Die Schlösser präsentieren sich häufig, aber nicht immer in gutem Zustand, viele beherbergen heute meist schicke Hotels. Zu den schönsten Schlosshotels in der Mecklenburgischen Schweiz gehören das malerische *Schloss Ulrichshusen*, die klassizistische *Burg Schlitz* sowie das dreiflügelige *Schloss Schorssow*, im Westen *Schloss Kaarz* mit herrlichem Park, das neobarocke *Herrenhaus Basthorst* sowie das klassizistische *Gutshaus Karow*. An der Müritz sind das die französische Renaissance imitierende *Schloss Klink*, das *Gutshaus Ludorf* aus dem späten 17. Jh. sowie das idyllische *Gutshaus Woldzegarten* einen Besuch wert. In Richtung Neubrandenburg zu erwähnen sind das neobarocke *Schloss Groß Plasten* und das tudorgotisch verspielte *Schloss Kittendorf*. Keine Hotels, aber einen Besuch unbedingt wert sind das vielgestaltige *Schloss Basedow* in der Mecklenburgischen Schweiz, das *Schloss Hohenzieritz* am Tollensesee (Sterbeort der König Luise und heute Sitz des Nationalparkamts) und schließlich *Schloss Wiligrad* am Schweriner See – um nur die wichtigsten Schlösser und Herrenhäuser zu nennen ...

Rund um die Schlösser wurden in fast allen Fällen weitflächige Anlagen geschaffen – Parks und Gärten als **Landschaftsarchitektur**. Spuren hinterließ hier das preußische Genie der Gartenanlage, der große *Peter Joseph Lenné*, der auch in Mecklenburg wirkte und u. a. den schönen Park von Schloss Basedow maßgeblich mitgestaltet hat. Sehenswert ist auch der große Landschaftspark von Burg Schlitz mit seinen vielen Denkmälern. Einen gepflegten und einer Landeshauptstadt angemessenen Park bietet Schwerin mit seinem barocken Schlossgarten. Mitten in Neustrelitz findet sich ein sehr schöner Schlossgarten mit zahlreichen Denkmälern (wenn auch ohne Schloss), an dessen Gestaltung Lenné ebenfalls mitgewirkt hatte. Nicht nur für Biologen einen Besuch wert sind die dendrologischen Parkanlagen des Blücherhofs und des Schlosses Kaarz, in denen sich zahlreiche heimische und exotische Gehölze bewundern lassen.

Auch mittelalterliche Militärarchitektur hat sich in Mecklenburg erhalten: Wehrhafte **Burgen** erheben sich in *Wesenberg* (13. Jh.), *Penzlin* (16. Jh.) und im Städtchen *Burg Stargard*. Vor allem Letztere lohnt den Besuch: Die malerische Anlage wurde in Teilen bereits im 13. Jh. errichtet und ist die am nördlichsten gelegene Höhenburg Deutschlands.

Das **Hallenhaus** ist eine bäuerliche Hausform, die von niederdeutschen Siedlern an die Ostseeküste gebracht wurde. Das Hallenhaus zeichnet sich vor allem dadurch aus, dass Mensch und Tier, Gerätschaft, Ernte und Vorrat unter einem Dach versammelt waren. Ursprünglich gingen Stall und Wohnstube sogar ohne jede Trennwand ineinander über. Einige dieser urtümlichen Bauernhäuser sind im schönen Freilichtmuseum Schwerin-Mueß zu sehen.

Abschließend sei eine Architekturform genannt, die es längst nicht mehr gibt und die dennoch zu besichtigen ist: In Passentin beim Tollensesee sowie in Neustrelitz am Ufer des Zierkersees wurden, in gewisser Weise auch als archäologisches Experiment, **Slawendörfer** nachgebaut. Vor allem aber beeindruckt das archäologische Freilichtmuseum Groß Raden. Hier wurde nach intensiven Grabungsarbeiten an Originalstandorten ein komplettes Dorf rekonstruiert – mit Flechtwandhütten und Blockhaus, Burgwall und Tempel.

Ländliche Architektur im Freilichtmuseum Schwerin-Mueß

Gebrannte Pracht: die Norddeutsche Backsteingotik

Die stilprägenden Elemente der Norddeutschen Backsteingotik erklären sich bereits aus dem Namen. Im Windschatten des rasanten Aufstiegs der Hanse im 13. und 14. Jh. blühte vor allem in den deutschen Ostseehäfen die Bautätigkeit, denn das erstarkte, selbstbewusst gewordene Bürgertum wollte sich mit repräsentativen Gebäuden schmücken. In Ermangelung natürlichen Baumaterials wie Sandstein musste notgedrungen auf „gebrannten Stein" zurückgegriffen werden – von Hand geformte Tonerde, die bei gut 1000 °C gebrannt wurde und dabei ihre charakteristische rote Farbe erhielt. Statt aber den Mangel an Naturstein hinter dicker Tünche zu verbergen (wie z. B. in Teilen des süddeutschen Raums), erzielte man dank der Gleichförmigkeit der gebrannten Ziegel und durch den Kontrast mit den hellen Fugen streng strukturierte Flächen und Fassaden. Gleichzeitig ließen sich die Gemäuer durch die einfache Formbarkeit des Backsteins mit Friesen, Blenden, Giebeln und anderen Schmuckelementen aufwendig verzieren. Doch trotz des Zierrats beeindrucken die Bauten vor allem durch erhabene, geradlinige Schlichtheit und karge Eleganz.

Im Kirchenbau war das gotische Maß aller Dinge Lübeck, das seine Inspiration wiederum aus den französischen Kathedralen schöpfte. Die Baugeschichte der meisten älteren Gotteshäuser folgte dabei dem gleichen Schema: War ein romanischer, meist basilikaler Vorgängerbau vorhanden, wurde dieser Mitte des 13. Jh. entweder ersetzt oder zu einer gotischen Hallenkirche umgebaut. Eine Hallenkirche zeichnete sich im Gegensatz zu einer Basilika dadurch aus, dass die Seitenschiffe auf die gleiche Höhe gebracht wurden wie das Mittelschiff, so dass der Innenraum zu einer nur von den Pfeilern strukturierten großen Halle wurde. Mit einem (erneuten) Umbau der Hallenkirche wurde in manchen Fällen bereits kurz nach der Fertigstellung begonnen. Diese Erweiterung umfasste meist den Neu- oder Umbau des Chors, oft mit umlaufendem Kapellenkranz, vor allem aber die Aufstockung des Langhauses, wodurch erneut eine basilikale Bauform geschaffen wurde. Ziel war eine – im wahrsten Wortsinn – erhebende Raumwirkung, der Gläubige sollte das Gefühl haben, ins „himmlische Jerusalem" einzutreten.

Oft die letzten Kilometer der Anreise: auf den herrlichen Alleen in Mecklenburg

Reisepraktisches von A bis Z

Anreise

Mit dem Auto: Die Mecklenburgische Seenplatte ist über drei Autobahnen komfortabel und schnell zu erreichen:
Aus Hamburg und dem westlichen Norddeutschland auf der A 20, der Ostseeautobahn, die von Lübeck über Wismar, Rostock und Neubrandenburg bis zum Kreuz Uckermark bei Prenzlau führt.
Von Süden auf der A 10 um Berlin herum und am Dreieck Havelland auf die A 24 Richtung Rostock und Schwerin. Nach 86 Kilometern teilt sich die Autobahn am Dreieck Wittstock-Dosse: Die A 19 führt direkt nach Norden und mitten durch die Seenplatte hindurch, Ausfahrten bei Röbel/Müritz, Waren an der Müritz, Plauer See, Krakower See, Güstrow und weiter nach Rostock. Die A 24 (ab Dreieck Schwerin: A 14) führt in die Landeshauptstadt Schwerin.
Wer ganz in den Osten der Seenplatte möchte, kann die östliche Umfahrung Berlins nehmen (A 11) und ab Kreuz Uckermark auf der A 20 nach Neubrandenburg fahren. Abseits der Autobahnen verbinden einige bestens ausgebaute Bundesstraßen die Städte und größeren Orte miteinander (Näheres → „Unterwegs“ S. 51).

Mit der Bahn: Die gängigen Anreiserouten führen in der Regel über Hamburg (vom Nordwesten und Südwesten Deutschlands aus) oder Berlin (von Süden und Südosten). Von Süddeutschland ist die Seenplatte einmal täglich mit dem *ICE 1000* (zurück *ICE 1001*) zu erreichen, und zwar von München über Nürnberg, Jena, Leipzig und Berlin nach Neustrelitz und Waren an der Müritz (Weiterfahrt nach Rostock/Warnemünde). Von Hamburg etwa stündlich mit dem IC oder Regionalexpress nach Schwerin, Fahrzeit je nach Zug 1–1,5 Std. Von Schwerin fahren etwa stündlich Regionalzüge nach Güstrow, dem Verkehrsknotenpunkt im Westen der Seenplatte: ab Güstrow stündlich Verbindungen nach Waren und Neubrandenburg.

Viele der kleineren Orte verfügen über keinen Bahnhof, oder aber die Verbindungen auf der Schiene wurden stillgelegt, manche Strecken werden heute von kleinen Privatbahnen befahren (→ „Unterwegs" S. 52 sowie unter den jeweiligen Orten).

Das Tarifsystem der Deutschen Bahn ist facettenreich, unter bestimmten Voraussetzungen kann man echte Schnäppchen machen. Für die stark kontingentierten Sondertarife ist frühestmögliche Buchung ratsam!

- *Verbindungen/Preisbeispiele* Mit dem durchgehenden ICE von München nach Waren an der Müritz in knapp 7,5 Std., Normalpreis einfach 122 €; von Berlin nach Waren mit Regionalexpress (RE) 1 Std. und 45 Min., Normalpreis 25,70–26,80 €; von Frankfurt/M. nach Waren in gut 6 Std. (bis Berlin ICE, dann RE), Normalpreis 120 €; von Hamburg nach Schwerin mit dem IC ca. 50 Min. (25 €), mit dem Regionalexpress 1 Std. und 20 Min. (20,70 €).
- *Ermäßigungen* Bahncard-Besitzer und alle, die auf dem Hin- und Rückweg dieselbe Strecke fahren, über ein Wochenende bleiben und mind. 3 Tage vor Fahrtantritt buchen, können erheblich sparen. Mit viel Glück – und wirklich früher Buchung – hat man auch die Chance auf den „Dauer-Spezial-Tarif", mit dem die Strecke München–Waren schon für 29 € (im Internet) bzw. 34 € (am Schalter) kostet. Sondertarife gibt es auch für Mitfahrer und Familien.
- *Fahrradmitnahme* Ist im ICE prinzipiell nicht möglich; im IC kostet die Mitnahme 9 € (mit Bahncard 6 €) pro einfache Fahrt: reservierungspflichtig unter ✆ 01805-151415; im Regionalexpress (RE) kann das Fahrrad in extra ausgewiesenen Abteilen mitfahren, zuvor ist ein Fahrradticket zu lösen (einfache Fahrt 4,50 €).

Preisangaben Stand: Anfang 2009

Wer mit der Bahn anreist, aber vor Ort mobil bleiben will, kann einen **Mietwagen** in Erwägung ziehen. Mietstationen der großen Anbieter gibt es u. a. in Schwerin, Güstrow, Waren und Neubrandenburg. Ein Kleinwagen kostet ab ca. 40 €/Tag plus Sprit.

Baden → „Mecklenburgische Seenplatte aktiv" S. 54.

Barrierefrei

Das Angebot an barrierefreien Unterkünften, gastronomischen Einrichtungen und Freizeitmöglichkeiten ist sicher ausbaufähig, aber immerhin: es gibt sie. Barrierefreien Zugang (und entsprechend ausgestattete Toilette) bietet ein Fahrgastschiff der Weißen Flotte (S. 128) für Ausflugsfahrten auf der Müritz und umliegenden Gewässern, ebenso ist die „Scheune" in Bollewick (S. 170) barrierefrei ausgestattet, und auch Angler finden an den Boeker Teichen barrierefreien Zugang. Wer eine Unterkunft buchen möchte, kann es unter folgenden Webseiten versuchen: www.mecklenburgische-seenplatte.de listet unter dem Stichwort „Barrierefreie Seenplatte" vier detailliert beschriebene Unterkünfte; auf www.barrierefrei.m-vp.de sind alle barrierefreien Unterkünfte in Mecklenburg-Vorpommern zu finden. Darüber hinaus helfen die Touristinformationen vor Ort.

Ermäßigungen

In den meisten Museen, auf Ausflugsdampfern, Veranstaltungen usw. gelten die üblichen Ermäßigungen für Schüler, Jugendliche, Studenten und Rentner (manchmal auch für Wehr- und Zivildienstleistende). In der Regel zahlen diese Gruppen bei Vorlage eines Ausweises die Hälfte des regulären Preises.

Darüber hinaus gibt es weitere Ermäßigungspakete, u. a. das *Müritz Nationalpark-Ticket* (S. 156) sowie regionale Ermäßigungskarten wie die *Müritz-Card*, die *Tausend-Seen-Card*, die *Strelitz-Card* und die *Tollensesee-Card*. Erhältlich sind sie bei den Touristinformationen vor Ort, hier gibt es über die gewährten Vergünstigungen und die Preise der einzelnen Cards Auskunft im Detail.

Essen und Trinken

Die regionale Küche der Mecklenburgischen Seenplatte zeigt sich vielfältig – bei so viel intakter Natur und ertragreicher Landwirtschaft kann man schließlich aus dem Vollen schöpfen, sei es bei Fisch, Fleisch, Getreide, Gemüse oder einfach nur den frischen Kräutern. Was vielerorts bodenständig und recht schlicht daherkommt, wird andernorts mit Raffinesse zubereitet, entsprechend hat man bei der Wahl des Restaurants oft die Qual derselben. Auch die traditionellen Gerichte der „einfachen Leute" erleben hier oft eine Renaissance und erscheinen in verfeinerter Form auf den Speisekarten gehobener Restaurants. Kurzum: Die Seenplatte bietet für jeden Gaumen etwas – für Gourmets wie für Freunde der einfacheren Tafel, und das immer öfter aus ökologischem Anbau, im nahe gelegenen Biohof gewachsen und auch für Vegetarier zunehmend geeignet.

Im Land der 1000 Seen kommt natürlich regionaler **Fisch** auf den Tisch, z. B. als Aal (meist geräuchert), Hecht, Barsch, Wels, Maräne oder Müritz-Zander – doch auch Ostseefisch wie Hering, Dorsch oder Scholle ist weit verbreitet. Als Delikatesse gelten die heimischen Flusskrebse. Besondere Spezialität der Region ist die *Fischsuppe*, die in verschiedenen Varianten fast überall angeboten wird. Apropos **Suppe**: Fast überall gibt es die *Soljanka*, eine russische, sauer-scharfe Gemüsesuppe mit Wurst- oder Fischeinlage; die *Mecklenburger Linsensuppe* mit Essig und Zucker ist süß-sauer, ebenso weit verbreitet ist die *Mecklenburgische Kartoffelsuppe* – mit Pflaumen und Speck. Auch das typisch norddeutsche Fastfood, das Fischbrötchen, erfreut sich großer Beliebtheit, in den meisten größeren Orten findet sich eine Fisch- bzw. Räucherbude für den kleineren Hunger zwischendurch.

Frisch geräuchert

In Sachen **Fleisch** bietet sich dem Seenplatten-Gast eine immense Vielfalt: Neben Rind, Kalb, Schwein und Lamm werden saisonal die unterschiedlichsten Wildgerichte serviert: Hirschgulasch und Rehrücken, Hasenbraten und Entenbrust wie auch Kaninchen und Wildschwein. Die regionale Fleisch-Spezialität schlechthin ist übrigens der *Mecklenburger Rippenbraten*, ein mit Backobst, Äpfeln und Rosinen gefüllter Schweinebraten, der traditionell mit

Bei Ritters in der Küche – heute lediglich von musealem Nutzen

Kartoffelklößen und Rotkohl serviert wird – er fehlt auf keiner Speisekarte. Seltener ist das norddeutsche Traditionsgericht *Himmel und Erde* zu finden (Kartoffel-/Apfelpüree mit gebratenen Zwiebeln und Speck sowie gebratener Blut- und/oder Leberwurst). Eine weitere Spezialität der Region ist *Kloppschinken*, ein in gewürzter Milch marinierter, gebratener Schinken mit süß-saurer Soße. Das typisch mecklenburgische Gemüse *Grünkohl* kommt mit Braten und Würsten auf den Teller, gängige Beilage sind natürlich überall *Kartoffeln*, die hier auch „Tüften" heißen. Im Herbst werden *Pilze* aus den hiesigen Wäldern serviert.

Bei den **Desserts** macht sich die Einfachheit der mecklenburgischen Bauernküche durch und durch bemerkbar: *Schwarzbrotpudding* und *Arme Ritter* wurden traditionell aus Brotresten mit Milch, Eiern und Zucker gekocht bzw. gebraten und sind bis heute – neben der ebenfalls sehr norddeutschen *Roten Grütze* – einige der beliebtesten Nachspeisen, die auf kaum einer Speisekarte fehlen.

Auch die gehobene Küche hat in Mecklenburg Einzug gehalten, vor allem in den Schlossrestaurants wird heute vielfach sehr ambitioniert und auf höchstem Niveau gekocht. Erster Sternekoch Mecklenburgs (und der neuen Bundesländer überhaupt) war *Michael Laumen* mit seinem Restaurant „Ich weiß ein Haus am See" in Krakow am See (S. 104), dessen Michelin-Stern seit 1996 bislang jedes Jahr erfolgreich verteidigt wird, wenn auch mittlerweile von Laumens Nachfolger *Raik Zeigner*, dem derzeit jüngsten Sternekoch Deutschlands.

Bei den **Getränken** sei an dieser Stelle das norddeutsch-herbe Lübzer Pils aus der gleichnamigen Stadt westlich des Plauer Sees zu erwähnen wie auch die Weine vom Weingut Rattey – dem nördlichsten Anbaugebiet Deutschlands (ca. 30 km von Neubrandenburg), in dem u. a. Müller-Thurgau angebaut wird. Weit verbreitet ist der besonders vitaminreiche Sanddornsaft, den es hier auch als Likör gibt.

Heinz Rennhack als Gerichtsdiener Frosch in der Neustrelitzer Festspieloperette „Die Fledermaus" von Johann Strauß (2009)

Feste und Veranstaltungen

Vom Stadtfest über mittelalterliche Burgspektakel und Sportevents bis zu hochklassigen Konzerten – Gründe zum Feiern finden sich immer. Entsprechend vielfältig zeigt sich das Angebot an Festen und Veranstaltungen rund um die Mecklenburgische Seenplatte.

Die **Festspiele Mecklenburg-Vorpommern** sind ein Ereignis von internationalem Rang (www.festspiele-mv.de). Über 100 Konzerte namhafter Künstler, Chöre und Orchester finden an ausgewählten, zumeist malerischen und teils abgelegenen Spielorten in Mecklenburg-Vorpommern statt; bezüglich der Mecklenburgischen Seenplatte sind das die *Festspielscheune des Schlosses Ulrichshusen*, die *Konzertkirche von Neubrandenburg* und die *Freilichtbühne im Schlossgarten von Schwerin*. Die Saison erstreckt sich üblicherweise von Juni bis Mitte September (vereinzelt auch Konzerte außerhalb dieser Zeitspanne). Detaillierte Infos dazu in den Ortskapiteln.

Großer Beliebtheit erfreuen sich die **Schlossgartenfestspiele** der Residenzstadt *Neustrelitz* (www.schlossgartenfestspiele.de). Jahr für Jahr treffen sich Mitte Juni bis etwa Mitte August Operettenfreunde im Schlossgarten, um die bedeutendsten Operettenfestspiele Deutschlands zu besuchen.

Für Klassik-Liebhaber lohnt ein (auch landschaftlich, historisch und architektonisch interessanter) Abstecher nach *Rheinsberg* im Süden der Kleinseenplatte und am Rande der Mark Brandenburg. Hier versprechen das **Internationale Festival junger Opernsänger** der Kammeroper Schloss Rheinsberg (www.kammeroper-schloss-rheinsberg.de) und die Veranstaltungen der **Rheinsberger Musikakademie** (www.musikakademie-rheinsberg.de) hochklassigen Kunstgenuss. Festival junger Opernsänger: Ende Juni bis Mitte August; Musikakademie: ganzjährig Veranstaltungen.

Große (Open-Air-)Opern gibt es Anfang Juli bis Mitte August auch in *Schwerin* bei den **Schlossfestspielen** im Alten Garten. Gespielt werden Klassiker von Verdi, in jüngster Zeit auch Mozart. Für die Schlossfestspiele zeichnet das *Mecklenburgische Staatstheater Schwerin* (www.theater-schwerin.de) verantwortlich, das auch die bedeutendste und renommierteste Theaterbühne des Landes mit Leben füllt, unmittelbar gefolgt vom *Theater und Orchester Neubrandenburg/Strelitz* (www.theater-und-orchester.de).

Robuster geht es in *Waren* zu, bei der **Müritz-Saga** (www.freiluftspiele.de). Auf der Naturbühne auf dem Mühlenberg findet jährlich von Ende Juni bis Anfang September das lebhafte Mantel-und-Degen-Spektakel statt.

Das vielleicht schönste Mittelalterfest ist das **Burgfest** von *Stargard*, mit Gauklern und Händlern, Musik, Falkenvorführungen und natürlich Ritterkampf und Lanzenstechen (jeweils am zweiten Wochenende im August, www.burgfest-stargard.de).

Sportlich wird es beim größten Volkslauf in Mecklenburg-Vorpommern, dem **Fünf-Seen-Lauf** bei *Schwerin* (immer am ersten Samstag im Juli, www.fuenf-seen-lauf.de) und den beliebten **Drachenboottagen**, bei denen sich in der zweiten Augusthälfte 100 Drachenboot-Teams auf dem *Schweriner Pfaffenteich* messen.

In *Waren* findet alljährlich an einem Wochenende Ende Mai die **Müritz Sail** statt: diverse Regatten, Drachenbootrennen, Volksfest an Land (www.mueritzsail.net).

Schließlich laden in *Carwitz* bei Feldberg am Wochenende um den 21. Juli die **Hans-Fallada-Tage** zu diversen Lesungen, Konzerten und Ausstellungen ein (www.fallada.de).

Zahlreiche Kirchen und Schlösser, die sonst verschlossen oder nur eingeschränkt zugänglich sind, öffnen am **Tag des offenen Denkmals** ihre Pforten, jeweils am zweiten Sonntag im September (www.tag-des-offenen-denkmals.de/laender/mv/).

Aktuelle Veranstaltungskalender gibt es in der Touristinformation bzw. Kurverwaltung der Urlaubsorte (Infos im Reiseteil bei den jeweiligen Orten). Gezielt suchen und sich umfassend informieren kann man auch unter www.mvtermine.de.

Hunde

Für Hundebesitzer ist Mecklenburg ein ideales Urlaubsziel – fast überall findet sich hier jede Menge Auslauf. An den Seen gibt es zwar Badestellen, an denen Hunde verboten sind, an den abseitigen Ufern stört sich aber niemand an den Vierbeinern. Von der Bierkneipe bis zum Gourmettempel wird der Hund in fast allen gastronomischen Betrieben mit einer Schale Wasser versorgt. Die meisten Hotels, Pensionen, Appartements etc. erlauben Hunde in den Zimmern, in der Regel für einen Aufpreis von 5–10 €/Tag. Wichtig dabei: Der Hund muss bei Buchung unbedingt mit angemeldet werden. Auf Campingplätzen gilt natürlich Leinenzwang. An die Leine müssen Hunde auch im Müritz-Nationalpark und in ausgewiesenen Naturschutzgebieten.

Informationen und Internet

Die Landeshauptstadt Schwerin und die Städte wie Waren an der Müritz, Neubrandenburg oder Neustrelitz sind in Sachen Touristeninformation gut organisiert. Neben kostenlosen Broschüren inklusive Veranstaltungskalendern werden häufig auch Land- und Postkarten sowie Bücher und Souvenirs angeboten, teilweise muss für die aufwendig gestalteten Gastgeber-Verzeichnisse eine Schutzgebühr bezahlt werden (0,50–1 €). Darüber hinaus unterhalten viele der Büros eine Zimmervermittlung, Ticketverkauf sowie Fahrradverleih und organisieren Stadtführungen und/oder geführte Wanderungen.

Schwieriger ist die Lage in ländlichen Gebieten: Manch kleines Büro liegt sehr versteckt, andere scheinen ihre Öffnungszeiten geheim halten zu wollen.

Die wichtigsten Tourismuszentralen samt Internet-Adressen:

• *Regionale Verbände* **www.auf-nach-mv.de**: offizielle Seite des Tourismusverbands Mecklenburg-Vorpommern.

www.mecklenburgische-seenplatte.de: Tourismusverband Mecklenburgische Seenplatte mit Sitz in Röbel.

www.seenplatte-entdecken.de: regionaler Planungsverband Mecklenburgische Seenplatte mit Sitz in Neubrandenburg.

www.mecklenburgische-kleinseenplatte.de: Internetseiten der Region und des Amtes Mecklenburgische Kleinseenplatte.

www.mecklenburgische-schweiz.com: Tourismusverband Mecklenburgische Schweiz e. V. mit Sitz in Malchin.

• *Nationalparkamt Müritz* **www.nationalpark-mueritz.de**, Schlossplatz 3, 17237 Hohenzieritz, ✆ 039824-2520.

• *Städte* **Haus des Gastes Feldberg**, Strelitzer Straße 42, 17258 Feldberg, ✆ 039831-2700, www.feldberger-seenlandschaft.de.

Güstrow Information, Domstraße 9, 18273 Güstrow, ✆ 0180-5681068 (14 ct/Min.), 📠 03843-682079, www.guestrow-tourismus.de.

Die Seite der **Stadt Güstrow** ist www.guestrow.de.

Touristinformation Krakow am See, Lange Str. 2, 18292 Krakow am See, ✆ 038457-22258, 📠 038457-23613, www.krakow-am-see.de.

Touristinfo Malchin, Am Markt 1d, 17139 Malchin, ✆ 03994-640111, www.malchin.de.

Tourist-Information Malchow, An der Drehbrücke, 17213 Malchow, ✆ 039932-83186, 📠 039932-83125, www.tourismus-malchow.de oder www.stadt-malchow.de.

Touristinformation Mirow, Torhaus, 17252 Mirow, ✆/📠 039833-28022, www.mirow.m-vp.de.

Stadtinfo Neubrandenburg, Stargarder Str. 17, 17033 Neubrandenburg, ✆ 01805-170330, 📠 0395-5667661, www.neubrandenburg.de.

Touristinformation Neustrelitz, Strelitzer Straße 1, 17235 Neustrelitz, ✆ 03981-253119, 📠 03981-2396870, www.neustrelitz.de.

Tourist Info Plau am See, Marktstr. 20, 19395 Plau am See, ✆/📠 038735-45678, www.info-plau.de.

Verkehrsverein Rheinsberger Seenkette, Am Markt, 16831 Rheinsberg, ✆ 033931-2059, 📠 033931-34704, www.tourist-information-rheinsberg.de.

Rheinsberg Tourismus-Service, Königstraße 27, 16831 Rheinsberg ✆ 033931-39510, 📠 033931-34598, www.rheinsberg-tourismus.de.

Offizielle Homepage der **Stadt Rheinsberg**: www.rheinsberg.de.

Touristinformation Röbel, Straße der Deutschen Einheit 7, 17207 Röbel/Müritz, ✆ 039931-80114, 📠 039931-80112, www.stadt-roebel.de.

Tourist-Information der Stadt Schwerin, Am Markt 14, 19055 Schwerin, ✆ 0385-5925212, 📠 0385-555094, www.schwerin.com.

Touristinformation Burg Stargard, Am Markt 3, 17094 Burg Stargard, ✆ 039603-20895, 📠 039603-28177, www.burg-stargard.de.

Stadtinformation Stavenhagen, Markt 1, 17153 Stavenhagen, ✆ 039954-279835, 📠 039954-279834, www.stavenhagen.de.

Tourist-Information Teterow, Markt 9, 7166 Teterow, ✆ 03996-172028, 📠 03996-187795, www.teterow.m-vp.de.

Haus des Gastes in Waren an der Müritz, Neuer Markt 21, 17192 Waren, ✆ 03991-666183, 📠 03991-664330, www.waren-tourismus.de.

Touristinformation Wesenberg, Burg 1, 17255 Wesenberg, ✆ 039832-20621, 📠 039832-20383, www.wesenberg-mecklenburg.de.

Hinzu kommt eine Vielzahl privater und kommerzieller Seiten, z. B. www.mueritz.de.

Karten

Die gelungensten kartographischen Produkte sind die Rad- und Wanderkarten des **Studio Verlags**, Norderstedt, alle im Maßstab 1:50.000. Die Karten sind überall vor Ort, in gut sortierten Buchhandlungen oder unter www.studioverlag-maiwald.de erhältlich (5–5,50 €). Allerdings decken sie nicht das gesamte Gebiet zwischen Schwerin und Feldberger Seenlandschaft ab. Lieferbar sind *Feldberger Seenlandschaft/Nord* (1. Aufl. 2003/05), *Müritz-Nationalpark* (6. Aufl. 2006), *Vom Plauer See*

Sorgenlos in Mecklenburg

zur Müritz (5. Aufl. 2006), *Nossentiner/Schwinzer Heide* (3. Aufl. 2005) sowie *Mecklenburgische Schweiz und Kummerower See* (zwei Karten: *West/Ost*, 1. Aufl. 2003/05).

An Handlichkeit unübertroffen, allerdings teilweise nicht immer zu 100 % exakt sind die Rad- und Wanderkarten aus dem Verlag **grünes herz**, Ilmenau, jeweils im Maßstab 1:35.000 (4,10–5,50 €). Es liegen vor: *Schweriner See*; für die Mecklenburgische Schweiz *Malchiner See* und *Kummerower See*; für die großen Seen *Plauer See, Malchow – Land Fleesensee* sowie *Müritz* (Doppelkarte); für die Kleinseenlandschaft *Mirow – Von der Müritz zum Pälitzsee, Wesenberg – Neustrelitz* sowie südlich davon *Rheinsberger Seen – Gr. Stechlin*, und schließlich im Osten *Feldberger Seen* und *Fürstenberg/Havel – Lychen*. Außerdem bietet der Verlag die (auch als Wanderkarte geeignete) Fahrradkarte *Mecklenburgische Schweiz* im Maßstab 1:75.000 (5,50 €).

Großflächiger, allerdings eine reine **Fahrradwanderkarte** ist die offizielle Karte des Allgemeinen Deutschen Fahrrad-Clubs *Mecklenburgische Seenplatte* im Maßstab 1:75.000, die das Gebiet zwischen Plau und Feldberg bzw. zwischen Güstrow und Rheinsberg abdeckt (Bielefelder Verlag, 6,80 €).

Für Wasserwanderer unentbehrlich ist die **Wassersport-Wanderkarte** Nr. 6: *Deutschland Nordost* (1:450.000) mit der Detailkarte *Mecklenburgische Seenplatte* (1:100.000), 6. Aufl. 2004, Jübermann Verlag. Die Karte ist praktischerweise wasserfest.

Einen Radatlas mit 17 Touren gibt es in der gewohnt handlichen Spiralbindung von **bikeline**: *Radatlas Mecklenburgische Seen*, Karten im Maßstab 1:75.000 (Verlag Esterbauer), 12,90 €.

Wer das gesamte Gebiet auf einen Blick haben will, dem seien die (Auto-)Karten *Mecklenburgische Seenplatte* (1:150.000) oder *Mecklenburg-Vorpommern* (Deutschland 1, 1:200.000) von Freytag & Berndt empfohlen (www.freytagberndt.com). Ansonsten muss man sich mit der ADAC-Länderkarte (Blatt 2) *Mecklenburg-Vorpommern* im Maßstab 1:300.000 behelfen oder mit der im Maßstab besseren Shell-Regionalkarte *Mecklenburg-Vorpommern Nord* (ebenfalls Blatt 2, Maßstab 1:150.000), die aber nur an den Nordrand des Müritz-Nationalparks heranreicht (Anschlusskarte: Blatt 5: *Berlin, Brandenburg Nord*).

Klima und Reisezeit

Klima: Mecklenburg liegt an der Grenze von westlich-ozeanisch und östlich-kontinentalen Einflüssen. Die Seenplatte ist anders als die Küste nicht dem Einfluss der Ostsee ausgesetzt. Das heißt, dass im Binnenland ein immer noch gemäßigtes Klima herscht, die Sommer aber etwas wärmer, die Winter etwas kälter und die Niederschlagsmengen etwas geringer sind als an der Ostsee. Gleichzeitig nehmen die Niederschläge nach Osten hin ab (Jahresmittel im Westen bis zu 625 mm, im Osten bei unter 575 mm, vereinzelt auch nur 550 mm). Dabei ist die Region vergleichsweise regenarm, ein beträchtlicher Teil der Niederschläge geht dank der zahlreichen Seen, Moore und Sölle in Form von Tau nieder. Die durchschnittliche Tageshöchsttemperatur beträgt im Sommer über 20° Celsius, Temperaturen über 30° Celsius sind aber keine Seltenheit. Im Winter liegt die mittlere Temperatur (Tag und Nacht) knapp unter dem Gefrierpunkt. Die Wassertemperatur der Seen ist natürlich von Größe und Tiefe der Gewässer abhängig, wärmer als die Ostsee sind die Seen aber allemal.

Reisezeit: Die Mecklenburgische Seenplatte ist zu jeder Jahreszeit eine Reise wert. Mit der ersten Blüte schwankt das Wetter zwischen Frühjahrsstürmen und milden Tagen. Hauptsaison ist der Sommer. Im Herbst fallen mit den Temperaturen auch die Zimmerpreise, die ideale Reisezeit für Spaziergänge: Besonders schön präsentieren sich die Alleen und Buchenwälder, wenn sich das Laub verfärbt. Im Winter wird es ruhig, viele Hotels haben geschlossen, die wenigen Urlauber genießen die Wellnessangebote – oder ihre Ruhe. Ausnahme: Zwischen Weihnachten und der ersten Januarwoche kehrt die Hauptsaison (inkl. Andrang und Preissteigerung) zurück. Abschließend noch eine griffige Bauernregel, die vor allem Badeurlauber interessieren wird: Schaltjahr ist Kaltjahr – natürlich ohne Gewähr ...

Kurtaxe

Die Erhebung der Kurtaxe ist Sache der Städte und Gemeinden, die offiziell als Kur- oder Erholungsorte gelten, wie Plau am See, Krakow am See oder Feldberg. Deswegen fällt der pro Tag zu entrichtende Betrag von Ort zu Ort unterschiedlich aus. Oftmals schließt die Kurkarte einige Angebote ein: ermäßigter Eintritt zu Museen oder freie Fahrt mit dem Stadtbähnchen. Normalerweise kassiert der Vermieter den Betrag und gibt ihn dann an die Gemeinde weiter.

Literaturtipps

Lexikon Mecklenburg-Vorpommern, Rostock 2007 (Hinstorff). *Das* Nachschlagewerk zu Mecklenburg Vorpommern, 1483 Stichworte kenntnisreich und prägnant auf 768 Seiten, wird dem Anspruch, ein umfassendes Lexikon zu sein, auch gerecht.

Pfotenhauer, Angela (Text); *Lixenfeld, Elmar* (Fotos): **Backsteingotik**. Bonn 2005 (monumente edition). Informative, vorzüglich bebilderte, großformatige Publikation der Deutschen Stiftung Denkmalschutz über die Norddeutsche Backsteingotik im Allgemeinen und herausragende Bauten.

In sich ruhende Literaturgewalt: Fritz Reuter vor seinem Museum

Barlach, Ernst: **Ein selbsterzähltes Leben**. München 2008 (Piper). Schön zu lesende Autobiographie (bis Anfang des 20. Jh.) des genialen Bildhauers.

Dust, N., Steffen, H.: **Mecklenburgische Schweiz**. Streifzüge durch eine Landschaft. Bremen 2005 (Edition Temmen).

Ende, Horst u. a.: **Schwerin. Stadt zwischen Seen und Wäldern**. Bremen 2007 (Edition Temmen). Stadtführer.

Goetz, Rolf: **Mecklenburgische Seenplatte**. München 2008 (Rother). Wanderführer mit 50 Touren vom einstündigen Spaziergang bis zur Fünf-Stunden-Wanderung.

Karge, W., Schmied, H., Münch, E.: **Die Geschichte Mecklenburgs von den Anfängen bis zur Gegenwart**. Rostock 2004 (Hinstorff).

Kiesow, Gottfried: **Wege zur Backsteingotik. Eine Einführung**. Bonn 2003 (monumente Publikationen). Ein Muss für jeden, der sich in die Materie vertiefen will, kenntnisreich, informativ und gut lesbar.

Krempien, Margot: **Der Schweriner Schloßbaumeister G. A. Demmler 1804–1886**. Schwerin 1991 (Demmler). Biographie über den Architekten Schwerins, dessen soziales Engagement ihn den Job kostete.

Kriek, Manfred: **Schwerin. Ein historischer Führer**. Schwerin 2004 (Verlag Reinhard Thon).

Nenz, Cornelia: **Fritz Reuter. Leben, Werk und Wirkung**. Rostock 2001 (Hinstorff).

North, Michael: **Geschichte Mecklenburg-Vorpommerns**. München 2008 (C.-H.-Beck). Gewohnt fundierter Überblick aus der Wissen-Reihe des C.-H.-Beck-Verlags.

Die Werke von *Fritz Reuter* erscheinen vornehmlich bei Hinstorff, Rostock.

Schmied, Hartmut: **Mecklenburg-Vorpommern**. Freiburg 2001 (Eulen), aus der Reihe „Die schwarzen Führer, Mysteriöses, Historisches, Sagenhaftes". Zuletzt auch erschienen unter: *Hartmut Schmied:* **Geister, Götter, Teufelssteine**. Rostock 2005 (Hinstorff).

Tucholsky, Kurt, **Rheinsberg. Ein Bilderbuch für Verliebte**. Reinbek 2006 (Rowohlt).

Wandern im Müritz Nationalpark, hg. v. Nationalparkamt Müritz, Hohenzieritz 2004. Vor Ort in gut sortierten Buchhandlungen und Nationalparkzentren erhältlich.

Williams, Jenny: **Mehr Leben als eins. Hans Fallada.** Berlin 2004 (Aufbau). Gelungene Biographie des Schriftstellers.

Sport → „Mecklenburgische Seenplatte aktiv" S. 53.

Übernachten

Das Angebot ist groß und deckt vom Fünf-Sterne-Hotel im Schloss bis zur einfachen Landpension das gesamte Spektrum ab. Hinzu kommen ungezählte Ferienappartements und Wohnungen, Ferienhäuser, mehrere Jugendherbergen und jede Menge Campingplätze.

> Die im Buch angegebenen **Übernachtungspreise** gelten pro Zimmer (bzw. pro Appartement/Ferienwohnung) für die Hochsaison, in der Regel ist das der Zeitraum von Anfang Mai bis ca. Anfang/Mitte Oktober, Weihnachten/Silvester und Ostern. Außerhalb dieser Zeiten können die Preise bis zu 30 % günstiger sein. Frühzeitige Buchung ist besonders für die Sommerferien sowie Weihnachten/Silvester ratsam!

Hotels und Pensionen: Luxuriöse Herbergen finden sich vielfach in restaurierten Schlössern oder Gutshäusern, alten Mühlen oder sonstigen historischen Gebäuden, die in aller Regel mit viel Liebe zum Detail restauriert wurden. Oft ist es aber auch die idyllische Lage inmitten der Natur, die ein besonderes Hotel ausmacht. Eine eigene Wellnessabteilung ist für die meisten Hotels mittlerweile fast schon obligatorisch, hier reicht das Spektrum von der Kellersauna mit kalter Dusche bis hin zum Nobelspa über mehrere Tausend Quadratmeter; auch Fahrradverleih und – bei entsprechender Lage – Bootsverleih gehört für viele Häuser dazu. Gehobene Hotels bieten fast ausnahmslos auch ein Restaurant (nicht selten im Gourmet-Bereich angesiedelt), und auch den Mittelklasse-Stadthotels ist oft eine Gaststätte angeschlossen, in den unteren Hotelkategorien und Garni-Pensionen meist jedoch nicht.

Ferienwohnungen/Ferienhäuser, Appartements: auch hier ein breites Spektrum vom noblen Domizil im herrschaftlichen Schlossgemäuer bis zum schwedisch inspirierten Holzhaus im Ferienpark. Für die Sommerferien (Schulferien) gilt auch hier: möglichst frühzeitig buchen, besonders die größeren Wohnungen und Ferienhäuser für vier bis sechs Personen sind bei Familien mit Kindern sehr beliebt und entsprechend schnell ausgebucht. In der Hochsaison im Sommer ist z. T. nur eine wochenweise Belegung möglich. Zum Mietpreis kommen oft noch Nebenkosten wie Strom/

Nobelhotel Schloss Schorssow

Sich betten nach Gutsherrenart

Wohl nirgendwo in Deutschland dürfte es so erschwinglich sein, sich als Schlossherr respektive Gutsherr zu fühlen wie im Herzen Mecklenburgs. Insgesamt fast 2000 Schlösser, Burgen und Gutshäuser zählt man in Mecklenburg-Vorpommern, von denen knapp 300 touristisch genutzt werden, ein guter Teil davon in der Mecklenburgischen Seenplatte und Mecklenburgischen Schweiz. Die erstaunliche Schlösser-Dichte hat einen Grund: Seit dem 16. bis ins 19. Jh. hinein ließen sich viele mecklenburgische und preußische Adelige in dieser malerischen Gegend auf stattlichen Landsitzen nieder und wollten es dabei an Repräsentation nicht fehlen lassen.

Die Bandbreite der Unterkünfte reicht von der eher schlichten – aber günstigen – Ferienwohnung im Gutshof bis zur Turmsuite mit Ahnengalerie im traditionsreichen Schlosshotel. Dabei ist eine Nacht nach Gutsherrenart bei weitem nicht so teuer wie befürchtet, in einem mittleren Schloss kann man in der Regel schon unter 100 € pro Nacht unterkommen (für das DZ). Im Reiseteil dieses Buches beschreiben wir im Detail 15 Schlosshotels, ein Burghotel sowie neun Gutshäuser/-höfe. So unterschiedlich sie in Ausstattung und Preis auch sind, gemeinsam ist allen die wunderschöne, ruhige Lage, oft in einem Park, mindestens aber von weiten Wiesen und Feldern umgeben.

Gas und Wasser oder auch Endreinigung hinzu, Letztere in der Regel um 30 €. Hunde sind in vielen Ferienwohnungen und -häusern erlaubt, meist mit festem Wochenpreis für das Tier, manchmal wird auch eine erhöhte Endreinigung veranschlagt.

Jugendherbergen: Von den 25 Jugendherbergen in Mecklenburg-Vorpommern befindet sich knapp die Hälfte im Gebiet der Mecklenburgischen Seenplatte und Mecklenburgischen Schweiz. Die größte Dichte findet sich – im weiteren Sinne – rund um die Müritz mit Häusern in *Waren* (S. 130), *Zielow* am Westufer der Müritz (S. 172), im westlich gelegenen *Malchow* (S. 122) und in *Mirow* (S.178). Im Westen der Seenplatte befinden sich die Jugendherbergen von *Schwerin* (S. 67) und *Güstrow* (S. 96), im Osten die von *Feldberg* (S. 213) und *Burg Stargard* (S. 238), in der Mecklenburgischen Schweiz gibt es die Jugendherberge von *Dahmen* am Malchiner See (S. 253) und die von *Teterow* (S. 258). Wer ganz im Süden der Seenplatte unterwegs ist, kann in der Jugendherberge und Internationalen Begegnungsstätte von *Ravensbrück* (S. 207) in Brandenburg übernachten.

In Sachen Service und Komfort sind die Jugendherbergen meist deutlich besser, als es das übliche Klischee vom kargen Schullandheim erwarten lässt. Neben den obligatorischen Tischtennisplatten gibt es fast überall auch einen Fahrrad- und Bootsverleih (bei entsprechender Lage am Wasser) sowie Freizeitprogramm. Die meisten Herbergen richten sich auch explizit an Familien, gemeinsame Unterbringung im Mehrbettzimmer ist üblich, wer ein Doppelzimmer möchte, sollte rechtzeitig bei Buchung Bescheid geben. Der Preis für die Übernachtung im Mehrbettzimmer liegt für Jugendliche bis 26 Jahre bei etwa 18–20 € (inkl. Frühstück), Senioren über 27 zahlen etwa 4–5 € mehr pro Nacht, ebenso kostet die Übernachtung im DZ etwa 4–5 € Aufpreis pro Person. Die Mahlzeiten (Mittag-/Abendessen) kommen ebenfalls auf ca. 4–5 €.

> Wer in einer Jugendherberge übernachten will, muss Mitglied im Deutschen Jugendherbergswerk (DJH) sein. Für Junioren kostet dies 12,50 €/Jahr, Senioren ab 27 J. zahlen 21 €. Die Mitgliedschaft kann auch in den Jugendherbergen vor Ort abgeschlossen werden. Details unter www.jugendherberge.de.

Camping: Über 50 Campingplätze zählt man an der Mecklenburgischen Seenplatte, und viele davon liegen direkt an einem der zahllosen Seen, manche auch in Alleinlage im Wald und am See mit eigenem Strand – Natur pur also. Die Ausstattung der Plätze variiert, sanitäre Anlagen und ein Kiosk sind immer vorhanden, oft auch ein Restaurant, Mini-Markt, Boots- und/oder Fahrradverleih sowie Spielplatz, Liegewiese, Tischtennis, Volleyball etc. Der Preis für einen Stellplatz (Zelt/Wohnwagen/Wohnmobil) und zwei Personen liegt im Sommer etwa bei 15–20 €/Nacht. Im Reiseteil dieses Buches beschreiben wir die empfehlenswertesten Campingplätze der Region ausführlich.

Wohnmobil: Viele Campingplätze bieten neben den üblichen Stellplätzen auch einige Wohnmobil-Plätze außerhalb der Schranke des Geländes am Parkplatz vor der Rezeption an. Der Vorteil: Man kann später am Abend kommen und trotzdem alle Einrichtungen des Platzes (Strom, Sanitäranlagen, Entsorgung gegen Aufpreis) in Anspruch nehmen; Preis pro Nacht um 10–12 €. Mehr Infos unter www.wohnmobiltour-mv.de.

Übernachten im Hausboot → „Mecklenburgische Seenplatte aktiv", S. 58.

Abfahrt ca. 11.34 Uhr, nächster Halt ist Prillwitz

Unterwegs auf der Seenplatte

Mit dem Auto: Allen Spritpreisen zum Trotz ist das eigene Gefährt weiterhin das beliebteste und bequemste Fortbewegungsmittel. Viele der abgelegenen Orte bleiben ohne Auto unerreichbar, es sei denn, man nimmt eine lange Bus-, Bahn- und/oder Fahrradfahrt auf sich. Das Straßennetz ist relativ dicht und überwiegend gut ausgebaut (vor allem die großen Bundesstraßen), in entlegenen Gegenden kann der Weg schon mal kilometerlang über Kopfsteinpflaster, Betonplatte oder um Schlaglöcher herum führen.

Entfernungen

Schwerin – Neustrelitz	157 km	Waren – Teterow	32 km
Schwerin – Neubrandenburg	146 km	Waren – Neustrelitz	44 km
Schwerin – Waren (Müritz)	116 km	Waren – Neubrandenburg	43 km
Schwerin – Güstrow	61 km	Neustrelitz – Neubrandenburg	29 km
Güstrow – Plau am See	44 km	Teterow – Neubrandenburg	55 km
Güstrow – Waren	63 km	Neustrelitz – Feldberg	34 km

Von der Mecklenburgischen Schweiz (Ostufer des Kummerower Sees) kommend, verläuft ein Teilstück der **Deutschen Alleenstraße** quer durch die Mecklenburgische Seenplatte über Malchin, Dahmen, Malchow, Röbel, Mirow und Wesenberg bis nach Rheinsberg (Brandenburg).

Der *Müritz-Nationalpark,* das Naturparadies schlechthin an der Mecklenburgischen Seenplatte, ist in seinem Kerngebiet für Autos gesperrt. Die Zufahrt ist mit dem Fahrrad oder dem Nationalpark-Bus möglich.

Mit der Bahn: Das Schienennetz ist eher dünn, zudem wurden einige wenig rentable Strecken stillgelegt. Mit der *Deutschen Bahn* kommt man auf den Städteverbindungen zwischen Schwerin, Güstrow, Teterow, Malchin, Stavenhagen, Neubrandenburg und Neustrelitz gut voran, eine weitere Bahnlinie verläuft zwischen Schwerin, Parchim, Malchow und Neustrelitz (von dort nach Fürstenberg/Havel). Die Feldberger Seenlandschaft, die Ostuferseite der Müritz sowie der Plauer See sind nicht (mehr) an das Schienennetz angeschlossen.
Die private *Ostdeutsche Eisenbahn (ODEG)* fährt im Gebiet Mecklenburgische Seenplatte auf folgenden Strecken: etwa stündlich von Neustrelitz über Groß Quassow und Wesenberg nach Mirow; stündlich von Neustrelitz nach Berlin Hbf.; zudem mehrmals täglich auf der Strecke Ludwigslust – Parchim – Lübz – Karow – Alt Schwerin – Malchow – Nossentin – Waren (Müritz) – Kargow – Kratzeburg – Neustrelitz. Weitere Infos unter www.odeg.info. **Fahrradmitnahme** ist in den Regionalexpress-Zügen (RE) und Regionalbahnen (RB) der Deutschen Bahn sowie in den Zügen der ODEG möglich.

Zwei der stillgelegten Bahnstrecken werden heute als **Draisinenstrecken** genutzt: zwischen Damerow, Goldberg und Borkow (S. 110) und zwischen Dargun und Salem (S. 251).

Mit dem Bus: Zwar wird fast jedes Dorf der Mecklenburgischen Seenplatte und Mecklenburgischen Schweiz von einem Linienbus angefahren, auf manchen Strecken passiert das allerdings nur ein- bis zweimal pro Tag (am Wochenende gar nicht). Auch muss man sich auf bestimmten Strecken auf Umsteigen samt längerer Wartezeit gefasst machen. Gut sind die Verbindungen im Stadtbusbereich und in der direkten Umgebung größerer Städte. Auch der Müritz-Nationalparkbus (S. 156) leistet gute und zuverlässige Dienste, hier können in einem Anhänger auch Räder mitgenommen werden, was in den normalen Linienbussen meist nicht möglich ist. Detaillierte Busfahrpläne für die Umgebung werden in der Regel von den jeweiligen Touristinformationen bereitgehalten (oder hängen zumindest aus), die wichtigsten Verbindungen sind im Reiseteil dieses Buches bei den jeweiligen Orten zu finden.

Mit dem Schiff: Detaillierte Angaben zu den Ausflugs- und Linienschiffen auf Müritz, Plauer See usw. finden sich in den Infoteilen der jeweiligen Orte.

Mit der Kutsche: Die Kremserfahrten (Kutschfahrten mit bis zu 20 Fahrgästen) durch den Müritz-Nationalpark erfreuen sich größter Beliebtheit. Pro Person und Fahrt muss man mit etwa 10 € rechnen. Nähere Infos unter den jeweiligen Orten.

Mit dem Fahrrad → „Mecklenburgische Seenplatte aktiv“ S. 55.

Unterwegs mit dem Hausboot → „Mecklenburgische Seenplatte aktiv“ S. 58.

Wellness und Kuren

Mecklenburgs Wohlfühlangebot ist so mannigfaltig wie kosmopolitisch – den internationalen Gesundheitstrends steht man hier in nichts nach: ob chinesische Akupunktur, orientalisches Dampfbad, fernöstliche Massage und Meditation bis hin zur guten alten Kneippkur; dazu gibt es diverse Packungen – Fango, Algen, Kreide. Viele der großen Hotels bieten ein sehr umfangreiches Wellnessprogramm. Pool, Dampfbäder und Saunalandschaft werden ergänzt durch verschiedenste exotische Anwendungen, Kosmetikbehandlungen, Badezusätze und Massagen. Die Angebote stehen meist auch Nichthotelgästen zur Verfügung. Daneben gibt es die üblichen Erlebnisbäder, alle mit einem ähnlichen Repertoire, wenn auch nicht ganz so edel wie die der großen Hotels (Näheres im Reiseteil).

Abendsonne am Warener Hafen

Mecklenburgische Seenplatte aktiv

Das „Land der Tausend Seen“ ist für Wassersportler aller Art wie geschaffen, schließlich ist es das größte miteinander verbundene Binnengewässer- und Wasserstraßengebiet Europas! Entsprechend groß ist die Beliebtheit bei Kanu- und Hausboottouristen, die hier eine riesige Auswahl an schönen Ein- und Mehrtagestouren vorfinden; manche Hausbootfahrer gehen gleich für mehrere Wochen an Bord und ab in die Natur, zu unberührten Seen und durch Kanäle und Schleusen. Doch auch Badefreunde, Wanderer und Radfahrer werden sich in der herrlich grün-blauen Wald- und Wasserlandschaft wohlfühlen. Wer ganz an Land bleiben möchte, findet drei Golfplätze und mehrere Reiterhöfe.

Angeln

Natürlich ist ein Gebiet mit rund 2000 Seen (von jeweils über einem Hektar Größe) ein Angelparadies, in dem jeder seinen Lieblingsplatz finden kann. Voraussetzung ist eine Angelerlaubnis, die entweder aus einem gültigen Fischereischein zusammen mit einer Angelkarte für das entsprechende Gewässer besteht, oder aber aus einem zeitlich befristeten Fischereischein, der an 28 aufeinanderfolgenden Tagen eines Jahres gültig ist und pro Person nur einmal im Jahr ausgestellt werden kann. Hinzu kommt auch hier die Angelkarte/Angelerlaubnis für das jeweilige Gewässer. Diese ist von Angelrevier zu Angelrevier unterschiedlich und kostet z. B. für die Müritz 10 €/Tag (30 €/Woche), Jugendliche unter 16 zahlen die Hälfte.

Der Preis für den zeitlich befristeten Fischereischein beträgt 20 €, zu beantragen ist er bei den Stadt- bzw. Gemeindeverwaltungen (z. T. auch bei den Kurverwaltungen) mehrerer Orte der Mecklenburgischen Seenplatte, u. a. in Krakow am See, Röbel und

Waren/Müritz. Mit Erteilung des zeitlich befristeten Fischereischeins wird eine Info-Broschüre ausgehändigt, der Antragsteller ist verpflichtet, sich „die notwendigen Kenntnisse zur Fischereiausübung und zum Umgang mit gefangenem Fisch anzueignen". Hierzu gehören auch die gesetzlichen Schonzeiten und Mindestmaße der gefangenen Fische.

Geangelt werden in den unzähligen Gewässern u. a. Aale, Barsche, Hechte, Karpfen, Lachse, Maränen, Schleien, Störe, Welse und Zander. Organisierte Angeltouren werden von der Fischereiorganisation Müritzfischer angeboten (www.mueritzfischer.de), hier auch Unterkünfte und Angelkarten.

Weitere Auskünfte beim **Landesanglerverband Mecklenburg Vorpommern e. V.**, hier findet man auch ein komplettes Gewässerverzeichnis (www.lav-mv.de).

Baden

Zahllose Badestellen locken zum Sprung ins erfrischende Nass, teilweise sind sie als Strandbäder mit entsprechender Infrastruktur ausgewiesen (DLRG-überwacht, Umkleiden, Toiletten, Gastronomie etc.), meist aber handelt es sich um kleine, sandige Buchten mit Liegewiese irgendwo abseits der Wege, an denen sich eine Handvoll Menschen zum gemeinsamen (Sonnen-)Bad trifft.

Sechs der offiziellen Badestellen (bzw. Badeanstalten) wurden 2008 mit der **Blauen Flagge** für besondere Sauberkeit und Umweltverträglichkeit ausgezeichnet: das Strandbad am Jörnberg in Krakow am See, das Volksbad in Waren/Müritz, der Glambecker See in Neustrelitz, in Neubrandenburg das Augustabad und das Strandbad Broda (beide Tollensesee) sowie die Badestelle am Reitbahnsee. Die offiziellen Badestellen werden in den Sommermonaten in 14-tägigem Abstand auf Verschmutzungen, Mikroorganismen etc. überprüft.

Generell ist die Wasserqualität auch in den meisten anderen mecklenburgischen Seen ausgezeichnet. Schweriner See, Neuklostersee, Güstrower Inselsee, Krakower See, Plauer See, Müritz, Kummerower See, Tollensesee und die gesamte Feldberger Seenlandschaft sowie zahlreiche andere kleine Seen wurden vom Sozial- und Gesundheitsministerium Mecklenburg-Vorpommern 2008 als „zum Baden sehr gut geeignet" bzw. „zum Baden gut geeignet" eingestuft; nicht ganz optimal schnitten Sternberger See, Dobbertiner und Goldberger See sowie der Teterower See ab, aber auch sie gelten noch als „zum Baden geeignet" (detailliert: www.gaia-mv.de/badewasser/), ein Badeverbot gibt es nirgends.

Die **Wassertemperaturen** variieren je nach Tiefe des Sees, im Sommer können sie – nach langer Aufwärmphase – bis ca. 22–24 °C ansteigen.

Hunde sind an den offiziellen Badestellen/Strandbädern verboten, wer mit felligem Begleiter baden will, muss sich ein abgelegenes Plätzchen suchen.

Relaxen am Badesee

Textilfreies Baden ist an einigen abgelegenen Badestellen üblich (aber kein Zwang), ausgewiesene FKK-Badestellen finden sich an den FKK-Campingplätzen am Plauer Werder (Nordufer des Plauer Sees), am Useriner See und am Rätzsee (beide in der Umgebung von Wesenberg).

Fahrradfahren

Radeln zählt an der Mecklenburgischen Seenplatte zu den beliebtesten Sportarten. Die Radwege sind bestens ausgebaut und beschildert, schweißtreibende Steigungen sind selten, und je nach Anspruch und Kondition ist wirklich für jeden die passende Tour dabei. Auch Teilabschnitte größerer Radrouten sind möglich, da viele Fahrgastschiffe und auch einige Busse (z. B. der Nationalparkbus des Müritz-Nationalparks) gegen geringen Aufpreis Räder mitnehmen. In jedem größeren und touristisch bedeutsamen Ort an der Mecklenburgischen Seenplatte können Fahrräder ausgeliehen werden – vom einfachen Drei-Gang-Tourenrad bis zum High-End-Mountainbike ist alles zu haben; Helm, Schloss, Gepäckträger, z. T. auch Kartenmaterial sind meist im Preis enthalten (Miete ab ca. 7 € bis 20 €/Tag), ferner können Kindersitze, Nachläufer und andere Anhänger dazugemietet werden. *Achtung*: In den fahrradtouristischen Hochburgen (z. B. Waren/Müritz) sollte man in der Hochsaison vorher reservieren, vor allem dann, wenn man ein eher hochklassiges Fahrrad ausleihen möchte.

Von den zahlreichen mehrtägigen Fahrradtouren ist vor allem der 615 Kilometer lange **Radfernweg** *Mecklenburgischer Seen-Radweg* von Lüneburg nach Usedom/Wolgast zu erwähnen, der von Plau am See über Röbel/Müritz, Waren/Müritz und durch den Müritz-Nationalpark nach Mirow, dann über Wesenberg und Neustrelitz nach Neubrandenburg führt.

Durch den Müritz-Nationalpark: mit dem Fahrrad ...

Auch der 630 Kilometer lange **Radfernweg** *Berlin–Kopenhagen* führt in einem Teilabschnitt von Fürstenberg/Havel (Brandenburg) über Neustrelitz, Waren/Müritz, Krakow am See und Güstrow mitten durch das Herz der Mecklenburgischen Seenplatte, bevor es über Rostock (und dann mit dem Schiff) nach Kopenhagen geht.

Insgesamt 666 Kilometer umfasst die *Eiszeitroute Mecklenburgische Seenplatte*, die nicht nur zu allen wichtigen Hinterlassenschaften der letzten Eiszeit führt, sondern auch wunderbare landschaftliche Impressionen bietet; unterteilt ist die Route in mehrere kleine Etappen von 30–70 Kilometern Länge, die man gut an einem Tag schaffen kann, sowie einige zwei- bis vier-tägige Rundtouren (nähere Infos unter www.eiszeitroute.com).

Zu den schönsten Radtouren zählen die See-Umrundungen, z. B. um den **Tollensesee** (35 km, S. 234) oder – für besonders sportliche Naturen – der **Müritz-Rundweg** (86 km, ab S. 161); hier empfehlen wir allerdings die etwas entspanntere Zwei-Tages-Variante. Auch die **Rundtour um den Krakower See** (35 km, S. 105) ist bequem an einem Tag zu schaffen.

Tipps **Radeln im Land der Tausend Seen**, die überaus nützliche, kostenlose Broschüre des Tourismusverbands Mecklenburg-Vorpommern, enthält 18 detaillierte Tourenvorschläge inkl. Karten. Zu bestellen unter www.mecklenburgische-seenplatte.de, Stichwort „Radellust", oder beim Tourismusverband Mecklenburgische Seenplatte e. V., Turnplatz 2, 17207 Röbel/Müritz, ✆ 039931-5380, 📠 039931-53829.

Weitere Infos beim **Allgemeinen Deutschen Fahrrad-Club** (ADFC). ADFC Bundesverband, Postfach 107747, 28077 Bremen, ✆ 0180-5003479, 📠 0421-3462932, www.adfc.de oder www.bettundbike.de.

Golf

Die günstige Lage zwischen Berlin und Hamburg, vergleichsweise gutes Wetter, die herrliche Natur rundherum und schmucke neue Anlagen: Mecklenburg ist auch bei Golfern beliebt. Neben den zahlreichen Greens mit (mehr oder weniger) Meerblick gibt es auch ein paar Plätze auf der Seenplatte, gewissermaßen mit Süßwasserblick. Die mit Abstand größte Anlage ist mit bemerkenswerten drei (!) 18-Loch- und zwei 9-Loch-Plätzen samt Club und riesiger Driving-Range der *Golf & Country Club Fleesensee* am gleichnamigen See bei Malchow (www.golfclub-fleesensee.de). Verkehrsgünstig für die Landeshauptstädter, aber auch recht hübsch in der Landschaft liegt wenige Kilometer östlich des Schweriner Sees *Winstongolf* mit einem 18-Loch- und einem 9-Loch-Platz, Driving-Ranges usw. (www.winstongolf.de). Über jeweils einen 18-Loch- und 9-Loch-Platz verfügt auch die Golfanlage des *Golfhotels*

Schloss Teschow bei Teterow in der Mecklenburgischen Schweiz (www.schloss-teschow.de). Malerisch am südöstlichen Ufer des Tollensesees liegt schließlich die 9-Loch-Anlage des *Golfclubs Mecklenburg-Strelitz* (www.gc-mst.de). Zentrale Webseite für Golfer: www.golf-mv.de.

Reiten

Die Zahl der Reiterhöfe auf der Mecklenburgischen Seenplatte ist enorm, 280 gibt es in ganz Mecklenburg-Vorpommern. Das Angebot reicht vom Ponyreiten für Kinder bis zum Dressurtraining mit eigenem Pferd. Einer der größten (und schönsten) Reiterhöfe ist der *Alte Landsitz* in Sommerstorf (S. 255) am Rand der Mecklenburgischen Schweiz: ein Idyll mit 17 Hektar Koppeln, 70 Boxen (auch Gastboxen), Reithalle, Turnier- und Dressurplatz sowie Reitunterricht und geführten Ausritten. Weitere Informationen und Adressen zu Reiterhöfen unter www.reiten-in-mv.de, hier kann man auch nach bestimmten Ausstattungsmerkmalen suchen.

Segeln/Surfen

Vor allem die großen Seen wie der Schweriner See, Plauer See, Kummerower See und natürlich die Müritz eignen sich, entsprechende Windverhältnisse vorausgesetzt, gleichermaßen für Segler und Surfer. Segelschulen gibt es u. a. in Schwerin und Umgebung (S. 65), im Land Fleesensee (S. 123), in Waren/Müritz (S. 129), in Röbel (S. 169) und in Zielow (S. 172). Teilweise werden auch Jollen bzw. kleinere Segelboote verchartert. Surfer kommen in den Schulen bzw. bei den Brettverleihern in Land Fleesensee (S. 123) und Waren (S. 129) auf ihre Kosten.

Tauchen

Warum nicht auch die Unterwasserwelt der mecklenburgischen Seen erkunden? Gelegenheit dazu bieten u. a. die Tauchbasen von Raben Steinfeld am Südufer des Schweriner Sees (S. 81) und die des Inselhotels Brückentinsee südlich von Neustrelitz (S. 206).

Wandern

Von den drei sportlichen Fortbewegungsarten – Wasser- und Radwandern sowie Wandern im eigentlichen Sinne – findet Letzteres am wenigsten Beachtung. Das liegt natürlich vor allem an der außerordentlichen Attraktivität der hiesigen Wasserwanderwege und Radwegenetze. Die Mecklenburgische Seenplatte erweist sich aber ebenso als formidables Wanderrevier. Dabei sind es vor allem der Nationalpark Müritz und die Naturparks, die passionierte Wanderer anziehen werden. Fünf der schönsten Wanderungen in der Mecklenburgische Seenplatte haben wir in diesem Buch detailliert beschrieben und gps-kartographiert.

... oder dem Kanu

Eine der beliebtesten und schönsten Wanderungen Mecklenburgs führt von

Waren durch den Nationalpark zum *Müritzhof* (S. 135). Eine weitere ungemein attraktive, aber etwas längere Tour ist die *Rundwanderung bei Feldberg* via Carwitz und rund um den Schmalen Luzin (S. 216). Ebenfalls im Nationalpark führt von Waren aus eine Wanderung rund um die *Feisneck* (S. 138) sowie eine Rundtour von *Ankershagen zum Havel-Quellgebiet* (S. 146). Nördlich von *Wesenberg* schließlich verläuft eine Rundwanderung zum Großen Labussee (S. 193). Wer sich weiterführend über die Wandermöglichkeiten im Nationalpark informieren möchte, dem sei die Publikation *Wandern im Müritz-Nationalpark* empfohlen, herausgegeben vom Nationalparkamt (2004, 12 €).

Wasserwandern

Ob kleine zweistündige Paddeltour, eine Mehrtagesreise im Kanu mit Biwakieren oder ein Zweiwochentörn im voll ausgestatteten Hausboot: Ohne Wandern auf dem Wasser bleibt ein Besuch der Mecklenburgischen Seenplatte unvollständig – schließlich befinden Sie sich hier in Europas größtem zusammenhängendem Wassersportrevier! Die Region ist ein Paradies für Naturliebhaber und Einsamkeitssuchende, zahllose Wasserrouten führen in eine herrliche intakte Flora und Fauna, die in Deutschland ihresgleichen sucht.

Herzstück des Wasserwander-Reviers ist der Müritz-Nationalpark. Durch dieses Schutzgebiet führen gleich zwei der **schönsten und beliebtesten Kanutouren** der Mecklenburgischen Seenplatte: zum einen die „Alte Fahrt", wie der Abschnitt zwischen Mirow und der Bolter Schleuse heißt, zum anderen die Strecke von Kratzeburg auf der Oberen Havel zum Großen Labussee – für beide gelten besonders strenge Schutzbestimmungen, die u. a. das Anlanden außerhalb der vorgesehenen Rastplätze verbieten. Ebenso geben in einigen Bereichen Bojen die Fahrrinne vor.

Daneben gibt es aber noch eine Vielzahl vielleicht nicht ganz so prominenter Routen, die den obigen in Sachen Naturerlebnis aber in nichts nachstehen. Zur Paddeltour locken beispielsweise ganz im Westen der Seenplatte Bresenitz, Mildenitz, Sternberger See und die Warnow (mündet bei Rostock in die Ostsee). In der Mitte der Seenplatte sind es die Großseen Plauer See, Müritz-Elde-Wasserstraße, Fleesensee, Kölpinsee und Müritz, die Kleinseen um Wesenberg und von Mirow bis hinunter nach Rheinsberg (Neubrandenburg). Und im Osten schließlich ist es die besonders schöne Feldberger Seenlandschaft, um nur einen groben Überblick zu geben.

Kanu (Kajak oder Kanadier): Bei Anmietung erfolgt eine ausführliche Einweisung durch den Vermieter, bei der auch über Routen, Umtragestellen, Schleusen, Wasserwanderrastplätze, Campingplätze usw. informiert wird. Etwa 15 Kilometer sind als Tagesetappe auch für Neupaddler gut zu schaffen. Die Preise für ein 1er-Wanderkajak beginnen bei ca. 18 €/Tag, der 2er-Kajak kostet um 30 €/Tag, ein 4er-Kanadier etwa 35 €. Im Preis enthalten sind Paddel, Schwimmwesten und wasserdichter Packsack bzw. Gepäcktonne sowie meist eine Wasserwanderkarte. One-Way-Touren mit Abholung durch den Vermieter sind gegen Aufpreis möglich, ebenso geführte Touren (meist Mindestteilnehmerzahl), die aber vorher angemeldet werden müssen. Generell sollte man für die Wochenenden im Sommer das Boot rechtzeitig reservieren! Im Reiseteil dieses Buchs sind zahlreiche Verleihstationen mit genauen Preisangaben aufgelistet.

Hausboote und Motoryachten: Seit einigen Jahren gilt auf fast allen Gewässern der Mecklenburgischen Seenplatte die sog. *Charterscheinregelung*, das heißt: Fahren ohne Führerschein ist erlaubt! Ganz ohne Auflagen geht das jedoch nicht, Voraussetzung ist eine mindestens dreistündige Einweisung durch den Vercharterer, auch darf das zu steuernde Hausboot (bzw. die Motoryacht) maximal 15 Meter lang sein und eine Geschwindigkeit von zwölf Stundenkilometern nicht überschreiten. Für die Übernachtung bieten zahlreiche Marinas, Sportboothäfen, Campingplätze und Wassersportvereine gegen Gebühr Liegeplätze an. *Achtung*: Im Müritz-Nationalpark sind motorisierte Boote verboten.

Eine Liste der Anbieter findet sich u. a. unter www.mv-maritim.de (s. unten).

Segelyachten: Werden deutlich weniger vermietet als Hausboote und Motoryachten, am ehesten wird man an der Müritz fündig. Führerscheinfrei zu segeln sind sie bis zu einer Größe von maximal 12 Quadratmeter Segelfläche und einer Antriebsleistung von maximal 5 PS. Alles darüber erfordert den „Sportbootführerschein Binnen". Im eigenen Interesse sollte man über die nötige Erfahrung verfügen, um sich eine Segelyacht zu mieten, die so idyllisch wirkende Müritz kann ganz plötzlich mit mächtigen Windstärken aufwarten – wer sich da nicht auskennt, für den wird es gefährlich.

Eine Liste der Anbieter findet sich u. a. unter www.mv-maritim.de (s. unten).

Aktiv entschleunigt: mit dem Hausboot auf der Kleinseenplatte

Weiterführende Informationen

Das Blaue Paradies und **Paddeln im Land der Tausend Seen**, zwei kostenlose Broschüren, die ausführliche Infos zum Wasserwandern auf der Mecklenburgischen Seenplatte bieten – die Letztere wasser- und reißfest und mit 14 detaillierten Tourenbeschreibungen und Karten. Zu bestellen unter www.mecklenburgische-seenplatte.de, Stichwort „Katalogbestellung", oder beim Tourismusverband Mecklenburgische Seenplatte e. V., Turnplatz 2, 17207 Röbel/Müritz, ✆ 039931-5380, 📠 039931-53829.

Nützliche Webseiten: Unter *www.mv-maritim.de* findet man alle Anbieter zum Thema Wasserwandern auf der Mecklenburgischen Seenplatte sowie konkrete Routenvorschläge und Infos zu Wasserwanderrastplätzen usw.

www.flussinfo.net bietet sehr ausführliche Beschreibungen der Paddelreviere der Mecklenburgischen Seenplatte mit Liste der Vermieter, Literatur- und Kartentipps, Infos zu Schleusen, Wasserwanderrastplätzen, Tourvarianten, Übernachtungs- und Einkaufsmöglichkeiten usw.

Karten: *Wassersport-Wanderkarte Nr. 6*, Deutschland – Nordost (1:450.000) und *Mecklenburgischen Seenplatte* (1:100.000), Verlag Jübermann, Uelzen, 7. Aufl. 2008. Wasser- und reißfest, 9,60 € plus Versandkosten.

1000 Seen und ein kleines Meer

Demmlers Meisterwerk: das prächtige Schloss aus der Vogelperspektive

Schwerin

ca. 96.000 Einwohner

Blau und Grün sind die dominierenden Farben der faszinierenden Landeshauptstadt Mecklenburg-Vorpommerns. Idyllisch liegt Schwerin zwischen sieben von Wald und Parklandschaften gesäumten Seen. Eine hübsche Altstadt, ein eindrucksvoller Dom und nicht zuletzt das berühmte, prächtige Schloss auf einer Insel lohnen unbedingt einen Zwischenstopp.

Das städtische Leben Schwerins ist von seinem Status als kleinste Landeshauptstadt Deutschlands geprägt. Großstädtische Hektik kommt hier kaum auf, sogar das Regierungsviertel gibt sich recht beschaulich. Nichtsdestotrotz präsentiert sich die Stadt geradezu weltläufig, nicht nur wegen der repräsentativen Gebäude aus herzoglicher Zeit, sondern auch wegen der allgegenwärtigen Betriebsamkeit der aktuellen Landespolitik.

Schwerins ganzer Stolz ist das prachtvolle, von Wasser umgebene Schloss, unter anderem auch der Sitz des Landtags. Südlich davon erstreckt sich der weitläufige, von Kanälen durchzogene Schlosspark, Hauptausstellungsfläche der *Bundesgartenschau 2009*. Zwischen Schloss, Marienplatz und Pfaffenteich verläuft das kleine Gassengewirr der Altstadt, in dessen Mitte sich der sehenswerte Markt befindet und wo der Dom, ein markantes Beispiel norddeutscher Backsteinarchitektur, sich über die Dächer der Stadt erhebt. Nördlich der Altstadt säumt ein repräsentatives Gebäudeensemble den Pfaffenteich, die „Binnenalster" Schwerins.

Geschichte

Die Geschichte Schwerins beginnt auf der kleinen Burginsel, die mindestens ab 600 n. Chr. von den slawischen Obotriten bewohnt war. Erste verlässliche Daten über die Gegend stammen von 973, in einer Chronik des Bischofs *Thietmar von Merseburg* ist im Jahr 1018 erstmals konkret von „Zuarin" (slawisch für „Tiergebiet") die Rede.

Als Stadtgründer jedoch ging *Heinrich der Löwe* (1129–1195) in die Geschichte ein, sein Reitersiegel ziert heute nicht nur das Stadtwappen, man begegnet dem Welfenfürsten auch in der Stadt selbst: z. B. als Löwe auf dem Marktplatz oder als kleine goldene Reiterfigur auf dem Rathaus, Letztere übrigens ist das Wahrzeichen Schwerins. Heinrich besiegte im Jahr 1160 den Obotritenfürsten *Niklot* (1125–1160) und nahm ganz Mecklenburg ein. Als Statthalter der neuen Stadt ernannte er *Gunzelin von Hagen* (gest. 1185), bald darauf errichtete der Welfenfürst das Bistum Schwerin, 1171 wurde der Dom geweiht. Zwar blieb die Stadt über die Jahrhunderte ein bedeutender Bischofssitz, wirtschaftlich aber stand sie bald im Schatten der neuen Hansestädte Wismar und Rostock.

Schwerin
Karte S. 69

Nachdem die Linie Gunzelins 1358 ausgestorben war, kaufte *Albrecht II.* (1318–1379), ein Nachfahre Niklots, die Stadt zurück, die damit wieder in den Besitz der alten mecklenburgischen Fürsten fiel. Eine erste Blüte erlebte Schwerin unter Herzog *Johann Albrecht I.* (1525–1576), der – ganz im Stil eines Renaissancefürsten – Kunst, Kultur und Wissenschaft um sich scharte; Johann Albrecht ließ das Schloss, damals kaum mehr als eine einfache Burg, zu einem repräsentativen Renaissancebau umgestalten und führte Schwerin dem lutherischen Glauben zu. Der Dreißigjährige Krieg hinterließ in ganz Mecklenburg tiefe Spuren, hinzu kamen eine Pestepidemie und in Schwerin im Jahr 1651 ein verheerender Großbrand, der die wenigen vom Krieg verschonten Häuser der Stadt vollends zerstörte.

Zu neuer Blüte gelangte die Stadt in den 1830er und 1840er Jahren, als Schwerin zu einer repräsentativen Residenzstadt ausgebaut wurde, eine Zeit, die besonders mit einem Namen verbunden ist: *Georg Adolph Demmler* (1804–1886).

Mehr als nur der Architekt Schwerins: Georg Adolph Demmler (1804–1886)

Der 1804 in Berlin geborene spätere Hofbaumeister Mecklenburgs machte nicht nur als Architekt von sich reden. Seit seinen Studientagen war er Freimaurer. Er engagierte sich schon früh in den liberal-demokratischen Zirkeln Schwerins und forderte eine Verfassung für das Fürstentum, die aber bis 1919 auf sich warten ließ. Ungewöhnlich für einen Liberalen des 19. Jh. war Demmlers Eintreten für die Arbeiterschaft – etwa seine Initiative für die Einrichtung einer Kranken- und Unfallversicherung für die Arbeiter des Schlosses oder sein Einsatz für eine Erhöhung der Bezüge von Handwerksgesellen.

Seine politischen Überzeugungen bescherten ihm 1850 jedoch das vorzeitige Ende der Karriere. Der Hof verbat sich seine Einflussnahme und beschied Demmler, er habe „sich fortan von politischem Treiben fern zu halten und sich zu freuen (...), daß der Betrieb der Politik zu seinem Berufe nicht gehöre." Den Knebel ließ sich Demmler nicht anlegen, er trat von seinem Amt zurück. Nach ein paar Jahren im Ausland kehrte er nach Schwerin und in die Politik zurück. Er wandte sich der Sozialdemokratie zu und wurde 1877 in den Reichstag gewählt. Erst kurz vor seinem Tod 1886 zog sich Demmler aus der Politik zurück.

Städtebauliche Erweiterungen erfolgten vor allem mit dem Anschluss der Schelfstadt, dem Gebiet nördlich der Altstadt, im Jahr 1832. Hier hatte sich bereits im 11. Jh. eine Fischersiedlung, die Anfang des 18. Jh. auf herzogliche Anweisung zur eigenen Stadt ausgebaut wurde. Im 19. Jh. wurde Schwerin mit der *Paulsstadt* nach Nordwesten erweitert, ebenso wurde das Pfaffenteichufer bebaut. Von der Reichsgründung 1871 bis zum Ersten Weltkrieg erlebte Schwerin einen anhaltenden wirtschaftlichen Aufschwung.

Im Zweiten Weltkrieg blieb die Schweriner Innenstadt von den alliierten Bombardements relativ verschont. Am 2. Mai 1945 wurde die Stadt von amerikanischen Truppen befreit, nur wenige Stunden zuvor war noch ein letztes Opfer des NS-Regimes am Bahnhofsplatz gehängt worden: die Lehrerin Marianne Grunthal, deren Namen der Platz heute trägt. Innerhalb weniger Wochen wurden die Amerikaner von englischen Truppen und diese bald von sowjetischen Truppen abgelöst. Als Bezirksstadt in der DDR erlebte Schwerin erneut eine rege Bautätigkeit; so ließen der Ausbau der Weststadt und der Neubau der Stadtteile Lankow und Großer Dreesch die Einwohnerzahl erstmals auf über 100.000 steigen. 1990 einigte man sich auf Schwerin als Hauptstadt des neuen Bundeslandes Mecklenburg-Vorpommern. Heute ist Schwerin die kleinste Landeshauptstadt Deutschlands.

Information/Verbindungen/Aktivitäten

• *Information* **Touristinformation**, am Markt mitten im Zentrum; vielfältige Informationen und Zimmervermittlung, Stadtführungen (→ unten), Kartenvorverkauf, Fahrradverleih. April bis Sept. Mo–Fr 9–19 Uhr, Sa/So 10–18 Uhr, Okt. bis März Mo–Fr 9–18 Uhr, Sa/So 10–16 Uhr. Am Markt 14, 19055 Schwerin, ✆ 0385-5925212, ✆ 0385-555094, www.schwerin.com.

Im Nebenraum des Infobüros ist eine kleine Ausstellung mit historischen Stadtansichten von Schwerin zu sehen („Demmler-Ausstellung").

Schwerin-Ticket
Zahlreiche Vergünstigungen, u. a. freie Fahrt mit Stadtbus und Straßenbahn, kostenloser Aufstieg auf den Domturm sowie Ermäßigungen auf Stadtführungen und den Besuch der Schweriner Museen (ca. 30 %), zudem Ermäßigungen für den Fahrradverleih der Touristinformation und die Weiße Flotte (→ unten). Kosten: 1 Tag 5 € (2 Tage 7 €), Kinder unter 14 Jahren 3 € (2 Tage 4 €). Erhältlich in der Touristinformation und am Ticketschalter des Schweriner Nahverkehrs am Marienplatz.

• *Verbindungen* **Bahn**: ca. stündl. nach Güstrow (z. T. mit Umsteigen in Bad Kleinen oder Rostock), ab Güstrow gute Verbindungen nach Waren und Neubrandenburg. 5–21 Uhr ca. stündl. von und nach Berlin Hauptbahnhof, meist mit Umsteigen in Ludwigslust, ab dort IC (Fahrtdauer ca. 2,5 Std.). Hauptbahnhof am Grunthalplatz im nördlichen Zentrum.

Bus/Straßenbahn: Verkehrsknotenpunkt für Busse und Straßenbahnen sind der Marienplatz und Bahnhofsplatz. Bus Nr. 14 fährt vom Marienplatz zur Jugendherberge, die Straßenbahnen auch in die Außenbezirke. Einfache Fahrt 1,50 €, Tagesticket 4,60 €. Näheres unter www.nahverkehr-schwerin.de.

Pfaffenteichfähre: nur April bis Okt. Mo–Fr 8.40–13 und 13.30–16.50 Uhr, Sa/So kein Verkehr, Abfahrten nach Bedarf; die Fähre spart ein gutes Stück Weg zwischen Hauptbahnhof und Schelfstadt. Einfache Fahrt 1 €, Kinder die Hälfte.

Parken: diverse Parkhäuser im Zentrum, u. a. Parkhaus beim Schlossparkcenter am Marienplatz, mit 1100 Plätzen das größte der Stadt (ca. 1 €/Std.) und Parkhaus am Schloss (1 €/Std.), sowie Parkplatz in der Grünen Straße (1 €/Std.).

Taxis: u. a. am Hauptbahnhof, Marienplatz, am Alten Garten und am Markt.

• *Stadtführungen* Tägl. 11 Uhr, Treffpunkt vor der Touristinformation, Dauer ca. 1½ Std. (mit Schloss, Altem Garten, Theater, Markt, Dom), 4,50 €/Pers. „Nachtwächterführung" von April bis Sept. jeden Fr/Sa 20.30 Uhr (Okt. bis April nur Fr 18 Uhr), 4,50 €/Pers. Anmeldung bei der Touristinformation, hier auch Auskünfte zu thematischen Sonderführungen.

• *Stadtrundfahrten* **Petermännchen**, einstündige Rundfahrten mit dem Touristen-

Schwerin
Karte S. 69

Die idyllische Seite der Landeshauptstadt: am Schweriner See

Bähnchen, u. a. durch die Altstadt und den Schlossgarten bis zur Schleifmühle, mit Erläuterungen, Abfahrt am Markt, April bis Okt. tägl. 10.30, 12.30, 14, 15.30 Uhr, Erw. 7 €, Kinder bis 14 J. 3,50 €. ✆ 0385-65800, www.petermaennchen-stadtrundfahrten.de.

Doppeldecker-Bus, ab Anlegestelle der Weißen Flotte tägl. zwischen 10 und 19 Uhr alle 90 Min., durch die Schelfstadt und entlang dem Pfaffenteich, dann zum Ostdorfer See (und Schleifmühle). Dauer ca. 1 Std. 8 €/Pers., erm. 4 €. Infos unter ✆ 0385-5577737, www.schwerinerstadtrundfahrt.de.

• *Autovermietung* *Europcar*, Grevesmühler Str. 18, 19057 Schwerin, ✆ 0385-485180; *Avis*, Wittenburger Str. 120, 19059 Schwerin, ✆ 0385-761000; *Hertz*, Bremsweg 1, 19057 Schwerin, ✆ 0385-4875555; *Sixt*, Carl-von-Linde-Str. 4, 19061 Schwerin, ✆ 0385-614172.

• *Fahrradverleih* U. a. beim **Fahrraddoktor** in der Puschkinstr. 49 (Nähe Markt), Tourenrad 10 €/Tag. Mo–Fr 8–19 Uhr, Sa 10–16 Uhr, im Winter nur Mo–Fr 10–18 Uhr. Unbedingt vorher anrufen, ✆ 0385-5936270.

• *Bootsausflüge* **Weiße Flotte**, von Mai bis September diverse Touren über den Schweriner See (Innen- und Außensee), Heidensee und Ziegelsee. Fahrten mind. 1-mal tägl., die kleineren Touren ca. stündl. zwischen 10 und 17.30 Uhr in der Hauptsaison, sonst 11.30–16.30 Uhr, von Anfang Nov. bis Ende März keine Touren. Erw. 9,50–13 €, Kinder unter 14 J. 2 €, Kind unter 6 J. frei, Hunde 2,50 €. Auch 3-mal tägl. Fahrten nach Zippendorf (3 €) und Frankenhorst (6 €). Broschüren mit den detaillierten Routen bei der Touristinformation oder beim Anleger der Weißen Flotte (gegenüber vom Schloss). Werderstr. 140, 19055 Schwerin, ✆ 0385-557770, ℻ 0385-5577711, www.weisseflotteschwerin.de.

• *Sport* **Golf**, ca. 10 km von Schwerin, 27-Loch-Anlage *WINSTONgolf* in Vorbeck an der Ostseite des Schweriner Sees. Greenfee 18 Loch 51 € (Wochenende/Feiertage 61 €). Golfschule (Einsteigerkurs 49 €/halber Tag), Equipment-Verleih. Restaurant. Kranichweg 1, 19065 Vorbeck, ✆ 03860-5020, ℻ 03860-502222, www.winstongolf.de.

Segeln, *Segelclub Schlossbucht Schwerin*, am Südufer des Schweriner Sees. 90 Liegeplätze, auch Gastlieger willkommen. Franzosenweg 19 a, 19061 Schwerin, ✆ 0385-7588816, www.scsschwerin.de.

Segelschule Petermännchen, im nördlich gelegenen Vorort Seehof neben dem Campingplatz *Ferienpark Seehof* (Zufahrt aber nicht über den Camping, sondern im Ort abbiegen). Grundkurse, Optimistenkurse und Scheine, auch Kajak-, Ruder- und Segelbootverleih. Geöffnet April bis Okt. Infos unter ✆ 03860-8079 oder 0172-3807408, ℻ 0385-

5815245. Postanschrift: Seestr. 18, 19065 Pinnow, www.segeln-schwerin.de.

belasso, riesiger Sport- und Wellnesstempel vor den Toren Schwerins mit Fitnessareal, Tennis-, Squash- und Badmintonplätzen, Kletterwand, Tischtennis und Bowling, Aerobic-/Yoga-/Pilates-Kurse, Kinderturnen, Sauna, Massagen, Kosmetik. Mit Restaurant. Tägl. 9–23 Uhr (Fitness nur bis 21.30 Uhr, Sa/So nur bis 20 Uhr). *Anfahrt:* vom Zentrum Schwerins die B 106 in südliche Richtung nehmen, in Krebsförden geht es rechts ab (Gewerbegebiet). Ellerried 74, ✆ 0385-4850000, 📠 0385-4850048, www.belasso.de.

Einkaufen/Feste/Veranstaltungen

• *Einkaufen* Shoppingmeilen der Stadt sind die Fußgängerbereiche in der Puschkinstraße zwischen Markt und Schlossstraße sowie die Friedrichstraße, die Schmiedestraße und die Mecklenburger Straße. Größtes Einkaufszentrum Schwerins ist die 120 Geschäfte auf drei Ebenen umfassende **Schlosspassage** am Marienplatz, bis 20 Uhr geöffnet.

Eine kleine, aber bemerkenswert gut sortierte Buchhandlung für Regionalia und Belletristik ist die **Buchhandlung Benno Schoknecht** in der Schlossstr. 20, ✆ 0385-565804.

Antiquarische Bücher nicht nur zur Stadt bietet das Schweriner Antiquariat, 2. Enge Straße 3, ✆ 0385-562912, www.schweriner-antiquariat.de.

Kleiner **Wochenmarkt** Mi und Fr Vormittag (bis ca. 15 Uhr) am Schlachtermarkt.

• *Feste/Veranstaltungen* **Schlossfestspiele Schwerin**, große Open-Air-Oper alljährlich von Anfang Juli bis Anfang/Mitte August im Alten Garten, den eindrucksvollen Rahmen bilden das Staatstheater, das Staatliche Museum und nicht zuletzt das nahe gelegene Schloss. Die Schlossfestspiele gibt es seit 1993, gespielt werden Klassiker meist von Verdi, neuerdings auch Mozart usw. Aufführungen jeden Do bis So 21 Uhr, Tickets 49–69 €. Ticket-Hotline ✆ 0385-5300123 oder im Internet unter www.theater-schwerin.de.

Freilichtbühne Schwerin, im Sommer zahlreiche Konzerte, Open-Air-Kino und andere Veranstaltungen; aktuelles Programm bei der Touristinformation oder unter www.freilichtbuehne-schwerin.de. Die Freilichtbühne liegt im Schlossgarten, zwischen Finanzamt und Schleifmühle.

Schweriner Kultursommer, Mitte Juni bis Ende August mit Veranstaltungen in der gesamten Innenstadt: Ausstellungen, Theater, Musik, Kabarett, Lesungen, Lichtinstallationen usw. Ausführliches Programm bei der Touristinformation.

Fünf-Seen-Lauf, jährlich am 1. Samstag im Juli, der größte Volkslauf in Mecklenburg-Vorpommern. Sportliche haben die Wahl zwischen Strecken von 10, 15 oder 30 Kilometern. Rahmenprogramm mit viel Kulinarischem, abends Ball. Anmelden kann man sich unter www.fuenf-seen-lauf.de.

Drachenboottage, alljährlich in der 2. Augusthälfte, an die 100 Drachenboot-Teams treten hier zum Rennen auf dem Pfaffenteich an.

• *Theater* Das **Mecklenburgische Staatstheater** erfreut sich weit über die Stadtgrenzen hinaus großer Beliebtheit, der repräsentative Prachtbau gegenüber dem Schloss entstand in den Jahren 1883–1886. Im Großen Haus Schauspiel, Oper und Ballett. Tickets an der Theaterkasse Di–Fr 10–18 Uhr, Sa 10–13 Uhr oder ab 1 Std. vor Vorstellungsbeginn, zudem unter ✆ 0385-5300123, 📠 0385-5300129, www.theater-schwerin.de.

Zum Staatstheater gehören als zweite wichtige Bühne das **E-Werk** am Spieltordamm 1 an der Nordseite des Pfaffenteiches (→ oben) sowie die **Fritz-Reuter-Bühne**, hier hauptsächlich plattdeutsche Komödien, Lustspiele und Schwänke. Alter Garten 2, ✆ 0385-5300194, 📠 0385-5300284, www.fritzreuterbuehne.de.

Der Speicher, soziokulturelles Zentrum und Kleinkunstbühne in der Schelfstadt. Konzerte (viele Ostbands), Lesungen, Kabarett, Filmabende usw. Röntgenstr. 22, ✆ 0385-512105, www.schwerin.de/speicher.

Übernachten (Karte S. 69)

Niederländischer Hof (2), edles Ambiente in historischem Gebäude am Pfaffenteich, sicherlich eine der besten Adressen der Stadt. 33 Zimmer (und 6 Suiten) im sog. „englischen" Stil, die modernen Badezimmer sind mit Marmor ausgekleidet. Einladende Bibliothek und Feinschmeckerrestaurant (→ unten) im Haus. EZ 87–113 €, DZ

119–154 €, Suite/Appartement 141–166 €, jeweils inkl. Frühstück. Alexandrinenstr. 12–13, 19055 Schwerin, ✆ 0385-591100, 📠 0385-59110999, www.niederlaendischer-hof.de.

Weinhaus Wöhler (6), zu dem bekannten Lokal (→ unten) am Rand der Schelfstadt gehören auch sieben DZ in historischem Gemäuer: DZ je nach Größe und Ausstattung 80–90 €, Suite 110–120 €, Appartement 130–160 €, jeweils inkl. Frühstück. Puschkinstraße 26, 19055 Schwerin, ✆ 0385-555830, www.weinhaus-woehler.com.

Alt Schweriner Schankstuben (9), zentrale Lage am Schlachtermarkt – einer der idyllischsten Plätze der Stadt. 16 solide Zimmer, mit Restaurant (→ unten). EZ 59 €, DZ 84–94 €, Vierbettzimmer (für Familien) 140 €, jeweils inkl. Frühstücksbuffet. Halbpension 15 €/Pers. Hunde erlaubt. Am Schlachtermarkt 9–13, 19055 Schwerin, ✆ 0385-5925313, 📠 0385-5574109, www.schankstuben.de.

Pension am Theater (14), neben dem Staatstheater, ebenfalls sehr zentral gelegen. Schönes Ambiente, 19 modern-komfortabel eingerichtete Zimmer (davon ein Einzel), EZ 52–63 €, DZ 69–85 €, jeweils inkl. Frühstück. Wer länger bleiben möchte, kann auch eine 2-Zimmer-**Ferienwohnung** zum Wochenpreis von 350 € mieten. Theaterstr. 1–2, 19055 Schwerin, ✆ 0385-593680, 📠 0385-5936811, www.pensionamtheater.m-vp.de.

Zur guten Quelle (12), etwas einfacheres Ambiente in einem historischen Fachwerkhaus im Herzen der Altstadt, nur wenige Meter vom Markt entfernt. Freundlich. Gutbürgerliches Restaurant, im Sommer mit Hofbetrieb. EZ 53 €, DZ 75 €, Dreibettzimmer 91 €, jeweils inkl. Frühstück. Schusterstr. 12, 19055 Schwerin, ✆ 0385-565985, 📠 0385-5007602, www.zur-guten-quelle.m-vp.de.

Jugendherberge Schwerin (17), etwas trostloser 91-Betten-Bau mitten im Wald, aber ganz nette Lage zwischen Schweriner See und Faulem See. Übernachtung im Mehrbettzimmer für alle unter 27 Jahren 16,15 €, Senioren (über 27 Jahre) zahlen 19,15 €, DZ 35–40 €, jeweils inkl. Frühstück. Halbpension 4 €, Vollpension 6,50 €/Person. Jugendherbergsausweis ist obligatorisch. Im Sommer sollte man ca. 1 Woche vorher reservieren. *Anfahrt*: Vom Schlossgarten der noblen Schlossgartenallee in südöstliche Richtung folgen (Beschilderung NDR, dann auch Jugendherberge); mit **Bus Nr. 14** ab Marienplatz im Zentrum bis zur Endhaltestelle. Waldschulweg 3, 19061 Schwerin, ✆ 0385-3260006, 📠 0385-3260303, www.djh-mv.de, jh-schwerin@djh-mv.de.

Am Pfaffenteich

• *Außerhalb* **Hotel Speicher am Ziegelsee (1)**, edel-gemütliches Ambiente in einem sorgfältig restaurierten Getreidespeicher aus dem Jahr 1939, etwas einsam auf weiter Flur und direkt am Ziegelsee gelegen, knapp 2 km außerhalb der Innenstadt. 79 Zimmer auf insgesamt acht Stockwerken, geschmackvolle Einrichtung mit Korbmöbeln und Terrakotta, im EG Lobby mit Kamin und Bar, das Gourmet-Restaurant *aurum* und eine Terrasse direkt am See. Sauna. Für das Gebotene nicht zu teuer: EZ 75–90 €, DZ 95–120 €, Appartement 120–130 €, jeweils inkl. Frühstück. *Anfahrt*: von der Innenstadt der Werderstraße stadtauswärts folgen (Richtung Wismar/B 104), dann links ab (ausgeschildert). Speicherstr. 11, 19055 Schwerin, ✆ 0385-50030, 📠 0385-5003111, www.speicher-hotel.de.

Seehotel Frankenhorst, Best-Western-Hotel in herrlicher Lage am nördlichen Ausläufer des Ziegelsees, weitläufiges Gelände, das Hotel ist auf mehrere Gebäude verteilt, Wellnessbereich, Badestelle mit kleiner Marina (und Anleger der Weißen Flotte), Restaurant mit Wintergarten und Terrasse (mittags und abends geöffnet). Stilvolles Foyer mit Bar, daneben befindet sich die Hans-Franck-Bibliothek (der Schriftsteller hatte in dem Haus gewohnt). 46 komfortable Zimmer, EZ 69–86 €, DZ 73–120 €, inkl. Frühstück. Haustiere erlaubt. *Anfahrt*: von Schwerin Richtung Seehof (B 106), bei Wickendorf rechts ab, dann wieder rechts, beschildert. Frankenhorst 5, 19055 Schwerin, ☎ 0385-592220, 📠 0385-59222145, www.seehotel.bestwestern.de.

• *Camping* **Ferienpark Seehof**, schöner, ruhig am See gelegener Campingplatz bei der gleichnamigen Ortschaft nördlich von Schwerin. Mit Gaststätte, Fahrradverleih, eigenem Seestrand und Bootsanleger, nebenan die Segelschule Petermännchen (→ oben). Erw. 5 €, Kinder (2–14 Jahre) 3,50 €, Auto 2 €, Zelt 4–6 €, Wohnmobil (inkl. 2 Pers. und Strom) 27 €. Auch Mietzelte, Wohnmobile und Bungalows. Ganzjährig geöffnet. Am Zeltplatz 1, 19069 Seehof ☎ 0385-512540, 📠 0385-5814170, www.ferienpark-seehof.de.

Essen & Trinken/Nachtleben

• *Essen & Trinken* **Weinhaus Uhle (10)**, sehr gediegen-elegantes Restaurant im historischen Saal; für alle, die es etwas legerer mögen, gibt es das Weinbistro, in dem auch die Küche des Restaurants serviert wird, zudem eine kleinere Karte. Nett und gemütlich, schönes, modernes Ambiente mit Weinregalen und großer Bar im Zentrum des Raums, freundlicher Service und hervorragende moderne Küche zu angemessenen Preisen (leicht gehobenes Preisniveau). Gute Auswahl an Weinen im Ausschank, sehr große Auswahl an Flaschenweinen, auch Weinverkauf. Separates Raucherzimmer. Mittags und abends geöffnet. Schusterstr. 13–15, 19055 Schwerin, ☎ 0385-4773030, www.uhle1751.de.

Niederländischer Hof (2), das stilvolle, vielfach gelobte Restaurant im gleichnamigen Hotel bietet ein 3-Gänge-Menü für 30 € (5 Gänge 44 €). Stilvolles, gepflegtes Ambiente. Tägl. mittags und abends geöffnet. Alexandrinenstr. 12–13, ☎ 0385-591100.

Wöhler (6), sorgfältig restaurierter Fachwerkbau von 1819; neben den einladenden „historischen Stuben" (Restaurant) gibt es eine Tapas-Bar und im Sommer einen großen Garten im Innenhof. Das Restaurant bietet hervorragende Küche und zuvorkommenden Service, feiner Fisch, aber auch deftige mecklenburgische Gerichte, z. B. Rollbraten. Hauptgerichte um 15 €. Dazu ausgewählte Weine, auch glasweise. Täglich wechselndes Touristenmenü. Mittags und abends geöffnet, mit Weinhandlung. Puschkinstr. 26, ☎ 0385-555830, www.weinhaus-woehler.com.

Fischrestaurant Lukas (11), beliebtes Fischlokal im Bistrostil, recht edel, mit Aquarium und großer Glasfront. Regionale Fischgerichte ebenso wie Hummer und Scampis, gehobene Preise. Zentrale Lage unweit des Marktes. Mittags und abends geöffnet. Großer Moor 5, ☎ 0385-565935.

Zum Stadtkrug (7), gemütliches Brauhaus mit Kupferkessel und natürlich eigenem Bier, dazu mittags und abends deftige Küche, nicht teuer, auch Kleinigkeiten für zwischendurch, im Sommer kleiner Biergarten. Wismarsche Str. 126, ☎ 0385-5936693, www.altstadtbrauhaus.de.

Alt Schweriner Schankstuben (9), schöne Lage am Schlachtermarkt, im Sommer mit Terrasse auf dem Platz, nett. Innen zwei rustikale Gasträume, gutbürgerliche regionale Küche zu angemessenen Preisen. Mittags und abends geöffnet. Am Schlachtermarkt 9–13, ☎ 0385-592530, www.schankstuben.de.

Restaurant Friedrich's am Pfaffenteich (5), in einem stattlichen neoklassizistischen Gebäude („Kücken-Haus"), schön zum Sitzen auch vor dem Haus, auch Café; mittleres Preisniveau. Geöffnet mittags und abends (So nur bis 19 Uhr). Friedrichstr. 2, ☎ 0385-555473, www.restaurant-friedrichs.com.

Restaurant/Café Wallenstein (15), in Bestlage am Anleger der Weißen Flotte (Ticketverkauf nebenan), schöne Holzterrasse direkt am Wasser und gegenüber vom Schloss, hier lässt es sich stundenlang in der Sonne aushalten. Innen Kaffeehausstil mit dunklem Holz und rotem Leder. Auch Restaurant mit durchgehend warmer Küche, darunter Deftiges wie Labskaus und Grünkohl, 3-Gänge-Menü 17–20 €. Zudem Kaffee, Kuchen, Waffeln und Windbeutel. Abends auch Cocktailbar. Tägl. 11–23 Uhr. Werderstr. 140, ☎ 0385-5577755, www.restaurantwallenstein.de.

Schwerin
200 m
Ziegelinnensee
Spieltordamm
Knaudtstr.
Pfaffenteich
Fähre
Hauptbahnhof
Grunthalplatz
Zum Bahnhof
Dr. Külz-Str.
Pestalozzistraße
Wismarsche Straße
Reutzstr.
Karl-Marx-Straße
Schweinemarkt
Landreiterstraße
Mühlenstr.
Apotheker-straße
August-Bebel-Straße
Röntgenstr.
Taubenstr.
Schelfstr.
Schelfmarkt
Bergstraße
Hospitalstraße
Lehmstr.
Amtsstr.
F.-Schultz-Str.
Werderstraße
Gaußstr.
Kirchenstr.
Schelfkirche
Schleswig-Holstein-Haus
Jahnstr.
Körnerstr.
Franz-Mehring-Straße
Lübecker Str.
Severinstr.
Steinstr.
Arsenal
Arsenalstr.
Friedrichstr.
Pfaffenstr.
Puschkinstr.
Schliemannstr.
Münzstr.
Bischofstr.
Dom
Martinstr.
Johannesstr.
Friedensstraße
Wittenburger Straße
Schmiedestr.
Markt
Schlachterstr.
Grüne Straße
Burgstraße
Beutel
Marienplatz
Helenenstr.
Mecklenburgstraße
Buschstr.
Schusterstr.
Großer Moor
1 1. Enge Straße
2 2. Enge Straße
3 3. Enge Straße
Schlossstraße
Salzstr.
Kl. Moor
Tappenhagen
Marstall
Technisches Landesmuseum
Staatliches Museum
Klosterstr.
Theaterstr.
Theater
Alter Garten
Geschw.-Scholl-Str.
Goethestraße
Staatskanzlei
Siegessäule
Fähranleger
H.-Mann-Str.
Burgsee
Schloss
Schweriner See
Graf-Schack-Allee
Mecklenburgstraße
Schlossgarten
Kreuzkanal
Grünhausgarten
Lennéstr.
Franzosenweg
Platz der Jugend
Johannes-Stelling-Straße
Jägerweg
Pavillon
Schleifmühle
Schlossgartenallee
Übernachten
1 Speicher am Ziegelsee
2 Niederländischer Hof
6 Weinhaus Wöhler
9 Alt Schweriner Schankstuben
12 Zur guten Quelle
14 Pension am Theater
17 Jugendherberge Schwerin
Essen & Trinken
1 Speicher am Ziegelsee
2 Niederländischer Hof
5 Friedrich's am Pfaffenteich
6 Weinhaus Wöhler
7 Zum Stadtkrug
9 Alt Schweriner Schankstuben
10 Weinhaus Uhle
11 Lukas
12 Zur guten Quelle
15 Wallenstein
Cafés
4 Café im Schleswig-Holstein-Haus
8 Café Röntgen
13 Café Prag
16 Café Orangerie
Nachtleben
3 Freischütz

Restaurant/Café Orangerie (16), nett zum Sitzen im gepflegten Burggarten am Schloss, drinnen fühlt man sich dagegen schon sehr an den Ursprungszweck „Gewächshaus" bzw. Orangerie erinnert – die Palmen und Orangenbäumchen tun dazu ihr Übriges. Verfeinerte Fleisch- und Fischküche zu gehobenen Preisen, Kaffee und Kuchen, Eis. Vom 1. März bis 31. Okt. tägl. 11–22 Uhr (teils nur bis 20 Uhr), So ab 10 Uhr, Sonntags-Brunch 10–14 Uhr. Im Sommer in der Orangerie gelegentlich auch Konzerte (Termine der „Schlosskonzerte" bei der Touristinfo). Lennéstr. 1, ✆ 0385-5252915.

Zur guten Quelle (12), gutbürgerliche mecklenburgische Küche zu guten Preisen, große Salatteller, im Sommer kleiner Innenhof, freundlicher Service. Schon Fritz Reuter soll hier zu Gast gewesen sein. Mittags und abends geöffnet. Schusterstr. 12, ✆ 0385-565985, www.zur-guten-quelle.m-vp.de.

• *Cafés* **Café Prag (13)**, Traditionscafé und Restaurant in einem noblen Stadthaus, einst die Hofkonditorei des nahe gelegenen Schlosses. Wer auf dem Weg vom Markt zum Schloss ist, stößt unweigerlich auf das Café Prag. Auf der Terrasse davor lässt es sich aushalten, halb Schwerin kommt hier vorbei. Ganztägig bis 19 Uhr, am Wochenende bis 18 Uhr. Puschkinstr. 64, ✆ 0385-565909.

Café Röntgen (8), am Markt in der Altstadt, man sitzt erhaben in einem hellen Säulengang ein paar Stufen oberhalb an der Kopfseite des Platzes, auch einige Tische direkt am Markt. Bekannt für gute Torten und Kuchen, Eis, freundlicher Service, ganztägig geöffnet. Am Markt 1, ✆ 0385-5213740.

• *Kneipen* **Freischütz (3)**, nette Kneipe am Ziegenmarkt (unterhalb der Schelfkirche) mit eher jüngerem und mittelaltem Publikum, auch Kleinigkeiten wie Baguettes und überbackenes Fladenbrot, günstige Tagesgerichte, günstig auch die Getränke. Im Sommer einige Tische draußen an der Straße. Tägl. bis 24 Uhr. Ziegenmarkt 11, ✆ 0385-568655.

• *Nachtleben* Einige Cafés/Bars und Kneipen am Südufer des Pfaffenteichs, z. B. das **Friedrich's** (→ oben) oder – fast nebenan – das **Bolero** (Mecklenburger Str. 2). Cocktails bis zum Abwinken gibt es in der Bar **Phillies** in der Wittenburger Str. 51 (hinter dem Schlosspark-Center).

Die **Spielbank Schwerin** befindet sich in der Wurm-Passage beim Marienplatz: Automaten, einarmige Banditen usw. Tägl. 12–2 Uhr, klassisches Spiel mit Roulette und Black Jack tägl. 19–2 Uhr, Fr/Sa jeweils bis 3 Uhr. Klöresgang 3, ✆ 0385-593300.

Dolce Vita – am Schweriner Marktplatz

Sehenswertes

Hauptanziehungspunkt ist natürlich das prächtige Schweriner **Schloss** mit seinen repräsentativen Räumlichkeiten – ohne eine Schlossbesichtigung bleibt ein Schwerin-Besuch unvollständig. Über die Schlossbrücke kommt man zum wenige Meter entfernten **Alten Garten**, der heute von Staatstheater, Staatlichem Museum und Kollegienhaus umrahmt wird. Auf der **Schlossstraße** gelangt man von hier – entlang diverser klassizistischer Repräsentativbauten, in denen heute die Landesregierung logiert – zum hektisch-modernen **Marienplatz** im Herzen der Innenstadt. Links ab über die Puschkinstraße geht es zum **Marktplatz**, hinter dem der **Dom** der Stadt unmittelbar aufragt. Von dieser beschaulichen Ecke Schwerins erreicht man in wenigen Minuten (z. B. über die Puschkinstraße) die **Schelfstadt**. Nur einen Katzensprung weiter westlich liegt der **Pfaffenteich**, Schwerins „Binnenalster". Auch hier am städtischen See reihen sich zahlreiche historische Repräsentativbauten, an seinem Südufer laden eine riesige Freitreppe und diverse Cafés zur Rast ein.

Im Innenhof des Schlosses

Schloss und Schlossgarten

Schloss: Ein imposantes Bauwerk, das sich auf einer winzigen Insel wie aus dem Wasser zu erheben scheint. Unzählige Türmchen und Aufbauten lassen an die Schlösser an der Loire denken, und in der Tat fühlte sich *Georg Adolph Demmler* (1804–1886), der wichtigste Baumeister des Schweriner Schlosses, vom Château Chambord im Loire-Tal inspiriert, wenn auch einige Jahrhunderte nach der Erbauung des prächtigen französischen Renaissanceschlosses.

Über eine Befestigung der heutigen Burginsel berichtete bereits im Jahr 973 ein arabischer Kaufmann namens *Ibrahim ibn Jacub*. Anfang des 11. Jh. ist von der Burg „Zuarin" des Obotritenfürsten *Niklot* die Rede, die 1160 durch den Sachsen *Heinrich den Löwen* (1129–1195) eingenommen und zur ersten Residenz der Grafschaft Schwerin erkoren wurde. Es folgten erste Ausbauten auf der Burginsel, bis Herzog *Johann Albrecht I.* (1525–1576) im 16. Jh. das Bauwerk anlässlich seiner Hochzeit in weiten Teilen im Renaissancestil umgestalten ließ. 1560–1563 wurde die Schlosskirche angebaut, seinerzeit der erste protestantische Kirchenneubau in Mecklenburg. 1756 verließen die Fürsten Schwerin und errichteten sich eine Residenz im etwa 40 Kilometer südlich gelegenen Ludwigslust, kehrten aber 1837 wieder hierher zurück.

Das ehemals prächtige Schloss war mittlerweile kaum noch bewohnbar, so dass Großherzog *Paul Friedrich* (1800–1842) eine neue Residenz am heutigen Alten Garten plante, sein Nachfolger *Friedrich Franz II.* (1823–1883) entschloss sich jedoch, das Schloss stattdessen großteils umzubauen und zu diesem Zweck Teile des alten Gebäudes abreißen zu lassen – nur zur Seeseite hin blieben Elemente des typisch mecklenburgischen Renaissancebaus aus dem 16. Jh. erhalten. Der bereits erwähnte Schweriner Hofbaurat Demmler und sein Architektenkollege *Hermann Willebrand* (1816–1899) bauten zwischen 1843 und 1851 weite Teile der Anlage im Stil der Neorenaissance um. Der spätere Baumeister *Friedrich August Stüler* (1800–1865) veränderte die Fassade zur Stadtseite hin und fügte hier das Reiterstandbild des Obotritenfürsten Niklot wie auch die prachtvolle Goldkuppel an. Die feierliche Eröffnung des neuen Schlosses fand 1857 statt.

1913 zerstörte ein Brand weite Teile des Schlosses, das 1919 zum Staatseigentum erklärt wurde. Nach langen Restaurierungsarbeiten wurde hier 1921 ein erstes Schlossmuseum eröffnet (bis 1945), von 1952 bis 1981 diente das Gebäude als Pädagogische Schule, an der Kindergärtnerinnen ausgebildet wurden. 1974 begann man erneut mit Restaurierungsarbeiten, die noch immer nicht abgeschlossen sind. Seit Herbst 1990 hat der Landtag Mecklenburg-Vorpommerns hier seinen Sitz.

Ein guter Geist – das Petermännchen

Ein kleines, altes Männchen mit grauem Bart und Federhut, einer Laterne in der Hand und einem Schwert, dazu einem Schlüsselbund – so ist er auf Bildern zu sehen: der Schweriner Schlossgeist, der hier seit Jahrhunderten wohnt und das Böse aus der Stadt vertreibt.

Der Sage nach ist das Petermännchen der einzige übrig gebliebene Diener eines heidnischen Gottes der Tempelburg an der Stelle des heutigen Schlosses. Seine Diener-Kollegen zogen sich – nachdem die Gottheit vor den nahenden Christen geflohen war – nach Petersberg bei Pinnow (östlich von Schwerin) zurück, daher auch der Name des Kobolds. Das Petermännchen aber blieb und bewachte fortan die Burg, verjagte unrechtmäßige Eindringlinge und beschützte die Guten. Seinen Schlossherren war es dabei stets treu ergeben. Der bekannteste Mythos um den Kobold geht auf den Dreißigjährigen Krieg zurück: Kein Geringerer als Wallenstein fand Gefallen am Schweriner Schloss und beabsichtigte, sich hier niederzulassen. Doch schon in der ersten Nacht im neuen Zuhause setzte ihm das Petermännchen ordentlich zu, machte mächtig Lärm, zog ihm die Bettdecke weg und zwickte und boxte den Feldherrn die ganze Nacht hindurch, so dass dieser am nächsten Tag entnervt in einen anderen Flügel des Schlosses umzog. Doch auch dort erging es ihm nicht besser, im Gegenteil, der Schlossgeist ließ Wallenstein nächtens ein Ahnenbild auf den Kopf fallen – der Feldherr reiste am nächsten Morgen ab und kam nie wieder.

Der **Rundgang** durch das Schloss führt zunächst hinauf in die *Beletage* (2. Stock), wo sich die Wohngemächer der herzoglichen Familie befanden – u. a. das „Silvesterzimmer“ mit einem Renaissancekamin von 1616, das Speisezimmer mit kunstvoll gefertigtem Parkettboden und kostbarer Wandvertäfelung, die „Rote Audienz“ mit handgewebter roter Tapete, das Teezimmer (ursprünglich der älteste Raum des

Exklusive Sitzgelegenheit: im Thronsaal des Schweriner Schlosses

Schwerin
Karte S. 69

Schlosses), das runde Blumenzimmer mit Freitreppe, Stuckdecke und Deckenmalerei sowie der „Blaue Salon" mit blauer Seiden-/Damasttapete und handgeschnitzten Wandkonsolen.

Am Aufgang zur *Festetage* (1. Stock) ist ein altes Modell des Schlosses zu bewundern, oben angekommen, befindet man sich in den Repräsentationsräumen: Bibliothek und Adjutantenzimmer, das Billardzimmer mit Delfter Fayencen und schließlich der Thronsaal, der historisch wertvollste Raum des Schlosses mit kunstvollem Intarsienparkett, einem vergoldeten Thronsessel mit Baldachin (dahinter das Wappen von Mecklenburg) und Säulen aus Carrara-Marmor, dem original erhaltenen Kronleuchter und aufwändigem Deckengemälde nebst Stuckarbeiten. Die anschließende „Ahnengalerie" zeigt alle mecklenburgischen Füsten von etwa 1350 bis 1800.

Wer die Besichtigung des Schlossmuseums vervollständigen will, findet im 1. Stock (den ehemaligen Kinderzimmern der herzoglichen Familie) eine umfangreiche *Porzellansammlung* sowie eine Gemäldeausstellung mit Werken aus dem 18. bis 20. Jh. (Aufgang gegenüber der Kasse im Erdgeschoss).

Wieder draußen, lohnt es sich, einmal komplett um das Schloss herumzugehen: Der *Burggarten* wurde von Joseph Lenné (1789–1866) im englischen Stil konzipiert, wobei auch die Dachterrassen der *Orangerie* (heute Café) gartenarchitektonisch mit einbezogen wurden. Die diversen Räumlichkeiten des Schlosses (u. a. Thronsaal, Ahnengalerie, Schlosskirche und Orangerie) bieten im Sommer den Rahmen für klassische Konzerte (Programm bei der Touristinformation). In der Beletage (2. Stock) befindet sich das gediegene *Schlossrestaurant* (✆ 0385-5252915).

Schlossmuseum: 15. April bis 14. Okt. tägl. 10–18 Uhr, sonst Di–So 10–17 Uhr, Mo geschlossen. Eintritt 4 €, erm. 2,50 €, Kinder unter 6 J. frei. Führungen durch die Beletage und Festetage tägl. ab 11.30 Uhr ca. stündl., Dauer ca. 1 Std. 1,50 €/Person. Audioguide 2 €. Lennéstr. 1, 19053 Schwerin, ✆ 0385-5252920, 0385-563091, www.schloss-schwerin.de.

Fotogen: auf der Schlossinsel bei der Orangerie

Schlossgarten: Über die alte Drehbrücke erreicht man vom Schloss aus in südlicher Richtung den Schlossgarten, der um 1670 als barocker Lustgarten angelegt wurde. Knapp ein Jahrhundert später wurde – gemäß der Mode der Zeit – der von 14 Skulpturen (u. a. antike Götter, Allegorien der Jahreszeiten) und zwei Laubengängen gesäumte Kreuzkanal angelegt. Auffälligstes Monument ist allerdings das Reiterdenkmal von Großherzog *Friedrich Franz II.* (1823–1883) von 1893. Links vom oberen Ende des Kreuzkanals gelangt man nach wenigen Schritten zum Grünhausgarten, einer Verlängerung des Schlossparks. Der Grünhausgarten stammt aus der Zeit um 1840 und wurde unter der Leitung des Landschaftsarchitekten *Joseph Lenné* (1789–1866) im sog. englischen Stil realisiert. Lenné hatte auch den Burggarten rund um das Schloss gestaltet.

Achtung: 2009 ist der Schweriner Schlossgarten wichtiger Bestandteil der **Bundesgartenschau** und nur mit Tagesticket (16 €, erm. 14 €, Kind bis 14 J. 4 €) zugänglich. Ob der Park danach wieder frei zugänglich ist, war bei Redaktionsschluss nicht bekannt.

Schleifmühle: Südlich des Grünhausgartens, am „Faulen See“, steht die Schweriner Schleifmühle, ein altes Fachwerkhaus mit großem Mühlrad. 1705 ursprünglich als Pulvermühle gebaut, später eine Graupenmühle, nutzte man die Kraft des Wasserrads ab 1757 für eine Steinschleiferei, die u. a. auch die Bauherren des Schweriner Schlosses belieferte. 1862 erfolgte der Umbau zur Wollspinnerei, 1904 wurde das Anwesen wegen Baufälligkeit stillgelegt und 1985 schließlich als Schauanlage und Museum wiedereröffnet. Der *Rundgang* durch das Mühlengebäude (im Obergeschoss zwei kleine Ausstellungsräume mit historischen Dokumenten, Schaubildern, alten Fotografien, geschliffenen Steinen und Halbedelsteinen) mündet in ein wirklich ohrenbetäubendes Erlebnis, wenn die Mühlenanlage zu Demonstrationszwecken angeworfen wird und der „Müller" in einer etwa 10-minütigen Vorführung die durch Wasserkraft betriebene Steinsäge bedient. Sehenswert!

1. April bis Anfang Nov. tägl. 10–17 Uhr, im Winter nur nach Voranmeldung. Eintritt 2,50 €, erm. 1,50 €, Familienkarte (2 Erw. + 2 Kinder) 6,50 €, Kind unter 6 J. frei. Schleifmühlweg 1, 19061 Schwerin, ✆ 0385-562751, www.schleifmuehle-schwerin.de.

Schwerin Karte S. 69

Alter Garten

Ein etwas leerer, riesiger Platz auf der Stadtseite des Schlosses, um den sich Staatskanzlei, Altes Palais, Staatstheater, Staatliches Museum und Schloss gruppieren. Um 1630 wurde hier ein Garten angelegt, der mit dem Bau des eigentlichen Schlossgartens um 1670 aber an Bedeutung verlor, zum „Alten Garten" umbenannt wurde und bald verwahrloste; später befand sich hier ein Exerzierplatz. Heute ist der Alte Garten mit seinem gelungenen Ensemble klassizistischer Bauten das Herz des Schweriner Regierungsviertels, im Sommer dient er als repräsentativer Rahmen für die Opernaufführungen der Schlossfestspiele.

Ältestes Gebäude am Platz ist ein vergleichsweise schmächtig wirkender Fachwerkbau, das **Alte Palais** aus dem 18. Jh., das Großherzog *Paul Friedrich* (1800–1842) nebst Gattin Alexandrine als Wohnsitz diente. Deutlich mehr Eindruck hinterlässt das **Mecklenburgische Staatstheater** gleich rechts nebenan – ein prachtvolles Gebäude mit Säulen und Giebel, das 1883–1886 unter der Leitung von Baurat *Georg Daniel* (1829–1913) entstand. Ein von Demmler entworfener Vorgängerbau war kurz zuvor abgebrannt. An der Nordostseite des Alten Gartens blickt man nun auf das **Staatliche Museum** (→ unten) von 1882, das vielleicht bedeutendste Kunstmuseum Mecklenburg-Vorpommerns; auch hier wird die Vorderfront von Säulen und einem Giebel im neoklassizistischen Stil dominiert. Das Museum wurde bereits 1837 von Demmler als neues Palais für Großherzog Paul Friedrich geplant, blieb aber unvollendet. Dem Museum gegenüber, am anderen Ende des Alten Gartens und direkt am Ufer des Burgsees, steht die 32 m hohe **Siegessäule** (1874), die an den Deutsch-Französischen Krieg von 1870/71 erinnert. Oberhalb davon, am Be-

Blick von der Schlossinsel auf den Alten Garten

ginn der Schlossstraße mit ihren repräsentativen Bauten, steht linker Hand schließlich das *Kollegienhaus*, die heutige **Staatskanzlei**, das zwischen 1825 und 1834 gebaut wurde. Die streng klassizistische Fassade entstand nach Plänen Demmlers: drei Flügel mit einem ionischen Säulenportikus in der Mitte, die Giebel gekrönt von Darstellungen antiker Götter. Rechts an die Staatskanzlei schließt die 1892 von Georg Daniel konzipierte *Neue Regierung* an. Verbunden sind beide Gebäude durch einen über Arkaden verlaufenden Übergang, den der Volksmund spöttisch „höhere Beamtenlaufbahn" nennt – oder auch „Seufzerbrücke", aufgrund der Klagelaute der Beamten und Politiker, die angesichts leerer Kassen auf dem Rückweg vom Büro des Ministerpräsidenten ausgestoßen werden.

Staatliches Museum: Der klassizistische Prachtbau präsentiert eine beachtliche Kunstsammlung oftmals hochrangiger Meister aus vier Jahrhunderten und zählt – neben dem Schloss – zu den bedeutendsten Sehenswürdigkeiten Mecklenburgs.

Das *Erdgeschoss* ist dem 20. Jh. vorbehalten, zu sehen sind u. a. eine große *Marcel-Duchamp*-Ausstellung und einige Werke von *Man Ray*. Über eine Wendeltreppe geht es hinauf ins *Obergeschoss*: Rechts davon stößt man zunächst auf die **Galerie Alter Meister** mit Werken der deutschen Spätgotik und Renaissance sowie – bedeutender – einer umfangreichen Sammlung holländischer und flämischer Malerei des 17. Jh., die teilweise thematisch angeordnet ist: ein Saal Stillleben, ein Saal Porträts usw. Zu finden sind unter den manchmal recht eng gehängten Gemälden u. a. auch Werke von *Rembrandt*, *Lucas Cranach* (Vater und Sohn), *Rubens* und *Frans Hals* sowie des französischen Hofmalers *Jean-Baptiste Oudry* mit zahlreichen Jagdszenen.

Blick vom Markt auf den Dom

Wendet man sich von der Wendeltreppe nach links, gelangt man zur **Galerie Neuer Meister** mit Werken aus dem 19. und 20. Jh., u. a. von *Caspar David Friedrich*, *Alexander von Jawlenski*, *Pablo Picasso*, *Lovis Corinth* und *Max Liebermann*. In einem Nebenraum sind 15 Bronzen von *Ernst Barlach* (Stiftung Bölkow) zu sehen, die 1999 dem Staatlichen Museum Schwerin überlassen wurden.

Im EG findet sich ein großer **Museumsshop** (viele Kunstbücher und Bildbände) mit Cafeteria.

15. April bis 14. Okt. Di–So 10–18 Uhr, sonst nur bis 17 Uhr. Eintritt 5 €, erm. 4 €. inkl. Audioguide. Führungen durch das Museum Mi 15 Uhr, So 11 Uhr und 15 Uhr, Dauer ca. 1 Std., 1,50 €, erm. 1 € (jeweils plus Eintrittspreis). Bei Sonderausstellungen erhöht sich der Eintrittspreis. Alter Garten 3, 19055 Schwerin, ✆ 0385-59580, www.museum-schwerin.de.

Marstall (Technisches Landesmuseum): Von Demmler einst als Reithalle mit Stallungen gebaut, beherbergt das Gebäude heute u. a. eine kleine technikgeschichtliche Ausstellung. Zu sehen ist ein Sammelsurium von technischen Gerätschaften, von Trabi und Trabi-Spaßmobil über den Katapultsitz einer sowjetischen MIG bis zu antiker Elektronik für den Hausgebrauch.

Flankiert von riesigen Kastanienbäumen, ist der Marstall umgeben von Ministeriumsgebäuden. Von hier führt die Straße mit dem einprägsamen Namen „Großer Moor" zur Puschkinstraße: ein breiter Straßenzug mit einigen schönen Fachwerkhäusern aus dem 18. Jh., aber auch zahlreichen hässlichen Neubauten aus den 1970er Jahren.

Di–So 10–17 Uhr, Mo geschlossen, Eintritt 3 €, erm. 1,50 €, Familienticket 6 €. Werderstr. 124, 19053 Schwerin, ✆ 0385-512878, www.tlm-mv.de.

Schwerin Karte S. 69

Altstädtischer Markt

Der Altstädtische Markt ist das Herz der Stadt, ein lebendiger Platz, zwar ohne Marktgeschehen, aber mit einigen architektonischen Sehenswürdigkeiten. Auffälligster Bau ist zweifelsohne das **Neue Gebäude** oder auch „Säulengebäude" an der Nordseite des Platzes, in dem heute das Café Röntgen untergebracht ist. Ursprünglich wurde das Gebäude unter Herzog *Friedrich dem Frommen* (1717–1785) in den Jahren 1783–1785 als Markthalle gebaut.

Zweiter optischer Blickfang des Platzes ist das **Alte Rathaus**, dessen auffällige Fassade im (neugotischen) Tudorstil 1835 nach Plänen des Stadtarchitekten *Demmler* gestaltet wurde, dahinter verbergen sich ganze vier alte Giebelhäuser. Bereits im Jahr 1351 ist hier ein erstes Rathaus dokumentiert. Auf der mittleren Zinne des Rathauses thront die kleine, aber strahlend goldene Reiterstatue des Stadtgründers *Heinrichs des Löwen* (1129–1195), dem auch das zweite Denkmal am Platz, eine Löwenplastik vor dem Neuen Gebäude, gewidmet ist. Letztere wurde 1995 anlässlich des 800. Todestags des Stadtgründers hier aufgestellt.

Ein Durchgang am Rathaus führt vom Altstädtischen Markt zum **Schlachtermarkt**, heute der eigentliche Marktplatz Schwerins (Markt Mittwoch- und Freitagvormittag). Mit seinen alten Fachwerkhäusern, hohen Bäumen und dem modernen Brunnen „Von Herrn Pastor sien Kauh" (1978) zählt er zu den schönsten Plätzen der Stadt. Bis 1938 befand sich hier im Haus Nr. 3 die Schweriner Synagoge, die nach langen Restaurierungsarbeiten 2009 wieder öffentlich zugänglich sein soll.

Der Dom

Das imposante Gotteshaus entstand ab 1270 an der Stelle eines romanischen Vorgängerbaus. Bei einer Länge von beträchtlichen 105 Metern fügten die Baumeister an die dreischiffige Basilika ein mächtiges, ebenfalls dreischiffiges Querhaus an. Der Chorumgang von 1327 wird von einem sog. Kapellenkranz abgeschlossen. Da sich die Arbeiten bis ins 15. Jh. hineinzogen, zeigt das Deckengewölbe bereits spätgotische Merkmale. So ist das ältere Langhaus mit einem Kreuzrippengewölbe, das Querhaus dagegen mit einem aufwändigen Netzgewölbe abgeschlossen, während die Vierung ein Sterngewölbe schmückt. Die Raumwirkung der Basilika ist majestätisch und licht. Anders als beispielsweise in der zeitgleich entstandenen Zisterzienserkirche von Bad Doberan dominiert hier nicht das warme Rot des Backsteins, sondern ein strahlendes Weiß, das von kleinen vorgestellten Säulen sowie roten und grünen Gewölberippen durchbrochen wird.

Von der gotischen Innenausstattung ist, nachdem die einstige Bischofs- und Klosterkirche zu einer evangelischen Pfarrkirche geworden war, nicht mehr viel erhalten. Das auffälligste Kunstwerk, das um 1420 entstandene und als Lebensbaum gestaltete Triumphkreuz, stammt aus der 1945 zerstörten Marienkirche in Wismar. Das bedeutendste Stück ist der gotische Flügelaltar (um 1490), in dessen Mitteltafel ein detailreiches Sandsteinrelief (um 1420) eingearbeitet wurde. Diese Mitteltafel zeigt eine Kreuzigungsszene, links davon St. Georg, rechts über einem drastisch ausgearbeiteten Höllenschlund die Auferstehung Christi. Am ältesten ist das achteckige eiserne Taufbecken (1325), das noch aus dem Vorgängerbau stammt. Die übrige Ausstattung ist vor allem neugotisch geprägt und wurde während einer Restaurierung des Doms Mitte des 19. Jh. hinzugefügt. Das Bild der Kreuzigung am Altar malte *Gaston Lenthe*, der auch das Altarbild der Schelfkirche schuf (s. u.).

Neugotisch ist auch der Kirchturm, der anstelle des niedrigeren gotischen Turms Ende des 19. Jh. errichtet wurde. Abgeschlossen von einem spitzen, kupfergedeckten Helm, erhebt sich der Turm 117,5 Meter in die Höhe und prägt die Silhouette der Stadt. An die Nordflanke schließen sich noch die Reste des ehemaligen Klosters an, die Thomaskapelle und der hübsche Kreuzgang.

Tägl. 10–17 Uhr, in den Wintermonaten meist nur 3 Std. über Mittag. *Turmbesteigung* während der Öffnungszeiten (1 €), letzter Zutritt 30 Min. vor Schließung.

Schelfstadt

Die „Schelfe", was so viel bedeutet wie „Land zwischen den Wassern", erstreckt sich etwa zwischen Pfaffenteich, Ziegelinnensee, Werderstraße sowie Friedrich- bzw. Burgstraße. Bereits 1284 befand sich das Gebiet im Besitz der Bischöfe, damals ein einfaches kleines Fischerdorf mit einer Pfarrkirche. 1705 ernannte Herzog *Friedrich Wilhelm* (1675–1713) die Schelfe zu einer selbstständigen Stadt mit eigener Verwaltung, der „Schelfstadt" (oder „Neustadt"), und ließ diese auch städtebaulich umgestalten: Es entstanden geradwinklige Straßenzüge mit ein- bis zweigeschossigen Fachwerkbauten, deren Zentrum der Schelfmarkt mit der gleichnamigen Kirche bildet. Heute zählt die Schelfstadt zu den schönsten und beschaulichsten Ecken Schwerins.

Schelfkirche (St. Nikolai): Der barocke Backsteinbau mit dem Grundriss eines griechischen Kreuzes entstand in den Jahren 1708–1713 ebenfalls im Auftrag von Friedrich Wilhelm nach Plänen des Ingenieurs *Jacob Reutz*. Ein früherer gotischer Kirchenbau (St. Nikolai von 1238) erschien für die neue Stadt zu klein und wurde für den Neubau abgerissen. Als einziger echter barocker Kirchenbau und erste große nachreformatorische Kirche ganz Mecklenburgs hat die Schelfkirche heute besondere Bedeutung. Das Kircheninnere stammt von einer Renovierung aus dem Jahr 1858, sehenswert ist das Altarbild von *Gaston Lenthe* (1805–1860), dem Hofmaler von Großherzog Paul Friedrich. Die Fassade der Schelfkirche wurde zwischen 1983 und 1995 umfassend saniert. Ganztägig geöffnet.

Schleswig-Holstein-Haus: In dem Barockhaus von 1737 eröffnete nach umfangreichen Restaurierungsarbeiten im Jahr 1995 ein wichtiges kulturelles Zentrum Schwerins: Wechselnde Ausstellungen, Lesungen, Chor- und Gospelkonzerte, Kammermusik und vieles mehr füllen den Veranstaltungskalender, eine ständige Ausstellung widmet sich der klassischen Moderne. Mit nettem Café, im Sommer auch einige Tische draußen an der Puschkinstraße.

Tägl. 10–18 Uhr und zu Veranstaltungen. Eintritt 3 €, erm. 2 €, Kinder unter 12 J. 0,50 €, bei Ausstellungen: Eintritt 5 €, erm. 4 €, Kinder 10–16 Jahre 1 €, unter 10 J. frei,. Puschkinstr. 12, 19055 Schwerin, ✆ 0385-555527.

Eine Turmbesteigung sorgt für Überblick: der Paffenteich, Schwerins Binnenalster, vom Domturm aus

Um den Pfaffenteich

In einer natürlichen Senke wurde der Pfaffenteich („Papendiek", so genannt, weil er sich im Besitz der Kirche befand) bereits im 12. Jh. als künstlicher See aufgestaut. Damals markierte der kleinste See Schwerins noch die nördliche Grenze der Stadt. Wiederum ist es dem bedeutenden Stadtarchitekten Demmler zu verdanken, dass sich der See heute so harmonisch in das Stadtbild einfügt: Im Zuge der innenstädtischen Stadterweiterung um 1840 ließ er die Ufer des Pfaffenteichs befestigen und um den See herum einen repräsentativen Rundweg mit Lindenallee anlegen.

Repräsentativ sind auch die noblen Bürgerhäuser, die hier bald darauf entstanden: am Südufer des Sees zunächst das gelbfarbene **Wohnhaus Demmlers** (Arsenalstraße, Ecke Mecklenburger Straße), an der Ecke zur Friedrichstraße das **Kückenhaus** von 1868 (heute Café Friedrich) des Komponisten und Hofkapellmeisters *Friedrich Kücken* (1810–1882). Blickfang am Südufer des Sees ist allerdings das **Arsenal** schräg gegenüber: Der ockerfarbene Bau im Stil der englischen Tudorgotik entstand zwischen 1840 und 1844 ebenfalls nach Plänen von Demmler und beherbergte neben einer Kaserne mit Zeughaus, Stallungen und Werkstätten auch das Militärgericht und Gefängnis der Stadt. Nach umfangreicher Restaurierung residiert hier heute das Innenministerium von Mecklenburg-Vorpommern.

Eine kleine Elektrofähre pendelt regelmäßig zwischen dem Ost- und Westufer des Pfaffenteichs und erlaubt schöne Ausblicke auf das Südufer mitsamt der Wasserkaskaden. Auf dem Pfaffenteich finden alljährlich im August die bekannten Drachenbootrennen statt.

Sonnenaufgang über dem Schweriner See

Um den Schweriner See

Deutschlands viertgrößter See (61,5 km^2) liegt in unmittelbarer Umgebung der Landeshauptstadt und ist bestens erschlossen, an seinem Nord- und Ostufer jedoch fast noch Brachland. Nur wenige Hotels und eine Kurklinik finden sich am Ostufer, Strände gibt es kaum. Ab und zu stemmt sich ein hartgesottener Surfer oder Segler gegen den Wind, ansonsten bleibt die Gegend menschenleer. Das sumpfige Nordufer des Schweriner Sees kann ohnehin nur weiträumig umfahren werden.

▸ **Zippendorfer Strand:** Der Hausstrand von Schwerin liegt am südlichen Ufer des Schweriner (Innen-)Sees. Der schöne Sandstrand zieht die Badegäste hier schon seit Anfang des 19. Jh. an, um die Jahrhundertwende entstand dann die Strandpromenade mit den repräsentativen Villen. Am Strand Beachvolleyball, Bootsanleger, Imbissbuden, Gaststätten und einige Unterkunftsmöglichkeiten. Zippendorf selbst ist ein ruhiger Ort mit großer Seniorenresidenz am Waldrand.

Vom Zippendorfer Strand fällt der Blick auf die beiden Inseln **Kaninchenwerder** und **Ziegelwerder**, zwei unbewohnte Naturschutzgebiete, die zahlreichen Wasservögeln als Brutplatz dienen.

• *Anfahrt* **Mit dem Pkw**: Zippendorf liegt ca. 3 km südlich von Schwerin; auf der B 321 Richtung Güstrow, dann links ab, beschildert. Großer gebührenpflichtiger Parkplatz am Strand.

Mit dem Bus: Linie 1 oder 2 ab Marienplatz (Richtung Hegelstraße) bis Stauffenbergstraße, dort umsteigen in die Linie 6 (Richtung Pinnow/Petersberg) bis Zippendorfer Strand.

Zu Fuß/mit dem Fahrrad: Im Schweriner Schlossgarten auf den Franzosenweg einbiegen und diesem (vorbei am Zoo) immer folgen, zu Fuß ca. 45 Min.

Weiße Flotte: Im Sommer wird der Zippendorfer Strand 3-mal tägl. von den Schiffen der Weißen Flotte angefahren (einfache Fahrt 3 €, Details S. 65).

▸ **Freilichtmuseum Schwerin-Mueß:** Ein Besuch empfiehlt sich nur bei schönem Wetter, da hier das meiste doch draußen stattfindet. Bei dem etwa einstündigen Rundgang sind rund 20 Gebäude aus dem 18. bis ins frühe 20. Jh. zu sehen, die zwischen 1970 und 1989 restauriert und für die Besucher hergerichtet wurden, darunter Bauernhäuser und Scheunen, Dorfschmiede, Büdnerei, Spritzenhaus und eine Dorfschule. Zudem gibt es einen Kräutergarten, einen überdachten Backofen und diverse landwirtschaftliche Gerätschaften. Auf dem Gelände des Museums lädt ein günstiges Café mit schattiger Terrasse zur Pause ein. Museumsshop am Eingang.

1. Mai bis 30. Sept. Di–So 10–18 Uhr (Einlass bis 17.30 Uhr), Okt. Di–So 10–17 Uhr, März/April nur Sa/So 10–17 Uhr, im Winter geschl. Eintritt 3,50 €, Kinder/Jugendliche unter 18 J. 2,50 €, Familienkarte 7 €. Alte Crivitzer Landstr. 13, 19063 Schwerin. ✆ 0385-208410, ℻ 0385-2084129.

• *Anfahrt* Von Schwerin zunächst in südlicher Richtung nach Zippendorf und dann in den Nachbarort Mueß. Dort ist das Freilichtmuseum bestens ausgeschildert. Mit Buslinie 1 oder 2 ab Marienplatz (Richtung Hegelstraße) bis Stauffenbergstraße, dort umsteigen in die Linie 6 (Richtung Pinnow/Petersberg); das Museum hat eine eigene Haltestelle.

• *Fischereihof Mueß* Neben dem Museum und direkt am Schweriner See gelegen; hier gibt's frischen und geräucherten Fisch. Ganzjährig geöffnet, Di–Fr 8–18 Uhr, Sa 8–12 Uhr, Mo 8–10 Uhr, So geschlossen. Zum Alten Bauernhof 7 a, ✆ 0385-201670.

Schwerin Karte S. 69

Am Ostufer des Schweriner Sees

Felder, so weit das Auge reicht, durchschnitten von kilometerlangen Alleen, Bauernhöfe und stillgelegte Agrarbetriebe am Wegesrand, hier und da ein kleines, ruhiges Dorf, aber auch die Autobahn A 14 nach Wismar – das ist die Ostseite des Schweriner Sees in Stichworten. Idyllisch ist die Gegend nicht (bis auf wenige Oasen), eher wirkt sie verlassen, und das trotz relativer Nähe zur Landeshauptstadt. Etwa in der Mitte des lang gezogenen Sees hilft der *Paulsdamm* (B 104) zwischen Wickendorf und Rampe ein wenig Wegstrecke sparen, größter Ort der Gegend ist das verschlafene 5000-Einwohner-Städtchen **Crivitz** mit einigen schönen Fachwerkhäusern.

Ganz im Südosten des Schweriner Sees zeigt sich **Raben Steinfeld** mit seinen Häusern im englischen Landhausstil noch relativ idyllisch (Campingplatz am See → Camping), etwa sechs Kilometer nördlich erweckt **Leezen** (mit Kurklinik) einen etwas trostlosen Eindruck, ebenso wie das benachbarte **Rampe** und **Retgendorf** noch weiter nördlich am See. Einziger Lichtblick ist **Flessenow** mit seinem schönen Hotel direkt am Ufer (→ Übernachten).

• *Übernachten* **Schloss Basthorst**, *unser Tipp!* Ein gutes Stück außerhalb von Schwerin gelegen, doch der Weg lohnt sich: ein wunderschönes Anwesen in ruhiger Lagem und mitten im Grünen, hinter dem Park erstreckt sich der Glambecksee – ideal für Ruhesuchende. Die Gegend ist wie geschaffen für Spaziergänge und Radtouren, auch Bootsverleih. Das Hotel verfügt über ein gehobenes Restaurant, Bar und Terrasse, dazu ein großzügiger Wellnessbereich mit Schwimmbad, Sauna, Massagen und Kosmetikbehandlungen. Der Golfplatz (S. 67) in Vorbeck ist gleich um die Ecke. Insgesamt 45 moderne Zimmer, edel eingerichtet, auch Suiten. EZ 97 €, DZ 128–136 €, Suite 162–194 €, jeweils inkl. Frühstück. Appartements (Nebengebäude) 120–150 €. Restaurant tägl. 12–21 Uhr, nachmittags Kaffee und Kuchen. *Anfahrt:* von Schwerin die B 321 Richtung Crivitz/Parchim nehmen, in Crivitz links Richtung Pinnow, dann Richtung Gädebehn/Kladow und schließlich Richtung Basthorst/Schloss Basthorst. Schlossstr. 18, 19089 Crivitz/OT Basthorst, ✆ 03863-5250, ℻ 03863-525555, www.schloss-basthorst.de.

Hotel Seewisch, in *Flessenow.* Gepflegtes Hotel in moderner Backstein-Fachwerk-Optik, ebenfalls in schöner, aber sehr abgeschiedener Lage, quasi direkt am See, mit Liegewiese. Gehobenes Restaurant mit Terrasse (Seeblick), außerdem Sauna und Wellness-/Kosmetikanwendungen, Fahrrad- und Bootsverleih. Schick eingerichtete Zimmer, je nach Ausstattung mit Balkon (Seeblick). EZ 70–89 €, DZ 108–138 €, jeweils inkl. Frühstück. *Anfahrt:* ca. 16 km von Schwerin, am schnellsten über den Paulsdamm zu erreichen, dann über Rampe und Retgendorf nach Flessenow. Am Schweriner See 1d, 19067 Dobin am See/OT Flessenow, ✆ 03866-46110, ℻ 03866-4611166, www.seewisch.de.

• *Camping* **Süduferperle**, in *Raben Steinfeld*, direkt am See gelegen. Platz mit viel

Baumbestand, Liegeplätzen und Restaurant („Taucherstübchen"); hier befindet sich auch die Poseidon-Tauchschule: Anfänger- und Fortgeschrittenenkurse, Ausrüstungsverleih und Tauchausflüge. Auch Bootsverleih (Kanus, Ruder- und Motorboote). 4,20 €/ Pers., Zelt 4,20–5,50 €, Wohnmobil 6,30–7,90 €, Gespann 8,20 €, Mietwohnwagen 25,50 €, Auto 2,90 €, Hunde 2,60 €. Ganzjährig geöffnet. *Anfahrt:* in Raben Steinfeld ausgeschildert. Forststr. 19, 19065 Raben Steinfeld, ✆ 03860-312, 📠 03860-501636, www.sueduferperle.de.

• *Golf* → S. 67.

Am Westufer des Schweriner Sees

Ebenfalls eher abgelegen, aber doch deutlich dichter besiedelt und verkehrsreicher als das Ostufer. Zwischen dem Ort **Hohen Viecheln** am Nordufer des Sees und Bad Kleinen überquert man den *Wallensteingraben*, einen im 16. Jh. angelegten Kanal, der den Schweriner See mit der Ostsee verbindet. Bei einer Tiefe von maximal einem halben Meter hat er jedoch keinen Nutzen für den Wassertourismus, über einen Ausbau wird derzeit nachgedacht.

Bad Kleinen muss man nicht gesehen haben, schon eher das südlich benachbarte **Schloss Wiligrad** in schöner Lage am See: Das Schloss wurde in den Jahren 1896–1898 im Auftrag des mecklenburgischen Herzogs Johann Albrecht erbaut, der hier bis zu seinem Tod im Jahr 1920 lebte. Umgeben ist das Anwesen von einem sehenswerten Skulpturenpark und einem über 200 Hektar großen Wald- und Landschaftspark mit vielen exotischen Bäumen. In einigen Räumen des Schlosses unterhält der Kunstverein Wiligrad e. V. eine *Galerie* mit wechselnden Ausstellungen; Schlossführungen sind nach Voranmeldung möglich. Unweit des Schlosses wird im Sommer – bei gutem Wetter – ein Gartencafé betrieben (✆ 03867-612703).

Galerie: Während Ausstellungen Mo–Fr 10–16 Uhr, Sa/So 10–17 Uhr. *Anfahrt:* am Nordende von Lübstorf Richtung See abbiegen (beschildert), dann 2 km durch den Wald zum Schloss. Kunstverein Wiligrad e. V., Schloss Wiligrad, 19069 Lübstorf, ✆ 03867-8801, 📠 03867-7450, www.kunstverein-wiligrad.de.

Schloss Wiligrad am Schweriner See

Heißt zwar „am See", liegt aber genau genommen an der Elde: Plau am See

Im Westen der Seenplatte

Östlich von Schwerin öffnet sich eine typisch mecklenburgische Landschaft: Abgelegen verstecken sich ein paar Bauerndörfer inmitten eines lieblichen Landstrichs, ein, zwei Kleinstädte liegen auf dem Weg, Felder und Wiesen, durchzogen von Waldstücken und Flüssen, breiten sich über sanfte Hügel, und hin und wieder rückt ein See blau leuchtend in den Blick.

Zuallererst sind da natürlich der Sternberger See, der Goldberger See und der Krakower See zu nennen, jeweils mit den dazugehörigen Orten Sternberg, Goldberg und Krakow. Die Seen liegen ein wenig vereinzelt und abseits der touristischen Hauptrouten und Zielgebiete. Rund um Sternberg erstreckt sich der noch junge *Naturpark Sternberger Seenland* (S. 88), der bei Goldberg nahtlos in den *Naturpark Nossentiner/Schwinzer Heide* (S. 109) übergeht. Kultureller Höhepunkt im Westen ist zweifellos das schöne Güstrow mit seinem sehenswerten Schloss, der Altstadt und nicht zuletzt den Spuren, die sein berühmtester Sohn hinterlassen hat: der Bildhauer und Schriftsteller Ernst Barlach.

Im *Naturpark Sternberger Seenland* finden Freizeitkanuten auf der Warnow und dem kleinen Nebenfluss Mildenitz ein herrliches Revier. Am Plauer See beginnen dann die langen und verzweigten Wasserwege der Mecklenburgischen Seenplatte. Von hier aus gelangen die Wasserwanderer via Kanal und stromgleichen Seen über Fleesensee und Kölpinsee zur Müritz. Aber auch trockenen Fußes findet sich entlang der vielgestaltigen Ufer einiges an Sehenswertem, wie der (zuweilen schwelende) Teerofen von Sparow oder der Bärenwald bei Bad Stuer oder – etwas urbaner – das beschauliche Plau am See (das eigentlich nicht am See liegt) sowie das fotogene Malchow, dessen Altstadt sich wiederum *im* See, genauer gesagt auf einer Insel im See, befindet.

Neukloster

ca. 4000 Einwohner

Der Name trügt und trügt auch nicht. Richtig ist, dass Neukloster auf ein von *Heinrich Borwin I.* begründetes Kloster für Benediktinerinnen zurückgeht: *campus solis*, Sonnenkamp, wie das Kloster hieß. „Neu" war diese Gründung im Jahr 1219 jedoch nur insofern, als die Gründung eines Klosters bei Neubukow wenige Jahre zuvor gescheitert war. So kamen die Nonnen an den hiesigen See und blieben. Die Siedler aber, die sich, vom Kloster angezogen, hier niederließen, nannten ihre neue Heimstatt *Neues Kloster*, bis 1250 hatte sich dann der Name Neukloster durchgesetzt. Die Nonnen, die mittlerweile wohl aufgrund der Nähe zu Bad Doberan die Regeln der Zisterzienser angenommen hatten, schufen ein blühendes Gemeinwesen.

Von der einst mächtigen Klosteranlage sind die Kirche, der Glockenturm und die Propstei erhalten. Im Zuge der Reformation wurde das Kloster 1555 säkularisiert. Nach dem Dreißigjährigen Krieg fiel Neukloster mit Wismar an Schweden und blieb bis 1803 (de jure bis 1903) unter der Herrschaft der Drei Kronen (zuerst auf 100 Jahre an Mecklenburg verpachtet, dann von den Schweden nicht zurückgefordert).

Mit dem Bau der **Klosterkirche** wurde nach der Gründung des Klosters 1219/1220 begonnen. 1236 wurde der Altar geweiht, die Kirche schließlich 1240 fertiggestellt. Über einem kreuzförmigen Grundriss war eine einschiffige, spätromanische Backsteinkirche mit Querschiff und ohne Turm entstanden. 1865 wurde die Kirche restauriert und teilweise umgestaltet – so wurde der Dachreiter mit hoch aufragender Spitzhaube über die Vierung gesetzt. Im Innenraum sind Chor und Querschiff

Malerische Ansichten finden sich um das alte Kloster von Neukloster

eingewölbt, während das Langschiff von einer bemalten Holzdecke abgeschlossen wird (ebenfalls 1865 erneuert). Einzigartig sind die Glasmalereien der Klosterkirche – es sind die ältesten in Mecklenburg: Schon 1240 wurde die Kirche mit kunstvoll bemalten, schlanken Fenstern geschmückt, von denen drei (restauriert und ergänzt) noch erhalten sind. Dargestellt sind u. a. die Hl. Elisabeth von Thüringen und die Hl. Katharina. Ursprünglich im Langhaus eingesetzt, bilden die Kunstwerke aus Glas heute die Chorfenster. In einem kleinen Nebenraum am Ende des Langschiffs verdeutlicht ein Holzmodell die Größe des Klosters in seiner Blütezeit.

(Ehem.) Klosterkirche St. Maria und Johannes Ev.: Im Sommer Mo–Fr 10–12 und 14–16 Uhr, im Winterhalbjahr evtl. eingeschränkt, Führungen nach Anmeldung: ✆ 038422-25451.

Die um 1400 erbaute **Propstei**, ein langes Backsteingebäude mit schöner Staffelgiebelfront, dient heute als Kindertagesstätte. Der **Glockenturm** (in seinen Ursprüngen aus der Zeit um 1500) brannte 1989 aus, wurde aber wieder instand gesetzt. Am **Klosterpark** im Rücken von Propstei und Kirche wurde zuletzt emsig gearbeitet – Neukloster ist eine Außenstelle der Schweriner Bundesgartenschau 2009. Um den ehemaligen Klosterhof gruppieren sich neben Glockenturm und Propstei in schön restaurierten Backstein-Fachwerkhäusern ein Schullandheim und das kleine **Museum**. Hier kann man sich in drei Räumen über Stadtgeschichte, Arbeitswelt und Alltag der Handwerker und Bauern informieren. Den Garten schmücken ein paar Findlinge, im Schuppen ist landwirtschaftliches Gerät zu sehen; vor dem Haus gibt es einen kleinen Kräutergarten.

Museum: Di–Sa 10–16 Uhr, Eintritt frei, Spende erwünscht. Am Klosterhof 1, 23992 Neukloster, ✆ 038422-45478.

Der Ort Neukloster rund um den Alten und den Neuen Markt ist eine beschauliche Kleinstadt. Am Ortsausgang Richtung Bützow findet sich eine *Badeanstalt* am Neuklostersee. Rund um den See führt ein 9,4 Kilometer langer Wanderweg vornehmlich am schilfreichen Seeufer entlang. Mit vier Kilometern deutlich kürzer ist der Spaziergang rund um die in den See ragende Halbinsel (beide Touren lassen sich kombinieren).

• *Information* **Touristinformation Neukloster**, Hauptstr. 27, 23992 Neukloster, ✆ 038422-44030, www.neukloster.de.

• *Baden* **Badeanstalt Neukloster**, knapp 1 km vom Zentrum entfernt, am östlichen Ortsausgang (Richtung Bützow): eine der wenigen Badestelle am Neuklostersee samt Umkleiden, Liegewiesen, Restaurant „Schöne Aussicht" und einem etwas altertümlichen Steg.

• *Übernachten/Essen* **Seehotel**, eine Oase, *unser Tipp!* Herrliche Anlage 2 km südlich von Neukloster am Ufer des Neuklostersees. Ungemein stilvoll eingerichtete Zimmer, die sich auf die Gebäude des Anwesens verteilen. Schick auch das Restaurant im Haupthaus mit Wintergarten und Terrasse zum See (tägl. mittags und abends geöffnet, abends unbedingt reservieren). In der Badescheune befinden sich Pool und Spa-Bereich, am See ein Badestrand samt Steg, Strandkorb und Liegewiese, im Bootshaus eine Sauna, in der Kunstscheune ist Raum für Veranstaltungen (u. a. für die Festspiele Mecklenburg-Vorpommern), Konzerte und Seminare. Die *Gänsebar* schließlich (Gänsefotogalerie an der Wand) ist der perfekte Ort für den Absacker nach einem perfekten Tag. Das luxuriöse Idyll respektive der idyllische Luxus hat natürlich seinen Preis. EZ ab 90 €, DZ ab 150 €, Suite ab 190 €, jeweils inkl. Frühstück und Nutzung des Spa-Bereichs. Im Ortsteil Nakendorf südlich von Neukloster (beschildert). Seestr. 1, 23992 Neukloster, ✆ 038422-4570, ℻ 038422-45717, www.seehotel-neuklostersee.de.

Im Laub verborgen: die Kirche von Neukloster

Warin

ca. 3600 Einwohner

In eine zauberhafte Landschaft eingebettet, liegt Warin im nordwestlichen Eck des *Naturparks Sternberger Seenland*. Schon im 13. Jh. hatte es die Bischöfe aus Schwerin nach Warin gezogen, die den Ort zu ihrer Sommerfrische wählten. Heute ist Warin ein recht beschauliches Städtchen; im Ortskern residiert vor der neugotischen Kirche das neue *Naturparkzentrum Sternberger Seenland* (S. 88).

Rund um Warin findet man sich in einer lieblichen Gegend aus sanften Hügeln wieder, bedeckt von Weiden, Feldern und Wäldern – und blau funkelnden Seen in den Niederungen. Warin selbst liegt zwischen Großem Wariner See und Glammsee in einer Senke, südlich davon dehnt sich der Tempziner See aus, etwas weiter im Osten der Großlabenzer See. Die Wanderwege wie auch die Bade- und Angelstellen der von Schilf und Wald gesäumten Seen liegen fernab ausgetretener Touristenpfade und versprechen Ruhe und intakte Natur.

Wariner Fremdenverkehrsverein: tägl. Mo–Fr 9.30–12 Uhr, Mo–Mi und Fr 14–17 Uhr, Do 14–16 Uhr, Sa 9.30–11.30 Uhr. Am Markt 4, 19417 Warin, ✆ 038482-60431, www.warin.de.

Naturpark Sternberger Seenland

Der erst 2004 eingerichtete Naturpark erstreckt sich über knapp 540 Quadratkilometer. Er reicht von Neukloster hinunter bis fast an das Ostufer des Schweriner Sees, nördlich schließt er von Goldberg an den *Naturpark Nossentiner/Schwinzer Heide* an. Landschaftlich geprägt wird der Naturpark Sternberger Seenland von zwei Endmoränen, Hinterlassenschaften der letzten Eiszeit, sowie von über 80 Seen, deren Entstehung zumeist auf Toteisblöcke und Schmelzwasserrinnen zurückgeht. Die größten sind der Neuklostersee, der Große Wariner See, der Großlabenzer See und der Große Sternberger See. An den schilfreichen Seeufern, in gewundenen Flussniederungen, abgelegenen Mooren und zahlreichen so genannten Söllen (von Toteisblöcken hinterlassene Feuchtgebiete → S. 15), aber auch auf großen Weideflächen und in ausgedehnten Wäldern finden zahllose Tierarten einen intakten Lebensraum. Bemerkenswert sind vor allem die Biberbestände (in Alt-Necheln gibt es im „Haus Biber & Co" eine Naturschutzstation, die sich mit dem geschickten Nager befasst; Anmeldung unter ✆ 038483-20845) und die raren See- und Fischadler. Zuletzt wurden zwölf Seeadler-Paare rund um Warin gezählt, angesichts der Seltenheit der stolzen Greifvögel ein enormer Bestand. Eine geologische Besonderheit der Gegend stellt der *Sternberger Kuchen* dar (S. 15).

Mit dem *Naturparkzentrum Sternberger Seenland* in Warin ist neben einer Informationsstelle auch eine kleine Ausstellung entstanden. Interessant und kindgerecht aufbereitet, kann man sich hier in drei Räumen über den hiesigen Naturraum informieren. Auch geführte Wanderungen, Rad- und Kanutouren im Naturpark werden angeboten.

Naturparkzentrum Sternberger Seenland: Mai bis Sept. tägl. 10–18 Uhr, Okt. bis April Mo–Fr 10–16 Uhr (außerhalb dieser Zeiten nach tel. Absprache). Am Markt 1, 19417 Warin, ✆ 038482-22059, 📠 038482-22342, www.np-sternberger-seenland.de.

Schloss Kaarz

Eine herrliche kopfsteingepflasterte Allee zweigt wenige Kilometer vor Sternberg zum kleinen Dorf Kaarz ab. Das prächtige *Schloss Kaarz,* um 1873 im spätklassizistischen Stil umgebaut und erweitert, steht in der hügeligen Endmoränenlandschaft in schöner Lage auf einer Anhöhe. Um das Schloss erstreckt sich auf 70.000 Quadratmetern ein wunderschöner *Park.* Ursprünglich von einem Lenné-Schüler 1873 angelegt, wurde der Park um die Jahrhundertwende zu einem englischen Landschaftsgarten umgestaltet. Viel älter als die Parkanlage sind die bis zu 500 Jahre alten Eichen und Blutbuchen, daneben finden sich allerlei exotischer Baumbestand, wie Zypressen oder ein eindrucksvoller nordamerikanischer Mammutbaum, sowie der landschaftspark-obligatorische Teich. An den glücklicherweise frei zugänglichen Park grenzt eine alte Streuobstwiese an.

• *Anfahrt* In Weitendorf von der B 104 nach Süden abbiegen, dann noch etwas mehr als 2 km bis Kaarz.

• *Übernachten/Essen* **Schloss Kaarz**, *unser Tipp!* Das schmucke Schloss wurde bald nach der Wende komplett saniert und beherbergt seither ein sympathisches Hotel. Ein ruhiger, idyllischer Ort zum Entspannen; sehr freundliche Hotelleitung. Im Haus stehen den Gästen eine Bibliothek und zwei Salons (einer davon mit Kamin und Flügel) zur Verfügung. In einem Salon ist

Schloss Kaarz – einladende Herberge mit prächtigem Landschaftspark

das Restaurant untergebracht (für Hausgäste bzw. nach Voranmeldung); gediegenes Ambiente, im schönsten Sinne altmodisch. Gute regionale Küche. Tagesmenü um 15 €, nachmittags Cafébetrieb, bei schönem Wetter auf der Terrasse. Vom Schlosstürmchen genießt man einen weiten Blick über die Umgebung. Zudem Tennisplatz, Sauna, Fahrradverleih. Vermietet werden 8 großzügige DZ und 12 Ferienwohnungen, je nach Größe 74–88 €/Tag, gutes Frühstücksbüfett 7 €/Pers. extra, Hunde willkommen. 19412 Kaarz, ✆ 038483-3080, 📠 038483-30840, www.schloss-kaarz.m-vp.de.

Sternberger See

Die Sternberger Seenplatte ist seit 2005 als Naturpark mit entsprechenden Schutzbestimmungen ausgewiesen. Zentrum der Seenlandschaft ist der Große Sternberger See (der mit 2,5 Quadratkilometer allerdings recht klein ausfällt); seine überwiegend bewachsenen Ufer ermöglichen jedoch kaum eine touristische Nutzung, ausgewiesene Badestellen gibt es lediglich bei Sternberg. Die Mildenitz durchfließt den See in Richtung Norden und mündet bei der Sternberger Burg in die Warnow Richtung Ostsee. Kulturhistorischer Höhepunkt der Gegend ist die slawische Tempelanlage von Groß Raden etwas nordöstlich des Sees.

Sternberg

ca. 4500 Einwohner

Das ruhige kleine Städtchen liegt im Zentrum der Sternberger Seenplatte und des gleichnamigen Naturparks. Sternberg geht auf eine alte slawische Siedlung zurück, die 1248 erstmals erwähnt wurde, als ihr das Stadtrecht verliehen wurde. Heute rühmt sich der Ort als „staatlich anerkannter Erholungsort“, nicht zuletzt dank der schönen Lage oberhalb des Großen Sternberger Sees auf einem Hügel, umgeben von einer Stadtmauer (mit gotischem Stadttor). Gleich beim beschaulichen Marktplatz mit seinen ansehnlichen Fachwerkhäusern und dem tudor-gotischen Rathaus befindet sich am höchsten Punkt des Ortes die mächtige gotische Backsteinkirche, gegenüber davon hat sich das Heimatmuseum von Sternberg niedergelassen.

In die Chroniken ging Sternberg im Oktober 1492 ein, als es bei einem Hochzeitsfest zu einer „Hostienschändung“ gekommen sein soll – der Legende nach durchstach ein jüdischer Hochzeitsgast die Hostien mit seinem Schwert, die daraufhin geblutet haben sollen. Infolge dieses Vorfalls wurden in Sternberg 27 Juden auf dem Scheiterhaufen verbrannt, alle anderen Juden des Landes verwiesen. Die Hostien selbst wurden daraufhin in einer eigens erbauten Kapelle als Heiligtum verehrt, Sternberg avancierte kurzzeitig zum Wallfahrtsort.

Ein halbes Jahrhundert später, am 20. Juni 1549, bekennt sich der Landtag von Sternberg (eine von den Herzögen verfügte Ständeversammlung) zur Lehre Martin Luthers und öffnet somit ganz Mecklenburg für die Reformation. Am Ort des Geschehens, der Sagsdorfer Brücke über die Warnow, etwa drei Kilometer nordwestlich von Sternberg, erinnert heute ein Gedenkstein an dieses Ereignis.

Information/Verbindungen/Verschiedenes

• *Information* **Touristinformation Sternberg**, direkt am Marktplatz. Mai bis Ende Aug. Mo–Fr 8–18 Uhr, Sa 9–12 Uhr, So geschlossen. Sept. bis Ende April Mo, Mi, Do 8–16 Uhr, Di 8–18 Uhr, Fr 8–12 Uhr, am Wochenende geschlossen. Am Markt 3, 19406 Sternberg, ✆ 03847-444535, 📠 03847-444570, www.sternberg.m-vp.de.

• *Verbindungen* **Busse** fahren mehrmals tägl. nach Groß Raden und Schwerin.

• *Übernachten/Essen* ****** Seehotel Sternberg am See**, fast direkt am See gelegen, etwas außerhalb des Zentrums. Modernes Hotel mit Restaurant (mit Terrasse), in dem besonderer Wert auf saisonale Küche gelegt wird. 42 komfortable Zimmer mit schicken Bädern; Wellnessbereich mit Sauna, Pool, Massage und Kosmetikbehandlungen, auch 1-wöchiges Heilfasten mit entsprechendem Begleitprogramm wird angeboten. EZ 70 €, DZ 95–105 €, inkl. Frühstück; Halb- oder Vollpension möglich. Ganzjährig geöffnet. J.-Dörwaldt-Allee 4, 19406 Sternberg, ✆ 03847-3500, 📠 03847-350166, www.seehotel-sternberg.de.

• *Übernachten außerhalb* Schloss Kaarz (S. 88)

• *Camping* **Camping Sternberger Seenlandschaft**, direkt am Luckower See (ausgeschildert), bestens ausgestatteter Platz, Bade- und Anlegestelle vorhanden. 150 parzellierte Stellplätze, davon einige direkt am Wasser, außerdem einige Blockhütten und Bungalows. Großes Sport- und Veranstaltungsangebot (besonders für Kinder), Kanu- und Kajakvermietung, Angeln, Bootstouren, geführte (Rad-)Wanderungen, Tischtennis, Volleyball usw. Gaststätte mit Terrasse, Mini-Market. Hunde sind willkommen und haben sogar eine eigene Badestelle. Stellplatz mit Wohnmobil für 2 Pers. 21 €, mit Wohnwagen oder Zelt für 1 Pers. 16,30 €, weitere Person 4,70 €, am See plus 3 €. Blockhaus für 2 Pers. 50 €, 4 Pers. 70–85 €, Bungalow 45–85 € (2–6 Pers.), Leihzelt ab 15 €. Man kann mit dem Wohnmobil auch vor der Schranke übernachten (12 €), die sanitären Anlagen des Platzes können dabei genutzt werden, Strom und Entsorgung gegen Aufpreis. Geöffnet 20. März bis 31. Okt. Maikamp 11, 19406 Sternberg, ✆ 03847-2534, 📠 03847-5376, www.camping-sternberg.de.

• *Sport* **Kanu- und Kajakverleih**, die Kanutour durch das Warnow-Durchbruchstal zählt zu den aufregendsten Wassertouren in der Gegend, Anfänger finden auf der Warnow aber auch ruhigeres Fahrwasser. Infos, Tourenvorschläge und Kanuverleih beim *Camping Sternberger Seenlandschaft* (s. oben) sowie im *Landgasthof Sternberger Burg* (✆ 03847-311071). Für eine Nachmittagstour zu zweit muss man ca. 20 € rechnen, für die größere Tour ca. 30 €.

Reiten, *Reitstall Klein Raden*, im gleichnamigen Ort ca. 4 km nördlich von Groß Raden. 26 Pferde (Mecklenburger), Unterricht für Anfänger und Fortgeschrittene, Reitstunde auf dem Platz 10 €, im Gelände 12 €; auch längere Ausritte und Reiterferien im Angebot. Gastpferde sind willkommen. Dorfstr. 1, 18249 Klein Raden, ✆ 038462-20298, www.reitstall-klein-raden.de.

Stadtkirche St. Maria und St. Nikolaus: Die wuchtige Backsteinkirche beim Marktplatz ist nicht zu übersehen. Erbaut wurde das dreischiffige Gotteshaus vom Ende des 13. Jh. bis etwa 1320. Sehenswert im Inneren dieser frühgotischen Hallenkirche ist besonders ein Fresko in der Kapelle, auf dem die Einführung der Reformation nach dem Landtag an der Sagsdorfer Brücke im Jahr 1549 dargestellt ist. Ganztägig geöffnet, wenn nicht, kann man unter ✆ 03847-2919 eine Besichtigung vereinbaren (Mühlenstr. 4).

Heimatmuseum: Gleich gegenüber der Kirche (Rückseite), Eiscafé nebenan. Untergebracht ist das Museum im ältesten Gebäude der Stadt aus dem 14. Jh., das einzige, das den verheerenden Stadtbrand im Jahr 1741 überstanden hat. In insgesamt 13 Räumen wird die Geschichte der Stadt Sternberg erzählt und dokumentiert, unter den Ausstellungsstücken befindet sich ein sog. „Sternberger Kuchen", ein heller Sandstein, der während der letzten Eiszeit in die Gegend um Sternberg gespült wurde und zahlreiche Muscheln, Schnecken und andere Fossilien enthält. Von diesen Steinen wurden in der Umgebung mehrere gefunden (S. 15). Eine weitere Abteilung des Museums widmet sich der Zeit der Reformation, eine andere dem traditionellen Handwerk der Region.

Mai bis Nov. Di–Fr 10–12 und 13–16 Uhr (Sa–Mo geschlossen), Dez. bis April nur Mi 10–16 Uhr. Eintritt frei. Mühlenstr. 6, ✆ 03847-2162.

Sternberg/Umgebung

▸ **Archäologisches Landesmuseum Groß Raden (Freilichtmuseum):** Die weitläufige obotritisch-altslawische Siedlung samt Tempelanlage aus dem 9./10. Jh. ist die bekannteste und sicherlich eine der bedeutendsten Ausgrabungsstätten in Mecklenburg-Vorpommern. 1973 begannen die Grabungen auf dem rund 7000 Quadratmeter großen Areal (gerade einmal die Hälfte des ehemals besiedelten Gebiets), bei denen an die 100.000 Fundstücke zutage kamen, teilweise bestens erhalten, da über die Jahrhunderte luftdicht im Wasser und Moor verborgen. Die Funde deuten auf eine Besiedlung durch die Warnower (eine Seitenlinie der Obotriten) im 9. Jh. wie auch auf eine zweite Besiedlungsphase im 10. Jh. hin, wobei davon auszugehen ist,

Über dem Ausgrabungsgelände wieder aufgebaut: die altslawische Siedlung

Im Westen der Seenplatte
Karten S. 84/85 und S. 111

dass die erste Siedlung komplett zerstört und einige Jahrzehnte später wieder aufgebaut wurde. Ebenso fand man heraus, dass der Ringwall vor der Halbinsel vor rund 1000 Jahren noch vom Festland abgeschnitten war, der einzige Zugang führte über eine Brücke. Auch die Siedlung selbst war mit tiefen Gräben und Palisaden geschützt und nur über ein Eingangstor zu betreten.

1981 wurde diverse Bauwerke, darunter Blockhäuser und Flechtwandhäuser (teilweise eingerichtet), Schmiede und Backofen, Tempel und Befestigung sowie die Ringburg samt Brücke rekonstruiert – seit 1987 ist die Anlage als Freilichtmuseum zugänglich. Auf dem Weg zur Anlage befindet sich ein Gehege mit drei Elchen, nahebei eine Schafzucht mit Pommerschen Landschafen. Zahlreiche Vorführungen, Veranstaltungen und Feste bringen den interessierten Besuchern das Leben der Slawen vor über 1000 Jahren näher. Kurzum: Das herrlich gelegene und gelungene Freilichtmuseum ist einen Besuch unbedingt wert.

April bis Okt. tägl. 10–17.30 Uhr, Nov. bis März Di–So 10–16.30 Uhr. Eintritt 2,50 €, Rentner und Jugendliche unter 18 J. 1,50 €, Kinder unter 6 J. frei, Familienkarte 5 €. Kastanienallee, 19406 Groß Raden bei Sternberg, ✆ 03847-2252, ℻ 03847-451624, www.gross-raden.de.

Anfahrt: Von Sternberg ca. 4 km nordöstlich nach Groß Raden (hier einige Cafés). Der Parkplatz des Museums befindet sich *in* Groß Raden, von diesem aus geht es noch ein Stück durch den Ort, dann oberhalb des Sees entlang und schließlich durch den Wald – zwar schön zu laufen, aber knapp 1,5 km zu Fuß, bis das Freilichtmuseum erreicht ist (ausgeschildert).

▸ **Warnow-Durchbruchstal:** Das romantische Tal bei Groß Görnow, etwa 8 km nördlich von Sternberg, ist das größte Durchbruchstal in ganz Mecklenburg. Während der letzten Eiszeit, also vor rund 20.000 Jahren, wurde hier durch die Gletscher ein gigantischer Wall aufgehäuft, der beim Abschmelzen dem mächtigen Druck der Wassermassen nachgab und der Warnow, die bei Rostock in die Ostsee mündet, den Weg ebnete – daher auch der Name Durchbruchstal. Geblieben ist ein tiefer Einschnitt mit bis zu 30 Meter hohen Steilhängen und einer stellenweise recht wilden Warnow, die sich als Kanurevier großer Beliebtheit erfreut (Wasserrastplatz bei Klein Raden). Beliebt ist das geschützte Tal aber auch bei Bibern und Eisvögeln. Eine lange hölzerne Brücke verbindet die Ufer hier miteinander, auf der linken Warnowseite sind Überreste einer Slawenburg zu sehen. Das Tal ist von Groß Görnow zu erreichen, vom dortigen Parkplatz führt ein Fußweg zur Holzbrücke. Zudem verbindet ein Wanderweg Klein Raden auf der rechten Seite der Warnow mit Eickelberg auf der linken Seite.

Güstrows prächtiges Schloss

Güstrow

ca. 31.000 Einwohner

Berühmt geworden ist Güstrow dank Ernst Barlach, der hier zeichnete und lithographierte, schnitzte und in Bronze goss – kurz: der hier sein Hauptwerk schuf. Doch die Stadt an der Nebel, die sich heute stolz Barlachstadt nennt, ist auch eine altehrwürdige Residenzstadt mit schönem historischen Zentrum und vor allem einem prächtigen Renaissanceschloss.

Güstrows Altstadt präsentiert sich als ein kompaktes, fast kreisrundes Zentrum, das anstatt einer früheren Stadtmauer heute von einem schmalen, grünen Gürtel umgeben ist. Einen Stadtrundgang beginnt man am besten bei der nicht nur in ihren Ausmaßen größten Sehenswürdigkeit, dem **Schloss** (was sich auch deshalb anbietet, da sich neben dem weitläufigen Park ein ebenso weitläufiger Parkplatz befindet). Vom Torhaus des Schlosses ist es nicht weit bis zum Franz-Parr-Platz – Parr war übrigens einer der Architekten der exklusiven Immobilie. Hier befindet sich nicht nur die Touristinformation, sondern auch das sehenswerte **Stadtmuseum**.

Seltsam zurückgesetzt findet sich am Altstadtrand der altehrwürdige **Dom**. Vom Parr-Platz aus verläuft die Domstraße (allerdings ohne am Dom entlangzuführen) zur **Marienkirche** und zum **Rathaus** am Markt, dem lebhaften Zentrum Güstrows. Vom autofreien Marktplatz führt die Fußgängerzone, eine kleine Einkaufsmeile mit Geschäften, Restaurants und Cafés, weiter vorbei am martialischen Borwin-Brunnen, der den mecklenburgischen Fürsten als stolzen Recken zeigt, und über den Pferdemarkt. Etwas außerhalb der Altstadt, nur wenige Schritte vom Pferdemarkt entfernt, befindet sich in der Gertrudenkapelle das **Barlachmuseum**.

Aber nicht nur Güstrows Altstadt ist einen Besuch wert. In südöstlicher Richtung um den Inselsee finden sich weitere Publikumsmagneten: das Badeparadies, der Natur- und Umweltpark Güstrow (NUP), das Barlachatelier und schließlich der See selbst.

Geschichte

Aus einem kleinen slawischen Weiler im sumpfigen Tal des Flusses *Nebel* entwickelte sich dank seiner Lage an der Kreuzung zweier Handelstraßen ein blühendes Gemeinwesen mitsamt einer Burg. Der mecklenburgische Fürst *Heinrich Borwin II.* gründete 1226 ein Kollegiatsstift und initiierte damit den Baubeginn des Güstrower Doms. Ob dies nun geschah, um seine junge Residenz ein wenig aufzuwerten und niederdeutsche Siedler anzulocken oder aber angesichts seines nahenden Todes – wie es in der Stiftsurkunde heißt – das „Jüngste Gericht mit großer Furcht erwartend“, sei dahingestellt. Jedenfalls erhielt Güstrow 1228 das Schweriner Stadtrecht, und zu der alten Siedlung um Burg und Dombaustelle entwickelte sich ein jüngerer Stadtteil um den heutigen Marktplatz, an dem im frühen 14. Jh. eine zweite Kirche, St. Marien, sowie das Rathaus entstanden. Anfang des 16. Jh. legten innerhalb von neun Jahren drei schwere Feuer die Stadt in Schutt und Asche.

Am Markt in Güstrow

Dass Güstrow zur Residenzstadt wurde, verdankt die Stadt einem Bruderzwist. Nicht eben ungewöhnlich, ging es bei diesem Streit ursprünglich um die Aufteilung eines Erbes. 1547, nach dem Tod Herzog *Albrechts VII.*, stritten sich seine Söhne *Johann Albrecht I.* und *Ulrich* darum, wer die Finger auf die Hinterlassenschaften des Vaters legen durfte. Nach einem Machtwort des brandenburgischen Kurfürsten wurde schließlich brüderlich geteilt: Johann Albrecht bekam das westliche Gebiet mit Schwerin und Wismar als blühende Zentren, Ulrich den östlichen Teil um Güstrow. Die hier vorweggenommene Teilung Mecklenburgs manifestierte sich 1621. Mit der Landesteilung entstanden zwei Mecklenburgs, näher definiert durch ihre Residenzstädte: Mecklenburg-Schwerin und eben Mecklenburg-Güstrow.

Das neue Schloss gefiel dann auch dem Generalissimus. 1628 erklärte es *Wallenstein*, nunmehr Herzog von Mecklenburg, zu seiner Residenz, wohl mit der Absicht, länger zu bleiben: Unverzüglich ließ er größere Umbaumaßnahmen in Angriff nehmen. Doch die Wirren des Dreißigjährigen Krieges machten auch vor dem Größten der Generäle nicht Halt: Wallenstein wurde weitergetrieben, und die alten Mecklenburger Herzöge kehrten zurück. Nach dem Tod *Gustav Adolphs von Mecklenburg-Güstrow* 1695 aber endete die Güstrower Herzogslinie: Der Herzog hatte übrigens elf Kinder – alles Mädchen (und damit keinen Thronfolger). Der Name der Mutter, die deshalb unter enormem Druck gestanden haben muss, soll hier nicht verschwiegen werden: Sie hieß *Magdalene Sibylle von Holstein-Gottorp*. In der Folge stand Güstrow, nunmehr wieder Teil des Herzogtums Mecklenburg-Schwerin, ein wenig mehr im Schatten Schwerins.

Schließlich, im Jahr 1910, kam *er*: Ernst Barlach, der sich hier niederließ, sein Atelier aufbaute, sein künstlerisches Hauptwerk schuf und damit das Selbstbewusstsein der Stadt bis heute prägen sollte – Güstrow ist stolz auf seinen begnadeten Bürger und nennt sich demnach Barlachstadt. Aber dem war nicht immer so. Eines der berühmtesten Werke, der „Güstrower Domengel", besser bekannt als *Der Schwebende*, der schon bei seiner Einweihung 1927 in nationalen Kreisen für Unmut gesorgt hatte, wurde 1937 von den Nationalsozialisten als „entartete Kunst" diffamiert, aus dem Dom entfernt und schließlich eingeschmolzen. Bei der eindrucksvollen Skulptur, die heute wieder im Dom schwebt, handelt es sich um einen Nachguss aus dem Jahr 1953.

Ein wenig im Schatten Schwerins steht Güstrow heute noch. Doch auch wenn es deutlich beschaulicher zugeht als in der Landeshauptstadt und die Sehenswürdigkeiten vielleicht nicht über so viel Strahlkraft verfügen wie Schloss und Dom von Schwerin, so muss man nicht zwingend ein Fan von Barlach sein, um Güstrow einiges abgewinnen zu können. Und wer sich für das Werk von Ernst Barlach interessiert, ist hier ohnehin richtig.

Information/Verbindungen/Aktivitäten

• *Information* **Güstrow Information**, schräg gegenüber von Museum und Schloss, sehr freundlich und hilfsbereit; neben Auskünften, Stadtführungen und Tickets auch Hilfe bei der Unterkunftssuche. Auch Zeitungen und Zeitschriften sowie Bücher zu Mecklenburg, Güstrow, Barlach etc. sind erhältlich. Mai bis Sept. Mo–Fr 9–19 Uhr, Sa 9.30–16 Uhr, So 10–16 Uhr, Okt. bis April Mo–Fr 9–18 Uhr, Sa 9.30–13 Uhr, So geschl. Domstr. 9, 18273 Güstrow, ✆ 0180-5681068 (14 ct/Min.), ℻ 03843-682079, www.guestrow-tourismus.de.

• *Verbindungen* **Bahn**: Mit S-Bahn und Regionalexpress (bzw. Ostseeland Verkehrsgesellschaft/OLA) bis zu halbstündlich (mindestens stündl.) nach Rostock; mit der Regionalbahn (bzw. OLA) alle 2 Std. nach Waren, etwa stündl. via Teterow, Malchin und Stavenhagen nach Neubrandenburg sowie ca. stündl. nach Wismar und Schwerin (jeweils umsteigen in Bad Kleinen oder in Rostock).

Bus: Gute Anbindung an Krakow (auch weiter nach Teterow), über Dobbertin nach Goldberg sowie nach Sternberg.

Für den Stadtverkehr sind die Linien 201, 203, 204 und 205 zuständig, die beiden Letzteren fahren auch zum Inselsee (Badeoase, Natur- und Umweltpark Güstrow und Barlach-Atelier).

Taxi: Zentrale ✆ 03843-217676.

• *Stadtführungen* Die Touristinformation veranstaltet diverse thematische Stadtführungen für Gruppen. Eine Führung durch die historische Altstadt wird von Mai bis Okt. angeboten (tägl. 11 Uhr, Dauer 1½ Std., Treffpunkt Franz-Parr-Platz, Erw. 3,50 €, Schüler/Stud. 2 €). Zudem jeden Freitag (voraussichtlich ganzjährig) eine Nachtwächterführung (im Sommer 20 Uhr, Okt./März 19 Uhr, Febr. 18 Uhr, Nov. bis Jan 17 Uhr, Dauer 1,5 Std., Treffpunkt an der Güstrow-Information, 5,50 €/Pers.). Zumindest bei der Nachtwächterführung ist vorherige Anmeldung empfehlenswert. Mehr Infos in der Güstrow-Information, ✆ 0180-5681068 (14 ct/Min.).

• *Baden* **Oase Badeparadies**, ein Stück östlich der Altstadt; Erlebnisbad mit Saunalandschaft, Innen- und Außenbecken, Strömungskanal etc. Erw. 8,50 €/2 Std. (mit Sauna 10,50 €), 11,50 €/Tag (mit Sauna 15 €), Kinder 5 €/2 Std. (9 €), 9 €/Tag (12 €). Plauer Chaussee 7, ✆ 03843-85580, www.oase-guestrow.de.

Freibad am Inselsee.

Übernachten

**** **Hotel Stadt Güstrow (4)**, die im frühen 18. Jh. eröffnete Gastwirtschaft ist heute ein komfortables und stilvolles 4-Sterne-Hotel. Und weil Tradition verpflichtet, leistet sich das Haus etwas, für das nur die wenigsten Hotels Platz haben: den historischen Ballsaal. Im Hotel befinden sich natürlich ein Restaurant sowie ein Café. DZ je nach Größe und Ausstattung 85–125 €, EZ 65–85 €. Zum Hotel *Stadt Güstrow* gehört auch das unweit des Markts gelegene Drei-Sterne-Hotel *** **Altstadt (2)** (DZ 75–95 €, EZ 55–75 €). Markt 2–3, 18273 Güstrow, ✆ 03843-7800, ℻ 03843-780100, www.nordik-hotels.de.

**** **Kurhaus am Inselsee (9)**, das erste Haus der Stadt, könnte man sagen, wenn das Hotel in der Stadt läge, es befindet sich aber idyllisch und ruhig am Ufer des Inselsees. Restaurant und Café im Haus (schöne Terrasse/Garten zum See hin), Wellnessangebote, auch Badestrand und Bootsverleih, viele Arrangements. EZ ab 75 €, DZ 110 € (zum Wald), 125–130 € (zum See), Suite ab 165 €. Heidberg 1, 18273 Güstrow, ✆ 03843-8500, ℻ 03843-850100, www.kurhaus-guestrow.de.

Gästehaus am Schlosspark (8), wie der Name verspricht, am Schlosspark gelegen, damit relativ zentral und mit Blick auf das Schloss; außen sachlich, innen modern, die Zimmer haben den nüchternen Charme von Jugendherbergsschlafstätten, dafür günstig: EZ 25–35 €, DZ 50–60 €, auch Familienzimmer (3-er 75 €, 4-er 100 €). Frühstück 5 €/Pers. Neuwieder Weg, 18273 Güstrow, ✆ 03843-245990, ℻ 03843-245992, www.gaestehaus-guestrow.de.

Boulevard-Pension (1), kleine, familiäre Pension direkt am Pferdemarkt, also mittendrin und doch ruhig in der Fußgängerzone. Nur 7 Zimmer (6 DZ und 1 EZ), früh reservieren; EZ 40 €, DZ 60 €. Parkplätze vorhanden, auch (Eis-)Café. Pferdemarkt 25, 18273 Güstrow, ✆ 03843-464460, ℻ 03843-4644621, www.pension-guestrow.de.

• *Jugendherberge* **Jugendherberge Güstrow (10)**, ein gutes Stück außerhalb der Altstadt, aber ruhig am Waldrand und unweit des Inselsees; Übernachtung ab 19,65 €/Pers., auch Familienunterbringung möglich. *Anfahrt:* 5 km Richtung Inselsee, zunächst zum Barlach-Atelierhaus, dann geradeaus weiter, im Ortsteil *Mühl Rosin*. Schabernack 70, 18273 Güstrow, ✆ 03843-840044, 📠 03843-840045, jh-guestrow@djh-mv.de, www.guestrow-jugendherberge.de.

• *Übernachten außerhalb* **Schloss Vietgest**, schmuckes, von einer parkähnlichen Gartenanlage umgebenes Barockschloss aus dem 18. Jh., gut 10 km außerhalb von Güstrow an der B 104 (Straße Richtung Teterow). Sorgsam renoviert, 23 Zimmer, gehobenes Restaurant und Bistro, wechselnde Ausstellungen in der Galerie im Foyer, Standesamt im Schloss, Fahrradverleih. Hier waren schon Angela Merkel, Prinz Charles und Harald Ringstorff zu Gast. EZ 60 €, DZ 89–109 €, kleines DZ ab 75 €, jeweils inkl. Frühstück. Ganzjährig geöffnet. Schlossstr. 4, 18279 Vietgest, ✆ 038452-22434, 📠 038452-22435, www.hotel-schloss-vietgest.de.

Essen & Trinken

Barlach Stuben (7), mit Terrasse; aus der Küche kommen v. a. aus regionalen Zutaten bereitete mecklenburgische Gerichte, nicht teuer. Plauer Str. 7, ✆ 03843-684881.

Wunderbar (3), sehr sympathische Café-Kneipe, günstiger Mittagstisch, auch kleine Gerichte aus aller Welt. Krönchenhagen 10, ✆ 03843-776927.

Marktkrug (5), der Name trügt nicht: Die zentral am Markt gelegene, traditionsreiche Gaststätte bietet gutbürgerliche, regionale Küche. Markt 14, ✆ 03843-681282.

Schlosscafé (6), ideal für eine Pause am erschöpften Ende einer Besichtigungstour (oder davor, um sich psychisch und physisch auf den Schlossbesuch vorzubereiten). Hübsch untergebracht im Souterrain des Schlosses, allerdings etwas bieder eingerichtet. Franz-Parr-Platz 1, ✆ 03843-686733.

Im Westen der Seenplatte
Karten S. 84/85 und S. 111

Schloss Güstrow und Museum

Wohl schon im 12. Jh. stand an dieser Stelle eine Burganlage. Dass aus einer alten, zugigen Burg ein schmuckes Renaissanceschloss werden sollte, erklärt sich aus dem Zank zweier Brüder. Nachdem die Rangelei um das Erbe ihres Vater beigelegt war, wollte Ulrich, dem Güstrow zugefallen war, seinem baufreudigen Bruder, der Prachtvolles in Schwerin und Wismar entstehen ließ, in nichts nachstehen. Also begann Ulrich, die alte Güstrower Burg umfassend zu sanieren, zu erweitern und nach einem Brand in Teilen komplett neu zu errichten. Herzog Ulrich engagierte dafür 1558 den aus der Lombardei stammenden Architekten *Franz Parr* – später sollten dessen Bruder *Christoph* und schließlich der niederländische Baumeister *Philipp Brandin* die Leitung der Großbaustelle übernehmen. Bis 1599 entstand eine prächtige, ursprünglich vierflügelige (1795 wurde der mittlerweile ramponierte Ostflügel abgetragen) und fünfstöckige Renaissance-Anlage, die italienische, niederländische und deutsche Stilelemente in sich vereint. Entgegen dem ersten Eindruck ist das Güstrower Schloss ein Backsteinbau, dessen Verputz den (für die Gegend allzu teuren) Sandstein lediglich imitiert. Repräsentativ wuchtig wirkt die Hauptfassade dank des von Türmchen gekrönten massigen Risalits, während sich der Südflügel mit seinen schlanken Mitteltürmen mit einer gewissen Eleganz und Leichtigkeit über den Garten erhebt.

Seit 1995 wird das Güstrower Schloss vom Staatlichen Museum Schwerin genutzt. Dabei sind nicht nur die gezeigten Exponate und Gemälde sehenswert, sondern auch die Innenausstattung. In jedem Fall aber sollte man sich Zeit nehmen oder aber vorher gut auswählen, was man ansehen möchte: Das Schloss ist groß, und es mangelt weder an Ausstellungsfläche noch an -stücken.

In repräsentativen Festsälen, prachtvollen Verbindungsräumen und geradezu gemütlichen Turmzimmern finden sich Wandmalereien, reich verzierte Kassettendecken und aufwändig gestaltete Stuckarbeiten. Die Wände schmücken zahlreiche Teppiche und Gemälde – Porträts der herzoglichen Familie, aber auch italienische

Malerei der Renaissance. Zu sehen sind eine bemerkenswerte Sammlung mittelalterlicher Kirchenkunst aus Mecklenburg, ein beträchtliches Arsenal von Jagd- und Prunkwaffen aus dem 16. Jh. bis ins 19. Jh., aufwändig gestaltetes Mobiliar sowie mehrere Jahrhunderte umspannende Sektionen mit kostbaren Majoliken, Glasarbeiten, Münzen und so fort.

Bei all der Fülle an Blickfängen sollte man aber nicht verpassen, einen Blick in den Festsaal im ersten Obergeschoss zu werfen. Die Kassettendecke ist prachtvoll stuckiert und zeigt u. a. detailreiche Jagdszenen. Unterhalb der Decke verläuft das berühmte, von Christoph Parr geschaffene Rotwildfries, das derart plastisch gearbeitet ist, dass sich das Wild aus der Wand herauszubewegen scheint und die „echten" Geweihe der Hirsche in den Raum hereinragen. Kurzum: Das Interieur des Festsaals erwies sich nach dem herzoglichen Halali als würdiger Rahmen für eine höfische Tanzveranstaltung.

Schloss und Museum: Mitte April bis Mitte Okt. tägl. 9–17 Uhr, sonst Di–So 9–17 Uhr, Mo geschlossen. Erw. 3 €, erm. 2 € (für das Gebotene, das muss schließlich auch einmal gesagt werden, fällt der Eintrittpreis sehr moderat aus). Franz-Parr-Platz 1, 18273 Güstrow, ✆ 03843-7520, 📠 03843-682251, www.schloss-guestrow.de.

Stadtmuseum Güstrow

Unweit des Schlosses ist in einem klassizistischen Bau, dem ehemaligen Spital, das Güstrower Stadtmuseum untergebracht. Bevor man durch die ansprechend gestaltete Ausstellung schlendert, kann man zum Einstieg einen etwa 10-minütigen Film über die Geschichte Güstrows ansehen. Die Stadtgeschichte ist dann auch der Mittelpunkt des Museums: von der Entstehung des slawischen Fischerdorfes im Mittelalter über die Entwicklung zur Residenzstadt in der frühen Neuzeit bis hinein in den bürgerlichen Alltag des 19. Jh. Ein Schwerpunkt wird auf die Zeit der Befreiungskriege gelegt, schließlich waren Güstrow und sein Schloss Sammelpunkt und Lager mecklenburgischer Jäger. Weitere Abteilungen widmen sich Leben und Werk (mehr oder weniger) berühmter regionaler Künstler wie dem romantischen Maler *Georg Friedrich Kersting*, dem niederdeutschen Schriftsteller *John Brinckmann* und natürlich dem allgegenwärtigen *Ernst Barlach*. Wechselnde Ausstellungen ergänzen die gelungene Mischung aus Stadtmuseum und Galerie.

Di–Fr 10–17 Uhr, Sa 13–16 Uhr, So 11–16 Uhr. Eintritt Erw. 3,50 €, erm. 1,50 €, Familienkarte 6 €. Franz-Parr-Platz 10, 18273 Güstrow, ✆ 03843-769120, 📠 03843-769545.

Dom

Gestiftet wurde der Dom 1226 vom mecklenburgischen Fürsten *Heinrich Borwin II.* im Zuge der Gründung eines Kollegiatsstifts. Bis die Kirche fertiggestellt war, sollte es aber über hundert Jahre dauern. Erst 1335 weihte der Camminer Bischof den Dom, der 1552 erweitert und Mitte des 19. Jh. renoviert wurde. Entstanden ist eine prächtige Backsteinkirche mit hohem Querschiff und wuchtigem Turm. Im ansatzweise kreuzförmigen Grundriss wird ein eigenwilliges, leichtes Abknicken der Mittelachse im lang gestreckten Chorraum deutlich, für das es diverse Erklärungen gibt: gewitzt-theologische (z. B. die Verdeutlichung des geneigten Kopfes des am Kreuz sterbenden Christus) wie auch ganz profane (irgendetwas war wohl in der bauentscheidenden Phase im Weg). Die Innenausstattung des Doms ist durchaus sehenswert. Neben gotischem Triumphkreuz, Taufstein und Chorgestühl sind vor allem zwei Kunstwerke bemerkenswert: der mehrfach aufklappbare kostbare Flügelaltar und der 1953 angefertigte Nachguss von Barlachs einprägsamer Skulptur

„Der Schwebende", dessen Gesichtszüge an die der Künstlerin und Barlach-Zeitgenossin *Käthe Kollwitz* erinnern.

Mitte Mai bis Mitte Okt. Mo–Sa 10–17 Uhr, So nach dem Gottesdienst bis 12 Uhr sowie 14–16 Uhr, April bis Mitte Mai und Mitte Okt. bis Mitte Nov. Di–So 10–12 und 14–16 Uhr, So wie im Sommer. Mitte Nov. bis März Di–So 11–12 und 14–15 Uhr, So nach dem Gottesdienst bis 12 Uhr sowie 14–15 Uhr.

Marienkirche

Noch während am Dom gebaut wurde, begann man in Güstrows „neuem" Stadtteil – heute die Altstadt um den Markt – mit der Errichtung der Marienkirche. Von dem mittelalterlichen Bestand ist heute nicht mehr allzu viel erhalten, da das Gotteshaus beim Stadtbrand von 1503 stark beschädigt und Ende des 19. Jh. großflächig saniert und neu gebaut wurde. Heute präsentiert sich die Marienkirche als prächtige dreischiffige Hallenkirche, deren wuchtiger Turm von einem etwas überraschend eleganten Helm aus dem 18. Jh. gekrönt ist. Von der Innenausstattung ist v. a. der berühmte, detailreich und filigran geschnitzte *Güstrower Altar* bemerkenswert.

Mai bis Aug. Mo–Sa 10–17 Uhr, Okt. 10–12 und 14–16 Uhr, Nov. Di–Sa 11–12 und 14–15 Uhr, So jeweils nach dem Gottesdienst.

Geradezu elegant: St. Mariens Kirchturmhelm

Gertrudenkapelle und Ernst Barlach Atelierhaus

Wo sonst sollten die Werke des Künstlers gezeigt werden, wenn nicht in der Barlachstadt selbst? Und das werden sie. Während eine der berühmtesten Skulpturen Ernst Barlachs im Dom schwebt, finden sich zahlreiche seiner Kunstwerke vor allem in zwei Ausstellungsräumen: am westlichen Rand der Altstadt in der Gertrudenkapelle sowie etwas außerhalb im Barlach-Atelierhaus mit dem angeschlossenen Museum am Inselsee.

Ein wenig abseits der gängigen Routen, doch in jedem Fall einen Abstecher wert ist die **Gertrudenkapelle** aus dem 15. Jh. Hier befindet sich schon seit 1953 ein erstes Barlach-Museum. Damit entsprach Marga Böhmer, Barlachs Lebensgefährtin von 1927 bis zu dessen Tod 1938, seinem Wunsch, in dem kleinen gotischen Backsteinbau einige seiner Werke auszustellen. Sie selbst lebte bis zu ihrem Tod 1969 in einer Wohnung über der Kapelle. Zu sehen sind einige seiner bedeutenden Skulpturen aus Holz, wie z. B. der „Wanderer im Wind", der „Zweifler" oder auch der „Lesende Klosterschüler".

April bis Okt. Di–So 10–17 Uhr, im Winter 11–16 Uhr, Mo geschl. Eintritt 4 € (erm. 2,50 €), Kombiticket mit Atelierhaus 7 € (6 €), Fotografieren 1,25 €. Gertrudenplatz 1, ✆ 03843-683001.

Der Unbeugsame – Ernst Barlach (1870–1938)

Einer künstlerischen Karriere Ernst Barlachs stand eigentlich nie etwas im Wege, wurde er doch in eine bürgerliche und den schönen Künsten zugewandte Familie hineingeboren, die seine Ambitionen jederzeit unterstützte. Allein, was fehlte, war lange Zeit der Erfolg, der sich weder bei seinen frühen Werken als Dramatiker noch als Grafiker und Bildhauer einstellen wollte.

Am 2. Januar 1870 in Wedel bei Hamburg geboren, begann Ernst Barlach seine Ausbildung 1888 an der Gewerbeschule in Hamburg, ab 1891 besuchte er die Dresdener Kunstakademie. 1895 ging der Künstler – wie damals üblich – nach Paris, konnte mit dem Leben der Bohémes aber wenig anfangen und kehrte nach gut einem Jahr wieder zurück. Doch auch zu Hause verlief seine Karriere alles andere als gut, quasi von Misserfolg zu Misserfolg. Barlach war schon 35 und konnte auf keine nennenswerten künstlerischen Erfolge blicken. Die Wende brachte ein Russlandaufenthalt im Sommer 1906. Voller Eindrücke von der Weite des Landes und der stolzen Einfachheit seiner Menschen kehrte Barlach zurück, was sich auch in den zahlreichen Skulpturen dieser Schaffensperiode zeigt. Die von der Russlandreise inspirierten Skulpturen fertigte er aus Holz (später auch in Gips und Bronze) – und endlich stellte sich auch der ersehnte Erfolg ein. 1908 wurde er als Mitglied der Künstlergruppe „Berliner Secession" aufgenommen, zu der u. a. auch *Käthe Kollwitz* und *Max Liebermann* gehörten. 1909 erhielt Barlach den Villa-Romana-Preis und verbrachte einige Monate in Florenz, doch auch hier fühlte sich das bekennende Nordlicht nicht zu Hause, ihn zog es nach Güstrow, wo er bis zu seinem Tod lebte.

Als Soldat erlebte Barlach den Ersten Weltkrieg nur in einem kurzen Einsatz im Winter 1915/1916, lange genug aber, um einen überzeugten Pazifisten aus ihm zu machen. Seine Eindrücke vom Elend des Krieges brachte er in vielen Zeichnungen zu Papier. 1920 erhielt Barlach den ersten Großauftrag für das *Ehrenmal* der Nikolaikirche in Kiel, es folgen ähnliche Projekte mit großen Skulpturen für Güstrow (*Domengel*, 1927), Kiel (*Geistkämpfer*, 1928) und Magdeburg (*Ehrenmal*, 1929). Und auch als Dramatiker waren die 1920er Jahre für ihn durchaus erfolgreich.

1931 zog Barlach mit seiner Lebensgefährtin Marga Böhmer in das Atelierhaus am Inselsee. Schon damals war der nunmehr bekannteste deutsche Bildhauer seiner Zeit zahlreichen Anfeindungen der politisch Rechten ausgesetzt, der seine Werke nicht vaterländisch genug waren. Seine Skulpturen wurden beschmiert, er selbst beschimpft und bedroht. Nach der Machtergreifung der NSDAP bekam Barlach, der sich offen gegen Intoleranz und Rassenhass ausgesprochen hatte, überhaupt keine Aufträge mehr, seine Stücke wurden nicht mehr aufgeführt und, schlimmer noch, seine Ehrenmäler wurden aus den Kirchen demontiert. Nur einem Freund mit besten Beziehungen zum Regime ist es zu verdanken, dass sie nicht alle eingeschmolzen wurden – Barlachs Freund kaufte sie zurück und brachte sie ins Atelierhaus am Inselsee. Auch in der berüchtigten Ausstellung „Entartete Kunst" im Sommer 1937 in München wurden – neben Werken von Max Ernst, Paul Klee, Ernst Ludwig Kirchner und George Grosz – auch Arbeiten von Ernst Barlach verunglimpft.

Barlach, seit frühester Jugend herzkrank, starb am 24. Oktober 1938 in einer Klinik in Rostock an Lungenentzündung und Herzschwäche, beigesetzt wurde er neben dem Grab seines Vaters in Ratzeburg. Dass sein Güstrower Domengel 1941 eingeschmolzen und als Kriegsmaterial missbraucht wurde, musste Ernst Barlach nicht mehr miterleben. Marga Böhmer erwirkte, dass einige seiner Werke in der von dem Künstler geliebten Güstrower *Gertrudenkapelle* ausgestellt wurden. 1953 entstand hier das erste Barlachmuseum.

Das **Atelierhaus und Barlach-Museum** am Ostufer des Inselsees liegt gut drei Kilometer südlich von Güstrow (ausgeschildert). Das in kühlem Beton mit großer Glaswand gestaltete Museum (Ausstellungsforum) aus dem Jahr 1998 zeigt in einem hellen Souterrainraum diverse meist kleinere Barlach-Skulpturen, der hintere Bereich des Museums (Graphikkabinett) ist wechselnden Ausstellungen vorbehalten. Im Garten gleich neben dem neuen Museum stößt man auf eine riesige Skulptur des Künstlers, bevor man schließlich zum Atelierhaus gelangt. Auch hier sind zahlreiche Skulpturen zu sehen, darüber hinaus werden die wichtigsten Stationen in Barlachs Leben dokumentiert, u. a. mit Briefwechseln, historischen Fotos und Auszügen aus seiner Autobiografie.

April bis Okt. Di–So 10–17 Uhr, Nov. bis März 11–16 Uhr, Mo geschl. Eintritt 5 € (erm. 3,50 €), Kombiticket mit Gertrudenkapelle 7 € (6 €), Fotografieren 1,25 €. Heidberg 15, 18273 Güstrow, ✆ 03843-844000, 📠 03843-8440018, www.ernst-barlach-stiftung.de. Erreichbar mit dem Stadtbus, es gibt auch einen Spazierweg ab der Plauer Chaussee quasi am See entlang *(Barlach-Weg)*.

Natur- und Umweltpark Güstrow (NUP)

Kein Zoo, eher ein moderner, gelungen konzipierter Tierpark im besten Sinn des Wortes. Die Stars des Natur- und Umweltparks sind natürlich die beiden Braunbären und das Wolfsrudel, die durch große Freigehege streunen. Daneben tummeln sich im Park Damwild und Wildschweine, Seeadler, Eulen u. v. m. – Luchse und Wildkatzen sollen in Kürze ein großes Freigehege beziehen. Auch die Unterwasserwelt wird nicht ausgelassen, in das Naturparkzentrum sind eine Aquarienwand und ein Aquatunnel integriert, die einen Einblick in die heimischen Gewässer erlauben. Zum Angebot gehören u. a. geführte Abend-/Nachtwanderungen zu den Wölfen. Dank Spielplatz und Streichelzoo ist der NUP besonders für Kinder ein lohnendes Ausflugsziel.

April bis Okt. tägl. 9–19 Uhr, Nov. bis März 9–16 Uhr. Eintritt 7 €, erm. 6 €, Kinder 3 €, Familienticket 17 €, Hunde 3 €. Wenige Kilometer außerhalb, östlich der Güstrower Altstadt, 18273 Güstrow, ✆ 03843-24680, www.nup-guestrow.de.

Krakower See

Der mit 16 Quadratkilometern Wasserfläche siebtgrößte See Mecklenburg-Vorpommerns, übrigens einer der saubersten und fischreichsten der Region, unterteilt sich in den Unter- und den Obersee, dazwischen verläuft ein Straßendamm. Hauptort ist Krakow am Nordwestufer des Untersees, an dessen Nordostufer als zweiter Ort Serrahn liegt. Der südlich gelegene Obersee ist Naturschutzgebiet. Charakteristisch für den Krakower See sind seine zahlreichen Buchten und Inselchen, und vor allem der Obersee lädt zu naturkundlichen Entdeckungstouren ein. Mehrere Fahrradrouten führen mehr oder minder am Ufer entlang um den Krakower See.

Krakow am See

ca. 3500 Einwohner

Ein ruhiger Ort mit beschaulicher Seepromenade und wenig spektakulärem Zentrum. Seit 1998 wird der Krakower See jedes Jahr mit der Blauen Flagge für besonders gute Wasserqualität ausgezeichnet.

Krakow am See liegt 22 Kilometer südlich von Güstrow an der B 103. Eine gewisse Randlage bleibt dem Besucher kaum verborgen, vom großen Rummel à la Waren ist hier nichts zu spüren. Dabei hat Krakow am See durchaus seine Reize, vor allem die Seepromenade mit ihren malerischen Fischerhüden (reetgedeckte Bootsschuppen) aus den 1930er Jahren. Nüchterner gibt sich dagegen das Zentrum: der Marktplatz

Im Westen der Seenplatte
Karten S. 84/85 und S. 111

mit seinem neugotischen Rathaus und den Bürgerhäusern aus dem 18. und 19. Jh. Die Kirche am Markt geht zwar auf das 13. Jh. zurück, wurde bei mehreren Bränden aber komplett zerstört und ist heute in der Version von 1762 zu sehen. Ein Spaziergang durch Krakow am See könnte vom Markt zur Seepromenade und dort in nördliche Richtung – vorbei an der denkmalgeschützten Badeanstalt – zum Aussichtsturm am Jörnberg führen.

Erstmals urkundlich erwähnt wird Krakow am See im Jahr 1298, 1356 geht der Ort an den Mecklenburger Herzog Albrecht, 200 Jahre später, mit der Reformation, dann an Herzog Albrecht VII. Ansonsten gibt es, abgesehen von mehreren verheerenden Stadtbränden, wenig über Krakows Geschichte (seit 1935: Krakow am See) zu berichten. 1956 wurde der Ort zum Kurort ernannt, im Jahr 2000 zum „staatlich anerkannten Luftkurort“. Südlich von Krakow bilden der *Krakower Obersee* und seine Ufer ein 1200 Hektar großes **Naturschutzgebiet**, in dem zahlreiche Wasservögel ein Refugium finden. Der Krakower Obersee gehört zum *Naturpark Nossentiner/ Schwinzer Heide* (S. 109).

Information/Verbindungen/Aktivitäten

• *Information* **Touristinformation Krakow am See**, am zentralen Platz (Markt), im Eckhaus schräg gegenüber vom Rathaus. Sehr freundlich und hilfsbereit, umfangreiches Infomaterial. Anfang Mai bis Ende Okt. Mo–Fr 9–19 Uhr, Sa/So 10–14 Uhr, außerhalb der Saison nur Mo–Fr 9–17 Uhr. Lange Str. 2, 18292 Krakow am See, ✆ 038457-22258, 📠 038457-23613, www.krakow-am-see.de.

• *Verbindungen* **Bus**: 3-mal tägl. über Karow (Bahnhof der ODEG), Plau am See und Lübz nach Parchim, 8-mal tägl. nach Güstrow, 8-mal über Karow und Plau nach Meyenburg (DB-Bahnhof). Busstation in Krakow am Bahnhof (Zugverbindungen gibt es keine mehr). Es fährt der Reisedienst Parchim, genaue Fahrpläne unter www.reisedienst-parchim.com.

Schiff: mit der *Fahrgastgesellschaft Krakow am See* Di–So ab der Anlegestelle an der Seepromenade; 3-mal tägl. kleine Rundfahrten (Dauer 1 Std., 5,50 €/Pers., Kinder 4–12 Jahre 3,50 €), mittags große Rundfahrt (2 Std., 8,50 €/Pers., Kinder 5,50 €). In der Nebensaison Fahrten nur bei mind. 10 Fahrgästen. Infos unter ✆ 038457-71004.

Floßtouren auf dem Krakower See mehrmals pro Woche vom Campingplatz aus (→ Übernachten) sowie sonntags ab der Seepromenade. Große Tour (3 Std.) 20 €/Pers., Kinder 10–15 €), auch 1- und 2-Stunden-Touren (5 € bzw. 10 €, Kinder die Hälfte). Infos: ✆ 038457-50564, ✆ 0173-2490245 (mobil), 📠 038457-50586, www.krakower-flosstour.de.

• *Fahrrad-/Bootsverleih* **Boots- und Fahrradverleih Schade**, am Imbiss im Bootshaus am Jörnberg; Fahrräder, Ruderboote, kleine Motorboote etc.; im Sommer tägl. 10–20 Uhr. ✆ 038457-22912.

• *Baden* Die **Badeanstalt am Jörnberg** wirbt damit, „Mecklenburgs schönste Badeanstalt" zu sein, und tatsächlich kann sich das 1938 erbaute, heute denkmalgeschützte Fachwerkhaus mit Rohrdach sehen lassen. Dazu eine gepflegte Liegewiese, ein langer Steg mit Rutsche und Sprungbrett, an Land Beachvolleyball und Tischtennis. Bewachte Badeanstalt, Imbiss vorhanden, seit 1998 regelmäßig mit der „Blauen Flagge" für besonders gute Wasserqualität ausgezeichnet. 15. Mai bis 31. Aug. (bei entsprechendem Wetter auch im Sept.) tägl. 10–18 Uhr, bei besonders schönem Wetter bis 20 Uhr. Eintritt 1 €, Kinder 4–16 Jahre 0,50 €, bis 4 J. frei, Familienkarte 2,50 €. Zu Fuß ca. 1 km nördlich vom Zentrum, der Promenade Richtung Jörnberg folgen. Mit dem Auto: die Güstrower Chaussee Richtung Norden, dann rechts ab in den Möwenweg, der zum Jörnbergweg wird. Parkplatz vorhanden. Jörnbergweg 25, ✆ 038457-23849.

Eine **unbewachte Badestelle**, die sog. *Franzosenbadestelle*, findet sich nordöstlich vom Ort am Buchenberg, eine weitere nahe dem Damm auf der Dobbiner Chaussee Richtung Osten (direkt vor dem Damm links ab).

Übernachten/Essen & Trinken

• *Übernachten/Essen & Trinken* **Nordischer Hof**, am zentralen Platz in Krakow. 13 Zimmer, mit Restaurant, Fahrradverleih (6 €/Tag). Für Ausflüge gibt es Lunchpakete (5 €). EZ 47 €, DZ 69 €, inkl. Frühstück; Halbpension 14 €/Person. Ganzjährig geöffnet. Am Markt 3, 18292 Krakow am See, ✆ 038457-5070, www.nordischer-hof.de.

An der Seepromenade, Hotel, Restaurant und Café (mit Terrasse), nur durch die Promenade vom Wasser getrennt. Gegenüber befindet sich das Restaurant/Café „Zum Hüdenhus". Nur 9 Zimmer, nicht mehr ganz neu, teilweise mit Balkon zum See. EZ 57,50 € (ohne Balkon 47,50 €), DZ 75 € (65 €), jeweils inkl. Frühstück. Goetheallee 2 a, 18292 Krakow am See, ✆ 038457-23614, ℻ 038457-23615.

Seehotel, nahe der Anlegestelle am östlichen Ende der Seepromenade. Ebenfalls mit Restaurant (und schöner Seeterrasse), soll demnächst renoviert werden. Über den Zeitpunkt der Wiedereröffnung und die aktuellen Preise informiert die Touristinformation.

• *Übernachten außerhalb* **Ich weiß ein Haus am See ...**, berühmt hauptsächlich für sein Sternerestaurant, doch, wie wir finden, auch als Hotel eines der empfehlenswertesten in der Umgebung: herrliches Seegrundstück mit Bade- und Anlegestelle, die Zimmer behaglich und geschmackvoll im Landhausstil eingerichtet, teils mit Loggia zum See, es gibt auch ein kleines Strandhaus direkt am Wasser – das Ganze erwartungsgemäß jedoch nicht billig. An Wochenenden und Feiertagen können die Zimmer nur in Verbindung mit Halbpension gebucht werden. DZ mit Frühstück 140–180 €, inkl. Halbpension (4 Gänge) 220–280 €, das Strandhaus mit Halbpension 280 €. Hunde dürfen auf Anfrage mitgebracht werden (zwei freundliche Scotchterrier gehören zum Haus). Ganzjährig geöffnet, Januar bis März nur am Wochenende. *Anfahrt:* am Nordufer des Krakower Sees, auf der B 103 Richtung Güstrow, dann rechts ab zum Campingplatz, von dort geradeaus weiter zum Hotel. Altes Forsthaus 2, 18292 Krakow am See, ✆ 038457-23273, ℻ 038457-23274, www.hausamsee.de.

Gutshotel Groß Breesen, Bücherfreunde werden darauf gewartet haben: Mitten in der lieblichen mecklenburgischen Landschaft findet sich in einem umgebauten Gutshaus ein Bücherhotel. Soll heißen: Groß Breesen ist zuallererst ein Hotel. Und gleichzeitig ein Bücherbasar. Im Hotel sowie in der nahen Scheune befinden sich ungezählte Bücher. Und diese können 2:1 gegen mitgebrachte Bücher eingetauscht werden. Selbstverständlich findet sich im Hotel oder im Garten immer ein freundliches Plätzchen zum Schmökern. Urgemütlich präsentiert sich das Restaurant im alten, backsteinernen Gewölbe. Hier wird verfeinerte mecklenburgische Küche zu angemessenen Preisen serviert (tägl. geöffnet), auch die Weinkarte kann sich sehen lassen. Frühstück gibt es (bis 12 Uhr) im hellen Frühstückssaal. Insgesamt herrscht eine sehr angenehme Atmosphäre. Auch diverse Arrangements und Veranstaltungen im Angebot. EZ 60 €, DZ 98 €, jeweils inkl. Frühstücksbuffet, Hunde 8 €. *Anfahrt* zur bibliophilen Herberge: von Krakow zunächst Richtung Güstrow (B 103), dann links Richtung Bellin, hinter Groß Tessin geht es links ab Richtung Lohmen. Kurz vor dem Ort Reimershagen rechts ab zum Gutshotel Groß Breesen. 18276 Groß Breesen bei Zehna, ✆ 038458-500, 📠 038458-50234, www.gutshotel.de.

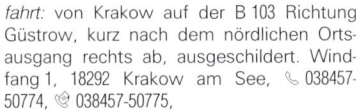

• *Camping* **Am Krakower See**, am nordwestlichen Zipfel des Sees, schöne Lage direkt an Wasser und Waldrand. Strand und Liegewiese (und Hundebadestelle), mehrere Bootsanleger, Gaststätte, Kiosk, Fahrradverleih. Floßtouren ab dem Campingplatz (s. oben). Auch einige Bungalows (2–4 Pers. 20–48 €/Tag) und Ferienwohnungen (2–4 Pers. 35–50 €) sind zu mieten, allerdings nur von Mai bis Ende Sept. Stellplatzpauschale für 2 Pers. und Wohnwagen/-mobil 22 €, sonst 5 € pro Person, Zelt 3–6 €, Auto 2 €. Camping ganzjährig geöffnet. *Anfahrt:* von Krakow auf der B 103 Richtung Güstrow, kurz nach dem nördlichen Ortsausgang rechts ab, ausgeschildert. Windfang 1, 18292 Krakow am See, ✆ 038457-50774, 📠 038457-50775, www.campingplatz-krakower-see.de.

• *Essen & Trinken* **Ich weiß ein Haus am See ...**, das weithin bekannte Gourmetrestaurant gibt es seit 1994, 1996 blinkte der erste Michelin-Stern (der erste in Mecklenburg überhaupt), und dieser hat sich bis heute gehalten. Ungemein einladendes Ambiente in einem hellen Rundbau mit Blick auf den See, hier verbringt man gern einen Abend. Sehr freundlicher Service, umfangreiche Weinkarte. Menü 60–90 €, das dazugehörige Weinset 24,50 €, Reservierung unbedingt erforderlich. Di–So abends geöffnet, im Winter nur Di–Sa. Altes Forsthaus 2, ✆ 038457-23273, www.hausamsee.de.

Zum Hüdenhus, Fischrestaurant an der Seepromenade mit schöner Terrasse (und Wintergarten); bodenständige, gute Fischküche (auch ein paar Fleischgerichte), nicht teuer. Auch Cafébetrieb. Tägl. 11–22 Uhr. Goetheallee 2, ✆ 038457-51841.

Sehenswertes

Alte Schule/Buchdruckmuseum: Das strahlend weiße alte Schulgebäude am Eingang zur Krakower Altstadt ist kaum zu übersehen. Neben einer kleinen Heimatstube lohnt vor allem das „Museum der Buchdruckkunst" den Besuch: alte Setzkästen, Druckpressen und Maschinen, dazu eine historische Schauwerkstatt mit komplett eingerichteter Buchdruckerei aus den 1920er Jahren. Auch Kurse im Buchdruck werden angeboten.

Mai bis Okt. Di–Sa 10–12 und 13–17 Uhr, sonst Di–Fr 10–12 und 13–16 Uhr. Eintritt 1 €, Kinder 0,50 €, Führung 2 € (1 €). Kurse/Workshops nach Absprache. Schulplatz 2, 18292 Krakow am See, ✆ 038457-23872.

Synagoge: Die ehemalige Synagoge schräg gegenüber der Alten Schule wurde 1866 erbaut und 1920 an die Gemeinde verkauft, hauptsächlich durch Auswanderung und mangelnden Nachwuchs erlosch die jüdische Gemeinde von Krakow im Jahr 1930 ganz. Heute finden in dem noch fast original erhaltenen Bau wechselnde Ausstellungen statt, auf der Frauenempore im Obergeschoss ist eine kleine Dauerausstellung zum jüdischen Leben im Krakow des 19. und frühen 20. Jh. zu sehen.

Di–Sa 10–12 und 13–17 Uhr, Eintritt frei. Schulplatz 1, 18292 Krakow am See, ✆ 038457-23647.

Jörnberg-Turm: Knapp 1 km nördlich vom Zentrum befindet sich der 76 Meter hohe Jörnberg, der mit seinem Aussichtsturm auf genau 100 Meter Höhe einen fantastischen Blick auf Krakow und die Umgebung bietet. Zuvor sind jedoch 126 Stufen zu erklimmen.

In der Saison tägl. 9–19 Uhr, bei schönem Wetter im Sommer auch länger. Eintritt frei.

Durch das Nebeldurchbruchstal

Ein besonders schöner Spaziergang führt durch das Naturschutzgebiet (NSG) Nebeldurchbruchstal vom Ausgangspunkt etwas nordöstlich von Serrahn zur Kuchelmißer Wassermühle (→ Anfahrt). Der markierte Weg (gelber Punkt) führt von der Straße in nördliche Richtung durch den Wald, dann über eine hölzerne Brücke über die Nebel und am idyllischen Fluss entlang, bevor man – erneut an einer Holzbrücke – nun nach links der Beschilderung nach Kuchelmiß bzw. zur Kuchelmißer Wassermühle folgt (weiß-blau-weiße Markierung). An zwei schilfumstandenen Teichen vorbei gelangt man wieder zum Fluss und an ihm entlang schließlich zur Mühle (einfache Strecke ca. 45 Min.).

- *Anfahrt* Der Güstrower Chaussee Richtung Norden folgen, dann rechts ab zum Camping, weiter Richtung Serrahn, die Abzweigung zum Ausbau Seegrube ignorieren und aus dem Wald hinaus. Eine weitere Abzweigung nach rechts ebenfalls ignorieren, nach einer Brücke befindet sich linker Hand der kleine Parkplatz am südlichen Eingang des Nebeldurchbruchstals.
- *Wassermühlen-Museum* Schaumühle mit nachgestellter Müllerwohnung in der alten Mühle von 1751. Di–So 10–18 Uhr, in der Nebensaison Mi–So 10–18 Uhr, im Winter nur am Wochenende. Eintritt 2 €, ermäßigt 1 €. ✆ 038456-60666.
- *Essen & Trinken* In der Mühlenscheune neben dem Museum befindet sich ein Imbiss (im Sommer mit Terrasse), hier werden Getränke, Suppen, Bockwurst, Kaffee und Kuchen zu günstigen Preisen serviert. Ähnliche Öffnungszeiten wie das Museum. **Achtung**: Die Scheune soll umgebaut und als Restaurant wieder eröffnet werden, wann genau, war zuletzt nicht bekannt.

Radwanderung 1: Rund um den Krakower See

Charakteristik: Sehr schöne, kaum anstrengende Fahrradtour auf fast durchgehend asphaltierten Wegen und wenig befahrenen Seitenstraßen, keine nennenswerten Steigungen.

Länge/Dauer: 20 km, reine Fahrzeit ohne Abstecher ca. 2 Std.

Einkehr: in Krakow; bei einem Abstecher durch das Nebeldurchbruchstal auch in Kuchelmiß.

Start/Fahrradverleih: Start ist an der Seepromenade im Krakow, hier gibt es den Fahrradverleih Schade (s. oben).

Wegbeschreibung: An der Seepromenade beginnt die Radtour vor dem *Seehotel* (WP 01) und führt linker Hand auf einem Pflasterweg an einer kleinen Parkanlage vorbei. Es geht zwischen dem Hotel *An der Seepromenade* und dem Restaurant *Zum Hüdenhus* vorbei. Dann halbrechts halten (WP 02) und am See bleiben. Der Weg führt an hübschen Holzhäusern – teils umgebaute

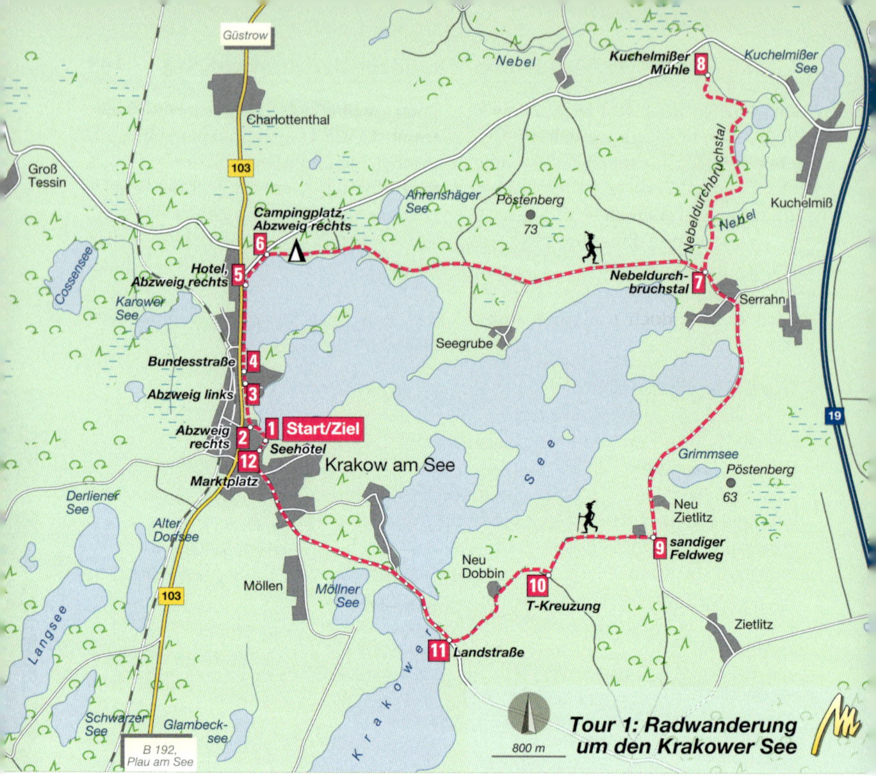

Bootshütten – vorbei. Wenn der Promenadenweg zu einem asphaltierten Weg wird, geht es nach wenigen Metern links ab (WP 03, Beschilderung: „Radweg Berlin–Kopenhagen“) in den Möwenweg. Man trifft auf die Bundesstraße (B 103), neben der unser Radweg verläuft (WP 04). Hinter einem Hotel geht es rechts ab Richtung Teterow (WP 05). Bald biegt man beim Campingplatz „Am Krakower See“ rechts auf eine kleine Straße ab (WP 06). Das Sträßchen führt zuerst am Campingplatz und dann an Ferienhäusern entlang, bis man schließlich in einen Wald kommt (weiterhin asphaltiert), vorbei am Hotel/Restaurant „Ich weiß ein Haus am See“. Die folgende Abzweigung ignorierend (Ausbau Seegrube) gelangt man wieder aus dem Wald heraus. Auch die nächste Abzweigung wird ignoriert, stattdessen geht es halblinks weiter an Pferdekoppeln und Kuhweiden vorbei und mit herrlichem Blick auf den See.

Schließlich erreicht man den südlichen Zugang zum **Nebeldurchbruchstal** (WP 07). Hier bietet sich ein kleiner Abstecher zur *Kuchelmißer Mühle* an (WP 08) – allerdings für Fahrräder auf nicht immer idealem Untergrund (s. a. oben „Durch das Nebeldurchbruchstal“).

Weiter geht es auf der Straße nach **Serrahn** (hier ist ein weiterer, aber ungleich kürzerer Abstecher zur alten Backsteinkirche möglich), durch den Ort und bei der abbiegenden Vorfahrtsstraße geradeaus und aus dem Ort heraus Richtung *Zietlitz*. Auf einer wenig befahrenen Straße geht es nahe am See entlang und an Badestegen, dann an einem Golfhotel vorbei. Weiter in leichtem Auf und Ab bis in den Ortsteil *Neu Zietlitz* und hinter einer Häusergruppe rechts ab auf einen teils etwas sandigen Feldweg (WP 09, Beschilderung: „Radweg Berlin–Kopenhagen"). Bei der folgenden T-Kreuzung (WP 10) geht es rechter Hand weiter auf Asphalt – links gelangt man auf einem 1-km-Abstecher zur „stärksten Buche Mecklenburgs" (auch wenn das nur schwer überprüfbar ist, handelt es sich doch um einen imposanten Baum).

Anschließend durch den Weiler *Neu Dobbin* hindurchfahren, bis das Sträßchen schließlich in die Landstraße mündet (WP 11). Hier rechts abbiegend gelangt man auf der Landstraße zurück nach *Krakow*, zunächst über die Brücke, die zwischen den beiden Seehälften verläuft, dann auf einem Radweg neben der Straße und an der „Alten Schule" (→ Sehenswertes) vorbei; schließlich rechts und wieder links in die Plauer Straße zum Marktplatz (WP 12) und wieder zurück zum Ausgangspunkt (WP 01).

Goldberger See

Mit einer Größe von 7,7 Quadratkilometern ist der abgelegene Goldberger See immerhin der zehntgrößte der Mecklenburgischen Seenplatte. An seinem Westufer liegt Goldberg, der einzige größere Ort in relativer Nähe zum See; das überwiegend bewaldete Ostufer gehört zum *Naturpark Nossentiner/Schwinzer Heide* und ist militärisches Sperrgebiet. Ein markierter Wanderweg führt jedoch von Goldberg rund um den See nach Wendisch Waren am Südostufer. Als Badesee ist der See nur an wenigen Stellen geeignet, z. B. am **Camping Goldberger See** am Nordostufer, etwa zwei Kilometer außerhalb von Goldberg (✆ 038736-40433, hier auch Strand und Kanuverleih). Das sumpfige und kaum zugängliche Südufer des Sees ist Naturschutzgebiet.

Goldberg

ca. 3500 Einwohner

Der zwar nicht ganz ruhige, aber völlig unspektakuläre Ort (gegründet 1248) erstreckt sich heute beidseits der B 192 und ein gutes Stück östlich des gleichnamigen Sees, von Promenadenflair also keine Spur. Auf der Seeseite der Bundesstraße steht die gotische Backsteinkirche aus dem 14. Jh., auf der anderen Seite, etwas versteckt im Müllerweg, finden sich Rathaus und **Naturmuseum**. Letzteres ist im denkmalgeschützten Fachwerkhaus einer alten Wassermühle untergebracht und beherbergt neben einer Ausstellung zu Flora, Fauna und Geologie der Gegend auch ein kleines Heimatmuseum. Im Museumsgarten ist ein Bauerngarten zu sehen, wie er in vergangenen Zeiten üblich war.

Naturmuseum: Mo 10–14 Uhr, Di, Mi, Fr 10–16 Uhr, So 12–16 Uhr, Do und Sa geschlossen; Eintritt 2,50 €, Kinder 6–18 J. 1 €, Kinder unter 6 J. frei. Müllerweg 2, ✆ 038736-41416.

Etwa fünf Kilometer westlich von Goldberg erstreckt sich das *Naturschutzgebiet Langenhägener Seewiesen*, auf denen sich im Herbst vor Einbruch der Dämmerung Hunderte von Kranichen und Wildgänsen zur Rast einfinden (Straße Richtung Schwerin bis Langenhagen). Von einem Beobachtungsposten kann man das teilweise recht lautstarke Treiben aus der Ferne mitverfolgen.

• *Information* **Fremdenverkehrsamt Goldberg**, beim Naturmuseum, freundlicher und hilfsbereiter Service. Mo 10–14 Uhr, Di–Fr 10–16 Uhr, Sa/So geschlossen. Müllerweg 2, 19399 Goldberg, ✆ 038736-40442.

• *Verbindungen* **Bus**: 3-mal tägl. nach Parchim und Schwerin; mehrmals tägl. nach Güstrow und Lübz, ab dort jeweils gute Bahnverbindungen in die umliegenden Orte.

• *Übernachten* **Strandhotel Goldberg**, ca. 2 km außerhalb des Orts am See, nördlich von Goldberg, rechts der B 192 gelegen (ausgeschildert). Mittelklassehotel mit Restaurant, Terrasse und Liegewiese, Sauna im Haus. Nicht teuer: EZ 45 €, DZ 69 €, Dreibett-Zimmer 95 €, jeweils inkl. Frühstück. Am Badestrand 4, 19399 Goldberg, ✆ 038736-8230, ℻ 038736-82358, hotelseelust@t-online.de.

Kloster Dobbertin

Das zwischen 1219 und 1225 gegründete Mönchskloster der Benediktiner liegt idyllisch auf einer Halbinsel am Nordufer des Dobbertiner Sees, nur wenige Kilometer nördlich von Goldberg. Die Anlage wurde bald in ein Nonnenkloster umgewandelt, im Jahr 1572 dann in ein evangelisches Damenstift. Nach 1947 wurde das Kloster als Altenheim genutzt, bis 1961 die Nervenklinik Schwerin hier eine Außenstelle einrichtete. Seit 1992 betreibt die Diakonie ein Zentrum für etwa 300 Menschen mit Behinderung, dazu gehören Werkstätten, Klosterladen und -café sowie mehrere Wohnbereiche.

Blickfang des aus mehreren Backsteingebäuden bestehenden Anwesens ist die doppeltürmige Klosterkirche, deren Ursprungsbau bereits 1340 hier stand. Kein Geringerer als *Karl Friedrich Schinkel* zeichnete in den 1820er Jahren die Pläne für den neugotischen Umbau der Kirche, die von *Georg Adolph Demmler*, dem späteren Land- und Hofbaumeister des Großherzogs von Mecklenburg-Schwerin zwischen 1828 und 1837 umgesetzt wurden. Seit Beginn der 1990er Jahre wird die Anlage saniert.

Um die Kirche gruppieren sich die historischen Gebäude des Klosterdorfs, u. a. das Klausurgebäude mit seinem kreuzrippengewölbten Kreuzgang aus dem 13./14. Jh., mehrere Wohnhäuser im neugotischen Stil und das sog. Küchenmeisterhaus aus dem Jahr 1846, einst das Verwaltungsgebäude des Klosters. Im alten Brauhaus am See (ursprünglich 16. Jh.) befindet sich heute das Klostercafé.

Meisterarbeit – von Schinkel geplant, von Demmler umgesetzt: die Klosterkirche

Kirche und Kreuzgang: Tägl. 11–17 Uhr; Führungen jeden Mi und Sa um 15 Uhr (Treffpunkt am Parkplatz, Anmeldung: ✆ 038736-86100, ℻ 038736-86300). Infos www.kloster-dobbertin.de.

• *Essen & Trinken* Das **Klostercafé** serviert Kaffee, Kuchen und Snacks; Mai bis Okt. Di–Fr 7–17.30 Uhr, Sa/So 11–18 Uhr, Mo geschlossen; Nov. bis April Di–Fr 7–16.30 Uhr, Sa/So 11–16.30 Uhr, Mo geschl.

• *Camping/Übernachten* **Camping Dobbertiner See**, am westlichen Ortsausgang von Dobbertin (ausgeschildert), direkt am Nordufer des Sees; 150 schattige, nicht parzellierte Stellplätze, Badestrand und kleiner Hafen (hier fährt die MS Condor ab → Bootstouren), auch Imbiss und kleiner Laden vorhanden, die Sanitäranlagen sind teilweise barrierefrei. Person 4,50 €, Zelt 3–4,50 €, Wohnwagen 5 €, Wohnmobil 5,50 €, Auto 2 €. Es gibt auch vier Bungalows (40–50 €). Geöffnet Anfang April bis Ende Sept. Am Zeltplatz 1, 19399 Dobbertin, ✆ 038736-42510, ℻ 038736-81402, www.campingplatz-dobbertin.de.

• *Bootstouren* **Fahrgastschifffahrt Dobbertin**, die MS Condor startet im Sommer 4-mal tägl. ab dem Hafen beim Camping zu einer Rundfahrt auf dem Dobbertiner See (ca. 1½ Std.). Anfang Mai bis Anfang Okt. 10, 13, 15 und 17 Uhr; April und Okt. nur Sa/So 13 und 15 Uhr, im Winter keine Fahrten. Man kann auch (ca. 10 Min. später) an der Anlegestelle des Klosters noch zusteigen. 7,50 €/Person, Kinder bis 12 Jahre 4 €, unter 3 J. frei. Infos und Buchung unter ✆ 038736-80244 oder ✆ 0172-3029351 (mobil), www.ms-condor.de.

• *Kanuverleih* **Kanustation Dobbertin**, am See; Vermietung und Touren, Kanu ab 3,50 €/Std., 18–26 €/Tag. An der Mühle 4, 19399 Dobbertin, ✆ 0173-6026952, www.kanustation-dobbertin.de.

Naturpark Nossentiner/Schwinzer Heide

Das Gebiet erstreckt sich grob zwischen Dobbertin/Goldberg im Westen, Krakow am See im Norden, dem Kölpinsee im Osten und dem Plauer See im Süden. Dazwischen liegen 36.500 Hektar Naturpark mit rund 60 % Waldfläche und insgesamt 60 Seen (dazu rund 800 Hektar Moor). Rund ein Fünftel des Gebiets besteht aus Ackerland, nur 5 % sind Siedlungsgebiete und Verkehrsflächen. Innerhalb des Naturparks befinden sich noch einmal 16 separat ausgewiesene Naturschutzgebiete, die rund ein Fünftel der Gesamtfläche des Parks ausmachen.

Die Nossentiner und Schwinzer Heide mit ihren zahlreichen Seen und Mooren entstanden aus einer Endmoräne der letzten Eiszeit. Früher war die Gegend, die schon im 13. Jh. von Slawen besiedelt war, von dichtem Laubwald bedeckt, der aber im 18. und 19. Jh. wegen des kaum stillbaren Bedarfs der zahlreichen Holzmeiler in der Umgebung fast vollständig gerodet wurde. An seine Stelle traten schnell wachsende und relativ anspruchslose Kiefernwälder, die heute weite Teile des Naturparks bedecken. Doch nicht nur das ausgedehnte Waldgebiet, auch die Feuchtwiesen, Heiden, Moore, Dünen und Trockenrasen sind ein Rückzugsgebiet für rund 140 Vogelarten, darunter Seeadler, Fischadler und Große Rohrdommel (im Volksmund „Moorochse“ genannt); an den Ufern und Flussläufen im gesamten Naturpark fühlt sich auch der Fischotter heimisch.

Die Nossentiner und Schwinzer Heide ist mit ca. 250 km Wander- und Radwegen gut erschlossen. Wer nur einen kurzen Stopp machen möchte: Unweit des Karower Meilers, fast direkt an der B 192, steht der hölzerne Aussichtsturm „Moorochse“, von dem sich ein toller Blick auf das Naturschutzgebiet *Nordufer Plauer See* bietet.

Kultur- und Informationszentrum Karower Meiler: Informationen zum Naturpark, zahlreiche Schautafeln, Tierpräparate, der Nachbau eines Fuchsbaus etc., Freigelände mit kleinem Bauerngarten, dazu wechselnde Ausstellungen und Vorträge sowie Konzerte. Geöffnet Mai bis Sept. tägl. 10–17 Uhr, April und Okt. tägl. 10–16 Uhr, Nov., Febr. und März nur Mo–Fr 10–16 Uhr, Dez./Jan. geschlossen. Eintritt 2 €, Kinder 7–16 J. 1 €, unter 7 J. frei. Ziegenhorn 1, 19395 Karow, ✆ 038738-70292, 📠 038738-73841, www.naturpark-nossentiner-schwinzer-heide.de.

• *Anfahrt* Von Goldberg kommend in Richtung Malchow fahren, gut 1 km nach Karow und kurz nach der Kreuzung von B 192 und B 103 auf der rechten Seite. Der einem Holzmeiler nachempfundene Bau ist kaum zu übersehen.

• *Karten* „Naturpark Nossentiner/Schwinzer Heide“, offizielle Rad- und Wanderkarte, 1:50.000, 5,50 €, im Buchhandel vor Ort und im Karower Meiler erhältlich.

• *Fahrradverleih* Im Karower Meiler (Öffnungszeiten oben), Tourenrad 7 €/Tag, mit Kinderanhänger 11 €, Kindersitze kostenlos, Routenvorschläge.

Um den Plauer See

Der Plauer See ist nach der Müritz und dem Schweriner See der drittgrößte See Mecklenburg-Vorpommerns. Das beschauliche Städtchen Plau am See liegt an der Müritz-Elde-Wasserstraße, die in die Elbe mündet bzw. über einen Kanal mit dem Schweriner See verbunden ist. Am gegenüberliegenden Ufer bilden der lang streckte Petersdorfer See und der Malchower See mit dem malerischen gleichnamigen Städtchen auf der Insel eine Wasserstraße, die in den Fleesensee mündet, der wiederum via Kölpinsee mit der Müritz verbunden ist.

Im Norden des Plauer Sees

▶ Der 950-Einwohner-Ort **Karow** an der B 192 – eine Gründung aus dem 13. Jh. – wäre an sich kaum der Rede wert, bietet aber mit seinem Schloss eine durchaus attraktive Übernachtungsmöglichkeit. Alle zwei Stunden fährt sogar ein Zug nach Waren und Neustrelitz. Ansonsten gibt sich der Ort, vom Verkehr der Bundesstraße abgesehen, sehr ruhig.

• *Verbindungen* **Bahn**: mit der ODEG, der Ostdeutschen Eisenbahn, zwischen 5.44 Uhr und 19.44 Uhr 2-stündlich über Alt-Schwerin, Malchow und Jabel nach Waren (ab Waren letzter Zug ca. 20.30 Uhr) sowie weiter nach Neustrelitz (und in anderer Richtung über Parchim nach Ludwigslust). Fahrkarten am Automaten, Infos unter ✆ 03871-6069315 oder www.odeg.info.

Bus: 6-mal tägl. nach Plau am See, 3-mal nach Krakow am See, 3-mal nach Parchim. Abfahrt am Bahnhof und im Ort.

• *Übernachten* **Schloss Karow**, erst 2006 eröffnetes Hotel im klassizistischen Schloss aus dem 18. Jh., mitten im Ort und kaum zu übersehen. Edle Einrichtung mit Antiquitäten, die z. T. auch erworben werden können. Festsaal für Hochzeiten und sonstige Veranstaltungen, sehr schickes Restaurant (etwas rustikaler ist der Gewölbekeller, allerdings nur abends geöffnet), Café und sehr schöne Terrasse zum Park hinaus. Freundlicher und zuvorkommender Service. EZ 80 €, DZ 95–120 €, Appartement für 2 Pers. 160–180 €, jeweils inkl. Frühstück. Parkstr. 1, 19395 Karow, ✆ 038738-70600, 📠 038738-70627, www.schloss-karow.de.

• *Ausflug mit der Draisine* **Mecklenburger Draisinenbahn**: Auf Schienen radeln? Mit der Draisine ist das möglich. Die Tour beginnt zwischen 9 und 12 Uhr an der *Kaserne Damerow* (ein paar Kilometer westlich von Karow) und führt via *Goldberg* bis *Borkow* (zwischen Goldberg und Sternberg). Die Strecke verläuft über 23 km durch die herrliche Landschaft (kaum Steigungen) am südwestlichen Rand der Nossentiner-Schwinzer Heide. Ab 13 Uhr wird die Strecke dann in entgegengesetzter Richtung befahren (wenden kann man überall). Und wie überholt man auf einer eingleisigen Bahnstrecke? Entweder an Rastpunkten – oder indem man einfach die Draisinen tauscht. Auf eine Draisine passen bis zu vier Personen, zwei davon strampeln (lenken muss man ja nicht). Reservierung erforderlich. Gefahren werden kann täglich von April bis Okt. *Preise* pro Draisine: Mo–Fr 45 €, Sa/So 49 € (bei Verleih zwischen 9 und 11 Uhr, Rückgabe 15–17.30 Uhr). Mittagsfahrt: 30 €, bzw. 35 € (Verleih 11.15–12 Uhr, Rückgabe 14–14.45 Uhr). Abendfahrt: 30 € bzw. 35 € (Abfahrt 17.30–18 Uhr, gewendet wird um 19,30 Uhr, Rückgabe 21–21.30 Uhr). Angeboten werden auch Kombitouren (heißt: Umsteigen auf Kanu und Fahrrad). Infos und Reservierung: Mecklenburger Draisinenbahn, Röbeler Str. 49, 17207 Bollewick, ✆ 039931-54506, ✆ 0172-3260694 (mobil), 📠 039931-54641, www.draisine-mecklenburg.de.

▶ **Alt Schwerin** liegt am nordöstlichen Ufer des Plauer Sees. Dem vielversprechenden Namen zum Trotz wäre der Ort nur ein kleiner Flecken rund um ein altes Gutshaus, gäbe es nicht das 1963 gegründete *Agrarhistorische Museum*. Auf einem großen Areal vermittelt das Museum einen Einblick in die Kulturgeschichte der Landwirtschaft in Mecklenburg. Neben anderen Ausstellungen nimmt sich im Hauptgebäude, der historischen Schnitterkaserne, eine noch aus DDR-Zeiten stammende

Ausstellung 5000 Jahre Geschichte der Landwirtschaft zum Thema. Der Schwerpunkt der Exponate liegt jedoch im Zeitraum von der Mitte des 19. Jh. bis 1945. Auf dem weitläufigen Freigelände sind u. a. zu sehen: die Unterkünfte der Landarbeiter (von der Tagelöhnerkate aus dem 19. Jh. bis zur LPG-Bauernwohnung aus den 1960ern), eine Windmühle (ein weithin sichtbarer Erdholländer), diverse Schmieden, Seilerei und Sägewerk, zahlreiche landwirtschaftliche Nutzfahrzeuge (von denen

Einst Drecksarbeit, heute Sehenswürdigkeit: das Teerschwelergehöft

manche aus einer Zeit stammen, als die Dampfmaschine noch High-Tech war) und sogar landwirtschaftliches Fluggerät – zur (Zitat): „Düngung, Schädlingsbekämpfung, Zwischensaat, Waldbrandlöschung und ‚Republikflucht' " – und vieles weitere mehr. Seit Kurzem gibt es auch einen Schmetterlingsgarten; zudem wechselnde Sonderausstellungen und Veranstaltungen.

Agrarhistorisches Museum: April bis Sept. tägl. 10–18 Uhr, im Okt. tägl. 10–17 Uhr. Erw. 6,50 €, erm. 5 €, Schüler 3 €. Dorfstr. 21, 17214 Alt Schwerin, ✆ 039932-49918, www.museum-alt-schwerin.de.

• *Übernachten/Essen* **Altes Pfarrhaus**, stilvolles Landhotel in einem alten, sorgsam restaurierten und von einem großen Garten umgebenen Gebäude, das tatsächlich einst als Pfarrhaus diente. Neun hübsch eingerichtete und nach Seen benannte Zimmer; DZ 80–85 €, Juniorsuite 90 €, jeweils inkl. Frühstücksbuffet. Im guten Restaurant kommt mediterrane und regionale Küche auf den Tisch; Terrasse, auch Café. Außerdem Wellnessangebote. Kastanienallee 14, 17214 Alt Schwerin, ✆ 039932-82750, ✆ 039932-827525, www.landhotel-altes-pfarrhaus.de.

• *Camping* **Camping am See**, westlich von Alt Schwerin lang gestreckt am Nordufer des Plauer Sees gelegen. Pauschalpreise, z. B. Stellplatz, 2 Erw. und Kinder bis 14 J. 21,90 €, Stellplätze für Wohnmobile direkt am See (ebenfalls inkl. 2 Erw. und Kinder bis 14 J.) 23,90 €, jede weitere Pers. ab 15 J. 5 € extra, Hunde 2 €, Strom 2 €. An den Schaftannen 1, 17214 Alt Schwerin, ✆ 39932-42073, ✆ 39932-42072, www.camping-alt-schwerin.de.

▸ Der **Plauer Werder** südlich von Alt Schwerin reicht weit in den See hinein. Die waldbestandene Halbinsel ist nur durch eine schmale Landenge mit dem Nordufer verbunden. Ein Wanderweg führt rundherum: zunächst ein Stück auf der wenig befahrenen Straße, dann oberhalb des Dauercampings durch den Wald, schließlich teils nahe am Ufer und an abgelegenen Badestellen vorbei.

• *Übernachten/Essen* **Zur Forelle**, beliebtes Fischrestaurant der örtlichen, traditionsreichen Fischerei, an der Landenge zum Werder gelegen; schöne Terrasse am See und Anlegestelle. Ganzjährig mittags und abends geöffnet. Auch Ferienwohnungen,

Angeltouren, Fischverkauf. Wendorf 4, ✆ 039932-49905, www.fischerei-alt-schwerin.de.

Ferienpark Plauer See, mit viel Holz gestalteter neuer Ferienpark, mit Hotel und Restaurant, Ferienwohnungen in Blockhütten sowie einem jugendherberge-artigen Gruppenhaus; außerdem Sauna, Beautysalon, Fitness- und Wellnesseinrichtungen, Kegelbahn, 400 m zur kleinen Badewiese. EZ 52 €, DZ 80 €, jeweils inkl. Frühstück. Wendorf 6, 17214 Alt Schwerin, ✆ 039932–827010, 📠 039932-827012, www.ferienpark-plauersee.de.

• *Camping* Caravanstellplätze auf dem Dauercampingplatz Werder. Infos unter ✆ 039932-42074 oder www.insel.camping-alt-schwerin.de.

▶ **Teerschwelergehöft Sparow:** Unweit von Alt Schwerin, Richtung Osten, am südlichen Rand der Nossentiner Heide. In Sparow schwelt und kokelt es zuweilen bis heute, doch wird der historische Teerofen natürlich nicht mehr geschürt, um Pech und Holzteer herzustellen, sondern um dem Besucher Einblick in die traditionelle Arbeit des Teerschwelers zu geben. Im Hauptgebäude erklären ein Film und informative Schautafeln Aufbau und Funktionsweise des Meilers. Im Außenbereich ist der Teerofen zu besichtigen, außerdem gibt es einen Spielplatz, einen Picknickbereich und einen kleinen Streichelzoo.

Mai bis Sept. tägl. 10–18 Uhr, April und Okt. tägl. 10–16 Uhr, Nov. bis März Mo–Fr 10–16 Uhr (erweiterte Öffnungszeiten während der Brände). Eintritt 3 €, Familien 5 €. Kleines Café. Infos und Termine für die Befeuerung: ✆/📠 039927-76847, www.teerofen-sparow.com.

Pech

Eine Drecksarbeit im wahrsten Sinn des Wortes war es, die die Teerschweler einst zu leisten hatten. Zuerst war der bis zu sechs Meter hohe innere Ofen, der Schwelraum, mit Holzscheiten vollzustapeln und das Setzloch zu schließen. Dann wurde Abfallholz im äußeren Feuerraum in Brand gesetzt. Dieser äußere Ring brannte mindestens vier und bis zu zehn Tage lang und war entsprechend zu befeuern. Die Hitze brachte das im Innenofen gestapelte Holz zum Schwelen und presste die Flüssigkeit aus dem Holz. Nach etwa drei Tagen begann der Holzteer über eine tiefer liegende Rinne abzulaufen. Während der Ofen über mindestens weitere 14 Tage abkühlte, konnte der Teerschweler aus dem zähflüssigen Teer Terpentin destillieren und Pech sieden. Das schwarze, klebrige Material war vielseitig verwendbar: Man benutzte es als Klebstoff, zum Imprägnieren von Holz und Tuch, zum Abdichten von Schiffswänden, als Schmiermittel, ja sogar als Brandsatz oder auch als Keramikfarbe. Die beim Schwelen gewonnene Holzkohle verkaufte der Teerschweler schließlich an Glasmacher, Kalkbrenner oder Ziegler.

Teeröfen sind seit dem 11. Jh. bekannt, die Hochzeit der Schweler war im 18. und 19. Jh. Der letzte Teerofen erlosch 1952 – bis der Teerofen von Sparow nach Originalplänen aus dem 19. Jh. wieder aufgebaut wurde.

• *Übernachten/Essen* **** **Hotel Gutshof Sparow**, *unser Tipp!* Auf dem weitläufigen Gelände rund um das Gutshaus aus dem späten 18. Jh. ist so gut wie an alles gedacht: Für Kinder gibt es einen Erlebnisspielplatz (mit Piratenschiff), für gestresste Mütter und Väter einen Beautysalon sowie Schwimmbad, Sauna, Solarium etc., für Hunde freien Auslauf im weitläufigen Hundepark, für Gastpferde Boxen und für Jäger das gutseigene Revier. Zudem werden Kutschfahrten angeboten, es gibt ein großes Sportareal (Tennis, Badminton, Squash, Kegeln), auch eine Handvoll Stellplätze für Wohnmobile stehen zur Verfügung. Einfach (bzw. eher feudal) nur Übernachten kann man hier natürlich auch, 13 Zimmer bietet das elegante Hotel, dazu 4 Suiten und 34 Appartements in den Gebäuden des Anwesens. Und zu essen gibt es natürlich auch: entweder in der rustikalen *Jägerstube* (bodenständige, regionale Küche) oder im hellen Restaurant *Wintergarten* mit Terrasse (gehobene Küche), zudem Cafébetrieb. EZ 70 €, DZ 95 €, Suite 180–220 €, jeweils inkl. Frühstücksbuffet, Hunde 9 €, Appartement zwischen 115 € (2 Pers.) und 180 € (4 Pers.); auch saisonale Arrangements. 17214 Sparow, ✆ 039927-7620, 📠 039927-76299, www.hotel-gutshof-sparow.m-vp.de.

Plau am See

ca. 5800 Einwohner

Ein schmuckes Städtchen mit sehenswerten Fachwerkhäusern, das aber – der Name trügt – gar nicht am See liegt, sondern fast einen Kilometer landeinwärts. Wasser gibt es dennoch genug, die Elde plätschert durch den Ort, und auch einen noch recht neuen, kleinen Yachthafen hat Plau zu bieten.

Das idyllische Flair des Luftkurorts genießt man am besten bei einem Spaziergang durch die Altstadt, z. B. vom alten Burgturm durch die Steinstraße und zum Markt mit seinen teilweise schon recht schön hergerichteten Gebäuden (die meisten aus dem 18. Jh.) und dem Rathaus im Stil der niederländischen Renaissance (1888/89). Auf der anderen Seite wird der lang gestreckte Markt von der evangelischen Marienkirche aus dem 13. Jh. begrenzt (→ Sehenswertes). Nur wenige Schritte sind es von hier zur Strandstraße am Eldekanal. Wendet man sich nach rechts, gelangt man zur Eldeschleuse von 1945 und der sog. „Hühnerleiter", der Brücke darüber. Interessanter ist allerdings ein Spaziergang in die entgegengesetzte Richtung: Zunächst gelangt man zur ehemaligen Synagoge in der Strandstraße, die schon seit Anfang des 20. Jh. als katholische Kirche dient, ein Stück weiter folgt die Anfang der 1990er Jahre komplett sanierte, hellblaue Hubbrücke. Wer etwas mehr Zeit mitbringt, sollte einen Abstecher auf den immerhin 90,5 Meter hohen Klüschenberg am südlichen Ortsausgang machen: Neben einem alten jüdischen Friedhof steht hier oben auch ein alter Wasserturm, von dem sich ein schöner Blick über Plau bietet.

Trotz touristischer Erschließung – nicht zuletzt durch die zwei Marinas, eine am Kanal, eine am See – wirkt der Ort recht verschlafen, vor allem abends. Ein Nachtleben mit Kneipenkultur existiert nicht, auch Restaurants im Zentrum sind eher rar. Die Unterkünfte der Stadt finden sich mehrheitlich in den umliegenden Buchten, z. B. in den Ortsteilen *Plötzenhöhe* (etwa zwei Kilometer südlich von Plau) oder in der *Seeluster Bucht* (ca. 3,5 Kilometer südlich). Hier hat der Gast den Badestrand dann auch direkt vor der Haustür.

Der Name Plau geht auf das slawische *Plawe* zurück und bedeutet so viel wie „Flößerort". Erstmals erwähnt wird Plawe 1235, damals lag die Siedlung an einer wichtigen Handelsstraße zwischen Brandenburg und Güstrow bzw. Rostock. Die Burg wurde ab 1285 errichtet, um den hiesigen Übergang über die Elde zu sichern, von ihr steht bis heute der weithin sichtbare Burgturm. Nachdem es ab dem 13. Jh. zunächst zu Parchim gehörte, wurde Plau 1436 dem Herzogtum Mecklenburg zugeschlagen, später dann dem Herzogtum Mecklenburg-Schwerin. Wirtschaftlich spielte die Stadt vor allem im 19. Jh. eine gar nicht so unbedeutende Rolle als kleiner Industriestandort (Maschinenbau) sowie als Handwerkszentrum, was durch den Anschluss an die Bahnlinie nach Güstrow 1882 noch unterstützt wurde; zudem entwickelte sich Plau zu einem beliebten Urlaubs- und Erholungsort. Die Plauer Kalkbrennereien, Sägewerke und Ziegeleien des frühen 20. Jh. nutzte die DDR später für eine Möbelfabrik und ein Ziegelwerk, außerdem entstand ein VEB für industrielle Nerzproduktion (einer der größten in Mitteleuropa).

Früh am Morgen schon wird der Räucherofen angeworfen

Information/Verbindungen/Aktivitäten

• *Information* **Touristinformation** im Zentrum in der Marktstraße; freundlicher und hilfsbereiter Service, Unterkunftsvermittlung, Fahrradverleih, Verkauf von Fischerei- und Angelscheinen, Konzert- und Theaterkarten. Umfangreiches Informationsmaterial. Anfang Mai bis Ende Sept. Mo–Sa 9–18 Uhr, So 10–16 Uhr, Okt. bis April Mo–Fr 9–17 Uhr, Sa 9–14 Uhr, So geschlossen. Vom 1. Mai bis 30. Sept. werden auch *Stadtführungen* angeboten: Mi 15 Uhr und So 11 Uhr, Dauer ca. 2 Std., 3 €/Pers. (Treffpunkt an der Touristinfo). Marktstr. 20, 19395 Plau am See, ✆/📠 038735-45678, www.info-plau.de.

• *Verbindungen* **Bus**: Abfahrt der Busse ab Plau Bahnhof, einige auch ab Lange Straße: ca. 10-mal tägl. nach Karow (ODEG-Bahnhof), 3-mal nach Parchim, ca. alle 2 Std. nach Lübz, ca. 5-mal tägl. Seelust, 8-mal Meyenburg (DB-Bahnhof), 8-mal über Krakow am See nach Güstrow. Fahrpläne bei der Touristinfo oder im Internet unter www.reisedienst-parchim.com.

Bahn: zwar gibt es einen Bahnhof am westlichen Rand des Zentrums, doch wurde die Strecke zwischen Meyenburg und Karow vor einigen Jahren stillgelegt. Überlegt wird derzeit, zumindest während der Saison den Bahnverkehr ab Plau wieder aufzunehmen. Infos dazu bei der Touristinfo.

Schiff: zwei Anbieter, das Angebot ist ähnlich, auch im Preis. Die *Fahrgastschifffahrt Wichmann* fährt in der Hauptsaison 5-mal tägl. über Plauer See und Lenzer Kanal nach Malchow (und zurück); 9 €/Person, Kinder die Hälfte, Fahrrad 2,50 €; Mo, Mi und Sa Ganztagesfahrten bis nach Waren (19 €), Do ganztags zum Wisentgehege Damerower Werder (17 €), in der Nebensaison (April sowie Mitte Sept. bis Mitte Okt.) deutlich eingeschränkte Fahrten, im Winter nur nach Vereinbarung. Abfahrt an der 1. Anlegestelle, gleich unterhalb der B-103-Brücke. Ticketbude am Anleger. ✆ 0172-7415185, ✆ 0172-7415410 (mobil), 📠 038735-44451, www.fahrgastschifffahrt-wichmann.de.

Die *Plauer Fahrgastschifffahrt Salewski* fährt in der Saison (Ende April bis Mitte Sept.) 2-mal tägl. über den Plauer See und Lenzer Kanal nach Malchow (9 €/Pers., Kinder 4–13 J. die Hälfte, Fahrrad 2,50 €, Hunde 2 €), Mo und So Tagesfahrten nach Waren (19 €), Di zum Wisentgehege Damerower Werder (17 €). In der Nebensaison eingeschränkt, im Winter nur auf Anfrage. Abfahrt vom 3. Steg am Anleger, Tickets an Bord. ✆ 038735-42872, an Bord ✆ 0172-3939016 (mobil), 📠 038735-45057, www.fahrgastschifffahrt-plau.de.

• *Baden* Mehrere **Badestellen** in der direkten Umgebung, u. a. in Quetzin und Heidenholz (nördlich) und – die nächste Badegelegenheit vom Zentrum – in Plötzenhöhe und an der *Seeluster Bucht*. Das **Strandbad** befindet sich Richtung Plötzenhöhe in der Seestraße, mit Kiosk und Bootsverleih. Besonders schön finden wir die Seeluster Bucht, mit Rasen und Anlegestelle, Kinderspielplatz, Kiosk und WC am See.

• *Bootsverleih* **Kanu-Team Plau am See**, Verleih von Kanus und Kajaks, Touren, Abhol- und Bringservice, angeschlossene Pension Zur Scheune (→ Übernachten). Einer- und Zweier-Kajak sowie Kanu je 4 €/Std. (15 €/Tag), größere Kanus 6 €/Std. (25 €/Tag). Im Sommer tägl. 9–20 Uhr. Direkt an der Elde (Lübzer Chaussee). ✆ 038735-41188, ✆ 0172-3076514 (mobil), www.kanuteam-plauamsee.de.

• *Klettern* **Kletterpark Plau am See**, Hochseilparcours mit Tauen, Brücken und Balken zwischen Bäumen, kann durchaus Überwindung kosten – das Ganze natürlich TÜV-geprüft. 13 €/Person, unter 17 Jahren 11 €, Familienticket je nach Kinderzahl 32–55 € (Kinder müssen über 1,40 m sein). Im Sommer bei gutem Wetter Mo–Fr 14–19 Uhr, Sa/So 10–19 Uhr. Ziegeleiweg (am Fuß des Klüschenbergs), ✆ 038735-819738, ✆ 0171-9977497 (mobil), www.hochseilgarten-plau.de.

Übernachten/Essen

• *Übernachten* **Fackelgarten (2)**, die zentralste Unterkunft in Plau, direkt an der Hubbrücke und nur wenige Minuten vom Markt. Schöne Lage am Fluss, Restaurant und Café mit Wintergarten, Sauna im Haus. Nur 12 komfortable Zimmer, EZ 55 €, DZ 75 €, jeweils inkl. Frühstück, Halbpension 20,50 €/Person. Sehr freundlicher und hilfsbereiter Service. Ganzjährig geöffnet. Dammstraße 26, 19395 Plau am See, ✆ 038735-8530, 📠 038735-44330, www.fackelgarten.de.

**** **Parkhotel Klüschenberg (4)**, gediegenes Hotel auf einer Anhöhe inmitten eines parkartigen Gartens. Mit gehobenem Restaurant, Wellnessbereich mit Sauna, Dampfbad, Salzwasser-Pool (innen), Kosmetikbehandlungen, Massagen. Großzügige Zimmer, z. T. mit Balkon, ein rollstuhlgerechtes Zimmer ist vorhanden. EZ 62–68 €, DZ 83–96 €, Familienappartements je nach Größe 135–210 €, jeweils inkl. Frühstück. Ganzjährig geöffnet. Klüschenberg 14, 19395 Plau am See, ✆ 038735-44379, 📠 038735-44371, www.klueschenberg.de.

Pension Zur Scheune (1), günstigere Unterkunft, mit Garten und angeschlossenem Kanuverleih (→ Bootsverleih), ca. 500 m vom Zentrum. Rustikale Einrichtung. EZ 35–40 €, DZ 55 €, jeweils inkl. Frühstück. Auch drei moderne *Ferienwohnungen* werden vermietet (60–70 €). Geöffnet 1. März bis 31. Okt. Lübzer Chaussee 12, 19395 Plau am See, ✆ 038735-41188, 📠 038735-43181, www.zur-scheune-plau.m-vp.de.

Strandhotel Plau am See (5), im Ortsteil *Plötzenhöhe* (ca. 2 km südlich vom Zentrum), fast direkt am See, mit eigener Anlegestelle (nebenan befindet sich das Strandbad). Restaurant, Wellnessbereich mit Sauna, Dampfbad, Whirlpool und Massagen. Nette und komfortable Zimmer, überwiegend mit Terrasse oder Balkon, z. T. mit Seeblick. EZ 60–75 €, DZ 95 €, Appartement für 3 Pers. 129 €, jeweils inkl. Frühstück. Ganzjährig geöffnet. Seestr. 6, 19395 Plau am See, ✆ 038735-8110, 📠 038735-81170, www.strandhotel-plau.m-vp.de.

Seeresidenz Hotel Gesundbrunnen (6), in der schönen *Seeluster Bucht* (ca. 3,5 km südlich von Plau), direkt am See. Mit Garten, vielfach gelobtem Restaurant, Wellnessbereich mit Hallenbad, Sauna und Dampfbad. EZ 52–89 €, DZ 90–114 €, Appartement für 2 Pers. 140 €, jeweils inkl. Frühstück. Ganzjährig geöffnet. Hermann-Niemann-Str. 11, 19395 Plau am See, ✆ 038735-8140, 📠 038735-81427, www.seeresidenz gesundbrunnen.de.

**** **Seehotel Plau am See (7)**, ebenfalls in *Seelust*, unweit der Seeresidenz. Eigener Strand mit Anlegestelle, Fahrradverleih, Wellnessbereich mit Sauna, Kosmetik und Massage, Restaurant. 76 Zimmer und 7 Appartements, im Garten außerdem einige kleine Ferienhäuser. EZ 68–79 €, DZ 101–118 €, Appartement für 3 Pers. 126 €, Ferienhaus (1–2 Pers.) 72–95 €, jeweils inkl. Frühstück. Ganzjährig geöffnet. Hermann-Niemann-Str. 6, 19395 Plau am See, ✆ 038735-840, 📠 038735-84166, www.falk-seehotels.de.

• *Jugendherberge* **Haus Plau am See (3)**, am südlichen Ortsausgang; nicht gerade romantisch, aber zweckmäßig. Zweifelsohne die günstigste Übernachtungsmöglichkeit in Plau, Unterbringung überwiegend in Vierbett-Zimmern, es gibt auch Sechsbett-Zimmer und DZ sowie einige barrierefreie Zimmer. Übernachtung inkl. Früh-

stück 18 €, mit Halbpension 24 €, Vollpension 27 €. Dammstr. 43, 19395 Plau am See, ✆ 038735-81591, 📠 038735-81592, www.m-vp.de/unterkunft.

• *Camping* **Campingpark Zuruf (8)**, im Ortsteil *Plötzenhöhe*; großzügiger Platz am See, nur teilweise baumbestanden, daher nicht überall Schatten. Eigener Badestrand, Anlegesteg, Fahrradverleih und Laden, Sanitäranlagen z. T. rollstuhlgerecht. Person 5 €, Zelt 2,50–4,50 €, Wohnwagen 4,50 €, Wohnmobil 7 €, Auto 2,50 €. Es gibt auch einige kleine Hütten („Finnhütten") für 25–42 € (2–4 Pers.), Ferienwohnung 45 € (max. 4 Pers.), Mietwohnwagen 36 € (max. 4 Pers.). Ganzjährig geöffnet. Seestr. 38 d, 19395 Plau am See, ✆ 038735-45878, 📠 038735-45879, www.campingpark-zuruf.de.

• *Essen & Trinken* **Fackelgarten (2)**, *unser Tipp!* Besonders nett die Lage am Fluss, mit Terrasse, das Restaurant selbst in einem Wintergarten. Schönes Ambiente, aufmerksamer Service, hervorragende Küche, die mecklenburgische Tradition mit mediterranen und fernöstlichen Einflüssen bereichert. Viel Fisch und Pasta, das Ganze allerdings nicht unbedingt günstig: Vorspeisen und Nudeln um 10 €, Hauptgerichte 13–15 €. Mittags und abends geöffnet, nachmittags auch *Café*. Dammstr. 26, ✆ 038735-8530.

Gasthaus Pagels, hinter der Marienkirche. Bodenständiger Gasthof mit regionaler Küche, einfach und günstig, ein paar Tische stehen draußen. Mittags und abends geöffnet, So Ruhetag. Steinstr. 21, ✆ 038735-41213.

Sehenswertes

Burgturm: Von der einst trutzigen Burg steht immerhin noch der Turm. Die ursprüngliche, im späten 13. Jh. an strategisch günstiger Lage errichtete Anlage wurde im 15. und 16. Jh. ausgebaut. Im Dreißigjährigen Krieg noch heiß umkämpft, verfiel die Burg in Friedenszeiten zusehends, bis die Mauern 1660 schließlich geschleift und die Gebäude aufgegeben wurden. Nur der heute von einem Park umgebene Turm aus der Mitte des 15. Jh. überdauerte die Zeiten. Heute ist hier eine hübsche, kleine historische Ausstellung zu sehen: Nach einer netten Einführung (inklusive Blick in das 11 Meter tiefe Verließ) gelangt man über teils sehr niedrige und steile Wendeltreppen zu den darüber liegenden zwei Stockwerken mit den Exponaten.

Ostern bis Okt. tägl. 10–17 Uhr, Eintritt 2 €. Am Burgplatz, 19395 Plau am See, ✆ 038735-40158.

Marienkirche: Die backsteinerne Hallenkirche mit dem sich über einem quadratischen Grundriss erhebenden Turm wurde im 13. Jh. errichtet. Die Innenausstattung des Gotteshauses stammt aus dem späten 19. Jh. Über 120 Stufen gelangt man auf den Turm, die Anstrengungen werden bei gutem Wetter mit schöner Aussicht belohnt. Im Rahmen des „Plauer Musiksommers" finden im Juli und August in der Kirche vornehmlich klassische Konzerte statt.

Tägl. 9–18 Uhr, Karten für den Musiksommer tägl. 9–12 Uhr und Di 15–18 Uhr im Pfarrbüro. Infos unter ✆ 038735-40200 oder www.kirche-plau.de.

Bildhauermuseum Wandschneider: Gleich bei der Marienkirche befindet sich dieses kleine Museum mit Plastiken und Statuen des gebürtigen Plauer Bildhauers Prof. *Wilhelm Wandschneider* (1866–1942), dessen an die Antike angelehnten Heldendarstellungen nicht nur Kaiser Wilhelm gut gefielen, sondern später auch den Nationalsozialisten.

Im Sommer Mo–Fr 10–12 und 13–15 Uhr, Sa 10–12 Uhr, So geschlossen; im Winter Mo–Fr 10–12 Uhr, Di auch 15–18 Uhr, Sa/So geschlossen. Eintritt frei, es wird um eine Spende gebeten. Kirchplatz 3, 19395 Plau am See, ✆ 038735-81030.

Am Süd- und Ostufer des Plauer Sees

▸ **Bad Stuer:** Der kleine Weiler am sich verjüngenden, südlichen Ausläufer des Plauer Sees, ein Ortsteil des südlich gelegenen Stuer, liegt mitten im Wald und doch am See. Durch das idyllische Naturschutzgebiet *Tal der Eisvögel* führt von Bad Stuer aus ein beliebter Wanderweg zum **Bärenwald Müritz**. In einem knapp acht Hektar großen Gehege im Wald tummeln sich zurzeit acht Braunbären, zweifellos eine Attraktion und bei Besuchern entsprechend beliebt. Die touristische Attraktivität des Bärenwalds aber ist kein Selbstzweck, vielmehr ein zusätzlicher Nutzen. Zum einen kann man sich im Infozentrum und beim Besuch des Geheges abseits aller Babybär- oder Problembär-Hysterie ein realistisches Bild von Meister Petz machen. Zum anderen hat sich der Bärenwald zum Ziel gesetzt, in Gefangenschaft geborenen Bären eine artgerechte Haltung zu sichern.

Bärenwald: April bis Okt. tägl. 9–18 Uhr, Nov. bis März 10–16 Uhr. Der Rundgang dauert etwa 1 Std. Erw. 6 €, erm. 5 €, Kinder bis 14 Jahre 3,50 €, Hunde 1 €. Am Bärenwald 1, 17209 Stuer, ✆ 039924-79118, ℻ 039924-79619, www.baerenwald-mueritz.de.

• *Übernachten/Essen* **Stuersche Hintermühle**, das Hotel samt Restaurant liegt unweit des Südufers des Plauer Sees in Bad Stuer und gehört wie der Lenzer Krug (s. unten/Lenz) zum Seehotel Plau am See. EZ 53 €, DZ 86 €, jeweils inkl. Frühstück. Seeufer 6, 17209 Bad Stuer, ✆ 039924-720, ℻ 039924-7247, www.stuersche-hintermuehle.de.

• *Camping* **Campingplatz Bad Stuer**, 200 Stellplätze, etwas vom Ufer zurückversetzt, aber mit eigenem Bootsanleger. Erw. 4,50 €, Kinder (3–16 Jahre) 2,50 €, Zelt 5 €, Wohnmobil 6 €, Auto 2 €, Hunde 2 €, Strom 2 €. Am Seeufer 20, 17209 Bad Stuer, ✆ 039924-2263, 📠 039924-2317, www.campingplatz-bad-stuer.m-vp.de.

▶ Am Ostufer des Plauer Sees liegen verstreut eine Handvoll Dörfer in idyllischer Landschaft – darunter beispielsweise das Dorf Adamshoffnung, das neben dem optimistischen Namen auch über einen Angelteich verfügt, sowie das von Wiesen, Wald und See umrahmte **Zislow**. Der kleine hübsche Flecken **Lenz** schließlich liegt an der Mündung der Wasserstraße, die den Plauer See mit dem Fleesensee und damit mit der Müritz verbindet. An der Brücke findet sich eine beliebte Schänke, unweit davon ein kleiner Strand am Plauer See.

• *Übernachten/Essen* **Lenzer Krug**, in einem schönen, reetgedeckten Fachwerkhaus in idyllischer Lage; beliebte Pension, Schänke und großes, maritim eingerichtetes Restaurant, Tische auch draußen direkt am Kanal. Dem Standort zwischen See und Wald entsprechend, finden sich auf der Speisekarte Fisch und Wild (zu vernünftigen Preisen). EZ 62 €, DZ 88 €, jeweils inkl. Frühstück, bei mehrtägiger Buchung bzw. in der Nebensaison deutlich günstiger. Am Lenz 1, 17213 Lenz über Malchow, ✆ 039932-1670, 📠 039932-16732, www.lenzer-krug.de.

Die Arche, nach eigenen Angaben ein Naturhotel oder auch eine Vollwertpension (mit Restaurant), heißt: kein Alkohol, kein Nikotin, dafür gesundes Essen und Ruhe. Dazu ein kleiner Teich im schönen Garten, Schwimmbad, Wellness und natürlich Kuren. EZ 61–69 €, DZ 100–110 € (nach Ausstattung), jeweils inkl. Frühstück. *Anfahrt:* von Zislow Richtung Adamshoffnung, nach ca. 1,5 km auf der linken Seite. Lenzerweg 1, 17209 Zislow, ✆ 039924-7000, 📠 039924-700445, www.diearche.de.

• *Camping* Nördlich von Zislow liegen zwischen dem Plauer See und dem (ziemlich kleinen) Großen Pätschsee zwei Campingplätze nahe beieinander. Beide befinden sich in herrlicher Lage direkt am Plauer See, mit schönen, schattigen Stellplätzen am See oder mit eher schattenlosen Plätzen etwas höher am Hügel; beide Plätze mit Kiosk, Strand, Fahrrad- und Bootsverleih, Bootsanleger mit Liegeplätzen. Beide auch mit gleichen Preisen: Erw. 4,70 €, Kinder (4–13 Jahre) 2,70 €, Jugendliche (14–17 J.) 3,90 €, Zelt 3,90–4,70 €, Wohnmobil 6,30 €, Auto 2,50 €, Hunde 2,50 €, Strom 2 €. Ganzjährig geöffnet. **Naturcamping Zwei Seen**, Waldchaussee 2, 17209 Zislow, ✆ 039924-2550, 📠 039924-2062 (Homepage in Aufbau, bis dahin: www.m-vp.de/2474).

Die Marienkirche von Plau

Wald- und Seeblick Camp, Waldchaussee 1, 17209 Zislow, ✆ 039924-2002, 📠 039924-29809, www.wald-und-seeblick-camp.de. Beide Campings haben nebenan eine Gaststätte.

• *Reiten* **Pferdehof Zislow**, Unterricht für Anfänger (auch Kinder) und Fortgeschrittene; Pensionsboxen, Reithalle, Wassersportangebot. Auch Ferienwohnungen werden vermietet. Dorfstr. 50/51, 17209 Zislow, ✆ 039924-2561, 📠 039924-2329, www.pferdehof-zislow.de.

Malchow

Malerisch präsentiert sich nicht nur die historische Altstadt mit ihrer exklusiven Insellage. Malerisch ist auch der Blick von der Altstadtinsel auf das alte Kloster am Ostufer des Malchower Sees.

Von alters her waren die Insel und das gegenüberliegende Ostufer Siedlungsgebiet. Ausgehend von einem slawischen Siedlungskern auf der Insel, entwickelte sich nach der (wie üblich gewaltsamen) Christianisierung ein ansehnlicher, auf Pfählen ruhender Marktflecken, der 1235 Stadtrechte erhielt. An das Ostufer dagegen zog 1298 das Nonnenkloster aus dem nahen Röbel und errichtete seine Gebäude auf den Resten eines zerstörten slawischen Heiligtums. Die junge Stadt selbst lag damals tatsächlich auf einer Insel. Das Gebiet am westlichen Ufer wurde erst 1721 erschlossen, eine befestigte Brücke führte über einen Graben auf die Insel. Den Damm zum Ostufer gab es damals noch nicht – an seiner Stelle soll eine hölzerne Brücke hinübergeführt haben. Der Damm wurde schließlich 1846 aufgeschüttet. Gleichzeitig wurde der Graben auf der anderen Seite zu einem Kanal erweitert, um den Wasserweg schiffbar zu halten. Über den Kanal wurde eine Brücke zum Westufer gebaut, deren Nachfolgekonstrukt die heute als technisches Denkmal zu bewundernde Drehbrücke ist.

Die Altstadt stammt vornehmlich aus dem 18. Jh. – nachdem 1697 und 1721 zwei schwere Brände Malchow in Trümmer gelegt hatten, musste weitgehend neu wiederaufgebaut werden. Eigentlich gibt es nur zwei Straßen, die über die Insel führen und die simplen Namen „Lange Straße“ und „Kurze Straße“ tragen. Die Lange Straße führt von der Brücke direkt zum Damm, während die Kurze Straße von dieser abzweigt und in einem Bogen der dreieckigen Form der Insel folgt. Fast in der Mitte der Altstadtinsel befindet sich der *Alte Markt* mit dem Malchower *Rathaus*. Der respektable Bau stammt aus dem 19. Jh., die Fachwerkfassade wurde erst 1904 vorgesetzt. Die nach dem Brand von 1721 entstandene Neustadt erschöpft sich weitgehend in der Güstrower Straße, die von der Brücke zum *Neuen Markt* führt. Etwas zurückversetzt von der Güstrower Straße erhebt sich die Malchower *Stadtkirche* (1870–1873). Sie ersetzte die Kirchbauten auf der Altstadtinsel, die wegen der fast regelmäßig wütenden Brände und des schwierigen Untergrunds nie lange Bestand hatten.

Information/Verbindungen/Aktivitäten

• *Information* **Touristinformation**, direkt bei der Brücke (auf der Landseite); im Sommer Mo–Fr 10–18 Uhr, Sa/So 10–14 Uhr, im Winterhalbjahr eingeschränkt. An der Drehbrücke, 17213 Malchow, ✆ 039932-83186, 039932-83125, www.tourismus-malchow.de oder www.stadt-malchow.de.

• *Stadtführungen* Jeden Do 11 Uhr, 2,50 €/Pers. Treffpunkt an der Touristinformation.

• *Verbindungen* **Bahn**: Mit der ODEG etwa 2-stündlich nach Waren und weiter nach Neustrelitz sowie in anderer Richtung über Parchim bis Ludwigslust.

Bus: werktags 6-mal tägl. nach Waren (Sa/So 1-mal) und zurück; werktags 3-mal tägl. nach Röbel und zurück; selten Verbindung ins Hinterland (Nossentiner Hütte oder Göhren-Lebbin).

Schiff: Die *Reederei Pickran* bietet diverse Bootsausflüge an, z. B. die 5-Seen-Tour: in der Saison 1-mal tägl. nach Waren (und zurück), Erw. 13,50 €, Kinder 7 €. Oder die 3-Seen-Bärentour nach Bad Stuer (und zurück), Erw. 10 € (einfach 7 €), Kinder 5 € (4 €). ✆ 039932-81735, www.pickran.de.

Die *Malchower Fahrgastschifffahrt* (gehört zur *Blau-Weißen Flotte*) hat ein ähnliches Angebot; zusätzlich 3-mal die Woche eine Fahrt nach Plau sowie 1-mal die Woche eine Acht-Seen-Fahrt bis Mirow.

Brückenöffnungszeiten, die Brücke wird in der Saison 7–20 Uhr zu jeder vollen Stunde für den Schiffsverkehr geöffnet.

Taxi: *Taxi-Hein*, ✆ 039932-13314 oder ✆ 0171-6716679 (mobil).

• *Fahrradverleih* **Fahrrad Schulz**, Fahrräder ab 6 €/Tag, auch Kindersitze und Zubehör. Mühlenstr. 14, ✆ 039932-82383.

• *Sonstiges* **Sommerrodelbahn** (mit Schlepplift) und **Affenwald**, unweit der Autobahnausfahrt Malchow (dann Richtung Malchow). Pro Fahrt Erw. 2,20 € (6er-Karte 9,50 €), Kinder (3–14 Jahre) 1,60 € (6er-Karte 7,50 €). Daneben gibt es den *Affenwald*, ein Freigehege mit Berberaffen. Eintritt 3,50 €, Kinder 3 €. Karower Chaussee 6, ✆ 039932-18422, ℻ 039932-18423, www.sommerrodelbahn-malchow.de.

Übernachten/Essen & Trinken

• *Übernachten/Essen* **Rosendomizil (6)**, *unser Tipp!* Sehr schönes Hotel mit gelungen modernem Ambiente, direkt bei der Brücke, ungemein stilvoll eingerichtete Zimmer mit Seeblick. Nicht minder empfehlenswert sind Restaurant und Café. Man sitzt im halbrunden Anbau oder auf der Terrasse direkt am Wasser, in jedem Fall aber mit herrlichem Blick auf See und Kloster, im Hintergrund läuft gefälliger Jazz. Die Küche serviert internationale, asiatisch inspirierte Leckereien. Nachmittags gibt es auch kleinere Gerichte bzw. Kaffee und Kuchen (aus eigener Konditorei). Preislich angemessen, freundlicher und sympathischer Service. Restaurant/Café: in der Saison 8–22 Uhr geöffnet, im Winterhalbjahr 9–21.30 Uhr. DZ 109 € inkl. Frühstück. Lange Str. 2–6, 17213 Malchow, ✆ 039932-18065, ✆ 039932-18064, www.rosendomizil.de.

Inselhotel (4), zugegeben, neben der benachbarten Lokalität wirkt dieses Hotel etwas bieder – freundlicher formuliert: Das Inselhotel ist eine solide Herberge in schöner Lage (auf der Altstadtinsel bei der Brücke). Und wem nach gutbürgerlicher, mecklenburgischer Küche auf mittlerem Preisniveau ist, der is(s)t hier genau richtig. EZ 59 €, DZ 76–82 € inkl. Frühstück. An der Drehbrücke, 17213 Malchow, ✆ 039932-8600, ✆ 039932-86030, www.inselhotel-malchow.de.

Don Camillo (2), das Restaurant am östlichen Rand der Insel befindet sich im ehemaligen Fährhaus; italienische Küche, schöne Terrasse mit Seeblick. Lange Str. 68, ✆ 039932-14071.

Fisch-Imbiss (5), ganz ausgezeichnete, frische Fischbrötchen erhält man auf der Altstadtinsel in der Langen Straße (von der Brücke kommend rechter Hand, auf das „Fisch"-Schild achten).

• *Jugendherberge* **JH Malchow (3)**, älteres Backsteingebäude am Ortsrand von Malchow in der Westsiedlung, auch DZ mit Bad und WC, ab 15 €/Person, Senioren (ab 27 J.) zahlen 18 €. Platz der Freiheit 3, ✆ 039932-14590, ✆ 039932-14579, www.malchow.jugendherberge.de.

• *Camping* **Naturcamping Malchow (1)**, gut ausgestatteter Platz am Ostufer des Plauer Sees (von Malchow kommend hinter der Autobahnausfahrt Malchow links); Badestrand (auch Hundestrand), Fahrrad- und Bootsverleih, Liegeplätze, Gaststätte und Biergarten, Angelkarten und -zubehör sowie Räuchermöglichkeit für selbst geangelte Fische. Erw. und Jugendliche 5,50 €, Kinder (2–13 Jahre) 2,75 €, Hunde 2,75 €, Zelt/Wohnmobil/Pkw 8,20 €, Strom 2,30 €. Ganzjährig geöffnet. Zum Plauer See 1, 17213 Malchow, ✆ 039932-49907, ✆ 039932-49908, www.campingtour-mv.de/malchow.

Sehenswertes

Kloster, Klosterkirche und Mecklenburgisches Orgelmuseum: Das 1298 von Röbel nach Malchow verlegte Nonnenkloster wurde im Zuge der Reformation in ein Stift für unverheiratete adelige Damen umgewandelt, das bis 1918 Bestand hatte. Die Klosterkirche wurde 1888 auf den ausgebrannten Ruinen eines Vorgängerbaus errichtet und präsentiert sich in schönster Backstein-Neugotik: mit schlanken Streben und Pfeilern, verspieltem Giebelschmuck und einem sich elegant verjüngenden Turm. Im Innern beherbergt das Gotteshaus heute einen Teil des Orgelmuseums: Zu sehen sind zahlreiche alte Orgeln und Einzelteile, teils restauriert, teils in noch unrestauriertem Zustand. Im Rahmen einer Führung gibt es neben orgelhistorischen Informationen auch praktische Klangbeispiele am Objekt.

Im gelben Pfarrhaus auf der anderen Straßenseite befindet sich der zweite Teil des Orgelmuseums mit weiteren Ausstellungsstücken. Vor allem aber informieren hier Schautafeln über die Geschichte des Orgelbaus und über den mecklenburgischen Orgelbau im Besonderen. So erfährt man einiges über die Orgelbauerfamilie *Friese*, die von Matthias (1739–1786) bis Friedrich Friese III. (1827–1896) über vier Generationen die Kirchen Mecklenburgs mit Orgeln ausstattete (z. B. in Kummerow, Parchim und Schwerin).

Kirche und Orgelmuseum: April bis Sept. tägl. 10–17 Uhr, Okt. tägl. 10–16 Uhr, Nov. bis März Di–Fr 10–15 Uhr, Sa/So, 11–15 Uhr. Führungen einschließlich Klangproben: Mai bis Sept. Di–Sa 11.30 Uhr (und nach Voranmeldung). Eintritt 2,50 €, erm. 1,50 €, Führung 2 €, Fotoerlaubnis 1 €. 17213 Malchow, ✆ 039932-12537, www.orgelmuseum-malchow.de.

Stadt- und Heimatmuseum: Das Museum unweit des Klosters vermittelt einen Einblick in die Lebenswelt der Jahrhundertwende und des frühen 20. Jh. In dem historischen Klassenzimmer fehlen weder Schiefertafel noch Rohrstock, die Küche präsentiert sich mit altem Bollerofen und Waschzubehör. Auch eine historische Schusterwerkstatt und eine Druckerei sind zu besichtigen.

April bis Sept. tägl. 10–16 Uhr, Erw. 2,50 €, erm. 1,50 €. Friedrich-Lessen-Weg 1, 17213 Malchow, ✆ 039932-12602, www.kultur-undsportring.de.

DDR-Museum: Das beliebte Museum ist im ehemaligen Film-Palast unweit der Stadtkirche untergebracht. Seit 1999 wird hier über Alltag, Kultur und Technik aus 40 Jahren DDR informiert. Die Sammlung wird ständig ausgebaut.

April bis Okt. tägl. 10–17 Uhr, Nov. bis Dez. Di–Fr 10–16 Uhr, Sa/So 13–16 Uhr. Erw. 2,50 €, erm. 1,50 €. Kirchenstr. 25, 17213 Malchow, ✆ 039932-18000, www.kultur-undsportring.de.

Zwischen Malchow und Waren: Rund um Fleesensee und Kölpinsee

▶ Wählt man die nördliche Route nach Waren, passiert man **Silz, Nossentin** am nördlichen Ufer des Fleesensees und **Jabel** am gleichnamigen See, der durch einen schmalen Kanal mit dem Kölpinsee verbunden ist. Alle drei sind unspektakuläre Dörfer, um die herum sich eine bescheidene touristische Infrastruktur entwickelt hat. Gegenüber von Jabel, am anderen Ufer des Jabelschen Sees, liegt (ebenfalls recht unspektakulär) **Damerow** am Rand des *Naturschutzgebiets Damerower Werder*, das einen Teil des Naturparks Nossentiner/Schwinzer Heide darstellt. Auf dem Damerower Werder befindet sich ein Wisentgehege – das europäische Wildrind findet hier ein fast artgerechtes Refugium. Im Haupthaus gibt es eine kleine Ausstellung zu Wald und Wisent sowie ein Restaurant/Café mit Terrasse.

Wisentgehege: Tägl. 10–18 Uhr, Fütterung 11 und 15 Uhr, Erw. 2,50 €, Kinder unter 12 J. frei.

▶ **Göhren-Lebbin/Untergöhren:** Die verschlafenen mecklenburgischen Dörfer haben sich in wenigen Jahren zu einer beispiellosen, gigantischen Ferienanlage entwickelt, laut eigenen Angaben die größte in Deutschland. Entsprechend nennt sich das Anwesen nicht „Resort“ oder „Anlage“, sondern *Land Fleesensee*. Und das touristische Angebot des „Landes“ ist kaum zu überblicken: eine bemerkenswerte Golfanlage mit drei (!) 18-Loch- und zwei 9-Loch-Plätzen sowie Club und riesiger Driving-Range, eine Reitanlage, zahlreiche weitere Sportmöglichkeiten wie Segeln und Surfen, Tennis, Fitness etc. Dazu gibt es eine Indoor-Kletterwand und ein großes Wellnessareal (nach eigenen Angaben das größte Spa Deutschlands) ebenso wie ein Erlebnisbad und eine Badestelle am Fleesensee, dort auch Bootsverleih und Liegeplätze. Schließlich zum Übernachten: das schicke Radisson SAS im Schloss, der Robinson-Club Fleesensee (der einzige in Deutschland), ein Dorfhotel, zahllose Appartementhäuser, dazu gastronomische Einrichtungen, Shoppingmöglichkeiten, Nachtleben und, und, und. Wir ersparen uns einen detaillierten Überblick über das Unüberblickbare und verweisen auf www.fleesensee.de.

Im Westen der Seenplatte
Karten S. 84/85 und S. 111

Stadtpanorama am „Kleinen Meer“ ...

Um die Müritz

Das „Kleine Meer“ ist das Herz der Mecklenburgischen Seenplatte. An seinem Nordufer liegt Waren, das touristische Zentrum der Region, südlich schließt sich der herrliche Müritz-Nationalpark mit zahllosen (Rad-)Wanderwegen und vielen Aussichtspunkten an.

„Kleines Meer“ ist nicht nur ein gleichermaßen passender wie liebevoller Spitzname für den größten See der Mecklenburgischen Seenplatte – der Name *Müritz* leitet sich vom Slawischen *morcze* ab, was tatsächlich soviel heißt wie „kleines Meer“. Mit 117 Quadratkilometern ist die Müritz der mit Abstand größte See des Landes und – nach dem Bodensee – der zweitgrößte See Deutschlands. Besonders tief ist er allerdings nicht, im Schnitt kaum sechs Meter, an seiner tiefsten Stelle in der Binnenmüritz bei Waren misst er 31 Meter, am Ostufer nur ein bis zwei Meter. Doch gerade dieses flache, häufig schilfbewachsene Ufer ist heute als Teil des **Müritz-Nationalparks** die besondere Attraktion: An Land frei von Autos, im Wasser ohne Schiffsverkehr, sind das Ostufer und die flachen Seen und Moorlandschaften dahinter ein Paradies für Wasservögel. Am Westufer dagegen finden sich weite Felder, unterbrochen von kleinen Bauern- und Gutsdörfern.

Wer die sportliche Herausforderung sucht, ist an der Müritz richtig. Radfahrer versuchen sich an der großen Rundtour um den See (gut 80 Kilometer), Paddler finden auf den abgelegenen Kanälen und Seen des Nationalparks am Ostufer der Müritz ein herrliches Revier. Touristischer Hauptort ist das lebendige Städtchen Waren an der Müritz, das sich auch hervorragend als Ausgangspunkt für Wanderungen und Radtouren eignet, gefolgt von Röbel an der Westseite, dem zweiten Urlaubszentrum der Gegend. Wer mehr Ruhe sucht, kann sich in einer der Unterkünfte im Nationalpark einmieten.

Waren an der Müritz

Waren an der Müritz

ca. 22.000 Einwohner

Ideallage am Nordufer der Müritz, kleinere Seen in der Umgebung, der Nationalpark vor der Haustür – kein Wunder, dass der Luftkurort im Sommer die Gäste in Scharen anzieht. Zusätzliche Attraktivität bietet seit 2007 das Müritzeum, ein modernes Naturmuseum am Rand der Altstadt.

Zwar bietet Waren nur einen Blick auf die Binnenmüritz, das weite Panorama des „Kleinen Meers" eröffnet sich erst weiter südlich; doch reicht schon diese bescheidene Aussicht, um maritime Stimmung aufkommen zu lassen. An der Hafenpromenade ankern zahllose Yachten und Ausflugsschiffe, am gegenüberliegenden Ufer der Bucht, dem Villenviertel Ecktannen, fällt der Blick auf die typischen Bootsschuppen, dahinter erstreckt sich das üppige Grün des Müritz-Nationalparks. Wanderungen oder Radtouren ins Grüne sind von Waren aus problemlos möglich, und auch auf dem Wasser bieten sich zahlreiche Ausflugsmöglichkeiten.

Ein Spaziergang durch die Altstadt führt zunächst durch die nicht gerade aufregende Fußgängerzone Lange Straße mit den üblichen Ladenketten, Cafés und Souvenirgeschäften leicht bergan zum Neuen Markt, dem zentralen Platz am höchsten Punkt der Stadt. Schön herausgeputzte Fachwerkhäuser, allen voran das „Haus des Gastes" mit der traditionsreichen Löwenapotheke nebenan, fallen überall ins Auge, auf dem Marktplatz sticht besonders das Rathaus im Stil der sog. Tudorgotik hervor. Die beiden sehenswerten Kirchen der Stadt liegen quasi auf einer Achse der Altstadt (der Kirchenstraße), in deren Mitte sich der heutige Marktplatz ausdehnt. Lohnend ist in jedem Fall ein Besuch der Marienkirche (S. 134), von deren Turm sich ein herrlicher Rundblick auf Waren und die Umgebung bietet, wogegen die St.-Georg-Kirche (S. 134) am Alten Markt inmitten der ältesten Gebäude der Stadt zu finden ist.

Am Hafen von Waren

Vom Neuen Markt führt die breite Marktstraße hinunter zum Yachthafen mit mehreren Cafés und Restaurants, in dessen Mitte zwei alte Speicherhäuser stehen, die modernisiert und zu Hotel und Gastronomiebetrieb umfunktioniert wurden. Ein netter Spaziergang führt von hier in westliche Richtung direkt am Wasser entlang durch einen schmalen Park zur Steinmole mit weiteren Ausflugsbooten sowie zum Müritzeum (S. 132) auf der gegenüberliegenden Seite, seit 2007 die größte Attraktion der Stadt. Wer mehr Muße hat, kann zudem einen Spaziergang in die andere Richtung zum Villenviertel Ecktannen und dort an der Promenade entlang machen.

Geschichte: Wann genau das heutige Waren besiedelt wurde, ist nicht bekannt, erstmals urkundlich erwähnt wird die Siedlung 1218 unter dem Namen „Warne". Durch Nikolaus I. von Werle erhielt sie 1260 das Stadtrecht, eine zweite Siedlung entstand etwa zur gleichen Zeit um die St.-Georg-Kirche, die 1273 erwähnt wird. 1325 wurden die beiden Siedlungen auf der langen Anhöhe zwischen Binnenmüritz und Tiefwarensee zu einer zusammengelegt – die heutige Warener Altstadt.

Im 14. und frühen 15. Jh. war Waren die Residenz der Herzöge von Werle, nach dem Aussterben dieser Linie wird es 1436 Besitz des Herzogtums Mecklenburg, bei der Landesteilung von 1621 fällt Waren an das Herzogtum Mecklenburg-Schwerin. Im 17. Jh. zerstören mehrere Brände Teile der Stadt, am schlimmsten im Jahr 1699, als gerade noch die beiden Kirchen St. Marien und St. Georg sowie einige wenige Häuser am Alten Markt verschont bleiben. Erst seit Anfang des 19. Jh. geht es mit Waren langsam, aber stetig wirtschaftlich bergauf, zunächst durch den Bau des Elde-Kanals (1798–1834) und der damit deutlich vereinfachten Schifffahrt im Müritzgebiet; Ende des 19. Jh. dann durch den Bau der Eisenbahnlinie nach Malchin sowie der Strecken Parchim–Neubrandenburg und besonders Berlin–Rostock, die beide über Waren führen – die Stadt wird ein wichtiger Verkehrsknotenpunkt. Ab Mitte des 19. Jh. setzt ein bescheidener Tourismus in Waren und rund um die Müritz ein, deren berühmtester Gast Theodor Fontane war, der 1896 seinen Sommerurlaub in Waren verbrachte.

Bis zum Ersten Weltkrieg und erneut in den Zwanziger Jahren erfreute sich Waren großer Beliebtheit als Kur- und Badestadt. In den 1950er Jahren wurde Industrie angesiedelt, zudem wurde eine Landwirtschaftliche Produktionsgenossenschaft (LPG) und eine Fischereigenossenschaft gegründet. Wichtigster Industriebetrieb der Stadt ist heute die Mecklenburger Metallguss GmbH, deren riesige Schiffsschrauben auf dem Werksgelände (an der B 108 Richtung Teterow) nicht zu übersehen sind. Ansonsten lebt Waren hauptsächlich von Touristen und Kurgästen – seit 1999 darf sich die Stadt offiziell „Luftkurort" nennen. Seitdem haben sich hier, unter anderem um den Tiefwarensee, diverse Kurkliniken angesiedelt.

Information/Verbindungen/Aktivitäten

• *Information* **Haus des Gastes**, am Neuen Markt im Zentrum. Umfangreiches Infomaterial, Unterkunftsverzeichnis, Zimmervermittlung, Stadtplan für 1 €. Mai bis Sept. tägl. 9–20 Uhr, sonst Mo–Fr 9–18 Uhr, Sa 10–15 Uhr, So geschlossen. Neuer Markt 21, 17192 Waren, ✆ 03991-666183, ✆ 03991-664330, www.waren-tourismus.de.

Das Haus des Gastes bietet von Mai bis Okt. jeden Mo um 10 und 18 Uhr *kostenlose Gästeinformation*. Darüber hinaus werden von Mai bis Sept. *Stadtführungen* organisiert, Mo–Fr 10 Uhr, Sa/So 11 Uhr (Erw. 5 €, Kinder bis 14 J. 2,50 €, bis 7 J. frei); zudem jeweils 1-mal wöchentlich geführte *Wanderung um den Tiefwarensee* (ca. 4 Std., 6,50 €/Pers., Kinder bis 14 J. 3 €, bis 7 Jahre frei), eine geführte *Radtour zum Damerower Werder* (ca. 5,5 Std., 8,50 €/Pers., Kinder bis 14 J. 3 €, bis 7 Jahre frei) sowie im Sommer täglich eine geführte *Radtour in den Nationalpark* (ca. 4 Std., 8,50 €/Pers., Kinder bis 14 J. frei).

Kranich-Beobachtungstouren: Zwischen 1. Sept. und ca. 31. Okt. fährt ab Waren um 18 Uhr (ab Mitte Sept. früher) ein Sonderbus zu den Treffpunkten Federow und Schwarzenhof, von denen die geführten Touren starten (Details bei den jeweiligen Orten). Infos und Tickets auch hier im Haus des Gastes.

• *Verbindungen* **Bus**: Stadtbusse alle 30 bis 60 Min. zwischen Bahnhof, Altstadt und Ecktannen, halbstündl. zwischen Altstadt, Bahnhof und Klink. In die Umgebung: Etwa stündl. nach Röbel und Neubrandenburg, 4-mal tägl. nach Stavenhagen, 2-mal Ankershagen, 9-mal nach Malchow, 5-mal nach Speck (im Nationalpark; s. auch „Nationalpark/Verbindungen" S. 156). Auskunft unter ✆ 03991-645119, www.pvm-waren.de.

Bahn: 1-mal tägl. ICE nach Rostock und über Neustrelitz, Berlin, Leipzig und Nürnberg nach München; alle 2 Std. Regionalexpress nach Berlin (Dauer gut 90 Min.); in Gegenrichtung nach Rostock (knapp 60 Min.); alle 2 Std. nach Güstrow (30 Min.), stündl. nach Neustrelitz (ca. 25 Min., dort Umsteigen nach Neubrandenburg), zudem stündl. nach Schwerin (mit Umsteigen in Parchim oder Güstrow). Die Strecke Waren–Güstrow–Rostock–Warnemünde sowie Waren–Neustrelitz–Berlin wird je 1-mal tägl. von der Privatbahn Interconnex befahren (www.interconnex.com); die Strecke Malchow–Waren–Kratzeburg–Neustrelitz–Oranienburg (mit zahlreichen Zwischenstopps) und zurück wird 10-mal tägl. von der Ostdeutschen Eisenbahn ODEG befahren. ✆ 03871-6069315, www.odeg.info.

Schmuck und voller Auskunft: Warens Haus des Gastes

Schiff: Es gibt mehrere Reedereien, mit denen neben Linienfahrten auch Rundfahrten und ganztägige Ausflugstouren möglich sind.

Mit der *Weißen Flotte* zwischen Anfang April und Anfang Okt. ca. 5-mal tägl. nach Klink (Fahrzeit 20 Min.) und Röbel (gut 1 Std.), 3-mal zum Bolter Kanal (gut 2 Std.). Nach Klink einfach 3,50 € (hin/zurück 6 €), nach Röbel 7,50 € (13 €), Bolter Kanal 7,50 € (13 €), Kinder ca. 50 % Ermäßigung, Fahrrad und Hunde je 2,50 €/Strecke.

Zudem Halb- und Ganztagesfahrten zum Kölpinsee, Jabelschen See, nach Damerow sowie zum Plauer See (Plau und Bad Stuer), in südliche Richtung nach Rheinsberg, jeweils mit Landgang. Abfahrt am Stadthafen, Tickets an Bord. Infos und Buchung ✆ 03991-141981 oder 122668, www.mueritzschiffahrt.de.

Die *Blau-Weiße Flotte* der Warener Schifffahrtsgesellschaft bietet neben obigem Programm zusätzlich die 7-Seenfahrt (mit Stopover in Malchow und Plau, 22 €) sowie eine geführte Rad-Schiff-Wanderung im Nationalpark an (20 €), außerdem die kleine und große Müritzrundfahrt (5–13 €). Tickets an Bord (am Stadthafen), Radwanderer erhalten Rabatt. Infos unter ✆ 03991-663034, www.warener-schiffahrt.de.

> Für kombinierte **Bus- und Schiffsreisen** rund um die und auf der Müritz empfiehlt sich das Nationalparkticket (S. 156).

• *Angeln* Touristenfischereischeine (20 €/28 Tage) und Angelkarten verkauft die Müritz-Information im Haus des Gastes (→ oben); organisierte Angeltouren bietet die **Fischerei Müritz-Plau**, hier auch Geräteverleih. Eldenholz 42, ✆ 03991-15340, www.mueritz fischer.de.

• *Bootsverleih* **Müritz-Marina Waren**, hier kann man stunden- bzw. tageweise ein Boot ausleihen – sogar ohne Führerschein: Motorboot für bis zu 5 Pers. 14 €/Std. und 80 €/Tag, inkl. Sprit. Am Campingpark Kamerun, ✆ 0171-7302476 (mobil), www.mueritzbootswelt.de.

Längerfristiger Yachtcharter, Hausbootvermietung → S. 58.

• *Fahrradverleih* Zahlreich in der Altstadt und beim Hafen, aber Achtung: In der Hochsaison sind die Räder teilweise schnell weg, daher sollte man zu Stoßzeiten einen Tag vorher reservieren.

Zweirad Karberg, in der Fußgängerzone im Zentrum, gleich ums Eck vom Neuen Markt. Die Räder sind gut in Schuss. Tourenrad 4–6 €/Tag, MTB 7 €, Kinderanhänger 6 €. Auch Reparaturwerkstatt und Radwanderkarten. Mo–Fr 8–18 Uhr, Sa 8–12 Uhr, Rückgabe Sa/So bis 19 Uhr. Lange Str. 46, ✆ 03991-666080, 📠 03991-666081, www.zweirad-karberg.de.

Fahrradvermietung, an der Strandstr. (etwas versteckte Lage auf Höhe des Hotels „Kleines Meer“); hier kostet ein 7-Gang-Tourenrad 5,50 €/Tag. Mo–Sa 9–18 Uhr. Strandstr. 3 b, ✆ 03991-674585.

Müritzer Fahrrad-Stationen, an der Straße Richtung Nationalpark und Ecktannen. Tourenrad 5–6 €/Tag, MTB 7 €, Kinderrad 4 €, Kinderanhänger 7 €. Auch geführte Radwanderungen in den Nationalpark (9 €/Pers., Kinder frei). Geöffnet April bis Okt. tägl. 9–19 Uhr. Am Seeufer 75, ✆ 03991-669407, www.fahrradverleih-mueritz.de.

• *Geführte Radtouren* Neben den erwähnten Touren der Touristinfo und der Müritzer Fahrrad-Stationen bietet **Becker Tours** naturkundliche Radtouren im Müritz-Nationalpark an. Von April bis Okt. jeden Di, Do und Sa um 10 Uhr (Dauer 4 Std.), 7,50 €/Pers. Treffpunkt: Nationalpark-Eingang am Parkplatz Specker Straße. Mitte Aug. bis Mitte Sept. zusätzlich Kranichführungen tägl. um 16 Uhr, gleicher Treffpunkt, gleicher Preis. ✆ 03991-662786, 📠 03991-125771, www.nationalpark-erleben.de.

• *Veranstaltungen* **Müritz Sail**, alljährlich am vorletzten oder letzten Wochenende im Mai in Waren – großes Volksfest mit Riesenrad und Karussellen am Hafen, Fischbuden und Livemusik, Festumzug und Feuerwerk. Auf dem Wasser gibt es Fischerstechen, diverse Regatten und Drachenbootrennen. Aktuelle Termine und Veranstaltungskalender unter www.mueritzsail.net.

Müritz-Saga, Anfang Juli bis Ende Aug. Fr–So Abend auf der Naturbühne Mühlenberg (am Tiefwarensee): Schauplatz des Kostümspektakels ist das Mecklenburg nach dem Dreißigjährigen Krieg. Tickets 19–21 €, ermäßigt 15–16 €, Kinder bis 14 J. 10 €, bis 6 Jahre frei. Erhältlich im Haus des Gastes oder unter der Ticket-Hotline ✆ 01805-288244. Mehr Infos unter www.freiluftspiele.de.

• *Wassersport* **Eastside Surfschule Ecktannen**, am gleichnamigen Campingplatz (S. 130), hier auch Kanu-/Kajakverleih: 4–6 €/Std., 15–25 €/Tag, geführte Kanutouren (drei Tage mit Verpflegung) ab 150 €. Surfbrettverleih ab 8 €/Std., Anfängersurfkurs 120 €.

Bootsanleger in Waren

Auch Jollen- und Katamaranverleih (50–90 €/Tag). ✆ 03991-735061, 📠 03991-165794.

Surf- und Segelschule Fun Müritz, am Campingpark Kamerun (S. 130). Surfbrettverleih 9–13 €/Std., Anfängersurfkurs 120 €, Jollen- und Katamaranverleih 65–120 €, Segel- bzw. Katamarankurs 190 €, Schnupperkurs Katamaran 55 €. Kajak-/Kanadierverleih 4–6 €/Std. ✆ 03991-125917, 📠 03991-124000, www.fun-mueritz.de.

Übernachten/Camping (Karte S. 130/131)

• *Im Zentrum* ****** Kleines Meer (7)**, in ruhiger Lage am alten Marktplatz; einladendes Hotel mit 30 Zimmern, ungemein stilvoll in modernem Design eingerichtet. Zimmer mit Blick auf die Müritz oder auf den Markt; Bar und Sauna. Berühmt ist das gleichnamige Feinschmeckerrestaurant im Haus (→ unten). Schöne Terrasse, Tiefgaragenplätze vorhanden. EZ 89–129 €, DZ 116–139 €, Studio 129–149 €, jeweils inkl. Frühstück. Alter Markt 17, 17192 Waren, ✆ 03991-6480, 📠 03991-648222, www.kleinesmeer.com.

Harmonie (3), sehr gepflegtes Hotel gegenüber vom Müritzeum. Gediegene Einrichtung mit antikisierenden Möbeln, 23 Zimmer, Lift. Wellnessbereich mit Sauna, Whirlpool, Solebad, Massagen und Kosmetikangebot. Parkplatz. EZ 99–109 €, DZ 119–129 €, auch einige günstige Zimmer im Souterrain (79 €/99 €), jeweils inkl. Frühstück. Kietzstr. 16, 17192 Waren, ✆ 03991-66950, 📠 03991-669529, www.hotelharmonie-waren.de.

Am Yachthafen (8), zentraler geht es nicht: direkt am Stadthafen und mitten im Geschehen, inklusive allabendlichem Flanieren vor der Haustür. Auch hier gediegene Einrichtung mit Mobiliar im antikisierenden Stil; Sauna und Café im Wintergarten (mit Terrasse); eine Segel- und zwei Motoryachten (jeweils mit Skipper) stehen zum Chartern bereit. EZ 60 €, DZ ohne Seeblick 87 €, mit Seeblick 97–108 €, mit Balkon und Seeblick 125 €, jeweils inkl. Frühstück. Strandstr. 2, 17192 Waren, ✆ 03991-67250, 📠 03991-672525, www.am-yachthafen.de.

Stadt Waren (5), sympathisches Garni-Hotel in der Altstadt, nur ums Eck zum Neuen Markt. Angenehme Zimmer, freundlicher, sehr hilfsbereiter Service; Lift, Sauna im Haus, Tiefgarage (im Preis enthalten). Netter Innenhof. EZ 60 €, DZ 88 €, inkl. Frühstück. Große Burgstr. 25, 17192 Waren, ✆ 03991-62080, 📠 03991-620830, www.hotel-stadt-waren.de.

• *Im Villenviertel Ecktannen* ****** Villa Margarete (12)**, zwischen hohen Bäumen im ruhigen Viertel Ecktannen, nur wenige Meter zum Bootsanleger und den Badestellen. Freundliche Atmosphäre, die 30 Zimmer stilvoll-gediegen, z. T. mit Balkon, Lift vorhanden. Empfehlenswertes Restaurant. Im Wellnessbereich großes Angebot: diverse Kosmetikbehandlungen, Massagen (auch Nah- und Fernöstliches), Bäder, Sauna, Solarium, Solebad und „Floatarium". Zahlreiche Wellness-Arrangements. EZ 89 €, DZ 140 €, inkl. Frühstück. Halbpension 23 € pro Person und Tag. Fontanestr. 11, 17192 Waren, ✆ 03991-6250, 📠 03991-625100, www.villa-margarete.de.

****** Seehotel Ecktannen (13)**, dieses ebenfalls sehr einladende Hotel in der schönen Fontanestraße gibt es schon seit 1906. Klassische Villa, nur wenig oberhalb der Strandpromenade gelegen, sehr gepflegt, gediegene Einrichtung, mit Terrasse, Garten und

Um die Müritz
Karte S. 140/141

eigenem Bootsanleger; Sauna im Haus, zudem Massage- und Kosmetikangebote. Das zugehörige *Restaurant Moritz* (mit Bar) ist ganztägig geöffnet. EZ 80 €, DZ 99 €, Suite mit Balkon 130 €, jeweils inkl. Frühstück. Hunde willkommen. Fontanestr. 51, 17192 Waren, ✆ 03991-6290, 📠 03991-629100, www.seehotel-ecktannen.de.

• *Am Tiefwarensee* **Hotel-Restaurant Paulshöhe (1)**, beliebtes Ausflugsrestaurant mit Terrasse und Seeblick, zudem 7 Zimmer und 7 Bungalows. Das Restaurant bietet eine große Auswahl an Traditionell-Deftigem, aber auch feine, leichte Küche zu mittleren Preisen. EZ 56–72 €, DZ 85–99 €, inkl. Frühstück. Falkenhäger Weg, 17192 Waren, ✆ 03991-17140, 📠 03991-171444, www.hotel-paulshoehe.de.

• *Jugendherberge* **Jugendherberge Waren (10)**, nagelneues, buntes Gebäude etwas außerhalb des Zentrums (ca. 10 Gehminuten) zwischen Binnenmüritz und Feisneck, Badestelle nur wenige hundert Meter entfernt. Terrasse, Tischtennis und Volleyball. 102 Betten in 30 Zimmern, zwei Zimmer mit rollstuhlgerechter Einrichtung; Übernachtung im Vierbett-Zimmer 21,15 € (Senioren ab 27 Jahren 24,15 €), Kinder 3–5 Jahre 10,60 €, jeweils inkl. Frühstück, Halbpension plus 2,50 €, Vollpension plus 4,50 €. Unterbringung im Zweibett-Zimmer kostet zusätzlich 1,50 €, Zimmer mit eigenem Bad/WC zusätzlich 4 €/Person. Frühzeitige Buchung ist ratsam, und natürlich muss man DJV-Mitglied sein (geht auch noch vor Ort: Junioren 12,50 €, Senioren 21 €). An der Feisneck 1 a, 17192 Waren, ✆ 03991-186900, 📠 03991-186904, www.djh-mv.de.

• *Camping* **Camping Ecktannen (14)**, wohlorganisiertes Gelände direkt an der Müritz, mit schöner Badestelle, Surfschule und Kanuverleih (→ oben), Fahrradverleih am Platz, Bushaltestelle am Eingang. 450 Stellplätze in Wald und Wiese, teilweise aber nur mäßig schattig. Moderne sanitäre Einrichtungen, Kiosk (Fischbrötchen etc.), Bolzplatz und Spielplatz, zur Kinderbelustigung gibt es die „Kulturbüxe" gegenüber der Rezeption, hier diverse Veranstaltungen. Person 4,85 €, Wohnwagen (mit Auto) oder Wohnmobil 7–8 €, Zelt 4–5 €, Auto 3,50 €, Motorrad 3 €. Auch schlichte Blockhütten für 12 €/Nacht (max. 2 Pers.), Ferienwohnungen (max. 3–4 Pers., 45–55 €) und Mietwohnwagen (50 € plus 4,85 €/Pers.) im Angebot. Zudem gibt es am Eingang eine Art Wohnmobilstellplatz („Quickcamp") für 10 €/Nacht. Ganzjährig geöffnet. Fontanestr. 66, 17192 Waren, ✆ 03991-668513, 📠 03991-664675, www.camping-ecktannen.de.

Campingpark Kamerun (2), auf der anderen Seite der Binnenmüritz, westlich von Waren (ab Hauptstraße Röbeler Chaussee ausgeschildert), ebenfalls direkt am See. Auch hier Badestelle und Surfschule, Fahrrad- und Bootsverleih, außerdem Liegeplätze für Boote, Kiosk und Biergarten. Person 5,20–5,80 €, Stellplatz je nach Lage 7,35–12,90 €, Zelt inkl. Fahrrad/Motorrad 6,15 €, Mietwohnwagen ab 47 €/Nacht, Appartement ab 80 €. Wohnmobilstellplatz vor dem Eingang 12 €. Ganzjährig geöffnet. Zur Stillen Bucht 3, 17192 Waren, ✆ 03991-122406, 📠 03991-122512, www.campingtour-mv.de/waren.

Übernachten im Nationalpark → S. 156.

Essen & Trinken/Nachtleben

Kleines Meer (7), Feinschmeckerlokal und erste Adresse in Waren – Küchenchef Andreas Mahr zählt zu den Besten im Norden und wurde mit seinem Restaurant vom Gault Millau mit 14 Punkten geadelt. In hellem, modernem Ambiente wird feine regionale Küche auf höchstem Niveau serviert, u. a. Müritzfisch und Wild, dazu erlesene Weine. Schöne Terrasse mit Müritzblick. Hauptgerichte um 18–24 €, Menüs 48–70 €. Mehrmals im Jahr gibt der Küchenchef auch Wochenend-Kochkurse (199 €). Tägl. mittags und abends geöffnet, im Winter So/Mo geschlossen. Alter Markt 7, ✆ 03991-6480.

Pier 13 (11), beliebtes Lokal direkt am Hafen, von der Terrasse schöner Blick auf die Müritz. Innen urig eingerichtet mit viel Holz. Durchgehend geöffnet, nachmittags werden Kaffee und Kuchen serviert. Spezialität des Hauses ist Räucherfisch, überhaupt gibt es hier eine große Auswahl an Fischgerichten. Tägl. 11.30 bis ca. 23 Uhr. Strandstr. 4, ✆ 03991-664241.

Windfang (6), etwa in der Mitte des Stadthafens, ebenfalls mit Terrasse (überdacht). Ähnliches Angebot wie die anderen Restaurants hier an der Promenade, zu den Spezialitäten zählen neben frischem Fisch auch Wild. Nett zum Sitzen. Tägl. durchgehend geöffnet. Müritzstr. 18, ✆ 03991-668465.

Altes Reusenhaus (4), recht unscheinbar in einer Seitengasse etwas oberhalb der Fußgängerzone im Altstadtzentrum. Fachwerkhaus mit Biergarten im Innenhof, drinnen sehr urige Einrichtung über zwei Etagen, mit Kamin. Dieselben Betreiber wie das *Pier 13*. Tägl. ab mittags durchgehend geöffnet. Schulstr. 7, ✆ 03991-666897.

Zum Müritzfischer (9), Fischgaststätte am Hafen, Fischbrötchen auch zum Mitnehmen. Tägl. durchgehend ab 10 Uhr. Strandstr. 3, ✆ 03991-667970.

• *Essen & Trinken außerhalb* **Waldschenke (15)**, ein schöner Waldspaziergang führt von Ecktannen an der Müritz entlang zur Waldschenke (auch mit Auto erreichbar, es gibt sogar eine Bootsverbindung nach Waren im 2-Stunden-Takt, Anlegestelle Waldschenke). Ab Ecktannen ausgeschildert (für Pkw durch den Wald). Schöne, ruhige Waldlage, mit Terrasse und Garten (Spielplatz). Mittagstisch, auch kleinere Snacks, danach kommen riesige, köstliche, von der Chefin selbst gebackene Kuchenstücke auf den Teller. April bis Sept. tägl. 11–21 Uhr. Strandpromenade 4, ✆ 03991-666922.

Essen & Trinken im Nationalpark → S. 156.

• *Nachtleben* Neben den diversen Kneipen am Hafen wie z. B. das *New Yorxx* (über dem Pier 13) lockt die **Spielbank Waren** gleich nebenan zum abendlichen Nervenkitzel. Automatenspiel Mo–Do 14–1 Uhr (Mi bis 2 Uhr), am Wochenende 14–2 Uhr. Klassisches Spiel mit Roulette, Black Jack und Poker Fr–So 19–2 Uhr. Cocktailbar. Mindestalter 18 Jahre, ein Ausweis ist vorzulegen; es gibt zwar keine Kleiderordnung, doch ist beim klassischen Spiel ein angemessenes Äußeres erwünscht. Eintritt für Automatenspiele frei, klassisches Spiel ab 21 Uhr 2,50 €, wer Jetons im Wert von mind. 10 € kauft, zahlt keinen Eintritt. Strandstr. 4, ✆ 03991-674700, www.spielbank-waren.de.

Sehenswertes

Müritzeum

Seit August 2007 ist nicht nur Waren, sondern die ganze Region um eine Attraktion reicher. Nach nur zwei Jahren Bauzeit war der Rundbau mit seiner eigenwilligen Fassade (aus angesengten Holzbohlen, die auf die hiesige Tradition des Teerschwelens verweisen) fertiggestellt. Dahinter verbirgt sich Deutschlands größtes Aquarium für Süßwasserfische – gefüllt mit 100.000 Litern Wasser und über vierzig Fischarten – sowie eine Vielfalt von „Themenräumen", die dem Besucher die geografischen und geologischen Charakteristika der Müritzregion ebenso nahebringen wie deren Flora und Fauna. Ein besonderer Schwerpunkt liegt dabei natürlich auf dem Natur- und Umweltschutz. Hinzu kommt der gestaltete Außenbereich um den Herrensee und die große *Naturhistorische Landessammlung* im alten Museumsbau, der in die Anlage integriert wurde.

Ein **Rundgang** im Müritzeum beginnt im *Foyer*, von dem aus die einzelnen Themenräume abzweigen. Dort erfährt der Besucher nicht nur alles Wissenswerte über die Naturräume der Müritzregion, er kann auch auf Zeitreise in die Steinzeit gehen, den verschiedensten Vogelstimmen lauschen, die besondere Anatomie des Spechts bewundern, das Innenleben eines Ameisenhügels begutachten, Waldboden unter dem Mikroskop erforschen, Fußspuren der Waldbewohner erraten, das berühmte Adlerauge im Fernglas simulieren oder die etwas unheimliche Geräuschkulisse des nächtlichen Waldes erleben – das Ganze überaus anschaulich und mit Liebe zum Detail gestaltet, sodass man hier wirklich Stunden verbringen kann. Vor allem für Kinder ist der Besuch ein Erlebnis.

Besondere Beachtung schenkt die Ausstellung dem Kranichzug, der in Mecklenburg-Vorpommern mittlerweile zu einem Tourismusmagneten geworden ist, sowie dem Müritz-Nationalpark und den uralten Eichen von Ivenack (→ S. 244). Im kleinen Kino des Müritzeums ist ein Film über die Region zu sehen.

Das *Untergeschoss* widmet sich der Wasser- und Unterwasserwelt der Müritz und beherbergt neben dem großen, über zwei Etagen reichenden Aquarium (das auch im Erdgeschoss eine riesige Ansichtsfläche bietet) eine ganze Reihe an kleineren Aquarien, zudem Erläuterungen zum Lebensraum Wasser (z. B. Fluss und Moor). Um die Anschaulichkeit zu erhöhen, wurde ein Teil des Herrensees abgetrennt und zum Aquarium umfunktioniert.

Wem es bei dem (zuletzt riesigen) Besucherandrang zu voll ist, kann über eine Rampe auf das Dach des Müritzeums steigen und hier den herrlichen Blick genießen oder im „Erlebnisgarten" um den Herrensee herumspazieren. Durch den Garten gelangt man zu einem Backsteingebäude aus dem Jahr 1866, dem alten Müritz-Museum, in dem unter dem Motto „Natur im Sammlungsschrank" eine Vielzahl von Präparaten, darunter Rothirsch, Adler und ein Elchkopf, hauptsächlich aber Insekten und kleine Reptilien gezeigt werden. Zu sehen sind auch Fossilien und (im Treppenhaus) ein eindrucksvoller Exkurs in 250 Millionen Jahre Erdgeschichte. Ein ganzer Raum widmet sich den Forschern und Sammlern des 19. Jh., die am Aufbau dieser Ausstellung maßgeblich mitgewirkt haben; erläutert wird auch, wie man ein Eichhörnchen oder eine Drossel präpariert. Wer dabei den Forschergeist in sich entdeckt hat, kann sich in der rund 16.000 Bände umfassenden, komplett digitalisierten Bibliothek des Hauses weiter in die Materie vertiefen.

Start zur großen Müritzrundfahrt

April bis Okt. tägl. 10–19 Uhr, sonst tägl. 10–18 Uhr, letzter Einlass jeweils eine Stunde vor Schließung. Erw. 7,50 €, ermäßigt 5 €, Kinder 6–16 Jahre 3 €, unter 6 J. frei, Familienkarte 17 €. Das Müritzeum wie auch der Garten und das alte Museumsgebäude sind barrierefrei. Hunde sind zwar erlaubt, bei dem erfahrungsgemäß großen Andrang (und der besonderen Geräuschkulisse!) aber wahrscheinlich eher irritiert. Merchandising-Shop beim Eingang. Steinmole 1, ✆ 03991-633680, www.mueritzeum.de.

Angeschlossen ist das **Restaurant Blaue Perle** (mit Self-Service-Bereich), ganztägig ab 10 Uhr geöffnet, mittleres Preisniveau, auch Snacks und Kaffee/Kuchen.

Georgskirche: Die Kirche am Alten Markt wird 1273 erstmals erwähnt. Vom Ursprungsbau ist nach den vielen verheerenden Stadtbränden allerdings fast nichts mehr zu sehen; der Wiederaufbau erfolgte ab dem 18. Jh., Mitte des 19. Jh. wurde die Backsteinkirche dann überwiegend im neugotischen Stil umgestaltet. Im Kircheninneren sehenswert sind neben dem Ziegelfußboden (einer der ältesten erhaltenen Teile des Gotteshauses) vor allem die bunten Glasfenster. Auf einem ist der Ritter St. Georg dargestellt. Von kunsthistorischem Interesse ist auch die holzgeschnitzte Kreuzigungsgruppe aus dem 14. Jh. Im Sommer finden in St. Georg regelmäßig Orgelkonzerte statt.

April bis Okt. Mo–Sa 10–16 Uhr, So nur zum Gottesdienst um 10 Uhr. Im Winter geschl.

Marienkirche: In Warens ansehnlicher Silhouette bildet die Marienkirche mit ihrem eleganten Turm das Gegengewicht zur wuchtigen St.-Georg-Kirche. Der „schlanke“ Eindruck von St. Marien ergibt sich unter anderem dadurch, dass der Turm zum großen Teil in die Hallenkirche integriert ist. Heute etwas oberhalb des Neuen Markts gelegen, erhob sich an dieser Stelle einst eine Burg. Auf den Fundamenten der dazugehörigen Kapelle entstand in der ersten Hälfte des 14. Jh. das heutige Gotteshaus. Nach einem verheerenden Brand stand die Kirche lange Zeit in Ruinen. Ende des 18. Jahrhunderts wurde der Innenraum komplett umgestaltet und gibt sich seither klassizistisch, aber weitgehend unspektakulär. Zuletzt wurden Teile des Innenraums renoviert. Die Turmbesteigung ermöglicht einen herrlichen Blick über Altstadt, Hafen und Müritz.

In der Saison tägl. Mo–Fr 10–18 Uhr, Sa 10–16 Uhr, So 11–16 Uhr, im Winterhalbjahr eingeschränkt. Turmbesteigung Mai bis Okt., 1 €/Pers., erm. 0,50 €.

Neuer Markt und Stadtgeschichtliches Museum: Rund um den Neuen Markt erstreckt sich ein schmuckes Fassaden-Ensemble, aus dem vor allem die *Löwenapotheke* und das *Neue Rathaus* herausstechen, beide gebaut um 1800. Erstere ist ein farbenfroher Fachwerkbau, der heute die Touristinformation beherbergt. Letzterem wurde bei einem Umbau Mitte des 19. Jh. eine neugotische, an den Tudorstil angelehnte und entsprechend verspielte Fassade verliehen.

Im Neuen Rathaus befindet sich auch das *Stadtgeschichtliche Museum* von Waren. Zahlreiche gut erhaltene Ausstellungsstücke geben einen Einblick in das einstige Alltagsleben der mecklenburgischen Kleinstadt. Zu sehen sind u. a. zwei alte Velos aus der Pionierzeit des Radelns, zahlreiche Handwerksgerätschaften sowie ganze historische Zimmereinrichtungen. Schautafeln informieren über die Stadtgeschichte, die historische Arbeitswelt usw. Auch die folgende wunderliche Geschichte erfährt man hier: Am 29. Juni 1671 wütete eine schreckliche Feuersbrunst in der Stadt. 400 Häuser waren niedergebrannt, neben den Kirchen auch das Rathaus und die Stadttore. Bei der Georgskirche aber hatte das Feuer das Zifferblatt der Turmuhr verbrannt, doch den darüber angebrachten Schriftzug *Soli Deo Gloria* (Gott allein die Ehre) verschont. Dieses Wunders wegen seien daraufhin viele (wieder aufgebaute) Häuser mit dem Schriftzug versehen worden.

Museum: Mo–Fr 9–17 Uhr, Sa/So 14–17 Uhr, Erw. 2 €, erm. 1 €. Neuer Markt 1, ✆ 03991-177137.

Baden

Größter zentrumsnaher Müritzstrand ist das Warener „Volksbad“ im Kameruner Weg (zweigt von der Röbeler Chaussee ab, ca. 1,5 Kilometer vom Altstadtzentrum) mit Liegewiese und sandigem Badestrand, großer Rutsche und Steg. Ein Kiosk/Bistro versorgt die Gäste, der Eintritt ist frei (✆ 03991-122177). Eine weitere große Badestelle gibt es an der Feisneck nahe der Jugendherberge (im Sommer DLRG-überwacht); die Badestelle „Ecktannen“ auf dem Weg zwischen dem gleichnamigen Campingplatz und der „Waldschenke“ bietet Sandstrand und Liegewiese und ist ebenfalls DLRG-überwacht. An den offiziellen Badestellen herrscht in der Regel Hundeverbot. Wer textilfrei baden möchte oder mit Vierbeiner unterwegs ist, kann dies an vielen kleinen und teilweise auch recht versteckt gelegenen Badestellen rund um die Feisneck tun. Kanu- und sonstige Bootsverleiher sowie Surfschulen befinden sich bei den beiden Campingplätzen (S. 130).

Wanderung 2: Von Waren zum Müritzhof und zurück

Charakteristik: Sehr schöne, kaum anstrengende Wanderung entlang der kleineren Moorseen im Müritz-Nationalpark – ideal für die Vogelbeobachtung, die von mehreren Ständen aus möglich ist. Ziel ist der idyllische Müritzhof, in dessen Gartenwirtschaft man bei schönem Wetter Stunden verbringen möchte.

Länge/Dauer: 14,5 km, reine Gehzeit etwa 4 Std., mit Abstechern zu den Beobachtungsständen etwa 4½ Std. Mit dem Fahrrad gut 2 Std., teilweise holpriger oder sandiger Untergrund, auf dem man schieben muss.

Einkehr: Relativ zu Anfang der Wanderung in der Pension/Gaststätte „Zur Fledermaus“ (S. 156) sowie im Ausflugslokal Müritzhof (S. 136).

Start/Info/Fahrradverleih: Am Waldparkplatz Specker Straße; in der Nationalpark-Infohütte können auch Räder gemietet werden (5 €/halber Tag, 6 €/Tag), von April bis Okt. tägl. 9–17 Uhr. Kostenloser Parkplatz.

Wegbeschreibung: Vom Ausgangspunkt, der Nationalpark-Infohütte am Waldparkplatz Specker Straße (WP 01), dem Waldweg folgen und die gleich folgende Abzweigung nach halblinks ignorieren und geradeaus weitergehen. Auf breitem Waldweg geht es zwischen Nadelwald leicht bergab, schon bald ist die Pension „Zur Fledermaus“ auf der rechten Seite erreicht (WP 02): eine günstige

Am Ziel: der Müritzhof

Gaststätte mit Terrasse, kleine Auswahl an Snacks und einfachen Gerichten, von der erhöht gelegenen Terrasse bietet sich ein schöner Blick auf den Moorsee „Teufelsbruch“. Ruhesuchende können in der *Fledermaus* auch übernachten → S. 156.

Gleich nach der *Fledermaus* wird eine Weggabelung erreicht, an der man sich links hält (Markierung: *lila Blume*). Es geht nun auf einem Feldweg ein ganzes Stück an der Wiese um den Teufelsbruch entlang, rechter Hand erstreckt sich Wald, dann folgt ein kurzes Stück durch einen Birkenwald, bis schließlich die Abzweigung zu einem Beobachtungsstand erreicht ist (WP 03); hier an dem Abzweig laden Tische und Bänke zu einer Rast ein. Auf schmalem Pfad erreicht man nach ca. 100 m den Beobachtungsstand „Warnker See“. Zurück auf dem Hauptweg verläuft die Wanderung nun zwischen zwei eingezäunten Wiesen, bei einer erneuten Markierung (WP 04) geht es bei dem Pfahl nach rechts ab auf einen schmalen Waldpfad (Markierung: *orangenes Bambi*). Durch lichten Wald, rechter Hand eine üppige Wiese, führt der Pfad zum Beobachtungspunkt für einen Kranichrast- und -schlafplatz (WP 05), an dem sich zu bestimmten Zeiten etwa 7000 bis 10.000 Kraniche aufhalten – der Platz zählt zu einem der größten dieser Art im mecklenburgischen Binnenland. Von hier aus geht es auf dem Pfad geradeaus weiter (nicht links ab auf dem breiten Weg bergauf). Weiter durch lichten Wald und mit Blick auf die Wiese rechter Hand, macht der Pfad bald eine Biegung nach links hinauf, vorbei an einem Holzhaus, und trifft sogleich auf einen breiten Feldweg (WP 06), in den man nach rechts einbiegt. Kurz darauf ist schon der idyllische *Müritzhof* erreicht (WP 07): eine alte Ziegelei aus dem Jahr 1848, später ein Bauernhof, der heute von der Lebenshilfe Waren als Ausflugsrestaurant und „Landschaftspflegehof“ betrieben wird. Zur Landschaftspflege werden die überaus robusten Gotlandschafe, Shetlandponys sowie skandinavische Fjällrinder eingesetzt, die rund um den Hof auf rund 230 Hektar Weidefläche grasen können.

Blick auf den Warnker See

• *Essen & Trinken* **Gaststätte Müritzhof**, kleine Speisen, auch warme Küche, zudem Kaffee und leckerer Kuchen, moderate Preise, sehr schöne Terrasse. Ganzjährig geöffnet: April bis Okt. tägl. 9–18 Uhr, Nov. bis März Mo–Fr 10–16 Uhr. ✆ 03991-611540, www.müritzhof.de.

• *Führungen* Vom Müritzhof starten von Mai bis Sept. jeden Di um 10 Uhr 3-stündige Führungen durch den Nationalpark zur Wacholderheide am Ostufer der Müritz (6 €/Pers., ✆ 03991-611540). Weitere Führungen im Nationalpark S. 127 und 156.

Zurück geht es nun auf dem breiten Forstweg, auf dem man das letzte Stück gekommen ist. An einer Abzweigung (WP 08) – hier links ginge es wie auf dem Hinweg auch wieder zurück – gehen wir geradeaus, nun ein ganzes Stück auf lichtem Waldweg (Markierung: *lila Blume*). Bei einer erneuten Abzweigung (WP 09) führt ein Pfad in

ca. 100 m zu einem Pfahlbau – von diesem Beobachtungsstand hat man die Nordseite des Warnker Sees im Blick.

Weiter auf dem Waldweg öffnet sich bald darauf noch einmal ein schöner Blick auf den Teufelsbruch, dann geht es im Wald leicht bergan und geradeaus weiter. An einer bald folgenden Kreuzung (WP 10) verlassen wir den Hauptweg und folgen dem Pfad nach links ab in den Wald (Markierung: *lila Blume*). Sehr schön und recht einsam verläuft der Pfad erst durch Wald und dann am Teufelsbruch entlang, der links durch einen Zaun begrenzt ist (Abzweigungen nach rechts in den Wald hinein ignorieren). Bald kommt die Pension „Zur Fledermaus" wieder ins Blickfeld, ca. 500 m davor geht es nun aber nach rechts und wieder in den Wald hinein (WP 11, *lila Blume*). Diese Abkürzung mündet nach wenigen hundert Metern auf die breite und sandige Forstraße (WP 12), auf der man gekommen ist. Hier rechts einbiegen und zurück zum Ausgangspunkt (WP 01).

Wanderung 3: Rund um die Feisneck

Charakteristik: Schöne und wenig anstrengende Rundwanderung, in deren Verlauf immer wieder kleine Badestellen zu einem Sprung in den See einladen. Überwiegend auf schattigen Waldpfaden, ist die Strecke auch im Hochsommer leicht zu bewältigen. Wer baden will, sollte dies gleich am Nord- und Ostufer am Anfang der Wanderung tun, am Südufer werden die Badestellen rar, das letzte Stück der Wanderung verläuft nicht mehr am See entlang.

Länge/Dauer: 8,5 km, für die man etwa 2½ bis 3 Stunden veranschlagen sollte.

Einkehr: nur in Waren.

Start: An der Jugendherberge von Waren (südlich des Zentrums, Richtung Ecktannen). Parkplätze vorhanden.

Wegbeschreibung: Vom Ausgangspunkt Jugendherberge (WP 01) geht man in die Sackgasse „An der Feisneck" (Markierung: *gelber Schmetterling*), zunächst an einem Parkplatz und Wohnhäusern vorbei. Bald erreichen wir eine beliebte Badestelle mit Badesteg und kleinem Sandstrand, die im Sommer von der DLRG bewacht wird. Hier geradeaus hindurch folgen wir nun einem schmaleren Pfad. An einigen kleineren Badestellen vorbei wird ein Tor (WP 02) erreicht, durch das man hindurchgeht (wieder verschließen), der Pfad führt nun über eine Schafweide. Erneut vorbei an mehreren kleineren und größeren Badestellen (textil und textilfrei), von welchen die kleine Burgwallinsel im See zu sehen ist, geht es bald wieder durch ein Tor (WP 03) aus der Weide heraus: Man steht auf einem großen, freien Feld, auf dem man sich rechts hält (Markierung: *gelber Schmetterling*). Nach ca. 50 m wenden wir uns wieder nach rechts auf einen schmalen Pfad, rechter Hand verdeckt Schilf den freien Blick. An einem kleinen Teich namens „Pumpe" entlanggehend öffnet sich bald darauf wieder der Blick auf die Feisneck, kurz darauf geht es durch einen Torbogen zu einer weiteren Badestelle, doch wir wandern auf dem nun breiteren Feldweg geradeaus weiter.

Nach einer markanten Kiefer wenden wir uns nach rechts auf eine Betonstra-

Durchaus badetauglich: die Feisneck

ße *(gelber Schmetterling)* und gleich darauf – nach einem Trafohäuschen – wiederum nach rechts auf einen schmalen Pfad (WP 04, *gelber Schmetterling*). Der schmale Weg führt zunächst durch den Wald, dann über eine Strommasten-Schneise und an ihr entlang, über eine Lichtung und wieder durch den Wald, auf mal breiterem, mal schmalerem Pfad. Schließlich erreicht man einen Zaun mit grünem Gittertor (WP 05), eine Art Kreuzung, an der wir uns nicht – dem gelben Schmetterling folgend – nach links bergauf auf einen breiteren Weg wenden, sondern geradeaus zwischen zwei Zäunen hindurch weitergehen (Beschilderung: *Rundwanderung Feisneck*). Gleich hinter dem Zaun folgt eine Badestelle, unser Weg biegt hier nach links (noch einmal mit Blick auf Feisneck und Burgwallinsel), gleich darauf geht es zwar direkt am Wasser entlang, dieses ist jedoch durch viel Gestrüpp nicht zugänglich und auch kaum zu sehen. Nun kommt man aus dem Wald heraus und auf einen Wiesenweg, der am Waldrand entlangführt.

Bald wird ein hoher Zaun erreicht, hier geht es nach links, an einer grünen Schranke vorbei und nach wenigen Metern auf die Specker Straße (WP 06), auf die wir nach rechts einbiegen. Die Specker Straße geht bald in die Straße „Am Seeufer" über. Das letzte Stück der Wanderung verläuft nun an Häusern entlang auf dem Bürgersteig und zurück zu unserem Ausgangspunkt an der Jugendherberge (WP 01).

Nordöstlich von Waren

Die Waren und Stavenhagen verbindende B 194 erscheint dank dreier nobler Immobilien wie eine schmucke Schlosshotelachse, an der die nunmehr (bzw. in Kürze) als Herbergen genutzten Herrenhäuser Groß Plasten, Varchentin und Kittendorf im Fünf-Kilometer-Abstand die Blicke auf sich ziehen.

Zunächst aber erreicht man nordöstlich von Waren (hinter Neu Schloen und über die Landstraße) **Alt Schloen** mit seiner unvermittelt wuchtigen Kirche. Das aus Feld- und Backsteinen errichtete Gotteshaus, in dessen Grundfesten übrigens ein alter Mühlstein integriert ist, stammt aus dem frühen 13. Jh. Unweit der Dorfkirche wurde unlängst die alte Wassermühle restauriert, die heute ein freundliches Wirtshaus beherbergt.

• *Übernachten/Essen* **Wirtshaus zur Wassermühle**, der Name trügt nicht: In einer ehemaligen, backsteinernen Wassermühle aus dem frühen 19. Jh. nahe der Kirche von Alt Schloen hat sich heute ein sympathisches Restaurant (samt Übernachtungsmöglichkeit) niedergelassen. Innen sitzt man urgemütlich, einige Plätze auch draußen. Aus der Küche kommen regionale (auch vegetarische) Köstlichkeiten, uns schmeckte der Mecklenburgische Krustenbraten mit Thymian; für das Gebotene geradezu günstig. Auch Ferienwohnungen werden vermietet, für 2–4 Pers. 50 € (ohne Terrasse) bzw. 65 € (mit Terrasse), Endreinigung 20 €, Frühstück auf Anfrage. Dorfstr. 9, 17192 Schloen, ✆ 039934-879990, www.muehle-schloen.de.

▸ In **Groß Plasten**, auf der anderen Seite der Bundesstraße, findet sich das gleichnamige prächtige Schloss (allerdings am Klein Plastener See gelegen) aus der Mitte des 18. Jh., in dem heute ein schickes Hotel residiert.

• *Übernachten/Essen* **Schlosshotel Groß Plasten**, nobles Hotel in einem Herrensitz aus dem 18. Jh. Gehobenes Restaurant, feudale Terrasse über dem See, freundlicher Service. Stilsicher eingerichtete Zimmer, teils im Schloss, teils im früheren Kutscherhaus (mit Schlossblick). Diverse Arrangements und Wellnessangebote. Ganzjährig geöffnet. EZ 75 €, DZ 90–110 €, Juniorsuite 125 €, Suite 160 €. Parkallee 36, 17192 Groß Plasten, ✆ 039934-8020, 039934-80299, www.schlosshotel-grossplasten.de.

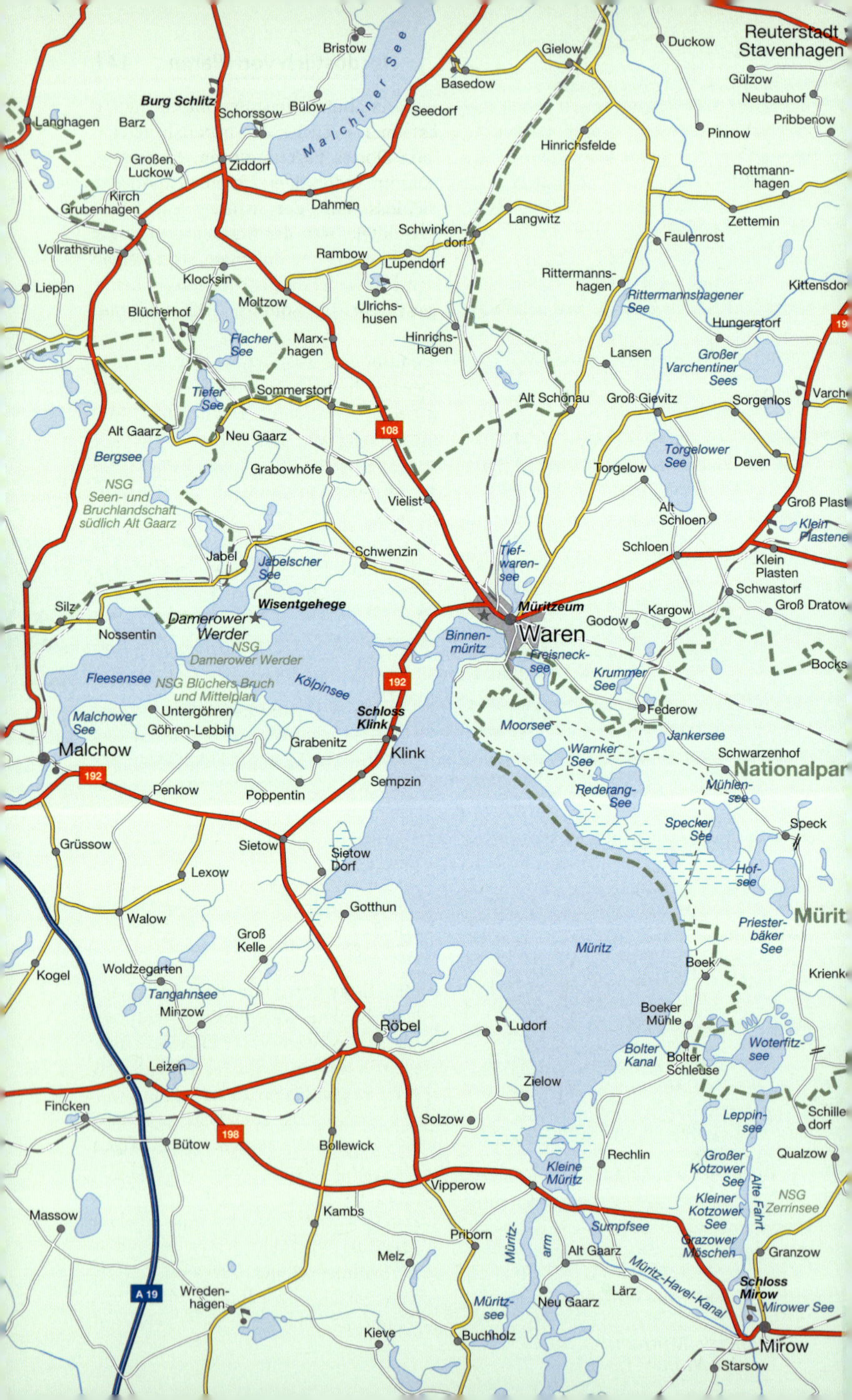

Reuterstadt Stavenhagen
Duckow
Bristow
Malchiner See
Gielow
Basedow
Gülzow
Neubauhof
Pribbenow
Pinnow
Burg Schlitz
Schorssow
Bülow
Seedorf
Langhagen
Barz
Hinrichsfelde
Großen Luckow
Ziddorf
Rottmann-hagen
Kirch Grubenhagen
Dahmen
Zettemin
Langwitz
Schwinken-dorf
Faulenrost
Vollrathsruhe
Rambow
Lupendorf
Rittermanns-hagen
Kittensdor
Liepen
Klocksin
Ulrichs-husen
Rittermannshagener See
Moltzow
Blücherhof
Hinrichs-hagen
Hungerstorf
Flacher See
Marx-hagen
Lansen
Großer Varchentiner Sees
Tiefer See
Sommerstorf
Alt Schönau
Groß Gievitz
Sorgenlos
Varche
Alt Gaarz
Neu Gaarz
108
Bergsee
Torgelower See
Deven
Grabowhöfe
Torgelow
NSG Seen- und Bruchlandschaft südlich Alt Gaarz
Vielist
Alt Schloen
Groß Plast
Klein Plastene
Tief-waren-see
Schloen
Jabel
Jabelscher See
Schwenzin
Klein Plasten
Schwastorf
Wisentgehege
Müritzeum
Groß Dratow
Silz
Damerower Werder
Godow
Kargow
Nossentin
Waren
Binnen-müritz
NSG Damerower Werder
Freisneck-see
Bocks
Fleesensee
NSG Blüchers Bruch und Mittelplan
Kölpinsee
192
Krummer See
Malchower See
Untergöhren
Schloss Klink
Federow
Moorsee
Göhren-Lebbin
Jankersee
Malchow
Grabenitz
Klink
Warnker See
Schwarzenhof
192
Penkow
Sempzin
Nationalpar
Rederang-see
Mühlen-see
Poppentin
Specker See
Speck
Grüssow
Sietow
Sietow Dorf
Hof-see
Lexow
Priester-bäker See
Müri
Walow
Gotthun
Groß Kelle
Müritz
Boek
Kogel
Woldzegarten
Krienk
Tangahnsee
Minzow
Boeker Mühle
Röbel
Ludorf
Bolter Kanal
Woterfitz-see
Leizen
Bolter Schleuse
Zielow
Fincken
Schille-dorf
Leppin-see
Solzow
198
Bütow
Bollewick
Rechlin
Qualzow
Großer Kotzower See
Kleine Müritz
Vipperow
Alte Fahrt
NSG Zerrinsee
Kleiner Kotzower See
Massow
Kambs
Sumpfsee
Priborn
Müritz-arm
Grazower Möschen
Melz
Alt Gaarz
Granzow
Müritz-Havel-Kanal
Schloss Mirow
A 19
Wreden-hagen
Lärz
Müritz-see
Neu Gaarz
Mirower See
Kieve
Buchholz
Mirow
Starsow

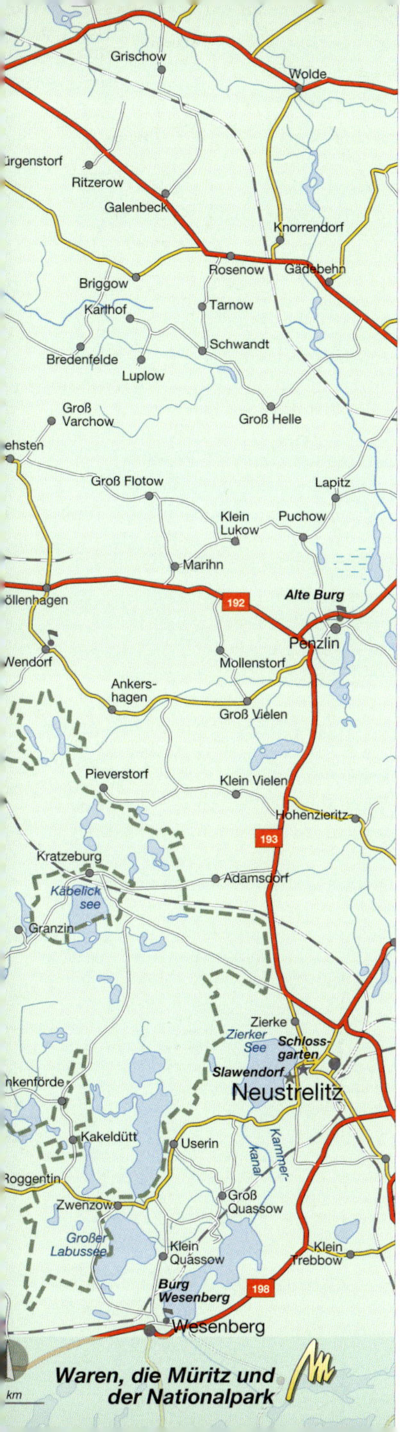

▸ Eine ähnlich feudale Unterbringung ist im Herrensitz des nördlich gelegenen Dorfes **Varchentin** am Entstehen. Das im Tudorstil errichtete neugotische Schloss aus der Mitte des 19. Jh. (Architekt war der Schweizer *Auguste de Meuron*) ist von einem weitläufigen Park umgeben, den *Peter Joseph Lenné* gestaltete. Im Sommer 2009 soll hier nicht nur ein Vier-Sterne-Hotel eröffnen, sondern auch ein wie im Jahr 1927 bewirtschafteter Gutshof samt Brauerei, Fischerei, Viehhaltung usw.; und schließlich soll der Park Besuchern zum Flanieren, Spazieren, Joggen und im Winter zum Langlaufen zur Verfügung stehen. Am nordöstlichen Ende des Dorfs steht neben einem idyllischen Hof mit Hofladen, Imbiss und Kneipe die hübsche kleine Dorfkirche mit Holzturm (geöffnet nur zum Gottesdienst).

• *Übernachten/Essen* **** **Schloss Varchentin**, das Wellnesshotel mit Restaurant, Wirtshaus, bewirtschaftetem Gutshof und prächtigen Lenné-Park soll im Sommer 2009 eröffnen, bis dahin Infos unter www.aurelianet.de/schloss.

Hofladen Varchentin, Laden, Café und Imbiss auf einem idyllischen Hof unweit der Kirche, Wild aus eigener Schlachterei, selbst gebackenes Brot, Säfte und Honig aus eigener Herstellung usw; hier gibt es (nach eigenen Angaben) auch „Extrawurst". Mo–Fr 9–18 Uhr, Sa 10–12 Uhr. Alter Pfarrhof, ✆ 039934-8780, www.gutswerk.de.

▸ In **Kittendorf**, nur fünf Kilometer nördlich von Varchentin, steht ein Schloss, das mit dem Varchentiner einiges gemein hat. Ebenfalls Mitte des 19. Jh. im gepflegten Tudorstil der Neugotik errichtet, ist auch Schloss Kittendorf in einen schönen, weitläufigen Park (samt idyllischem Teich) eingebettet, der (natürlich) von *Peter Joseph Lenné* entworfen worden war. Schloss Kittendorf aber, als dessen Architekt der Schinkelschüler *Friedrich Hitzig* verantwortlich zeichnet, wirkt viel leichter und verspielter als das eher auf

Repräsentation bedachte Schloss Varchentin. Der schmucke Herrensitz mit der verspielten Fassade und dem eleganten Türmchen wird bereits seit einigen Jahren als Hotel genutzt.

• *Übernachten/Essen* **Schlosshotel Kittendorf**, prachtvolles Hotel in verspielt neugotischem Schloss, umgeben von einem weitläufigen Park. Gutes Restaurant (angemessen gehobenes Preisniveau, mittags und abends geöffnet), hübsches Café in der lichtdurchfluteten „Orangerie" (durchgehend geöffnet). Sympathische Hotelführung. Diverse attraktive Arrangements. Ganzjährig geöffnet. EZ 70 €, DZ je nach Ausstattung 99–129 €, Suite 130–159 €. 17153 Kittendorf, ✆ 039955-500, 📠 039955-50140, www.schloss-kittendorf.de.

Abseits der B 194, fern von den beliebten Seen, aber noch nicht in der Mecklenburgischen Schweiz gelegen, erstreckt sich zwischen dem Nationalpark und Stavenhagen eine liebliche, sehr ruhige Landschaft, durch die sich die noch junge Peene schlängelt. So friedlich erscheint dem flüchtigen Besucher die Gegend, dass es nicht wundert, wenn man bei der Tour über enge Landstraßen und durch kleine Dörfer einen winzigen Weiler namens *Sorgenlos* passiert. Sorgenlos liegt übrigens westlich von Varchentin bzw. von der B 194 (Abzweigung *Deven*) auf dem Weg nach **Groß Glievitz** am *Torgelower See.* Das Gutshaus von Groß Glievitz befindet sich in Privatbesitz, die Kirche aber ist zu besichtigen, den Schlüssel erhält man im Pfarrhaus (Dorfstr. 10).

Weiter nach Norden gelangt man am lang gestreckten *Rittermannshagener See* entlang nach Faulenrost an der Peene. Direkt von Waren fährt man mit dem Pkw nach Faulenrost via Alt Schönau, mit dem Fahrrad ist es wohl am schönsten von der Kirche bei Varchentin aus: Von hier führt ein kleines Sträßchen, das südlich des Großen Varchentiner Sees nur noch für Fußgänger und Radler passierbar ist, über einen Weiler mit dem nicht mehr ganz so sorglosen Namen *Hungerstorf* nach **Faulenrost**. Ein beliebtes Ausflugsziel ist Faulenrost dank des idyllischen Welshofs, einer Traditionsfischerei mit angeschlossenem Restaurant. Enge Landstraßen führen von hier aus weiter zu den fotogenen wie grandiosen Schlössern von Basedow im Norden (S. 251), nach Ulrichshusen im Westen (S. 253) oder eben nach Varchentin und Kittendorf im Osten.

• *Übernachten/Essen* **Welshof** und **Restaurant Zum Fischer Fritz**, das Familienunternehmen ist ein beliebtes Ausflugsziel; in der idyllisch an der Peene gelegenen Fischerei wird alles gefangen, was die Seen hergeben: Aal und Zander, Karpfen, Barsch und Schleie und natürlich Welse. Die Fische werden frisch oder geräuchert verkauft oder im Restaurant veredelt. Urgemütlicher Gastraum, schöne Terrasse, sehr freundlicher Service, mittleres Preisniveau. Es werden auch kleine Bungalows vermietet (Preis auf Anfrage). Der Name des Restaurants ist übrigens kein zungenbrecherischer Kalauer, der Gründer der Gaststätte war einer Fischer mit Namen Fritz. Das Restaurant ist ganzjährig geöffnet, werktags über Mittag, am Wochenende ganztags. Dorfstr. 2, 17139 Faulenrost, ✆ 039951-2135, www.welshof-schliemann.de.

Ankershagen

ca. 700 Einwohner

Das abgeschiedene Dorf am nordöstlichen Rand des Müritz-Nationalparks ist hauptsächlich bekannt für sein *Schliemann-Museum* im ehemaligen Pfarrhaus, in dem der Pastorensohn Heinrich Schliemann acht Jahre seiner Kindheit verbrachte. Das Museum mitten im Ort an der Straße ist kaum zu übersehen – davor hat man ein riesiges, hölzernes Pferd aufgestellt, dessen Rückseite als Rutsche dient, ein Stück weiter steht eine mächtige, über 150 Jahre alte Esche, in deren Schatten die Tische und Stühle des Museumscafés stehen – einfach idyllisch.

Die Gegend um Ankershagen war früh besiedelt, es finden sich Großsteingräber aus der Jungsteinzeit wie auch Hügelgräber aus der Bronzezeit. Im Mittelalter verlief hier eine wichtige Handelsstraße. Damals ließen sich wendische Fürsten in Ankershagen nieder, die hier eine Wasserburg errichteten, von der nur noch Ruinen erhalten sind. Zu besonderem Ruhm brachte es ein Spross der Familie Holstein, die ab Mitte des 15. Jh. die Wasserburg bewohnte.

Henning Bradenkierl

Henning von Holstein brachte es Mitte des 16. Jh. als Raubritter der Burg von Ankershagen zu zweifelhafter Berühmtheit. Er und seine Mannen galten als alles andere als zimperlich, vor allem wenn es darum ging, Reisende auszurauben. Der Gipfel der Grausamkeit war erreicht, als Hennings Pläne, den Herzog von Mecklenburg zu überfallen und zu ermorden, zufällig von einem Kuhhirten belauscht und vereitelt wurden. Der Hirte warnte den Herzog, der daraufhin eine andere Route einschlug. Henning machte den Verräter ausfindig und soll den Hirten bei lebendigem Leib in seinem Kamin gebraten haben – Frau und Kinder des Hirten mussten bei der grausamen Hinrichtung zusehen. Seitdem hatte Henning einen neuen Namen – Bradenkierl, der „Bratenkerl". Doch Bradenkierl kam nicht ungestraft davon, der Herzog ließ ihn töten und in einer tiefen Grube verscharren. Aus ihr wuchs – so erzählt die Legende – das rechte Bein des Raubritters immer wieder heraus, jenes Bein, mit dem er den verzweifelt aus dem Feuer herauskriechenden Hirten wieder zurück in die Glut stieß. Schließlich schnitt man das Bein ab und bestattete es unter dem Altar der Kirche von Ankershagen, wo es noch heute ruhen soll. Szenen der Grausamkeiten Bradenkierls wurden später auf die Wände der Kirche gemalt.

Um die Müritz
Karte S. 140/141

Nach den Wirren und großen Verlusten des Dreißigjährigen Krieges und dem darauf folgenden so genannten „Bauernlegen" (der Übernahme verarmter Bauernhöfe durch den Adel) entstand aus dem Bauerndorf Ankershagen im 18. Jh. eines der für Mecklenburg typischen Gutsdörfer mit riesigem Landbesitz und einer Schar leibeigener Bauern; Gutshaus war das ehemalige Renaissanceschloss. Zu Beginn des 19. Jh. wurde nach der Teilung des Gutsdorfs Ankershagen im späteren Ortsteil **Friedrichsfelde** ein weiteres Gutshaus gebaut. Heute befindet sich hier die Informationsstelle des Müritz-Nationalparks, im ehemaligen Schloss von Ankershagen (im 19. Jh. umgebaut) war nach 1945 eine Schule untergebracht. 1980 wurde das Wohnhaus der Familie Schliemann gegenüber der Feldsteinkirche aus dem 13. Jh. in ein Museum umgewandelt.

Equo ne credite, Teucri! Quidquid id est, timeo Danaos et dona ferentes

• *Information* **Informationsstelle Müritz-Nationalpark** im Gutshaus Friedrichsfelde. Auskünfte und Wanderkarten zur Umgebung, hilfsbereiter und auskunftsfreudiger Mitarbeiter. Zuletzt war hier eine Live-Beobachtungskamera an einem Storchennest in Friedrichsfelde installiert.
Im Nebenraum ist eine Ausstellung zur „Stadtentwicklung" von Ankershagen zu sehen, gezeigt werden u. a. historische Fotos vom Dorf und den Dorffesten, es gibt Informationen über den Naturraum um Ankershagen usw. Eine weitere kleine Ausstellung widmet sich *Johann Heinrich Voß*, dem Dichter und Übersetzer (u. a. der „Ilias" von Homer), der hier Ende des 18. Jh. als Privatlehrer am Gutshaus tätig war. Im Gutshaus auch Fahrradverleih (5 €/Tag, 3 €/halber Tag). 1. Mai bis 15. Okt. tägl. 9–17 Uhr geöffnet. Am Nationalpark 10, 17219 Friedrichsfelde, ✆/℻ 039921-35046.

• *Verbindungen* **Bus** mind. 2-mal tägl. von und nach Waren, mit Umsteigen in Möllenhagen (teilweise Wartezeiten) häufiger.

• *Essen/Trinken* Nettes **Café** beim Schliemann-Museum; Tische und Stühle auf der Wiese vor dem Haus, schön zum Sitzen. Kaffee, Kuchen und Kleinigkeiten, gleiche Öffnungszeiten wie das Museum (s. u. „Museum").
Gaststätte Storchennest, neben der Naturpark-Informationsstelle (tägl. ab 11 Uhr).

Heinrich-Schliemann-Museum: Im Pfarrhaus gegenüber der Kirche verbrachte Heinrich Schliemann acht Jahre seiner Kindheit, bevor er auf die höhere Schule in die Stadt geschickt wurde. Das denkmalgeschützte Haus aus dem frühen 18. Jh. beherbergt heute das Museum, das den abenteuerlichen Werdegang des Archäologen mit zahlreichen Dokumenten und Exponaten erläutert. Dazu zählen u. a. zeitgenössische Bücher zu Troja, Ithaka und dem Peloponnes, die Nachbildungen der Goldschätze von Troja („Schatz des Priamos") und von Mykene, Modelle der Burganlagen von Mykene und Tyrins, Fotografien diverser Grabungsarbeiten, ein Modell von Schliemanns Wohnhaus „Iliou Melathron" in Athen sowie Erläuterungen zur „Methode Schliemann" für das Erlernen fremder Sprachen (Schliemann beherrschte 20 Fremdsprachen!). Ein kleiner Teil der Ausstellung ist Schliemanns Kindheit in Ankershagen gewidmet. Das obere Stockwerk des Museums, hier befand sich Schliemanns Kinderzimmer, ist wechselnden Ausstellungen vorbehalten.

Ein Stück hinter dem Museum befindet sich noch heute ein winzig kleiner Teich namens „Silberschälchen“, dem um Mitternacht (aber nur bei Mondschein) sowie an Johannis (24. Juni) eine geheimnisvolle Jungfrau mit einer silbernen Schale entsteigen soll. Über sie berichtet Schliemann in seiner Autobiografie.

April bis Okt. Di–So 10–17 Uhr, Mo geschlossen, Nov. bis März Di–Fr 10–16 Uhr, Sa 13–16 Uhr, So/Mo geschlossen. Letzter Einlass 30 Min. vor Schließung. Eintritt 3 €, ermäßigt 2 €, Schüler bis 16 Jahre 1,50 €, Kinder unter 6 Jahren frei, Familienkarte 7,50 €. Lindenallee 1, 17219 Ankershagen, ☏ 039921-3252, 039921-3212, www.schliemann-museum.de.

Feldsteinkirche: Die frühgotische Kirche gegenüber dem heutigen Schliemann-Museum wurde 1266 geweiht und zählt damit zu den ältesten Feldsteinkirchen in Mecklenburg. Im ältesten Teil der Kirche, dem Chorraum, sind Wandmalereien zu sehen, die den Teufel und den Drachentöter darstellen. Der Kirchturm kann bestiegen werden, eine steile Stiege führt hinauf. Ganztägig geöffnet.

Heinrich Schliemann – Kaufmann und Selfmade-Archäologe

Zwar erblickte er nicht hier, sondern in Neubukow bei Wismar am 6. Januar 1822 das Licht der Welt, doch schon im zarten Alter von eineinhalb Jahren kam der wohl berühmteste deutsche Altertumsforscher nach Ankershagen, wo sein Vater eine Anstellung als Dorfpfarrer gefunden hatte. In Schliemanns Erinnerungen werden seine acht Kindheitsjahre in Ankershagen als besonders glücklich geschildert, und das, obwohl der Vater wegen einer außerehelichen Liebschaft mehr und mehr in Verruf geriet, besonders nach dem frühen Tod der Mutter im Frühling 1831. Knapp ein Jahr später wurde der junge Heinrich zu Verwandten nach Kalkhorst gegeben und 1833 ins Gymnasium nach Neustrelitz geschickt. Im Rückblick erscheint Schliemanns Ankershagen mit seinen frühzeitlichen Besiedlungsspuren fast schon als mythischer Ort, an dem seine Lust am Entdecken erstmals geweckt wurde.

Schliemanns Karriere begann zunächst etwas schleppend als Handelsgehilfe in Rostock und Amsterdam. Für seinen holländischen Arbeitgeber gründete er eine Niederlassung in St. Petersburg und machte sich schließlich mit einem eigenen Handelshaus erfolgreich selbstständig. Besonders üppig rollte der Rubel für den geschickten Geschäftsmann während des Krimkrieges (1853–1856), bei dem Schliemann sein damals schon beträchtliches Vermögen vervielfachte. 1864 zählte der Millionär sein Geld zusammen, löste sein Geschäft in St. Petersburg auf und zog einen Strich unter seine bisherigen Unternehmungen. Das Sprachgenie Schliemann ging auf Weltreise, entdeckte sein Faible für die klassische Altertumsforschung und wurde 1869 auf diesem Gebiet von der Universität Rostock sogar promoviert (allerdings in Abwesenheit). Dabei gingen seine Theorien zur klassischen Antike von einem simplen – und oft belächelten – Ansatz aus: Die Werke Homers hielt er nicht nur für Erzählung, er benutzte sie vielmehr als detaillierte historische Quellen, die ihm auf der Suche nach Troja und Mykene wie Wegweiser zur Seite standen – und dank derer er tatsächlich fündig wurde. Zu seinen berühmtesten Ausgrabungen zählen Troja (u. a. der „Schatz des Priamos“) sowie die Burg und die Königsgräber von Mykene. Schliemann starb am 26. Dezember 1890 in Neapel, sein Grab befindet sich auf dem Zentralfriedhof in Athen, der Stadt, in der er zuletzt mit seiner griechischen Frau gelebt hatte.

Karte S. 140/141

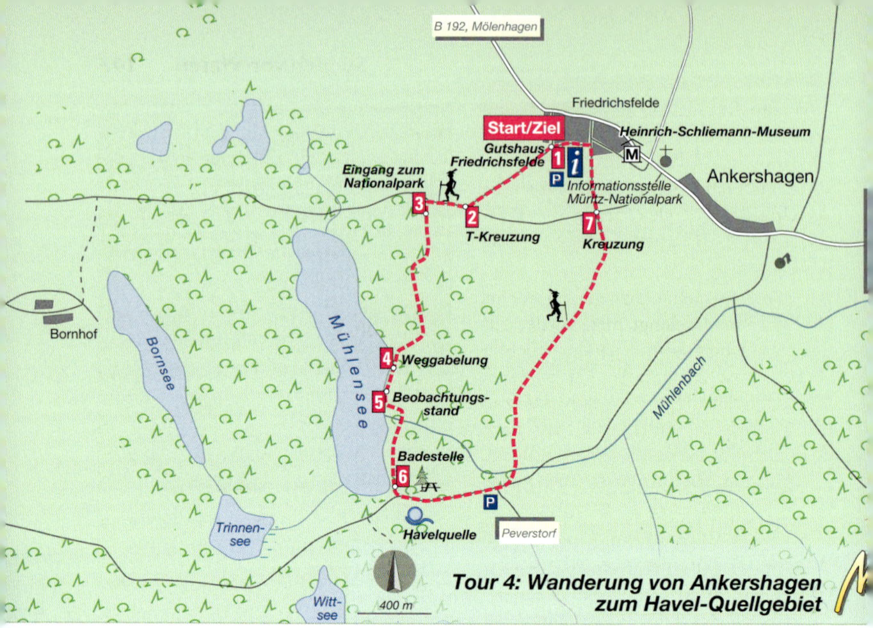

Wanderung 4: Rundweg von Ankershagen zum Havel-Quellgebiet

Charakteristik: Leichte Wald- und Wiesenwanderung, meist auf guten Wegen, keine nennenswerten Steigungen.

Länge/Dauer: ca. 6 km, reine Gehzeit ca. 1½ bis 2 Stunden.

Start/Parken: Start ist die Nationalpark-Informationsstelle im Gutshaus Friedrichsfelde (am Rand des gleichnamigen, nordwestlich gelegenen Ortsteils von Ankershagen). Hier auch reichlich Parkplätze.

Wegbeschreibung: Vor dem Gutshaus Friedrichsfelde stehend (WP 01), beginnt die Wanderung rechter Hand auf einem von Kastanien bestandenen Feldweg (Markierung: *orangenes Bambi*). Man passiert einen Gesteinsgarten auf der linken Seite und wendet sich an der nach knapp 500 m folgenden T-Kreuzung rechts (WP 02). Kurz darauf biegt man am Waldrand links ab (Beschilderung: *Mühlensee*). Der Weg führt zunächst am Waldrand entlang und beschreibt dann, etwas bergab, eine leichte Biegung in den Wald und gleichzeitig in den Nationalpark hinein (WP 03 – Markierung weiterhin *orangenes Bambi*). Auf einem schönen Waldweg geht es nun ein Stück (alle Abzweigungen ignorieren), bis eine Weggabelung erreicht ist (WP 04); auch hier weiter auf dem Hauptweg bleiben, das heißt rechts hinunter der Bambi-Markierung folgen.

Kurz darauf ist der Mühlensee erreicht. Hier führt an einer T-Kreuzung links ein schöner Weg am Ufer entlang und an einem Beobachtungsstand im Wasser („Zum Entenschnapper“) vorbei (WP 05). Ein kurzes Stück führt der Weg vom Ufer weg und wird zu einem schmalen Pfad. Auf diesem bleiben und alle Abzweigungen ignorieren. Man überquert einen kleinen Bach, den Mühlengraben, über den eine kleine Holzbrücke führt (hier Picknick-Bänke), und erreicht wieder das Ufer des Sees.

Bald werden eine kleine Badestelle mit Steg und Picknick-Bänke passiert (WP 06), kurz darauf trifft man auf eine Piste. Eine nahe Steinstele markiert die Havelquelle und gleichzeitig die Wasserscheide zwischen Ostsee und Nordsee.

Bei der folgenden Abzweigung rechts abbiegen. Bald gelangt man wieder aus dem Wald heraus und passiert rechter Hand einen Parkplatz. Hinter dem Parkplatz führt der Weg kurz auf Asphalt geradeaus weiter, bis man nach 20 m links auf einen Feldweg abbiegt. Nun geht es über einen sanften Hügel an Feldern vorbei, bis der Feldweg zu einer Asphaltpiste wird.

Wenn schließlich ein Feldweg kreuzt (WP 07), kann man entweder geradeaus zum Ausgangspunkt zurückgehen (an einem Sportplatz und ein paar Bauruinen vorbei, dann links) und dabei die Bambi-Markierung verlassen – oder man folgt dieser rechter Hand noch ein Stück für einen Abstecher zum Schliemann-Museum in Ankershagen.

An der Havelquelle

Kratzeburg

ca. 500 Einwohner

Südlich von Ankershagen und der Havelquelle liegt die Gemeinde Kratzeburg am Nordufer des Käbelicksees. Eingebettet in eine sanft hügelige, teils bewaldete Landschaft, verstecken sich zwischen einer Handvoll kleiner Seen eine Handvoll kleiner Dörfer. Hier ist nicht viel los, wer Ruhe oder einen Wanderweg (weitgehend) für sich sucht, ist hier richtig. Eine Wanderung beispielsweise führt ein Stück nördlich vom Dorf Kratzeburg am Lieper See vorbei nach Liep und wieder zurück nach Kratzeburg (11 km, Markierung: *rotes Eichhörnchen*).

- *Verbindungen* Kratzeburg liegt an der Bahnlinie Waren–Neustrelitz, der Zug hält alle 2 Stunden im Dorfbahnhof.
- *Kanu-/Fahrradverleih* Bootsvermietung im OT Dalmsdorf; am Ufer des Käbelicksees; direkt am Wasser findet sich auch der Imbiss/Biergarten/Seeterrasse *R'adlers-Rast*, in der man Informationen erhält. Auch geführte Wandertouren im Angebot. Preisbeispiele: Kajak ab 3 €/1–2 Std. (15 €/Tag); 2er-Kanadier 7,50 €/1–2 Std. (25 €/Tag), 4er-Kanadier 8 €/1–2 Std. (30 €/Tag); auch Ruderboote und Räder. ✆ 039822-20241, www.kanu-hecht.de.

Südlich von Waren

Links der Müritz ist es zwischen Waren und Röbel vor allem der neun Kilometer südlich der Warener Altstadt gelegene Ort **Klink**, der zu einem Zwischenstopp einlädt. Hier steht am Müritzufer das fotogene und deshalb recht bekannte Schloss Klink. Mit weißem Verputz, backsteinroten Fensterfassungen und Giebeln sowie schwarz gedecktem Dach und Turmhauben zeigt es sich schon in der Farbgebung märchenhaft. Dabei stammen die verspielten Erker, Türmchen und Portale keineswegs aus märchenhafter Zeit, nicht einmal aus der deutschen Romantik: Schloss Klink wurde 1898 gebaut und nimmt sich unverkennbar die französischen Loire-

Schlösser zum Vorbild. Das 1997/98 renovierte Anwesen beherbergt heute ein Hotel. Etwas nördlich des Schlosses befindet sich der kleine Hafen von Klink samt Promenade sowie das riesige Müritz-Hotel.

• *Verbindungen* **Bus**: Die Warener Stadtbusse fahren halbstündlich bis Klink.

Schiff: Mit der *Weißen Flotte* oder der *Blau-Weißen Flotte* zwischen Anfang April und Anfang Okt. ca. 5-mal tägl. nach Waren (Fahrtzeit 20 Min.) und Röbel (gut 40 Min.). Nach Röbel einfach 7 € (hin/zurück 12 €), nach Waren 3,50 € (6 €), Kinder ca. 50 % Ermäßigung, Fahrrad und Hunde je 2,50 € pro Strecke. Tickets an Bord, Infos und Buchungen unter ✆ 03991-141981 oder 122668, www.mueritzschiffahrt.de bzw. ✆ 03991-663034, www.warener-schiffahrt.de.

• *Übernachten/Essen* **Schlosshotel Klink**, die stilvolle Luxusherberge residiert standesgemäß in dem Neo-Renaissance-Schloss sowie in dem Orangerie genannten Neubau nebenan. Großer Wellness- und Beautybereich mit Schwimmbad und diversen Saunen, Kegelbahn, Fahrradverleih; Kinderbetreuung möglich. Mehrere Restaurants und Bars, darunter das *Restaurant Garten Eden* (gehobene Küche mit mediteranem Einschlag), der *Ritter-Artus-Keller* (v. a. regionale Küche) sowie das *Fischerhus* in der Nähe des Hafens (bodenständige Fischgerichte). Übernachtung im Schloss: EZ 85–100 €, DZ 110–140 €, Suite 185–220 € (je nach Größe bzw. Land- oder Seeseite); im Nebengebäude: EZ 70–95 €, DZ 105–120 €, Suite je nach Lage 175–200 €, Hunde 15 €, diverse Arrangements. Schlossstr. 6, 17192 Klink, ✆ 03991-7470, 📠 03991-747299, www.schlosshotel-klink.de.

Müritz Hotel, riesige, direkt an der Müritz gelegene Hotel- und Ferienanlage: Schwimmbad und Seestrand, großer Sportbereich, Wassersportangebot, Sauna, Kegelbahn, Fahrrad- und Bootsverleih usw. Mehrere Bars und Restaurants (darunter *Am kleinen Meer* mit schönem Biergarten). EZ 56–61 €, DZ 86–96 € (unter der Woche günstiger, Aufschlag für Seeblick), Hunde 10 €, Parkplatz 3,50 €, auch Ferienhäuser. Am Seeblick 1, 17192 Klink, ✆ 03991-141855, 📠 03991-141854, www.mueritz-hotel.de.

▸ **Sietow Dorf**: Der kleine Weiler liegt auf halbem Weg zwischen Waren und Röbel an der gleichnamigen Sietower Bucht. Von der wuchtigen Kirche (um 1300) führt ein kurzer Weg hinter zum kleinen Hafen. Die ansässigen Restaurants und Imbisse servieren fangfrischen Fisch.

Märchenhaft: das Schloss Klink

Paradiesisch: im Müritz-Nationalpark

Müritz-Nationalpark

Deutschlands größter Binnen-Nationalpark ist ein Naturparadies par excellence. Seen und Moorlandschaften wechseln sich mit dichten Wäldern ab, mehr als 600 Kilometer Wander- und Radwege erschließen den Park für Besucher, die besonders zum Kranichzug im Herbst in Scharen kommen.

Der 1990 gegründete Müritz-Nationalpark umfasst mit seinen 320 Quadratkilometern Fläche zwei Teilgebiete: Der überwiegende Teil (260 km^2) liegt östlich der Müritz und grenzt an deren Ufer, ein kleineres Gebiet (62 km^2) befindet sich südöstlich davon zwischen Neustrelitz und Feldberg um den Ort Serrahn, wo der Nationalpark hauptsächlich aus alten Buchenwäldern sowie kleineren Seen und Mooren besteht. Überhaupt bedecken den Müritz-Nationalpark zu fast drei Vierteln (72 %) weitflächige Waldgebiete, von denen die besagten Buchen aber nur einen kleinen Anteil ausmachen: Drei Viertel der Waldflächen im Park sind von Kiefern bestanden. Berühmt ist das Gebiet – vor allem der große Nationalpark-Bereich östlich der Müritz – jedoch für seine zahllosen Seen (davon 107 mit einer Größe von mehr als einem Hektar) und Tümpel, dazu die vielen Moore, die eine unvergleichliche Vielfalt an Wasservögeln und eine ganz besondere Flora hervorbringen.

Die heutige Landschaft des Nationalparks mit ihren Seen entstand am Ende der letzten Eiszeit, als sich Gletscher aus Skandinavien bis hierher schoben und Gesteinsmassen, so genannte „Endmoränen“, vor sich auftürmten. In ihren Absenkungen und Tälern bildeten sich die heutigen Seen und Flüsse, die das „Land der Tausend Seen“ zum wasserreichsten in ganz Europa machten.
Im Mittelalter wurde die Gegend zunächst von slawischen Bauern besiedelt, ab dem 18. Jh. entstanden dann einige Gutsbetriebe. Das heutige Naturparadies hat

seine Entstehung zum Teil aber auch dem Eingriff durch Menschenhand zu verdanken: Mit der Schiffbarmachung von Elde und Havel in den Jahren 1798 bis 1834 und der so entstandenen Elde-Havel-Wasserstraße sank der Wasserspiegel der Müritz um eineinhalb bis zwei Meter und hinterließ an deren Ostufer eine beeindruckende, oft unzugängliche Moorlandschaft und einige kleinere Seen – heute der Lebensraum für seltene Pflanzen- und Vogelarten.

Regeln im Nationalpark

Dem Naturliebhaber sind die meisten Regeln ohnehin klar, trotzdem hier der vom Nationalparkamt herausgegebene Kodex, um die Natur möglichst wenig zu stören:

- Verlassen Sie nicht die ausgewiesenen Wege.
- Verhalten Sie sich an den Beobachtungsständen möglichst leise.
- Nehmen Sie keine Pflanzen oder Steine aus dem Nationalpark mit.
- Hinterlassen Sie keinen Müll; Raucher sollten die erhöhte Waldbrandgefahr beachten und ihre ausgedrückten Kippen wieder mitnehmen.
- Hunde sind im gesamten Nationalpark-Gebiet an der Leine zu führen!
- Parken Sie nur an den vorgesehenen Parkplätzen, zelten Sie nur auf den ausgewiesenen Campingplätzen des Nationalparks.

Während das ausgedehnte Waldgebiet von Serrahn 1833 von den Großherzögen des nahen Neustrelitz zur Privatjagd erklärt und zu diesem Zweck sogar eingezäunt wurde, erfuhr das Gebiet am Ostufer der Müritz eine wirtschaftliche Nutzung: zunächst durch die Ziegelei (durch Tonabbau auf den trockengelegten Flächen der Müritz), dann als großflächiges Weideland. Nachdem Teile des Gebietes wieder aufgeforstet waren, ging man auch hier der Jagd nach – erst war es ein Leipziger Unternehmer, seit den 1950er Jahren hohe Parteifunktionäre. 1969 wurde das Gebiet östlich der Müritz dann zur Staatsjagd erklärt. Auf einem 1934 abgebrannten, rund 2000 Hektar großen Teilstück errichtete die sowjetische Armee nach dem Zweiten Weltkrieg einen Truppenübungsplatz.

Trotz aller Jagdleidenschaft auf der einen und dem heute verödeten Militärgebiet auf der anderen Seite spielte der Naturschutz in einigen Gebieten des heutigen Nationalparks seit Jahrzehnten eine Rolle. Schon 1931 entstand ein erstes, wenn auch recht kleines Schutzgebiet um den Müritzhof, nach dem Zweiten Weltkrieg wurden rund 5000 Hektar am Ostufer der Müritz unter Schutz gestellt. Doch ausgerechnet dies wirkte sich negativ auf die Fauna des Gebietes aus: Das Areal wurde von Büschen zugewuchert, die Brutvögel fanden keine Nistplätze mehr und blieben weg. So ging man dazu über, das Gebiet wieder als Weideland zu nutzen. Die Natur „sich selbst zu überlassen“ funktionierte dagegen im Serrahner Teil des Nationalparks umso besser: Seit über 40 Jahren wächst hier ein regelrechter Urwald aus Buchen.

Der Müritz-Nationalpark wurde bei der letzten Ministerratssitzung der DDR am 12. September 1990 gegründet, der stellvertretende Umweltminister der letzten DDR-Regierung, Michael Succow, ließ dabei gleich 14 Naturschutzgebiete – fast 5 % der Staatsfläche der DDR – ausweisen. Rund 7 % des Müritz-Gebiets werden heute landwirtschaftlich genutzt, und alljährlich zählt man über eine halbe Million Besucher – der Nationalpark ist einer der größten Touristenmagnete der Region.

Malerisch: eine von ungezählten Müritzbuchten

Wer nur einen Tag im Nationalpark verbringen will oder kann, sollte sich auf keinen Fall die besonders schöne Wanderung bzw. Radtour zum idyllischen Müritzhof entgehen lassen, der von Waren aus einfach zu erreichen ist (→ Wanderung 2, S. 135). Wer mehr Zeit hat, findet in den Ortschaften des Nationalparks zahlreiche Unterkunftsmöglichkeiten, die garantiert Ruhe bieten, sowie darüber hinaus ausreichend (Ausflugs-)Restaurants (Adressen unten). Den besten Einstieg in den Nationalpark hat man im Norden von Speck (S. 158), im Süden von Boek aus (S. 159). Von Boek und Speck bieten sich gute Wandermöglichkeiten, verbunden sind beide Orte durch den Nationalparkbus (S. 156).

Auch Wassersportler kommen im Nationalpark auf ihre Kosten: Besonderer Beliebtheit erfreut sich der Bolter Kanal (mit Marina, Kanu- und Bootsverleih, Camping etc.), auf dem man durch die herrliche Natur bis hinunter nach Mirow paddeln kann (Details S. 160).

Im östlichen Teil des Nationalparks (Teilgebiet Serrahn) laden Buchenwälder – mit Aussichtsturm und zwei Waldseen – zum Spazierengehen und Wandern ein: besonders der *Natur-Erlebnis-Pfad* zwischen Zinow und Serrahn, einer der schönsten in der Gegend. Im Forsthaus des kaum fünf Häuser zählenden Ortes Serrahn befindet sich eine kleine naturhistorische Ausstellung nebst Nationalpark-Information (Mai bis Oktober tägl. 10–17 Uhr, ✆ 039821-40343).

Flora und Fauna im Müritz-Nationalpark

Der Wechsel zwischen ausgedehnten Wäldern, vielen großen und kleineren Seen, Mooren und Sumpfgebieten bringt im Müritz-Nationalpark eine ganz eigene Flora und Fauna hervor. Dank der Unzugänglichkeit von Seeufern und Moor- bzw. Sumpfgebieten bietet er vor allem Wasservögeln einen besonders geschützten Lebensraum.

Die Wälder im Nationalpark werden von Kiefern – die hier einst im Zuge der Wiederaufforstungen gepflanzt wurden –, den schnell wachsenden, anspruchlosen Birken und den hier ursprünglich beheimateten Rotbuchen dominiert, Letztere vor allem im Osten um Serrahn. Die Moore des Nationalparks, immerhin 8 % der Gesamtfläche, entstanden entweder durch die Verlandung „alter" und flacher Seen (was durch die künstliche Absenkung des Wasserspiegels mit dem Bau des Elde-Havel-Kanals beschleunigt wurde), an manchen Stellen aber auch durch das Ansteigen des Grundwasserspiegels. Als nährstoff- und sauerstoffarmes Biotop eignen sie sich nur für bestimmte Pflanzenarten, darunter Torfmoos und **Wollgras**, die fleischfressende Pflanze **Sonnentau** und das seltene **Moor-Greiskraut**. Im Bereich um Moore und Seen, v. a. in der Gegend südlich des Müritzhofs, finden sich noch einige ausgedehnte Riedflächen, die u. a. von **Schneidried** bewachsen sind, einem kaum noch vorkommenden Sauergrasgewächs. Die zahlreichen Seen hingegen sind oft von einem dichten Röhricht- und Schilfgürtel gesäumt, manche von ihnen sind ganz klar, andere trüb und bräunlich. Im Sommer blühen hier **Weiße Seerosen** und die gelben **Teichrosen**. An die tausend verschiedene Pflanzenarten sprießen im Müritz-Nationalpark, zudem fast 300 Moos- und Flechtenarten und fast 600 verschiedene Pilze.

Das größte Säugetier im Park ist der **Rothirsch**, der – wie auch Reh und Damwild – im 20. Jh. quasi zur Jagd gezüchtet wurde. Aus Mangel an natürlichen Feinden breitet er sich hier aus und wird, um den Bestand zu begrenzen, als einziges Tier im Park noch heute gejagt. Darüber hinaus tummeln sich in den Wäldern Wildschweine und Füchse. In der wasserreichen Gegend fühlen sich Biber und Fischotter zu Hause, von den Lurchen ist besonders der **Moorfrosch** zu erwähnen, dessen männliche Vertreter sich zur Laichzeit in ein leuchtendes Hellblau verfärben. Berühmt ist der Nationalpark jedoch für seine Vielfalt an (Wasser-)Vögeln, die vom majestätischen Kranich bis zum farbenfrohen Eisvogel reicht. Von den Raubvögeln zählen natürlich die beiden Adlerarten zu den größten Attraktionen: Der **Fischadler** ist nur im Sommerhalbjahr zwischen März/April und August/September im Müritz-Nationalpark anzutreffen (überwintert wird im Mittelmeerraum oder Westafrika) – das aber so häufig wie nirgendwo sonst in Europa. Über hundert Brutpaare zählte man zuletzt in Mecklenburg-Vorpommern, und wer den Greifvogel mit dem charakteristischen weißen Kopf mit dunkler Maske beobachten will, kann ihn, mit etwas Glück, von den Beobachtungspunkten bei den Fischteichen bei Boek oder am Rederang-See (bei Federow) erspähen, zudem befinden sich einige Horste auf Strommasten südlich von Federow. Wer keinen der Greifvögel zu sehen bekommt, wird in Federow in der Nationalpark-Information mit einer Live-Videoübertragung aus einem Fischadlerhorst entschädigt.

Während sich der Fischadler fast ausschließlich von Fisch ernährt, greift der deutlich größere **Seeadler** (mit einer Spannweite von zwei bis zweieinhalb Metern der größte Greifvogel Europas) auch nach Wasservögeln, Mäusen, Fischottern, ja sogar nach Füchsen. Die 2002 in Mecklenburg-Vorpommern gezählten 180 Brutpaare bleiben auch im Winter hier. Erkennbar ist der Seeadler am mächtigen Schnabel und durchgehend braunen Federkleid, wer ihn im Nationalpark zu Gesicht bekommen will, sollte es am besten an den Beobachtungsständen bei den Boeker Fischteichen oder am Warnker See (Richtung Müritzhof) versuchen. Seine Horste befinden sich meist auf hohen Bäumen, Fischadler dagegen nisten heute vermehrt auf Strommasten.

In den Röhrichten und Schilfgürteln der Seen nisten u. a. die **Rohrweihe**, ein Greifvogel aus der Familie der Habichtartigen, und die gefährdete **Große Rohrdommel:** Vor allem im Frühjahr sind in der Dämmerung ihre dumpfen, dröhnenden Balzrufe zu hören, die ihr den Beinamen „Moorochse“ eingebracht haben. Zu sehen bekommt man diesen extrem scheuen Vogel jedoch fast nie: Sein braunes Federkleid ist vom umgebenden Schilf kaum zu unterscheiden. Auch der seltene **Schwarzstorch**, Eisvögel, Fischreiher und Wildgänse fühlen sich hier – zumindest saisonal – wohl.

Der Kranich – lautstarker Tänzer unter den Zugvögeln

Ihr ganz besonderer Balztanz hat sie berühmt gemacht, aber auch das lautstarke Trompeten, mit dem sie sich allabendlich bei Einbruch der Dämmerung an ihren Schlafplätzen im Müritz-Nationalpark einfinden. Bis zu 8000 Graue Kraniche (*Grus grus*), so die Schätzungen, treffen sich im Frühjahr und Herbst täglich zur gemeinsamen Rast am Nordufer des Rederang-See bei Federow, dem bekanntesten Kranich-Beobachtungsort der Gegend. Entsprechend hoch ist auch der Andrang der Kranichfans im Müritz-Nationalpark.

Die Kraniche überwintern in Südfrankreich oder Spanien, teilweise auch im Norden Marokkos oder Algeriens, den Sommer verbringen sie in Süd- und Mittelschweden. Der Müritz-Nationalpark dient also nur als – vor allem im Herbst oft Wochen andauernde – Zwischenstation, um sich für die weite Reise zu stärken. Gereist wird im Verband und in der charakteristischen „V"-Formation. Bei ihren Langstreckenflügen nutzen die Kraniche die Thermik und können, bei Rückenwind, mit nur wenigen Flügelschlägen eine Geschwindigkeit von über 80 Stundenkilometern erreichen. Distanzen von über 1000 Kilometern pro Tag sind durchaus möglich.

Doch dazwischen ruhen sie eben in Nordostdeutschland aus, bevorzugt in den weiten Wassergebieten der Landzunge östlich von Zingst (im Nationalpark Vorpommersche Boddenlandschaft) sowie hier in den Sumpfgebieten des Müritz-Nationalparks. Fast 70.000 Kraniche auf der Durchreise durch Deutschland wurden 2007 gezählt; an die 60 Paare bleiben ganzjährig im Nationalpark. Gebrütet wird im flachen Wasser auf dem Boden, meist im Schutz eines Baumes, in einem

Grus grus beim Zwischenstopp

großen, aus aufeinander geschichteten Pflanzenstängeln bestehenden Nest, in dem in der Regel zwei bräunlich-graue Eier liegen. Nach gut vier Wochen Brutzeit schlüpfen die Küken mit rotbraunem Daunenkleid, die dann maximal bis zum nächsten Frühjahr bei ihren Eltern leben. Das Brutpaar selbst bleibt oft ein Leben lang zusammen. Ein ausgewachsener Kranich bringt es auf eine Standhöhe von 1,20–1,30 Metern bei einem Gewicht von sechs bis sieben Kilogramm und einer Flügelspannweite von über zwei Metern, damit ist er der größte Vogel Deutschlands. Sein Federkleid ist grau mit schwarzem Oberkopf samt roter Mütze und seitlichen weißen Streifen, die Schwungfedern bilden eine schwarze Schleppe. Die Jungvögel sind durch ihren bräunlichen Kopf zu erkennen. Kraniche sind Allesfresser, die ihre Nahrung beim Umherschreiten vom Boden bzw. im flachen Wasser aufsammeln und damit wie auch die Reiher und Störche zu den sog. Schreitvögeln zählen. Die flachen Sumpfgebiete dienen aber nicht nur als Nahrungsquelle, sondern auch als Schutz gegen Feinde wie den Fuchs. Geschlafen wird stehend im knietiefen Wasser.

Aus der Nähe wird man einen Kranich wohl kaum zu sehen bekommen. Die Tiere sind sehr scheu und fliegen schon bei einer Annäherung auf etwa 300 Meter auf. Bessere Chancen hat man von besagtem Beobachtungsturm am Rederang-See, doch auch hier sollte man unbedingt ein Fernglas dabei haben. Bei ihrer berühmten Balz wird man die Kraniche nur gelegentlich im Frühjahr erleben dürfen, diese findet hauptsächlich an den Brutplätzen in nördlicheren Gefilden statt – Ausnahme sind die Kraniche, die ganzjährig hier bleiben. Während die Tiere bis vor etwa zwanzig Jahren noch als überaus selten galten, hat sich ihr Bestand heute vervielfacht. Vor allem durch die im Jahr 1990 ausgewiesenen strengen Schutzgebiete des *Nationalparks Vorpommersche Boddenlandschaft* und des Müritz-Nationalparks finden die Kraniche hier optimale Bedingungen ohne Störung durch Mensch und Landwirtschaft. Doch damit könnte es Ende dieses Jahrhunderts wieder vorbei sein, falls ein Szenario der Klimaforschung wahr wird: Durch die Klimakatastrophe könnte Nordostdeutschland deutlich wärmer und niederschlagsärmer werden, die Sümpfe könnten austrocknen und die Kraniche somit wegbleiben. Immerhin, etwas Zeit bleibt noch, die majestätischen Tiere bei ihren Versammlungen zu beobachten.

• *Führungen* Der Beobachtungsturm am Nordufer des Rederang-Sees bzw. der Weg dorthin (Markierung: *rotes Eichhörnchen*) von Federow und Schwarzenhof aus ist während des Kranichzugs von ca. 1. Sept. bis 31. Okt. täglich ab 16 Uhr gesperrt, allerdings im Rahmen einer Führung zu begehen. Wer daran teilnimmt, sollte sich warm und in gedeckter Kleidung anziehen, unbedingt ein Fernglas mitnehmen und nur ohne Blitz fotografieren. Reservierung (ratsam!) unter ✆ 03991-668849 (Federow) oder ✆ 03991-670091 (Schwarzenhof). Infos und Reservierung auch im Haus des Gastes in Waren (S. 127) und unter www.nationalpark-service.de Führung 7,50 €/Pers., Kinder unter 14 J. frei.

Information/Verbindungen/Verschiedenes

• *Information* Es gibt mehrere Nationalpark-Informationsbüros, neben den unten genannten befinden sich diese u. a. in **Waren** (S. 127), **Ankershagen-Friedrichsfelde** (S. 144), **Kratzeburg** (S. 149), **Blankenförde**, **Neustrelitz** (S. 200) und **Serrahn** (S. 206). Öffnungszeiten für alle: 1. Mai bis 31. Okt. tägl. 10–17 Uhr, im Sommer teils bis 18 Uhr. Web-Infos: www.nationalpark-mueritz.de.

• *Führungen und Touren im Nationalpark* Federow (S. 157) und Müritzhof (S. 136) oder unter www.nationalpark-service.de bzw. www.nationalpark-tours.de.

• *Verbindungen* Da der Nationalpark für den privaten Autoverkehr (Ausnahme Berechtigte/Anwohner) fast vollständig gesperrt ist, ist man auf das Fahrrad, die Füße oder aber den **Nationalpark-Bus** angewiesen. Dieser verkehrt von Ende April bis Anfang Okt. auf der „Müritz-Linie" zwischen 9–16.30 Uhr stündlich ab *Waren* (Steinmole) über *Federow*, *Schwarzenhof*, *Speck* nach *Boek* und weiter bis zum *Bolter Kanal* sowie wieder zurück (tägl. 10.10–17.40 Uhr). Auf der „Fischadler-Linie" von 1. Juli bis 31. Aug. immer Di und Do je 2-mal von *Mirow* über *Kratzeburg* und *Granzin* nach *Boek* und zum *Bolter Kanal* sowie zurück. Fahrräder können auf beiden Linien mitgenommen werden, solange Platz im Anhänger ist. Tickets im Bus, Infos unter ✆ 03991-645119.

Nationalpark-Ticket
Lohnend vor allem, wenn man mehr als einen Tag im Nationalpark unterwegs sein will und/oder den Ausflug mit einer Schiffsfahrt verbinden möchte. Das *Tagesticket Bus* kostet 7 €, Kinder von 6–14 J. 3,50 €, Familienticket mit bis zu 4 Kindern 14 €.
Kombiticket Bus & Schiff 14 €, Kinder 7 €, Familien 28 €.
3-Tages-Ticket Bus 16,50 € (erm. 7 €, Familie 31,50 €).
3 Tage Bus & Schiff 32,50 € (erm. 14 €, Familie 52,50 €).
Wochenticket Bus 31,50 € (erm. 14 €).
Wochenticket Bus & Schiff 52,50 € (erm. 24,50 €).
Tickets in den Bussen der Müritz-Linie bzw. der Fischadler-Linie sowie an Bord der Fahrgastschiffe der Weißen Flotte, ebenso im Haus des Gastes in Waren und den Touristinformationen im Nationalpark.

Mit dem Schiff: Von der Anlegestelle *Bolter Kanal* fährt in der Saison 2- bis 3-mal tägl. eine Fähre der *Weißen Flotte* von und nach Waren sowie 2- bis 3-mal tägl. nach Röbel. Fahrtzeit nach Waren ca. 2 Std., nach Röbel ca. 1 Std. Das Nationalparkticket (Bus und Schiff) ist für die Weiße Flotte gültig, ansonsten beträgt der Normalpreis nach Waren 7,50 €, nach Röbel 6,50 €, Kinder die Hälfte. Fahrplan-Infos unter ✆ 039931-52797 oder www.mueritzschiffahrt.de. Weitere Schifffahrten auf der Müritz → Waren, S. 128.

• *Übernachten im Nationalpark* **Pension Zur Fledermaus**, ca. 1 km südlich des Parkplatzes Specker Straße (Waren) und nur zu Fuß erreichbar, nächtliche Ruhe ist hier garantiert. Graues Gebäude auf einer Anhöhe oberhalb des Teufelsbruchs (Moor), die Zimmer teilweise recht komfortabel, alle mit TV, die meisten auch mit Bad. Günstig: EZ 33 €, DZ 62 €, Dreibett-Zimmer 81 €, jeweils inkl. Frühstück. Restaurant (mit Terrasse). Geöffnet Ostern bis Oktober. Am Teufelsbruch 1, 17192 Waren, ✆ 03991-663293, 📠 03991-663294, www.pension-fledermaus.de.

In *Federow* (S. 157) zudem das Hotel und Restaurant **Gutshaus Federow**, das Gasthaus **Zum Jäger** und die Gaststätte/Pension **Die bunte Kuh**; in *Schwarzenhof* (S. 158) das Hotel und Restaurant **Kranichrast**.

In *Boek* (S. 160), südlich des Nationalparks, ist das **Hotel Müritz-Park** zu empfehlen.

• *Camping* Südlich des Nationalparks gibt es zwei Campingplätze: den **Campingplatz Boek** sowie den **Camping Bolter Ufer** (Boeker Mühle) (S. 160).

• *Essen & Trinken* Neben diesen und den im Folgenden genannten auch im Müritzhof (S. 136) sowie im Restaurant der Pension Fledermaus (s. oben).

• *Sonstiges* **Bootsverleih** in *Speck* (Fischerei Speck, S. 159), **Kanuverleih** im Ortsteil *Bolter Schleuse* (MüritzKanu, S. 160), **Fahrradverleih** in *Boek*, *Bolter Schleuse* und *Federow* (siehe unter den jeweiligen Orten).

Ortschaften im und am Rand des Müritz-Nationalparks

Einstmals lagen die Dörfer, zumeist kleine Weiler rund um ein Gutshaus, an der für die Region wichtigen Verbindungsstraße von Waren nach Mirow. Mit der Einrichtung des Nationalparks aber wurde sie für den Durchgangsverkehr gesperrt. Von Waren aus kommt man via **Federow** am nördlichen Rand des Nationalparks und weiter über **Schwarzenhof** lediglich nach **Speck**. Von hier aus fährt nur der Nationalparkbus (bzw. etwas nostalgischer: die Kutsche) weiter bis **Boek** und zur **Bolter Schleuse** am südlichen Rand des Nationalparks. Oder aber man nimmt das eigene Fahrrad. Zu den Orten im Osten des Nationalparks (Ankershagen und Kratzeburg) → S. 143.

Federow

Der hübsche kleine Weiler ist das nördliche Tor in den Nationalpark. Hier befindet sich auch das „Informationszentrum" des Parks, und von hier starten vier der sechs vom Nationalpark angebotenen Führungen. Neben dem schmucken Gutshaus aus dem 19. Jh., das heute ein Hotel mit Restaurant beherbergt, ist es vor allem die gotische Feldsteinkirche von Federow, die von sich reden macht: Das kleine, altehrwürdige Gotteshaus präsentiert sich nämlich als *Hörspielkirche* – hier gibt es sozusagen Kino für die Ohren: Von Juli bis September werden in der Kirche Hörspiele aufgeführt (d. h. abgespielt), das Programm reicht vom Kinderhörspiel über den Krimi bis zur Klassik. Daneben gibt es u. a. auch (Kirchen-)Musik zu hören.

Hörspielkirche: Juli bis Sept. tägl. ab 11 Uhr, tägl. mindestens drei Veranstaltungen (15 Uhr Kinderhörspiel, 16.30 sowie 18.30 Uhr Erwachsenenhörspiel), sonntags Gottesdienst. Aktuelles Programm vor Ort oder unter www.hoerspielkirche.de.

• *Information* Die **Nationalpark-Information Federow** liegt mitten im Ort; freundlich und kompetent, umfangreiches Infomaterial, es werden auch geführte Touren angeboten (→ unten); Fahrradverleih (5 €/halber Tag, 7 €/Tag). Ostern bis Okt. tägl. 9–18 Uhr. 17192 Federow, ✆ 03991-668849, www.nationalpark-service.de.

• *Geführte Touren* **Adlersafari**, April bis Sept. tägl. 11 Uhr; Dauer 3 Std. (ca. 4,5 km). Erw. 7,50 €, Kinder bis 14 Jahren frei.

Vogelkundliche Wanderung, zuletzt Juli/Aug. jeden Mi 10.30 Uhr, Dauer 2 Std. (ca. 1,5 km). Erw. 5 €, Kinder 3 €.

Fahrradtour durch den Park, Mai bis Sept. Mo und Mi 13 Uhr, Dauer 3 Std. (ca. 14 km). Erw. 7,50 €, Kinder bis 14 Jahre frei.

Kranichtour – das Highlight: Sept./Okt. 1-mal tägl. am späten Nachmittag/frühen Abend, Dauer 3 Std. Erw. 7,50 €, Kinder bis 14 Jahre frei.

Start für alle Touren: Nationalpark-Information Federow, hier auch Infos und Anmeldung (ratsam).

• *Kremserfahrten* Fahrten mit der Planwagen-Kutsche durch den Nationalpark bietet **Carsten Vinzing** tägl. außer So ab Federow. Infos in der Nationalpark-Information oder unter ✆/℡ 03991-670419, www.mueritz-kutsche.de.

• *Übernachten/Essen* **Gutshaus Federow**, sehr schönes, stilvolles Hotel in einem Herrenhaus aus der Mitte des 19. Jh., hinter dem Hotel befindet sich ein kleiner See. 16 Zimmer, Restaurant mit gutbürgerlicher Küche, auch Café, nette Terrasse, sehr freundlich. DZ 85 €, mit Balkon 95 €, 3er 100 €, Suite 120 €, jeweils inkl. Frühstück. Jan./Febr. geschlossen. Am Park 1, 17192 Federow, ✆ 03991-674980, ℡ 03991-67498100, www.gutshaus-federow.de.

Zum Jäger, schwäbische Küche in Mecklenburg, freundliches Gasthaus neben der (Hörspiel-)Kirche; günstige Hausmannskost, natürlich auch Wild; eigene Brennerei; ein paar Tische stehen auch draußen, innen waidmännisch-gemütlich. Mai bis Sept. tägl. 11–23 Uhr. Am Park 2, ✆ 03991-6737918.

Die bunte Kuh, Gaststätte und Pension (DZ 60 € inkl. Frühstück), schöner Garten mit Kinderspielplatz, der Service könnte zuweilen souveräner sein. Fahrradverleih. Damerower Str. 8, ✆ 03991-670038, www.diebuntekuh.com.

Achtung: Der beliebte, sowohl von Federow als auch von Schwarzenhof viel begangene Wanderweg zum Rederang-See und dessen Beobachtungsturm am Nordufer (Markierung *rotes Eichhörnchen*) ist zwischen 1. Sept. bis ca. 31. Okt. (je nachdem, wann die Kraniche abfliegen) tägl. ab 16 Uhr gesperrt. Zu diesen Zeiten kommt man nur mit einer Führung dorthin (S. 156).

Schwarzenhof

Auch in Schwarzenhof stand einst ein Gutshaus, das aber um 1900 abbrannte und nicht wieder aufgebaut wurde. Der kleine, aus wenigen Häusern bestehende Ort ist der vielleicht unspektakulärste rund um den Nationalpark. Dafür eignet er sich – auf halbem Weg zwischen Federow und Speck sowie unweit des Specker und des Rederang-Sees gelegen – hervorragend als Ausgangsort für Radtouren und Wanderungen.

• *Information* Keine „richtige" Nationalpark-Information, sondern eher ein Infopoint mit ein paar Broschüren und einer kleinen **Ausstellung** (alte Werkzeuge wie ein Torfstecher, historische Fotos und Infotafeln). In der Saison Mo, Mi, Do 9–15 Uhr, Di 9–16 Uhr, Fr 9–14 Uhr. Schwarzenhof 15, 17192 Kargow.

Der Aussichtsturm Käflingsberg

• *Übernachten/Essen* **Nationalparkhotel Kranichrast**, modernes, großes Hotel am Ortsausgang von Schwarzenhof (in Richtung Speck); freundlicher Service. Sauna, Wellness, Kegelbahn und Fahrradverleih (8 €/Tag); großes, prämiertes und beliebtes *Restaurant* mit Panoramafenstern (leicht gehobenes Preisniveau) sowie Terrasse vor dem Haus (auch Café), im Innenhof während der Saison kleiner Imbiss. EZ 60 €, DZ 88 €, inkl. Frühstück, Hunde 5 €. Im Winter nicht durchgehend geöffnet (am besten telefonisch nachfragen). Dorfstr. 15, 17192 Schwarzenhof, ☎ 03991-67260, 📠 03991-672659, www.nationalparkhotel-kranichrast.de.

Kleiner Imbiss mit nettem Garten, ebenfalls am Ortsausgang (Richtung Federow), rechter Hand.

Speck

In Speck befindet man sich nun mitten im Müritz-Nationalpark – weit und breit nichts als Seen und Moore, Wiesen und Wald. Auch hier steht ein Gutshaus, das erst in den 1930er Jahren auf den Grundmauern eines älteren Herrenhauses gebaut worden war und heute in Privatbesitz ist. Nahebei steht die kleine Kirche von Speck aus der zweiten Hälfte des 19. Jh., die eine schmucke, farbenfrohe Kassettendecke ziert. Nicht zu vergessen ist auch die alte Schmiede mit den vier Säulen, die heute die Nationalpark-Information samt nettem Café beherbergt, sowie der traditionsreiche Fischereibetrieb (mit Räucherei und Verkauf) am Specker Hofsee. Der Name des kleinen Dorfes weist übrigens weder auf Schweinezucht hin, noch will er uns etwas über die Leibesfülle der Bewohner erzählen. Vielmehr soll er aus dem Slawischen stammen und soviel wie „Befestigter Deich" oder „Weg über sumpfiges Gelände" bedeuten.

Fischerei im Nationalpark

Zwei Kilometer südöstlich von Speck erhebt sich ein beliebter, da aussichtsreicher Turm auf dem *Käflingsberg*. Zunächst geht man hinter Speck auf der Straße in südlicher Richtung weiter, um nach etwa einem Kilometer kurz hinter der Bushaltestelle links in einen Waldweg abzuzweigen. Auf diesem Fußweg erklimmt man den Käflingsberg genannten, für hiesige Verhältnisse geradezu steilen Hügel und erreicht nach einem knappen weiteren Kilometer den Turm (Mai bis Sept. 9–19 Uhr, Okt. 9–17 Uhr). Bei gutem Wetter ist die Aussicht über den Nationalpark den Abstecher wert.

- *Information* **Nationalpark-Information Speck** in der alten Schmiede; neben Infos, Karten etc. bekommt man in dem netten kleinen **Café/Imbiss** auch zu Essen und zu Trinken, www.nationalpark-service.de.
- *Fischerei/Bootsverleih* **Fischerei Speck**, am Ortseingang von Schwarzenhof kommend rechts und noch 50 m auf einem Feldweg bis zum Ufer des Specker Hofsees; der Traditionsbetrieb ist ein Unternehmen der Müritzfischer; Frischfisch und Räucherfisch im kleinen Laden/Imbiss, eigene Räucherei; auch Bootsverleih. Speck 27, ✆ 03991-670066, Infos auch unter www.müritzfischer.de.

Zu Kratzeburg → S. 147, zu Ankershagen → S. 143.

Südlich des Nationalparks: Boek und Bolter Kanal

▶ **Boek:** Der kleine Ort am südlichen Rand des Nationalparks wird von seinem respektablen Gutshaus dominiert. Das Herrenhaus mit dem zentralen Risalit stammt aus der ersten Hälfte des 19. Jh. und war lange Zeit im Besitz der Familie Le Fort. Dieser Familie entstammt die früher bekannte, heute fast vergessene Schriftstellerin *Gertrud von Le Fort*, die hier ihre Kindheit verbrachte. Heute beherbergt das Gutshaus neben einer Nationalpark-Information einen kleinen Laden, das Dorfmuseum und eine Armee von Zinnsoldaten (im Zinnfigurenmuseum). Unweit vom Gutshaus steht die Backsteinkirche aus der Mitte des 19. Jh., ein Hotel mit Restaurant, ein Campingplatz – und das war's auch schon.

Auch Boek eignet sich als Ausgangspunkt für Wanderungen. Hier beginnt beispielsweise die Rundwanderung zum Specker Hofsee (nordöstlich von Boek, Markierung *roter Hirsch*, ca. 8 km); oder die Rundwanderung, die zunächst nahe dem Müritzufer entlang und dann zum Amalienhof und wieder zurück führt (südlich von Boek, Markierung *gelber Falke*, ca. 10 km).

▸ **Boeker Mühle und Bolter Schleuse:** Von beidem existiert nur noch der Name: Einstmals gab es in Boek eine Reihe von Mühlen, erst Wasser-, dann Windmühlen, doch sind heute selbst die Überreste dieser Bauwerke längst abgetragen. Und auch die Bolter Schleuse existiert nicht mehr. Seit der Mitte des 19. Jh. war die Schleuse das Herzstück der Wasserstraße, die die Müritz mit der Havel verband, bis sie in den 1930er Jahren vom Müritz-Havel-Kanal abgelöst wurde. Heute ist die *Alte Fahrt* (also der alte, für den Schiffsverkehr stillgelegte Wasserweg), die vom Bolter Kanal über eine Kette von idyllischen Seen bis zum Mirower See führt, ein beliebtes Paddlerrevier – nur an der Stelle, an der früher die verbindende Schleuse stand, müssen die Boote über die Straße getragen werden – die Schleuse ist heute zugeschüttet.

• *Information* **Nationalpark-Information Boek**, im Gutshaus; Infos zum Nationalpark, Tourenangebote. Mai bis Okt. tägl. 10–17 Uhr, im Winter geschlossen. Angeschlossen sind das Zinnmuseum (www.mueritz-miniaturen.de), das kleine Dorfmuseum (Eintritt jeweils 2 €, Öffnungszeiten wie Nationalpark-Info) sowie ein kleiner Kulturladen (Sanddornsaft, Honig, Kerzen, Töpferwaren etc.). Auch Fahrradverleih. Gutshaus Boek, 17284 Boek, ✆ 039823-21810.

• *Fahrradverleih/Kremserfahrten* Fahrräder können bei der **Nationalpark-Information** im Gutshaus Boek (6 €/Tag) und bei Pension/Restaurant **Jägerrast** (im hinteren Ortsteil von Boek) geliehen werden (7,50 €/Tag); bei Letzterer starten die Kremserfahrten in den Nationalpark (10 €/Person). Im Ortsteil Bolter Schleuse, Am Bolter Kanal; → *MüritzKanu*.

• *Kanuverleih* **MüritzKanu**, Kanubasis im Feriendorf Müritzparadies im Ortsteil Bolter Schleuse; große Auswahl vom 1er-Kajak (5 €/Std., 18 €/Tag) über 2er-Wanderkajak (8 €/Std., 33 €/Tag) bis zum 10er-Kanadier (25 €/Std., 95 €/Tag). Auch Fahrradverleih (6 €/Tag). Geöffnet Mai bis Okt. Am Bolter Kanal, ✆ 0160-2900218, www.mueritzkanu.de.

• *Übernachten/Essen* **Hotel Müritz-Park**, freundliche, aus vier Häusern bestehende Hotelanlage in Boek, auch gutes Restaurant. Wellnessangebote, diverse Arrangements. EZ 59 €, DZ 78–87 € (ohne oder mit Balkon/Terrasse), Drei-Bett-Zimmer 95 €, Suite ab 95 €, jeweils inkl. Frühstücksbuffet; auch Ferienwohnungen (ab 70 €). Boekerstr. 3 b, 17248 Boek, ✆ 039823-2700, ℻ 039823-270102 www.hotel-mueritz-park.de.

Fischer-Rotunde, hölzerner Pavillon neben den Fischteichen bei Boeker Mühle, ein netter Fischimbiss mit köstlichen Fischbrötchen, ein paar Tische auch auf einer Terrasse am Teich, zudem gibt es Räucherfisch aus eigener Räucherei; wer selbst etwas fangen will, darf im Teich angeln. Die Fischer-Rotunde wird von dem Unternehmen *Müritzfischer* betrieben. Boeker Mühle 4, ✆ 039823-27754, www.mueritzfischer.de.

Müritzhöh, Garni-Hotel im Ortsteil Bolter Mühle, neues, gelb verputztes Haus oberhalb des Campingplatzes mit kleinem Wellnessbereich; keine Hunde. EZ 65 €, DZ je nach Größe 82–90 €, Suite 100 €. Verleih (für Gäste): Fahrrad (6 €/Tag), Ruderboot (20 €/Tag), Motorboot (47 €/Tag). 17248 Boeker Mühle, www.hotel-mueritzhoeh.de.

• *Camping* **Campingplatz Boek**, in Boek links Richtung Boeker Sender, dann nach wenigen hundert Metern auf der linken Seite, etwas unromantisch auf einer kleinen Lichtung im kleinen Wäldchen gelegen; eigener kleiner Badestrand, kleiner Kiosk. Erw. 4,50 €, Jugendliche bis 18 J. 3,70 €, Kinder 4–14 Jahre 3 €, Hunde 2 €, Zelt 3–4 €, Wohnmobil 4 €, Pkw 2 €. 17248 Boek, ✆ 039823-21261, ℻ 039823-21267, www.campingplatz-boek.de.

Camping Bolter Ufer, beim Ortsteil Boeker Mühle direkt an der Müritz; Stellplätze in einem kleinen Wäldchen, teils schön schattig, mit Badestrand, Gaststätte und kleinem Laden. Erw. 4,70 €, Jugendliche bis 18 J. 3,70 €, Kinder 4–14 Jahre 3 €, Hunde 2 €, Zelt 3–4 €, Wohnmobil 4 €, Pkw 2 €. Auch kleine Blockhütten werden vermietet (ab 45 €). Geöffnet April bis Okt. 17248 Boeker Mühle, ✆ 039823-21261, ℻ 038923-21267, www.camping-bolter-ufer.de.

Der Weg ist das Ziel: (Rad-)Wanderweg im Nationalpark

Radtour rund um die Müritz

Der Klassiker unter den Radtouren auf der Mecklenburgischen Seenplatte: einmal rund um das „Kleine Meer". Zunächst geht es quer durch den Nationalpark, dann auf der anderen Seite durch eine sanfte, ländliche Gegend zurück. Immer wieder öffnen sich dabei herrliche Ausblicke auf die Müritz.

Wer die Tour an einem Tag schaffen will, sollte über ein wenig Kondition verfügen, schließlich sind über 80 Kilometer zu radeln. Hinzu kommt, dass man zwar fast durchgehend auf Radwegen unterwegs ist, doch ist deren Untergrund nicht immer ideal, manchmal sandig, manchmal unebener Waldboden. Im Folgenden wird die Radtour in zwei Etappen beschrieben: *von Waren bis Röbel* und *von Röbel nach Waren*. In oder vor Röbel kann man entweder übernachten – oder aber mit Bus oder Schiff zurück nach Waren fahren.

Radwanderung 5: Von Waren bis Röbel

Charakteristik: Herrliche Radtour vor allem durch den Nationalpark, meist auf (teils sandigen) Radwegen.

Länge/Dauer: 52 km, die Fahrzeit ist natürlich abhängig von Kondition und Pausen, etwa 5 Stunden sollte man ohne Pausen rechnen.

Einkehr: In Cafés und/oder (Hotel-)Restaurants in den Nationalparkdörfern Federow, Schwarzenhof und Boek. Eine urige Gastwirtschaft *(Müritzquelle)* findet sich in Vipperow (S. 173).

Start/Fahrradverleih/Rückfahrt: Start ist in Waren am Yachthafen, ein Radverleih findet sich unweit des Marktplatzes (S. 128). Zurück geht es entweder weiter auf dem Fahrrad (→ anschließende Tour Nr. 6) oder mit dem Schiff (S. 169).

Wegbeschreibung: Die Tour beginnt am Yachthafen von Waren (WP 01). Von hier geht es in südöstlicher Richtung (also mit Blick auf die Müritz rechter Hand) auf einem Radweg entlang, der parallel zur Straße (Am Seeufer) verläuft. Man passiert eine Badestelle und nach der Landenge rechter Hand die abzweigende Fontane-Straße (ignorieren), bis man (nunmehr entlang der Speckstraße, weitere Gabelung rechter Hand ignorieren) auf asphaltiertem Radweg in den Wald und damit in den Nationalpark hineinfährt (Beschilderung: *Federow*). Alle Abzweigungen ignorierend, gelangt man nach ein paar Kurven aus dem Wald heraus und fährt durch Heidelandschaft, bis man am südlichen Ortsrand von **Federow** (WP 02) die Straße überquert. Für einen Abstecher in das Dorf muss man links abbiegen, die Radtour aber führt rechter Hand parallel zur Straße weiter. Wenn man kurz später wieder in den Wald fährt, gelangt man zu einer Weggabelung (WP 03), hier rechts der Beschilderung *Schwarzenhof* bzw. *Speck/ Boek* folgen. Auf gut befahrbarem Waldweg und ein Stück entlang einer Schneise unter einer Stromleitung erreicht man schließlich nach knapp 4 km ab Federow **Schwarzenhof** (WP 04).

Nachdem man den kleinen Weiler auf der Straße durchquert hat, geht es kurz vor dessen Ende (und etwas vor dem Hotel/Restaurant *Kranichrast*, hier auch Imbiss möglich) rechter Hand auf einem Fahrradweg ab, Beschilderung *Specker Horst* und *Boek* (WP 05). Zunächst geht es auf einem Waldweg, dann auf einem Plattenweg, alle Abzweigungen und Kreuzungen ignorierend, weiter. Bald verlässt man auch den Wald und gelangt – nunmehr auf gut befahrbarer Piste – zum ersten Aussichtsturm (WP 06). Hier befindet man sich im Herzen des Müritz-Nationalparks: Man radelt durch eine stille, scheinbar unberührte Landschaft zwischen Heide und Moor, und weder Wald noch Müritz sind allzu weit entfernt. Nach etwa 1 km geht es am Herrmannskanal entlang, und ein weiterer Aussichtsturm (WP 07) wird erreicht. Nach einer Weile (streckenweise kerzengerade) kommt man auf schlechter werdendem Untergrund an eine Kreuzung (WP 08, etwas mehr als 2 km nach dem zweiten Turm), rechter Hand geht es zur Aussichtshütte *Doppelkiefergraben*. Die Tour aber führt weiter geradeaus. Bald ist der Ortsteil *Boeker Sender* erreicht (und damit der Nationalpark verlassen); es geht zunächst auf einem Plattenweg, dann auf asphaltiertem Untergrund weiter nach **Boek** (knapp 9 km ab Schwarzenhof).

Am Kreisverkehr (WP 09) zwischen Gutshaus und Hotel (hier auch ein Kiosk) führt rechts ein asphaltierter Radweg weiter durch die Ortsteile Boeker Mühle (Imbiss) und Bolter Schleuse (Fischrestaurant mit Imbiss) und endet nach 6 km am Ortsrand von Rechlin (WP 10). Hier überquert man zuerst die Straße und durchquert dann den Ortsteil **Rechlin Nord:** Dazu geht es zunächst nach einer Kurve auf eine Kaserne zu, davor rechts und am Ende des Zauns links auf einen Radweg, der an einer kleinen Bucht samt Marina entlangführt, bis man schließlich zum Luftfahrtmuseum gelangt. Vom Museum aus ist es noch 1 km nach **Rechlin** selbst (WP 11).

Zunächst geradeaus in den Ort hinein, dann nach 100 m rechts in die Seitenstraße *Am Höpen* abbiegen. Der Weg durch ein Klinkerhäuschenidyll beschreibt eine Linkskurve und endet an einer T-Kreuzung; hier links und gleich wieder rechts auf die Fritz-Reuter-Straße. Kurz nach einem Spielplatz biegt man dann rechts in den Park ab (Beschilderung: *Müritzrundweg*), passiert den Seglerverein und erreicht am Ende des Parks einen Parkplatz (WP 12), hier rechts in einen Weg hinein. Der schmale, holprige Weg führt um eine Pferdekoppel herum und an Brachland vorbei, biegt beim Friedhof rechter Hand ab und mündet schließlich in die Landstraße. Es geht ein kurzes Stück rechter

Radwanderung 5: Von Waren bis Röbel
Radwanderung 6: Von Röbel bis Waren

Hand auf der Straße entlang, die ihrerseits im Ortsteil Vietzen in die Bundesstraße 198 mündet. Diese bei der Ampel überqueren (WP 13) und rechts auf dem Radweg Richtung Vipperow.

Nach etwa 1,5 km erreicht man den Damm, der über den Müritzarm führt, und an dessen Ende bei der Kanustation das Dorf **Vipperow**. Kurz vor der Ortsausfahrt (irgendwo die Straßenseite wechseln) zweigt rechts eine Straße ab (WP 14). Hier beginnt der eigentliche Ort, man radelt durch ein dörfliches Idyll, passiert eine hübsche Feldsteinkirche mit Fachwerkturm und kommt an dem einladend rustikalen Gasthaus *Müritzquelle* vorbei.

Ein Stück hinter dem nördlichen Ortsausgang von Vipperow zweigt rechts ein Weg ab (WP 15). Kurz auf einem Plattenweg, dann kurz auf einem Feldweg, schließlich auf einer unangenehm zu fahrenden Bepflasterung durch ein Moorgebiet, gelangt man zur Jugendherberge südlich von **Zielow** (WP 16). Weiter geht es in den Ort hinein und geradeaus durch (abzweigende Landstraße ignorieren). Am nördlichen Ortsausgang beginnt ein asphaltierter Radweg, der abseits der Straße an Wiesen und Feldern entlangführt.

Nach 3 km, meist mit schönem Blick auf die Müritz, erreicht man in der Nähe eines Campingplatzes eine T-Kreuzung (WP 17). Hier geht es linker Hand nach **Ludorf**. Nach 1 km fährt man am Park des Gutshauses entlang, biegt im Ort vor der ungewöhnlichen Kirche links ab, passiert das Museum und erreicht schließlich das Gutshaus (WP 18). Hier rechts ab und aus dem Ort hinaus.

Wer es nun eilig hat, fährt geradeaus auf der Landstraße nach Röbel. Eine sehr viel schönere Strecke führt am nördlichen Ufer der Röbelschen Binnenmüritz entlang. Dazu fährt man, wenn man vom Gutshaus kommend auf die abbiegende Vorfahrtsstraße trifft, bei Letzterer rechts ab (Beschilderung *Röbel* und *Gneve*) in den *Gneverweg*. Es geht aus dem Ort heraus und auf einer Schotterpiste weiter, bei einer Weggabelung auf der Schotterpiste bleiben (Markierung: *blauer Balken auf weißem Grund*). Die Piste beschreibt einen weiten Bogen nach links (Abzweigung ignorieren), führt an einem Aussichtspunkt (WP 19) vorbei und ist bald nur noch ein holpriger Feldweg. Schließlich kommt man bei einer Schranke zu einer Weggabelung (WP 20). Hier geht es rechts herunter Richtung Röbel, erst ein Stück durch einen Waldstreifen nahe am Wasser, dann auf und ab auf einem asphaltierten Fahrradweg. Teils nahe an der Binnenmüritz hat man mitunter Blick auf das malerische Röbel. Doch

Verdiente Rast

sollte man sich nicht zu früh freuen – auch wenn man das Ziel vor Augen hat und meint, es müsse zum Greifen nah sein, ist es doch noch ein ganzes Stück zu radeln: Mit der Wünnow ist nämlich noch eine Seezunge zu umrunden, die tief in das Land hineinleckt.

Endlich erreicht man (gut 9 km nach Ludorf) die ersten Bootsschuppen von **Röbel**. Am Ortsrand folgt man am besten nicht der asphaltierten Straße, sondern biegt, wenn man auf Schrebergärten zufährt, rechts ab auf einen Weg, der an einer Pferdekoppel entlangführt (WP 21). Es geht durch die Schrebergärten hindurch, bis man bei einem Autohaus auf der Straße herauskommt. Hier rechts ab in den Ort hinein, bis man beim Postamt auf die Hauptstraße trifft (WP 22). Nochmals rechts fährt man durch die Altstadt, an der alten und der neuen Kirche vorbei und hinunter bis zum Hafen von Röbel (WP 23).

Wer noch Luft hat, kann die folgende Tour anschließen, um zurück nach Waren zu kommen und die Rundfahrt um die Müritz abzuschließen. Ansonsten empfiehlt sich das Schiff zur Weiterreise.

Weites Land – südlich von Röbel

Radwanderung 6: Von Röbel bis Waren

Charakteristik: Leichte Radtour, meist auf Fahrradwegen mit solidem Untergrund, teils aber recht holprig.

Länge/Dauer: 30 km, reine Fahrzeit ca. 3–3½ Stunden.

Einkehr: im Dorf Sietow und in Klink.

Start oder Rückfahrt/Fahrradverleih: Start ist der Hafen von Röbel, im Ort auch ein Fahrradverleih (S. 169); wer Waren als Zielort hat, kommt am besten mit dem Schiff wieder zurück nach Röbel.

Wegbeschreibung: Los (oder weiter) geht es am hübschen Yachthafen von Röbel (WP 23). An dessen nördlichem Ende fährt man (oder schiebt, wenn viel los ist) über die Hafenpromenade an einem Hotel vorbei. Richtung Norden führt der Weg (immer nahe am Wasser) über eine Straße und durch eine kleine Parkanlage mit Spielplatz, dann auf einer Allee, an einem Campingplatz, dem Strandbad und schließlich einer Ferienanlage vorbei, bis man auch den letzten Ausläufer von Röbel hinter sich gelassen hat. Am Ende des gepflasterten Weges geht es rechts hinunter auf einen Feldweg (WP 24).

Bei der folgenden T-Kreuzung links (der Weg rechter Hand führt zwar am Ufer entlang, war aber zuletzt unbefestigt) und nun ein kurzes Stück auf schlechtem, da sandigem Untergrund, bis man die Straße im Weiler *Marien-*

felde erreicht (WP 25). Hier rechts und aus dem Ort wieder heraus, zunächst auf einem Fahrradweg, dann auf einer wenig befahrenen Straße nach *Gotthun*. Der Abstecher in der Kurve bzw. hinter dem Waldstück (WP 26) zu einem der beiden Campingplätze ist wegen der Wegbeschaffenheit nicht zu empfehlen.

In **Gotthun** biegt man links ab auf die Straße, die durch den Ort führt, und kurz darauf rechts in den Wiesenweg (WP 27). Aus dem Dorf wieder heraus, geht es erneut auf schönem, kurvigem Radweg auf und ab (Abzweigungen ignorieren), bis ein Schild lakonisch verkündet: „Ende der Ausbaustrecke". Leider ist das keine Übertreibung – es folgt nämlich ein holpriger Pfad. Bald aber erreicht man die Bundesstraße, neben der man ein kurzes Stück herfährt, bis es rechter Hand wieder auf einen Feldweg geht. Dieser führt in einem weiten Bogen nach **Zierow** (WP 28). Geradeaus geht es in das Dorf hinein, dann rechts und auf wenig befahrener Landstraße ins Nachbardorf **Sietow**. An dessen Ortseingang befindet sich links ein netter Imbiss (mit dem nunmehr vielleicht verlockenden Namen *Radlerstop*), von dem aus es geradewegs in den Ortskern und zur Kirche geht (WP 29). Vor der Kirche führt ein Weg hinunter zu Hafen und Gaststätten, die Radtour aber geht erst geradeaus weiter, an der Kirche vorbei und dahinter bei der Weggabelung rechter Hand in nordöstlicher Richtung aus dem Ort heraus.

Der Weg ist zunächst asphaltiert, wird dann aber zu einer holprigen Piste, die durch einen sumpfigen, lichten Wald führt. Wenn man wieder herauskommt, folgt man dem Schotterweg rechts (nicht geradeaus) und erreicht nach ca. 1,5 km **Sembzin**. Es geht quer durch den kleinen Ort und beim Hotel/Restaurant *Sembziner Hof* rechts hoch (WP 30). Erst etwas ansteigend und asphaltiert, folgt bald, nun wieder nahe am Wasser, erneut die Ankündigung „Ende der Ausbaustrecke". In einem lichten Waldstreifen erreicht man auf etwas holprigem Weg nach knapp 2 km (ab Sempzin) den Ort **Klink** (WP 31) – und für alle, die schon die Tour 5 in den Beinen haben, etwas (mehr oder weniger) Tröstliches: Es sind keine 10 km mehr bis Waren, sondern nur noch 9,8 km ...

Nun geht es immer geradeaus am Schloss, dann an Restaurants und am Yachthafen vorbei, zunächst auf Asphaltweg, dann kurz auf Schotter und weiter an Sportplatz, Klinik und Hotel vorbei und durch eine kleine Fußgängerzone bei der Anlegestelle (hier das Restaurant *Am Kleinen Meer*), bis man schließlich eine Ferienhaussiedlung passiert, die trotz der knalligen Farben der Häuschen etwas trostlos wirkt. Hinter der Siedlung geht es links auf Asphalt und dann auf einem Waldweg wieder rechts (WP 32). Nun fährt man auf kurvenreicher Strecke gut 3 km durch den Wald, bis man (fast) die Bundesstraße erreicht. 50 m vor der B 192 zweigt rechter Hand ein Weg ab (WP 33), der bald ein kurzes Stück neben der Bundesstraße verläuft – nicht schön zu fahren, aber besser als den Reeckkanal zu durchschwimmen, denn: Beim Weiler Eldenburg überquert man die Brücke über den Wasserweg und fährt gleich dahinter wieder rechts in den Wald hinein (WP 34). Während man zunächst eine ganze Weile auf gutem Weg fährt, führt schließlich ein Steg über ein Feuchtgebiet (hier ein Stück schieben), hinter dem man das Volksbad erreicht (hier links und gleich wieder rechts).

Nun geht es noch ein ganzes Stück immer geradeaus die Gerhart-Hauptmann-Allee entlang, bis schließlich das Müritzeum erreicht ist. Von hier aus gelangt man rechter Hand zum Yachthafen von Waren (WP 35 und Startpunkt von Tour 5).

Am Hafen von Röbel

Röbel

ca. 5300 Einwohner

Farbenfrohe Fachwerkhäuser, zwei schmucke Kirchen samt fotografenfreundlichem Aussichtspunkt und eine neue Hafenpromenade: Röbel ist neben Waren das zweite, allerdings deutlich kleinere touristische Zentrum an der Müritz.

Das Städtchen an einem tief ins Land reichenden Müritzarm wirkt größer als es ist. Von einem kompakten Zentrum rund um den Marktplatz (Neu-Röbel) reicht ein Straßenzug zum Bahnhof, während in die entgegengesetzte Richtung eine Straße in weitem Bogen vorbei an der Marienkirche (Alt-Röbel) zum Hafen führt. Dazu gibt es zwei weitere kleine Ortsteile, einer mit dem wohlklingenden Namen Gildekamp, der andere – nahe dem Hafen – heißt phantasielos Stadtrand-Siedlung, das war's auch schon. Wer aber via Umgehungsstraße an Röbel vorbeifährt, verpasst ein schmuckes Hafenstädtchen am „Kleinen Meer": schöne Häuserfassaden mit farbigem Verputz und kontrastreichem Fachwerk, die alte Nikolaikirche am malerischen Marktplatz, die St. Marienkirche, von deren ufernahem, hoch aufragendem Turm man herrliche Ausblicke über die Umgebung genießt, eine lange, flanierbare Strandpromenade, malerische Bootsschuppen an der Großen Wünnow und der Binnenmüritz und manches mehr.

Dabei sollte die Beschaulichkeit nicht darüber hinwegtäuschen, dass es sich bei Röbel um eine altehrwürdige Stadt handelt, schließlich erhielt der Ort schon in der ersten Hälfte des 13. Jh. das Stadtrecht (bestätigt und urkundlich verbürgt 1261). Erste Besiedlungsspuren gehen sogar auf prähistorische Zeit zurück. Mit der Völkerwanderung ließen sich wendische Stämme an dem tief eingeschnittenen Müritzarm nieder und errichteten an dem Ort, über dem sich heute die Marienkirche erhebt, eine Tempelburg. Nach dem Sieg Heinrichs des Löwen über die Slawen zogen westfälische Siedler nach Röbel und gründeten um 1250 Neu-Röbel unweit des alten Röbel.

Doch anders als in den meisten Orten Mecklenburgs, in denen sich Neusiedler und Alteingesessene bald zu einer Gemeinschaft vermischten, kamen Alt- und Neu-Röbeler nicht zusammen, sondern lebten in getrennten Gemeinden. So bauten die wendischstämmigen Alt-Röbeler (weitgehend Bauern und Fischer) ihre Marienkirche fast zeitgleich mit der Nikolaikirche, die sich die Neu-Röbeler (vor allem Handwerker und Händler) in die Mitte ihres Gemeinwesens stellten. Der Grund: Alt-Röbel gehörte zum Bistum Schwerin, während Neu-Röbel dem Bistum Havelberg zugeteilt war. Die kirchliche Trennung der beiden Röbels blieb bis ins 19. Jh. bestehen, auch wenn die Nachbarn ein ähnliches Schicksal teilten (schwere Stadtbrände im frühen 16. Jh., die Auswirkungen des Dreißigjährigen Kriegs, die große Sturmflut 1714) – eine Trennung, die bis heute im Stadtbild zu sehen ist: hier die hafennahe, lang gezogene Altstadt zwischen Wünnow, Müritz und Mönchteich, dort die kompakte Neustadt, die sich rund um den Marktplatz ausdehnt.

Information/Verbindungen/Aktivitäten

• *Information* Die **Touristinformation Röbel** ist nicht zu verfehlen: das Haus des Gastes findet sich neben der Marienkirche mit ihrem markanten Kirchturm. Hier erhält man Infos, Hilfe bei der Unterkunftsuche, Karten, Broschüren, Tickets usw. Auch Stadtführungen werden angeboten.

Im Haus des Gastes befindet sich zudem die *Heimatstube* (ein paar Exponate zum historischen Handwerk und Schautafeln zur Stadtgeschichte). Straße der Deutschen Einheit 7, 17207 Röbel/Müritz, ☎ 039931-80114, 📠 039931-80112, www.stadt-roebel.de.

• *Verbindungen* **Bus**: Mit der Linie 12 etwa stündl. Verbindung mit Waren (und weiter nach Penzlin und Neubrandenburg), spärliche Anbindung dagegen nach Malchow sowie zu den umliegenden Dörfern.

Schiff: Mit der *Weißen Flotte* oder der *Blau-Weißen Flotte* von Anfang April bis Anfang Okt. ca. 5 mal tägl. nach Klink (Fahrtzeit 40 Min.) und Waren (gut 60 Min.), 3-mal zum Bolter Kanal (gut 2 Std.). Preise: nach Klink einfach 7 € (hin/zurück 12 €), nach Waren 8 € (14 €), Bolter Kanal 7 € (12 €), Kinder ca. 50 % Ermäßigung, Fahrrad und Hunde je 2,50 € pro Strecke.

Zudem Halb- und Ganztagesfahrten zum Kölpinsee und zum Plauer See (Plau und Bad Stuer) sowie Müritzrundfahrten. Abfahrt am Stadthafen, Tickets an Bord. Infos und Buchung unter ☎ 03991-141981 oder 122668, www.mueritzschiffahrt.de bzw. unter ☎ 03991-663034, www.warener-schiffahrt.de.

Taxi: *Lembke*, ☎ 039931-52288 oder 0172-3800397 (mobil).

• *Baden* **Müritzbad**, das Röbelsche Freibad liegt etwas mehr als 1 km nördlich des Stadthafens. Gebadet wird natürlich in der Müritz, bewachter Badestrand, große Liegewiesen, diverse Sportmöglichkeiten. Geöffnet Mitte Mai bis Mitte Sept. Strandbadstr., ☎ 039931-59124.

MüritzTherme, Schwimm- und Spaßbad am westlichen Rand der Altstadt, samt Sauna und Kegelbahn. Erw. 4,50 €/Std. bis 12 €/Tag (inkl. Sauna 7 €/Std. bis 12,50 €/Tag), Kinder 2,50 €/Std. bis 6 €/Tag (inkl. Sauna 4 €/Std. bis 6 €/Tag). Tägl. 9–21 Uhr (Sauna ab 10 Uhr). Gotthunskamp 14, ☎ 039931-87819, www.mueritztherme.de.

• *Fahrradverleih* **Dluginski**, Pferdemarkt 14, ☎ 039931-52823

• *Segeln* **Wasser-Service-Center Röbel**, Bootsverleih (Jollen, Motorboote), Yachtcharter, auch Segelunterricht und -schein, zudem Liegeplätze und Tankstelle sowie Fahrradverleih. Seebadstr. 37, ☎ 039931-51123, 📠 039931-51140, www.wsc-roebel.de.

Bootsvermietung Stolschewski, Verleih von Ruder-, Segel- und Motorbooten. Straße der Deutschen Einheit 2, ☎ 039931-52317.

Übernachten/Essen & Trinken

• *Übernachten/Essen* *** **Seestern (4)**, gepflegtes Hotel in herrlicher Lage an der Strandpromenade, einige Zimmer mit Balkon direkt über dem Wasser und mit Blick auf Röbel. Restaurant mit Wintergarten und Terrasse, dazu kleiner Garten am Wasser samt Anlegestelle. Mittleres bis leicht gehobenes Preisniveau. EZ 50 €, DZ 65–80 €, mit Balkon 88 €, jeweils inkl. Frühstück, Hunde auf Anfrage. Müritzpromenade 12, 17207 Röbel, ☎ 039931-58030, 📠 039931-580339, www.hotel-seestern-roebel.de.

Seglerheim (3), gleich neben dem Seestern, etwas einfacher und entsprechend günstiger, aber in einem sehr hübschen, reetgedeckten Haus, das auf Pfählen zur Hälfte über das Wasser reicht und eine entsprechend idyllische Terrasse besitzt; acht Zimmer stehen zur Verfügung. EZ 46 €, DZ 57–105 € (je nach Größe und Lage, sehr schön natürlich die Zimmer zur Müritz hin), Suite 128 €, jeweils inkl. Frühstück. Müritzpromenade 11, 17207 Röbel, ☎ 039931-59181, 📠 039931-59206, www.seglerheim.de.

Landhaus Müritzgarten (1), in bester Landhotel-Tradition, sehr ruhig am nördlichen Rand von Röbel gelegen; große Liegewiese, Sauna und Fahrradverleih, gediegenes Restaurant (nur abends, nachmittags auch Kaffee und Kuchen). EZ 65–85 €, DZ 95–125 € (je nach Größe, mit/ohne Balkon oder Terrasse), Suite ab 115–130 €, jeweils inkl. Frühstück. Seebadstr. 45, 17207 Röbel, ☎ 039931-8810, 📠 039931-881113, www.landhaus-mueritzgarten.m-vp.de.

Landhaus Müritzterrasse (5), gegenüber dem Hafen, Restaurant mit Terrasse zur Müritz. EZ 50 €, DZ 60 € (zur Straße), 80 € (zum See), jeweils inkl. Frühstück. Straße der deutschen Einheit 27, 17207 Röbel, ☎ 039931-8910, 📠 039931-89126, www.mueritzterrasse.de.

Fischhaus Meyl (6), nahe dem Hafen; Fischverkauf und beliebter Imbiss, köstliche Fischbrötchen, auch warme Mittagsgerichte, ein paar Tische auch im Hof. Straße der Deutschen Einheit 48, ✆ 039931-50184.

• *Camping* **Camping Pappelbucht (2)**, einfacher Platz im Norden von Röbel, neben dem Müritzbad, am See. Person 3,30 €, Zelt 3,10–5,10 €, Wohnwagen/-mobil 6,20 €, Auto 1 €. Seebadstr. 38 a, ✆ 039931-59113.

Sehenswertes

Marienkirche: Das Gotteshaus ist deutlich älter, als es auf den ersten Blick wirkt. Seine vermeintliche Jugend ist dem hoch aufragenden Kirchturm geschuldet, für den ein dem neugotischen Stil zugetaner Architekt aus dem 19. Jahrhundert verantwortlich zeichnet. Dabei wurde die Marienkirche bereits in der ersten Hälfte des 13. Jh., wahrscheinlich über den Resten eines heidnischen Tempels, begonnen (und im 15. Jh. vollendet). Die schöne Hallenkirche zeigt sich damit als ein frühes Beispiel der Norddeutschen Backsteingotik, was zumal für den ländlichen Raum bemerkenswert ist. Die Kirche, deren Schiffe von gelungenen Kreuzrippengewölben abgeschlossen werden, erhebt sich zwischen Altstadt und Müritzufer. Bei der Sturmflut 1714 wurden ihre Fundamente unterspült, sodass der Baukörper Schaden nahm. Knapp 150 Jahre später musste St. Marien generalsaniert werden. Aus dieser Renovierungsphase stammt nicht nur die Innenausstattung, sondern auch der 58 Meter hohe Turm samt Aussichtsplattform. Eine Turmbesteigung lohnt sich, den 148 Stufen zum Trotz, da sie mit einem herrlichen Ausblick über Röbel und die Müritz belohnt. Ein wenig schwindelfrei sollte man allerdings sein, nicht zuletzt wegen des recht niedrigen Geländers.

In der Saison tägl. 10–18 Uhr, Turmbesteigung 1 €, erm. 0,50 €.

Nikolaikirche: Kurz nach Baubeginn der Marienkirche ließen es sich die Neu-Röbeler nicht nehmen, in ihrer jungen Gemeinde ebenfalls ein Gotteshaus zu errichten. Wie bei der Marienkirche dauerte es bis ins 15. Jh., bis das Langhaus eingewölbt und der Bau vollendet war. Auch St. Nikolai wurde im 19. Jh. restauriert und erhielt dabei seine weitgehend neugotische Innenausstattung. Doch nicht nur in ihrer Entstehungsgeschichte, auch in ihrer architektonischen Konzeption sind sich die beiden Kirchen ähnlich. Wie bei der Schwesterkirche handelt es sich bei St. Nikolai um eine dreischiffige Hallenkirche mit geradem Chorschluss. Deutlich eleganter aber zeigen sich die schlanken Pfeilerbündel (statt der eher stämmigen, rechteckigen Säulen von St. Marien), die in das sehenswerte Kreuzrippengewölbe übergehen.

In der Saison Mo–Sa 11–16 Uhr.

Umgebung von Röbel

Röbel ist eingebettet in eine sanft hügelige Landschaft, in die der lang gestreckte Müritzarm hereinreicht. Hier erstrecken sich zwischen kleinen Weilern gewissermaßen flächendeckend Felder und Weiden. Anders als am Ostufer der Müritz finden sich hier keine nennenswerten Waldgebiete. Inmitten dieser seit alters her landwirtschaftlich geprägten Kulturlandschaft wundert es nicht, Deutschlands größte Scheune zu finden: Im südlich gelegenen **Bollewick** steht das monumentale Gebäude aus Feld- und Backstein, das bei einer Länge von 125 und einer Breite von 34 Metern auf zwei Stockwerken fast einen Hektar Nutzfläche überdacht. Heute wird *die Scheune*, wie das Bauwerk selbstbewusst genannt wird, auf vielfältige Weise genutzt: Hier ist Raum genug für Handwerker und Geschäfte, für Café und Gaststätten, Veranstaltungen und Märkte, für ein Hotel und vieles mehr.

• *Übernachten/Essen* **Landhotel zur Scheune**, neben vielem anderen findet sich in der großen Scheune auch Platz für die 25 Doppelzimmer, ein Einzelzimmer und zwei Mehrbettzimmer des Landhotels. Dazu gehört auch der *Gutsherrenkeller* (eher gehobene Küche) und die *Dorfschenke* (eher bodenständige, regionale Gerichte), beide auf ihre Weise urig. EZ 52 €, DZ 74 €, Mehrbettzimmer (z. B. 2 Erw., 2 Kinder) 81 €, jeweils inkl. Frühstück. Dudel 1, 17207 Bollewick, ✆ 039931-58070, ℻ 039931-5807111, www.reschke-hotels.de.

Landgasthof Bollewick, in der schön gelegenen ehemaligen Dorfschule (etwas außerhalb im Osten) ist heute ein netter, gepflegter Landgasthof untergebracht; nebenan finden sich der dazugehörige Reitstall samt Reithalle. Auch Pensionsboxen, Reitunterricht und Kremserfahrten. EZ 50 €, DZ 50–79 €, jeweils inkl. Frühstück. *Anfahrt:* Auf der Röbeler Straße von Röbel kommend zweigt etwa auf Höhe der Scheune links eine enge Straße (Richtung Spitzkuhn) ab, dann noch etwa 500 m. Spitzkuhner Str. 19, 17207 Bollewick, ✆ 039931-53780, ℻ 039931-537820, www.landgasthof-bollewick.de.

• *Einkaufen/Veranstaltungen* Viel Platz für kleine und größere Läden, Märkte, Feste und sonstige Veranstaltungen finden sich in *der Scheune* in Bollewick. Für den hungrigen Reisenden sind natürlich zunächst der Dorfladen, die Bäckerei, das Café sowie die Dorfschänke interessant. Daneben findet sich jede Menge Souvenir-Schnickschnack, aber auch traditionelle, handfeste Handwerksbetriebe wie Schmied, Drechsler und Korbflechter, dazu ein Antiquariat. Ähnlich abwechslungsreich ist das Veranstaltungsangebot – vom Kunstevent über das Kräuterseminar bis zum Kinderfest mit Maislabyrinth. Die Scheune ist in der Regel tägl. 10–17 Uhr geöffnet. Dudel 1, 17297 Bollewick. Infos auch unter www.diescheune.de.

Gutshof Woldzegarten

Unser Tipp! Der 12 km nordwestlich von Röbel gelegene Gutshof zählt für uns zu den schönsten Unterkünften der Seenplatte. Über den Ort Woldzegarten gibt es nicht viel zu sagen, außer, dass sich unweit der idyllische Tangahnsee befindet, der vom Gutshof nur ein Steinwurf entfernt liegt. Das Anwesen am Ortsrand strahlt in frisch renoviertem Backstein wie aus dem Bilderbuch, innen mit Geschmack und Liebe zum Detail renoviert. In einem modernen Anbau befindet sich der Wellness-Bereich mit Schwimmbad (riesige Fensterfront), Sauna, Fitness und kosmetischen Anwendungen (auch Ayurveda); außen parkartiger Garten und Liegewiese. Fahrrad- und Bootsverleih. Die 20 Zimmer sind stilvoll in Weiß mit Rattan und Holz eingerichtet, EZ 79 €, DZ 109–129 €, Galeriezimmer/Suite 149–169 €, jeweils inkl. Frühstück. In der gegenüberliegenden Kulturscheune (auch Festspielort der Festspiele Mecklenburg-Vorpommern) sollen 2009 einige Appartements entstehen. Vom *Restaurant* mit Terrasse schweift der Blick über Wiesen und Weiden, dahinter der Waldsaum des Sees. Restaurant mittags und abends geöffnet, ganztägig auch Café; Tagesmenü 24 € (Externe für abends reservieren). Walower Str. 30, 17209 Woldzegarten, ✆ 039922-8220, ℻ 039922-82255, www.gutshof-woldzegarten.de. *Anfahrt:* Von Röbel die Straße Richtung Autobahn A 19 nehmen, kurz vor der Auffahrt bei Dambeck rechts abbiegen nach Minzow; von dort weiter nach Woldzegarten. Das Gutshaus am Ortsrand ist nur spärlich beschildert.

Um die Müritz
Karte S. 140/141

▸ **Ludorf:** Kaum vier Kilometer östlich von Röbel findet sich im beschaulichen Ludorf eine bemerkenswerte *Kirche* (im Sommer tägl. 10–17 Uhr). Der gotische Backsteinbau erhebt sich über einen im Kern achteckigen Grundriss. Daran schließen an (sodass sich daraus ansatzweise ein Kreuz ergibt): ein rechteckiger Vorbau (der wohl ein Turm werden sollte), zwei sechseckige Seitenanbauten und eine Art halbrunder Chor. Kurzum: Auf engstem Raum, denn sonderlich groß ist dieses erstaunliche Kirchlein nicht, scheint ein Höchstmaß von Verwinkelung realisiert, dass es fast byzantinisch anmutet. Neben der Kirche prägt vor allem das prächtige *Gutshaus* das Ortsbild von Ludorf. Der Herrensitz wurde Ende des 17. Jh. errichtet und beherbergt heute ein gehobenes Hotel (samt Restaurant). Schräg gegenüber der Kirche befindet sich schließlich ein kleines (Guts-)Museum, dessen Exponate vor allem das ländliche Leben in alter Zeit veranschaulichen (in der Saison tägl. 10–17 Uhr).

• *Übernachen/Essen* **Schlosshotel Gutshaus Ludorf**, *unser Tipp!* Schickes Ambiente im herrschaftlichen Herrenhaus, angemessen stilvoll erweist sich die Einrichtung, hübsch und geschmackvoll eingerichtet sind auch die 23 Zimmer (samt Suite); hinter dem Haus erstreckt sich ein schöner kleiner Park. Das gehobene *Restaurant Morizaner* bringt feine (auch vegetarische) Gerichte vor allem aus regionalen Produkten (Slow Food) auf den Tisch, entsprechend gehobenes Preisniveau. EZ 67–86 €, DZ je nach Größe und Ausstattung 98–160 €, Suite 180 €, auch Arrangements, Hunde 15 €. Fahrradverleih (8 €/Tag). Gutshaus Ludorf, 17207 Ludorf/Müritz, ✆ 039931-8400, ℻ 039931-8460, www.gutshaus-ludorf.de.

• *Camping* **Müritzpark Ludorf**, schöner, direkt an der Müritz gelegener einfacher Platz ohne viel Service, ein paar Stellplätze im Schatten von Bäumen direkt am Wasser; kein Laden oder Fahrradverleih, nur ein kleiner Imbiss und Anlegestelle (Wasserwanderrastplatz). Erw. 4,50 €, Kinder (bis 14 J.) 3 €, Jugendliche (15–18 J.) 4 €, Zelt 4 €, Caravan 4,50 €, Auto 2,50 €, Hunde 2 €, Strom 2 €. Müritzpark Ludorf, 17207 Ludorf/Müritz, ✆ 039931-51640.

▸ **Gutshaus Solzow:** ein weiteres Herrenhaus südlich von Ludorf. Das idyllisch in die Landschaft eingebettete Anwesen aus dem 19. Jh. beherbergt heute ein Hotel (s. unten).

▸ **Zielow:** Auf halbem Weg von Ludorf und Solzow zweigt die Straße in das hübsche Dorf nahe dem Müritzufer ab. Im Ort gibt es eine schöne, backsteinerne Fachwerk-Kirche aus der ersten Hälfte des 19. Jh. (im Sommer tägl. bis 17 Uhr) sowie ein Hotel (samt Restaurant und Reiterhof), ein wenig südlich finden sich eine idyllisch gelegene Jugendherberge sowie ein breites Wassersportangebot.

• *Übernachten* **Gutshaus Solzow**, *unser Tipp!* In dem renovierten Herrenhaus aus dem 19. Jh. mit großem Garten stehen sieben hübsch eingerichtete Zimmer zur Verfügung (im angrenzenden Gebäude zudem drei Ferienwohnungen); nur für Hausgäste abends Restaurant/Schenke, das Café ist auch für non-residents von 14–18 Uhr geöffnet. Alles sehr gemütlich und freundlich. DZ 82 € (Mansardenzimmer 75 €), als EZ 67 € (bzw. 60 €), jeweils inkl. Frühstück. Ferienwohnung ab 71 € (Endreinigung 26 €, Frühstück auf Wunsch 8 €/Pers.). Lange Str. 21, 17209 Ludorf/Müritz (OT Solzow), ✆ 039923-2517, ℻ 039923-29978, www.gutshaus-solzow.de.

Seehof Zielow, große, hufeisenförmige Anlage nahe der Müritz, Hotel, Restaurant mit schöner Terrasse und Reiterhof (auch Reitstunden, Kutschfahrten, Pensionsboxen), Hallenbad, Wellnessangebote, Billardraum, Zimmer auch im Nebengebäude. EZ 55–75 €, DZ 90–120 €; Suite 144–168 € (je nach Größe, Seeblick etc.). Seeufer 11, 17207 Ludorf/Müritz (OT Zielow), ✆ 039923-7020, ℻ 039923-70244, www.seehof-zielow.de.

• *Jugendherberge* **JH Zielow**, ein knapper Kilometer südlich von Zielow, schöner kann eine Jugendherberge kaum liegen; relativ neues Hauptgebäude direkt an der Müritz (Steg), mit Sportstätten, Kiosk und naher Badestelle, auf dem Gelände auch Fahrrad- und Kanuverleih, Segelschule etc. (→ Wassersport) – sehr nett und sehr schön. Auch Einzel- und Doppelzimmer (drei davon mit eigenem Bad), Übernachtung ab 19,65 €/Pers. Seeufer 10, 17207 Ludorf/Müritz (OT Zielow), ✆ 039923-2547, ℻ 039923-29096.

• *Camping/Ferienwohnung* **Camping Zielow**, netter Platz auf einem ehemaligen Bauernhof im Ort (es werden auch Wohnwagen vermietet). In den backsteinernen Gebäuden befinden sich neben einem Veranstaltungssaal auch Ferienwohnungen (ab 45 €) sowie eine Gemeinschaftsküche. Erw. 3,50 €, Kinder (bis 11 J.) 2,75 €, Zelt 3 €, Wohnmobil 3,50 €, Auto 0,75 €, Hunde 2 €, Strom 1 €. Seeufer 1, 17209 Ludorf/Müritz (OT Zielow), ✆ 039923-71645, www.zielowcamp.de.

• *Wassersport/Fahrradverleih* **Tokon**, bei der Jugendherberge südlich von Zielow; großes Angebot: Kanu- und Kajakverleih (20–26 €/Tag), Kanuschnuppertour (41 €/6–8 Std.), Segelschule (z. B. 4-tägiger Grundkurs 149 €), Jollenverleih, auch Scheine, Tagestörns etc. Fahrradverleih. In der Saison tägl. 9–18 Uhr. Seeufer 7, 17207 Ludorf/Müritz (OT Zielow), ✆ 039923-2011, ℻ 039923-2012, www.tokon.de.

Eines der vielen Gutshäuser um die Müritz

▸ **Vipperow:** Der kleine Ort am Ufer der sog. *Kleinen Müritz,* dem südlichen Müritz-Ausläufer, hat zwei Gesichter. Wer den Ort nur kennt wie die meisten Besucher (aus dem Auto nämlich, mit nur widerwillig – da innerorts – reduzierter Geschwindigkeit und nur das eigentliche Reiseziel vor Augen), der sieht nicht mehr als ein Straßendorf an der B 198 – und verpasst das eigentliche Vipperow. Denn dort entfaltet sich ein ländliches Idyll mit hübschen Häuschen, einem backsteinernen Fachwerktürmchen neben der schönen Feldsteinkirche, einem freundlichen Gasthaus und der ganzen Palette an ländlichen Vierbeinern (und geflügelten Zweibeinern): Kühe und Kälber, Ziegen und Schafe, Ponys und Pferde, Enten, Gänse und Puten, Katzen und Hunde ...

Gasthaus zur Müritzquelle, sympathisches, einladendes, rustikal-schlichtes Wirtshaus, günstige bodenständige Küche; warme Gerichte von 11–14 und 17–21 Uhr, Di Ruhetag. Am westlichen Ortseingang (B 198) links in den Ort. Dorfstr. 18, ✆ 039923-2522.

▸ **Rechlin** auf der anderen Seite des südlichen Müritzausläufers wäre eigentlich nicht groß der Rede wert, fänden sich hier nicht gleich zwei recht hübsche Marinas (eine an der kleinen Müritz, die andere bei Rechlin Nord), ein kleiner Regionalflughafen und ein *Luftfahrttechnisches Museum.* Letzteres aber wird wohl eher speziell Interessierte anziehen, Nicht-Eingeweihte sehen zwischen den paar intakten Maschinen eher rostigen Schrott statt aeronautische Gerätschaft. Schautafeln informieren über die Vergangenheit von Rechlin. 1918 wurde hier die „Flieger-Versuchs- und Lehranstalt am Müritzsee" gegründet; später wurde das Gelände ausgebaut und zuerst von den Nationalsozialisten, dann von den Sowjets in Beschlag genommen, bis friedlichere Zeiten die Kasernen überflüssig und die Rollbahn zu einem zivilen Landeplatz für Kleinflugzeuge machten. Der *Müritzflughafen* befindet sich übrigens etwas südlich von Rechlin (www.mueritzflugplatz.de).

Luftfahrttechnisches Museum: Mai bis Okt. tägl. 10–17 Uhr, Feb. bis April Mo–Do 10–16 Uhr, Fr 10–17 Uhr, Nov. bis Jan. geschlossen. ✆ 039823-20424, 📠 039823-27966, www.luftfahrttechnisches-museum-rechlin.de.

An Rechlin vorbei geht es in den südlichen Teil des Müritz-Nationalparks und nach Boek (S. 159), weiter auf der B 198 kommt man nach Mirow (S. 175).

Am Mirower See

Die Kleinseenplatte

Traumhafte Landschaften erstrecken sich im Schatten des berühmten Nationalparks. Hier gibt es keine Superlative und nur wenige kulturelle Highlights. Dafür aber findet man Stille, Natur und natürlich jede Menge Wasser.

In keiner Gegend gilt mehr als hier: Die Mecklenburgische Seenplatte muss man vom Wasser aus erleben, ob auf dem Hausboot oder mit dem Paddel in der Hand. Ist man nur mit dem Auto unterwegs, sieht man zwar eine recht hübsche waldreiche Gegend, möglicherweise aber keinen See. Also raus aufs Wasser oder zumindest aufs Fahrrad! Wer aber keine Lust hat auf ein eigenes Boot oder Wasserwandern (organisiert oder auf eigene Faust), für den empfiehlt sich zumindest eine Fahrt auf dem Ausflugsboot. Die Touren, vornehmlich von Mirow aus, dauern zwischen zwei Stunden und einem ganzen Tag.

Die Mecklenburgischen Kleinseen erstrecken sich nördlich und südlich der Achse Mirow–Wesenberg–Neustrelitz. Das sympathische **Mirow** mit seiner Schlossinsel und den malerischen Bootshäusern am See leidet ein wenig unter dem (Pkw-)Durchgangsverkehr und ist gleichermaßen ein Knotenpunkt der Wasserwege. Von hier führt der Mirower Kanal direkt zur Müritz, während die *Alte Fahrt*, die historische Wasserstraße über die Seen nördlich von Mirow und durch den Bolter Kanal, zu den attraktivsten Wasserwanderrouten zählt. **Wesenberg** am Woblitzsee mit seinem schmucken Zentrum ist die stille Mitte der kleinen Seen. Kultureller Höhepunkt und kleine Metropole ist die sehenswerte Residenzstadt **Neustrelitz**. Nördlich dieser Linie reichen die größeren der kleinen Seen bis an den Müritz-Nationalpark heran. Südlich davon öffnet sich eine gestaltreiche, stille Seenlandschaft, die zu den reizvollsten des Landes gehört. Natürlich empfiehlt sich dort auch ein Abstecher nach **Rheinsberg**.

Doch nicht nur Wasserwanderer, auch Camper finden hier ihr kleines, grünes mecklenburgisches Paradies. Die Campingplatzdichte ist enorm, das Angebot reicht vom großen Pfadfinder-Camp bis zum kleinen, familiären Platz.

Mirow

ca. 3500 Einwohner

Einstmals Nebenresidenz der Herzöge von Mecklenburg-Strelitz, ist das auf halbem Weg zwischen Wesenberg und Röbel gelegene Städtchen vor allem dank seiner Lage an der Müritz-Havel-Wasserstraße beliebt und gut besucht.

Wer mit dem Auto durch Mirow hindurchfährt, wird weder von Mirows herrschaftlicher Vergangenheit noch von seiner heutigen Attraktivität etwas mitbekommen. Viel Verkehr wälzt sich über die Hauptdurchgangsstraße, am zentralen Platz baut sich ein nicht gerade gepflegtes, etwas gräuliches altes Schloss auf, das seit 1992 den klingenden Namen Sophie-Charlotten-Gymnasium trägt – hier wurde die gleichnamige Prinzessin geboren, die 1761 an der Seite von Georg III. den englischen Königsthron bestieg. Vom eigentlichen Mirower Schloss ist auf der Durchreise nichts zu sehen. Deshalb lohnt es unbedingt, sich zu Fuß zur autofreien Schlossinsel aufzumachen: Die barocke Anlage mit hübschem Garten und Brücke zur romantischen „Liebesinsel" lädt zu einem Spaziergang ein. In den nächsten Jahren sollen Teile des Schlosses für die Öffentlichkeit zugänglich gemacht werden, bereits heute stellt die Remise des Schlosses den Rahmen für wechselnde Ausstellungen. Von der Liebesinsel bietet sich ein schöner Blick auf den Mirower See und die charakteristischen Bootsschuppen am gegenüberliegenden Ufer.

Der Ort entlang der Bundesstraße gibt sich dagegen wenig spektakulär. Ein schöner Spaziergang führt von der Schlossinsel am Parkplatz vorbei auf einem Fußweg zur Strandstraße und zum Strandbad. Wasserwanderer finden an der Rotdornstraße (am Kanal zwischen „Festland" und Schlossinsel) einen Rastplatz. Ab Mirow bieten sich Boots- bzw. Kanu-Touren an: auf der „Alten Fahrt" zum Müritz-Nationalpark und zum Bolter Kanal oder auch auf der Kleinseenplatte hinunter bis nach Rheinsberg.

Mirows Ursprünge gehen auf die heutige Schlossinsel zurück. Im Jahr 1226 schenkte der Rostocker Fürst *Borwin* die Insel dem Johanniterorden, der hier eine Ordensniederlassung (Komturei) gründete. Nach dem Dreißigjährigen Krieg wurde die Niederlassung säkularisiert und fiel zunächst an das Herzogtum Mecklenburg-Schwerin, 1701 dann an das Haus Mecklenburg-Strelitz, das 1704 in der Johanniterkirche seine Fürstengruft einrichtete. Nach 1709 diente das Mirower Schloss als Witwensitz, nachdem der erste Herzog von Mecklenburg-Strelitz, *Adolf Friedrich II.*, verstorben war. 1742 brannte das alte Schloss auf der Insel komplett nieder, 1749–1752 entstand ein barocker Neubau. Schon zuvor, im Jahr 1737, war unterhalb der Schlossinsel das „untere Schloss" gebaut worden – hier wurde 1744 *Sophie Charlotte*, die spätere Königin von England, geboren. Doch in dem Maße, wie die Residenzstadt Neustrelitz an Anziehungskraft gewann, verlor Mirow an Attraktivität. 1761 war es mit der herrschaftlichen Hofhaltung in Mirow schließlich vorbei; immerhin wurden in den folgenden Jahrhunderten alle Mecklenburgisch-Strelitzer Herzöge hier in der Fürstengruft zur letzten Ruhe gebettet, zuletzt der 1996 verstorbene Herzog *Georg Alexander zu Mecklenburg*. Ab Ende des 18. Jh. führte Mirow ein Schattendasein in der Landespolitik, erst 1919 wurde der Ort zur Stadt erhoben. 1945 brannte die Johanniterkirche bis auf die Fundamente nieder, lediglich die Fürstengruft blieb unversehrt. Ab 1950 wurde die Kirche wieder aufgebaut.

Information/Verbindungen/Aktivitäten

• *Information* **Touristinformation** im Torhaus des Schlosses, freundlich und hilfsbereit; es werden auch Führungen über die Schlossinsel organisiert (Dauer ca. 1 Std.). Mai bis Ende Sept. Mo–Fr 10–18 Uhr, Sa 10–14 Uhr, Juli/Aug. auch So 10–14 Uhr. 30. Sept. bis 30. April Mo–Fr 10–16 Uhr, Sa/So geschlossen. Torhaus, 17252 Mirow, ☏/℻ 039833-28022, www.mirow.m-vp.de.

• *Verbindungen* **Bahn**, Bahnhof am südöstlichen Rand des Zentrums. Mit der Privatbahn ODEG 7-mal tägl. über Wesenberg und Groß Quassow nach Neustrelitz. Aktueller Fahrplan unter ☏ 03871-6069315 oder www.odeg.info.

Bus, Abfahrt vor dem Bahnhof, 2-mal tägl. nach Boek, 5-mal tägl. nach Rechlin, 4-mal tägl. über Rechlin und Vipperow nach Röbel, 4-mal tägl. über Wesenberg nach Neustrelitz, 5-mal über Userin und Roggentin nach Neustrelitz, an Schultagen zudem 4-mal tägl. nach Diemitz und Schwarz; detaillierte Infos unter www.vms-bus.de.

Nationalpark-Bus der Fischadlerlinie: Nur im Juli und August 2-mal tägl. über Granzin und Kratzeburg nach Boek und Bolter Kanal (Schiffsanleger) und weiter nach Waren. Tagesticket 7 € (Tagesticket Bus/Schiff 14 €), erm. 3,50 € (7 €). Fahrräder werden kostenlos mitgenommen.

Schiff, die *Mirower Schifffahrtsgesellschaft* fährt von April bis Okt. ab Mirower Stadthafen (Rotdornstraße): 5-Seen-Fahrt zum Seerosenparadies (Leppinsee, nördlich von Mirow) 3-mal tägl., Dauer 2 Std., 9 € (erm. 4,50 €), 4-Seen-Fahrt zur Diemitzer Schleuse 1-mal tägl., 2 Std., 9 € (4,50 €), Ganztagesfahrten nach Mirow oder Rheinsberg (mit je 2 Std. Landgang) 1- bis 2-mal pro Woche, 21,50 € (10,25 €). Auch Sonderfahrten. Flyer mit aktuellen Daten bei der Touristinformation. Infos und Reservierung unter ☏ 039833-22270 und www.schiffahrt-mueritz.de.

• *Baden* **Öffentliches Strandbad** mit Liegewiese beim „Strandrestaurant" (auch Pension) in der Strandstraße 20 nördlich vom Zentrum am Ostufer des Sees; auch Bootsanleger, Zeltplatz, Bootsverleih und Restaurant.

Weitere Badestrände bei der Jugendherberge und beim Camping (beide außerhalb an der Straße Richtung Röbel).

• *Kanuverleih/Fahrradverleih* Gleich drei Anbieter am Ort, kein Wunder, schließlich ist Mirow das Verbindungsglied zwischen der „Alten Fahrt" vom Bolter Kanal und der Kleinseenplatte bis hinunter nach Rheinsberg.

MüritzKanu, beim Mirower Seehotel auf der Schlossinsel. 1er-Kajak 5 €/Std., 12 €/4 Std., 18 €/Tag, 70 €/Woche; 2er-Wanderkajak 33 €/Tag; 4er-Kanadier 34 €/Tag. Auch geführte Abendtouren (2 Std. 9 €, erm. 5 €) und Ganztagestouren (23 €, erm. 16 €) im Angebot. Verleih von führerscheinfreien Motorbooten (5 PS) ab 45 €/Tag, Fahrrad 6 €/Tag. Geöffnet April bis Okt. ☏/℻ 039823-27089, im Winter ☏/℻ 039833-26660, www.mueritzkanu.de.

Kanustation Mirow, am Mirower Campingplatz, ca. 2,5 km außerhalb von Mirow nahe der B 198 Richtung Röbel. Ähnliche Preise wie MüritzKanu, auch Drachenboote für bis zu 22 Personen werden vermietet (140 €/halber Tag, 220 €/Tag), zudem Angelboote (20 €/Tag) und Tretboote (10 €/Std.). Fahrrad 6,50–12 €/Tag, Kinderrad 4,50 €/Tag. Im Sommer jeden Montag naturkundlich geführte Tagestouren zum Seerosenparadies (Leppinsee), auch Mehrtagestouren. Geöffnet April bis Okt. An der Clön 1, 17252 Mirow, ☏ 039833-22098, ℻ 039833-20345, www.kanustation.de.

Kanu Basis Mirow, an der Jugendherberge Mirow (neben dem Campingplatz → Übernachten), auch hier ähnliche Mietpreise. Geführte Tagestouren vom 1. Juni bis 30. Okt. jeden Mo und Do (22 €, Kinder bis 13 J. die Hälfte, Mindestteilnehmerzahl 8 Pers.). Kontakt über Kanu Basis Mirow, Dorfstr. 1, 17209 Vipperow, ☏ 039923-7160, ℻ 039923-71616, www.kanubasis.de.

Übernachten/Essen & Trinken

• *Übernachten* **Mirower Seehotel**, in Bestlage auf der Mirower Schlossinsel, Ruhe ist garantiert; gediegenes Haus mit Wellnessbereich (Sauna, Massage etc.), sehr schöner Terrasse, Restaurant; zum Haus gehört auch der *Ritterkeller* (→ Essen & Trinken). Fahrradverleih. Nur 13 Zimmer und 2 Appartements; EZ 55 €, DZ 84 €, App. 89 €, jeweils inkl. Frühstück. Ganzjährig geöffnet. Schlossinsel 3 a, 17252 Mirow, ☏ 039833-20346, ℻ 039833-22180, www.mirower-seehotel.de.

Mecklenburger Hof, gutbürgerliches Haus im Zentrum an der Kreuzung, Gartenrestaurant davor. Insgesamt 20 Zimmer, EZ 40 €, DZ 52–76 €, jeweils inkl. Frühstück, Halbpension 10 €/Pers. Ein paar Häuser weiter werden 10 recht moderne Appartements vermietet; für 3–7 Personen je nach Belegung 63–147 €/Tag. Ganzjährig geöffnet. Töpferstr. 1, 17252 Mirow, ✆ 039833-2620, 📠 039833-20302, www.mecklenburgerhof-mirow.de.

Blaue Maus, Restaurant und Pension an der Hauptdurchgangsstraße, nach hinten hinaus netter kleiner Biergarten; nur drei DZ zu je 65 € inkl. Frühstück. Fahrradverleih für Hausgäste. Schlossstr. 11, 17252 Mirow, ✆/📠 039833-21734, la.pohlmann@web.de.

• *Außerhalb* **Ferienpark Mirow**, in Granzow, ca. 3 km nördlich von Mirow an dem kleinen See „Granzower Möschen". Großes, wohlorganisiertes Gelände mit zahllosen skandinavischen *Holz-Ferienhäusern*, bunt und einladend, alle mit Terrasse und kleinem Garten, teils auch mit Obergeschoss, manchmal recht eng gestellt; Preis für die 4- bis 8-Personen-Häuser 99–199 €/Tag. In der Hochsaison (Mitte Juli bis Ende Aug.) nur wochenweise zu buchen. Noch mehr Komfort bietet das dazugehörige *Aparthotel Seepanorama* mit 47 bestens ausgestatteten, schicken Appartements für 2–4 Pers. (70–90 €/Tag). Großes Freizeitangebot mit Kinderanimation und Ausflügen, Badestrand, Bootsverleih, Kanustation, Volleyball, Fußball, Tischtennis, Basketball, Minigolf, Fahrradverleih, Reiterhof in der Nähe usw. Empfehlenswertes Restaurant *Seerose* (verfeinerte Küche zu erstaunlich moderaten Preisen) mit schöner Terrasse sowie das etwas bodenständigere *Pfannkuchenhaus*. Für Selbstversorger gibt es einen kleinen Supermarkt. Fazit: Für Familien mit Kindern der ideale Urlaubsort. Ganzjährig geöffnet. Dorfstr. 1 a, 17252 Granzow, ✆ 039833-600, 039833-60110, www.ferienpark-mirow.de.

• *Jugendherberge* **Jugendherberge Mirow**, knapp 3 km außerhalb an der Straße Richtung Vipperow/Röbel (B 198) auf der rechten Seite. Modernes, nach ökologischen Grundsätzen gebautes und geführtes Gebäude wenige Meter vom See. Badesteg, Wiese davor, Beachvolleyball, Basketball, die Kanu Basis Mirow befindet sich gegenüber (s. oben). Insgesamt 138 Betten in 1- bis 6-Bett-Zimmern, z. T. in Bungalows untergebracht, z. T. behindertengerecht ausgestattet. Übernachtung inkl. Frühstück 21,90 €, mit Halbpension 24,40 €, Vollpension 26,40 €, Senioren ab 27 Jahre zahlen 4 € Aufschlag. Retzower Straße, 17252 Mirow, ✆ 039833-26100, 039833-261030, www.djh-mv.de.

Mirows Schloss als Kulisse: Vorbereitungen für ein abendliches Open-air-Event

• *Camping* **Camping Mirow**, gleiche Anfahrt wie zur Jugendherberge, davor aber gleich nach rechts (ausgeschildert). Gehört zur Kanustation Mirow (s. oben). Einfacher, sympathischer Platz, die Zelte stehen im Wald; kleiner Sandstrand, Imbiss, Klettergarten nebenan („Naturseilgarten"), neue Sanitäranlagen, nette Atmosphäre. Person 5 €, Zelt 3,50–5,50 €, Wohnwagen/-mobil 7 €, Auto 2,50 €. Es gibt auch Mietzelte für 2–8 Pers. sowie ein „Buscamp" (Matratzenlager im umgebauten Doppeldeckerbus, 5 €/Person und Nacht). Fahrradverleih. Im Juli/Aug. dürfen keine Hunde mitgebracht werden. Geöffnet Anfang April bis Ende Okt. An der Clön 1, 17252 Mirow, ✆ 039833-22098, 039833-20345, www.kanustation.de.

Einen **Zeltplatz in Mirow** findet man beim *Strandhotel Mirow* direkt am See: hier auch Bootsverleih, Strandbad und Restaurant. Zeltplatz 6 €/Person. Strandstr. 20, 17252 Mirow, ✆ 039833-22019, 039833-20806, www.strandhotel-mirow.de.

• *Essen & Trinken* **Mecklenburger Hof**, gehört zum gleichnamigen Hotel im Zentrum, nette Terrasse vor dem Haus, der Straßenverkehr stört kaum. Gute Steaks und Salate, Ofenkartoffeln und Deftiges zu mittleren Preisen. Tägl. mittags und abends geöffnet. Töpferstr. 1, ✆ 039833-2620.

Ritterkeller, Erlebnisgastronomie in urigem Gewölbe auf der Schlossinsel; hier können Sie in tollem Ambiente (fast) originale Mittelalterküche genießen, umgeben von Mägden, Spielleuten, Gauklern und Gesindel; gespeist wird mit mittelalterlichem Besteck oder mit den Fingern, Rahmenprogramm inklusive. Abendfüllendes Menü 29–59 €, das Mecklenburger Kartoffelgelage ist für 26 € zu haben. Tägl. nur abends geöffnet, Reservierung erforderlich unter ✆ 039833-20346.

Blaue Maus, an der Durchgangsstraße Richtung Neustrelitz auf der rechten Seite; uriger Gastraum und netter, kleiner Biergar-

Kanuten auf Mirows Haussee

ten im Innenhof, deftige Küche zu kleinen Preisen. Mittags und abends geöffnet. Schlossstr. 11, ✆ 039833-21734.

Pizzeria La Casa, gegenüber vom Gymnasium im Schloss, an dem kleinen Platz an der Durchgangsstraße; Parkplätze davor, einige Tische draußen. Italienisch-gutbürgerlich, gute Pasta und Pizza zu günstigen Preisen. Mittags und abends geöffnet. Schlossstr. 16, ✆ 039833-26795.

Sehenswertes

Schloss und Schlosspark: Das barocke Ensemble aus der Zeit von 1749–1752 mit Schloss und dem gegenüberliegenden Kavalierhaus (Küchen- und Dienstgebäude) wird von der etwas abseits gelegenen Remise (Stallungen und Schuppen, ursprünglich 1385), der Johanniterkirche (→ unten) und dem Torhaus umrahmt. Das Torhaus aus dem Jahr 1588, quasi der Eingang zu Schlossinsel hinter der Brücke, gilt als das älteste Gebäude der Stadt, hier befand sich zeitweise auch eine Münzpräge. Heute residiert hier die Mirower Touristinformation.

Der Schlossneubau entstand an Stelle eines älteren Schlosses, das 1742 nach einem Blitzeinschlag niederbrannte. Das Anwesen wurde von den Mecklenburg-Strelitzern übrigens nur bis zum Tod der Herzogswitwe *Elisabeth Albertine* im Jahr 1761 bewohnt, danach traf man sich hier nur noch zu Beerdigungen (die Gruft der Herzöge von Mecklenburg-Strelitz befindet sich in der Johanniterkirche gleich gegenüber). Nach 1918 befand sich hier ein Offiziersheim, im Zweiten Weltkrieg ein Lazarett, danach wurde das Schloss bis 1979 als Altersheim genutzt. Seit 2005 wird das Schloss restauriert und soll in den nächsten Jahren als Museum der Öffentlichkeit zugänglich gemacht werden, das Kavaliershaus soll demnächst als „Welcome Center" der Region Mecklenburg-Strelitz dienen.

Der Schlossgarten wurde erst zwischen 1820 und 1860 angelegt, Vorbild waren die englischen Landschaftsgärten des 19. Jh. Ein netter kleiner Spaziergang führt über eine kleine Brücke zur Liebesinsel (→ unten).

Johanniterkirche und Museum: Die Kirche auf der Schlossinsel wurde nicht mit der Ankunft der Johanniter im 13. Jh., sondern erst Mitte des 14. Jh. als einschiffige Hallenkirche errichtet. Der ursprünglich hölzerne Turm wurde nach dem Brand 1742 durch den noch heute stehenden Turm ersetzt, der von einer barocken Turmhaube abgeschlossen ist. Diese wurde 1945 zerstört und konnte erst 1993 wieder-

Auf der Liebesinsel

aufgebaut werden. Während des Aufstiegs auf den Turm gelangt man zu der kleinen Johanniter-Ausstellung, Schautafeln informieren über die Geschichte des Ordens. Über eine Wendeltreppe erreicht man die kleine Aussichtsplattform im Turmhelm. In der Kirche befindet sich die Fürstengruft, in der 40 Mitglieder der herzoglichen Familie begraben liegen.

In der Saison tägl. 10–18 Uhr, Turmaufstieg und Museum 2 €, Familienticket 3 €.

Liebesinsel: Die winzige Insel ist vom Schlosspark über eine ebenso winzige Brücke zu erreichen. Schöne alte Bäume spenden Schatten, und auf den steinernen Bänken mit Aussicht auf den See lässt es sich aushalten. Auf der Liebesinsel fällt die halb abgebrochene Säule über dem Grab des letzten Strelitzer Großherzogs *Adolf Friedrich VI.* ins Auge, der als Einziger nicht in der Familiengruft in der wenige Meter entfernten Johanniterkirche beigesetzt wurde.

Adolf Friedrich VI. – Spion oder einfach unglücklich verliebt?

Am 23. Februar 1918 nahm sich *Adolf Friedrich VI.*, der letzte regierende Großherzog von Mecklenburg-Strelitz, im Alter von 35 Jahren das Leben. Das heißt, man vermutet, dass er sich das Leben nahm, denn schlussendlich geklärt wurden die Umstände seines Todes nie – auch ein Mord ist wohl nicht auszuschließen.

Seine Leiche mit tödlicher Schussverletzung fand man in einem Kanal bei Neustrelitz. Ob die Indizien auf Selbstmord hindeuteten, blieb bis auf weiteres zwischen den geheimen Aktendeckeln der Neustrelitzer Polizei verborgen. Vorausgegangen war jedenfalls eine unglückliche Liebe des Großherzogs zu einer englischen Fürstin namens *Daisy Pleß*. Sie habe seine Gefühle nicht erwidert, sagen die einen Quellen, deshalb habe er den Freitod gewählt. Eine andere Version zu seinem Tod berichtet jedoch von Briefen, die der Fürst über Umwege an das englische Königshaus geschickt haben soll – keine Liebesbriefe, sondern militärisch brisante Informationen zur Lage im Kriegsjahr 1918. Demnach war Adolf Friedrich nicht der unglücklich Verliebte, der seinem Leben ein Ende setzte, sondern ein Verräter, der aus dem Weg geräumt wurde.

Begraben ist Adolf Friedrich in einem schlichten Grab hier auf der Liebesinsel. Über seinem Grab thront eine Säule, Sinnbild für das abgebrochene Leben des Herzogs, umwunden von einer Schlange, die als Anspielung auf die Verführung verstanden werden soll. Welche Art von Verführung das aber tatsächlich war, bleibt das Geheimnis des Herzogs.

Südlich von Mirow

Schmale Kanäle und mäandernde Flussläufe, kleine und kleinste Seen, ausladende Buchten und verwachsene Seitenarme sind untereinander zu einem labyrinthischen Gewirr aus Wasserwegen verbunden, das sich von Mirow und Wesenberg bis hinunter nach Rheinsberg zieht.

Südlich vom Mirow am westlichen Rand der Kleinseenplatte erstreckt sich der *Schwarzer See*. Der erhielt seinen Namen nicht von einer vielleicht torfigen Farbe der Wasserfläche, sondern von dem kleinen Örtchen **Schwarz**. Die äußerlich eher unscheinbare, innen barocke Kirche von Schwarz stammt aus der zweiten Hälfte des 18. Jh. Am Seeufer gibt es ein nettes Strandbad mit grüner Liegewiese, Beachvolleyballfeld, Bootsverleih und Gaststätte (hier wird Deftiges aus der mecklenburgischen Küche serviert). Im Süden geht der Schwarzer See, der übrigens für Motorboote gesperrt ist, in den *Zethner See* über, an dessen Ufer sich mehrere Campingplätze befinden.

• *Camping* **Waldcamping Zethner See**, kleiner, sympathischer Platz etwas mehr als 1 km südlich von Schwarz, nur durch die wenig befahrene Landstraße vom See getrennt (mit Badestelle und kleiner Liegewiese, auch Kanuverleih). Geöffnet April bis Mitte Okt. Erw. 3,50 €, Kinder 2–15 Jahre 2,50 €, Zelt 3,50–7,50 €, Wohnmobil 7,50 €, Auto 2,50 €, Hunde 2 €, Strom 2,50 €. Waldcamping Zethner See, 17252 Schwarz, ✆ 039827-79610 oder 0171-7112221, www.waldcamping-zethner-see.de.

Weiter Richtung Süden folgen der direkt am See gelegene **Campingplatz Zethner See** (gehört zum Forsthof Schwarz, siehe unten, viele Dauercamper), dann das **Bootscamp Mirow** (das schon bessere Zeiten gesehen hat, www.bootscamp-mirow.de), bis man schließlich den Forsthof erreicht.

Forsthof Schwarz, großes Freizeitcamp (Jugendbegegnungsstätte) zwischen Vilzsee und Peetschsee, mit Zeltplatz und diversen Mehrbettzimmern im Haupthaus, im Gästehaus sowie in Blockhütten; große Badestelle, Bootsverleih, Kanutouren, Sportmöglichkeiten etc. Übernachtung inkl. Frühstück ab 11 €/Pers., im Zelt ab 5 €/Pers., Wohnwagen ab 20 €, Strom 2 €, Hunde 1,50 €. Geöffnet April bis Okt. Forsthof Schwarz, 17252 Schwarz, ✆ 039827-7520, 📠 039827-75214, www.forsthof-schwarz.de.

Kanuten auf Wasserwanderschaft

▸ Der **Vilzsee** ist eine Art „Verteiler“ unter den Seen: Gen Westen schließt der *Zethner See* an und an diesen der für Motorboote gesperrte *Schwarzer See*. Nach Norden geht es über den lang gezogenen *Mössensee* in den *Zotzensee* und weiter über den Kanal auf der *Müritz-Havel-Wasserstraße* nach Mirow. Richtung Nordost führt ein Kanal zur **Fleeter Mühle** (hier auch ein Wasserwanderrastplatz). Hier können Kanus und Kanadier über eine kurze Umtragestelle in den für Motorboote ebenfalls gesperrten *Rätzsee* gehoben werden. Direkt Richtung Osten schließlich muss man die **Diemitzer Schleuse** überwinden, um zum *Labussee* zu gelangen (siehe unten).

Für Paddler heißt es auch hier, das Boot um die Diemitzer Schleuse herumzutragen, während Motor- und Hausbootkapitäne möglicherweise etwas Geduld mitbringen müssen, um die stauanfällige Schleusenkammer zu passieren.

Der Ort **Diemitz** selbst ist ein recht unspektakulärer Ort. Die barocke Kirche aus der zweiten Hälfte des 18. Jh. zeigt in ihrem Inneren eine ansatzweise gewölbte, bemalte Holzdecke.

• *Camping* **Naturcamping am Mössensee**, teils schattiger, eher schlichter, aber schöner Wald- und Wiesencamping bei der *Fleether Mühle*, auch kleine Bungalows. Schöne Liegewiese bei der Badestelle, Kanu- und Fahrradverleih, kleiner Bootsanleger und Kiosk mit Imbiss. Es gibt einen separaten FKK-Bereich (keine Hunde). Erw. 4 €, Kinder bis 6 Jahre 1,50 €, 7–17 J. 2,80 €, Zelt 2,50–4 €, Wohnmobil 6 €, Hunde 2 €, Strom 2,50 €, Pkw 2,50 €. Ganzjährig geöffnet. *Anfahrt:* bei der Fleether Mühle nach Fleeth abbiegen, durch den kleinen Ort hindurch, dann noch etwa 1,5 km auf Schotterpiste. Dorfstr. 12, 17252 Mirow/OT Fleeth, ✆/℻ 039833-22030, www.naturcamp-moessensee.de.

Feriencamp am Rätzsee, großer Wald-und-Wiesen-FKK-Camping hinter hohem Bretterzaun unweit der *Fleether Mühle*; mit Zugang zum Rätzsee, Bistro (mit Pizzaofen), Kanuverleih. Plätze auch für Wasserwanderer (5 €/Pers.). Fleether Mühle 4, 17252 Mirow/OT Diemitz, ✆ 039833-22095, ℻ 039833-22129, www.raetz-see.de.

Ferienhof Biber-Tours, hier gibt es erstens einen schönen, schattigen Campingplatz unweit der Diemitzer Schleuse (etwa 1,5 km entfernt), zweitens die Wiese beim Kanuverleih (direkt bei der Schleuse) und drittens das Zelthotel. Der *Campingplatz* liegt schön am nördlichen Ufer des Labussees, mit kleinem Laden, Badesteg und dem üblichen Komfort (Erw./Jugendl. 3,50 €, Kinder bis 6 Jahre 1,50 €, 7–14 Jahre 2 €, Zelt 4,50–11 €, Wohnmobil 7 €, Hunde 2 €, Strom 1 €, Pkw 2,50 €). Anmeldung: ✆ 039827-30599.
Die *Wiese* ist eher schlicht, nicht parzelliert und mehr für die Durchreise geeignet (ob mit Kanu oder Wohnmobil); Erw. 5 €, Kinder 3 €.
Das *Zelthotel* schließlich bietet Übernachtung im Wigwam-DZ (mit Bett!) für 30 €/2 Pers.; Schlafsack kann man, muss man aber nicht mitbringen. Auch Ferienwohnungen. Diemitzer Schleuse 5, 17252 Mirow/OT Diemitz, ✆ 039827-30011, www.biber-tours.de.

• *Essen & Trinken* **Restaurant zum Biber**, mit schönem Biergarten direkt an der Diemitzer Schleuse; auf den Teller kommt deftige regionale (und saisonale) Küche; 15-18 Uhr auch Kaffee und Kuchen. In der Hauptsaison tägl. ab 8 Uhr, Nebensaison ab 12 Uhr, die Küche erkaltet um 21 Uhr. ✆ 039827-35965.

• *Kanu-/Bootsverleih* **Biber-Tours Bootsverleih**, Verleih und Shop an der Diemitzer Schleuse. Kajak ab 20 €/Tag, Kanu ab 15 €/Tag (1-er) bis 80 €/Tag (10-er), auch High-End-Boote (z. B. Kanu 35 €, Kajak 30 €). Stündlicher und natürlich auch günstigerer mehrtägiger Verleih möglich. Im Shop kann man sich komplett ausstatten: vom Paddel über Gummistiefel bis zu Müsli-Riegel und Zeitschrift. Geöffnet Ostern sowie Mai bis Sept. tägl. 9–19 Uhr. ✆ 039827-799803, www.biber-tours.de.

▸ **Canow** ist eine Art stiller Verkehrknotenpunkt in der idyllischen Mitte von mecklenburgisch Nirgendwo. Hier trifft die Mirower Landstraße auf die Straße nach Wustrow und Wesenberg und führt weiter als Rheinsberger Landstraße nach Süden über Zechlinerhütte zum schönen Städtchen Rheinsberg in Brandenburg. Auch weite Wasserwanderwege laufen an der Canower Schleuse zusammen. Im Norden liegt der *Labussee* (nicht zu verwechseln mit dem Großen bzw. Kleinen Labussee bei Wesenberg, dieser hier heißt einfach nur Labussee), durch den die *Müritz-Havel-Wasserstraße* Richtung Mirow und weiter in die Müritz fließt. Nach Süden führt die Wasserstraße sowohl zur *Havel* hin (und somit zum einen weiter nach Wesenberg, zum anderen nach Fürstenberg) als auch nach Süden durch viele kleine Kanäle und Seen bis zum *Grienericksee* bei Rheinsberg.

Canow selbst ist kein besonders spektakulärer Ort, dank seiner Lage aber touristisch recht gut erschlossen. Gleiches gilt für den südlich von Canow und bereits in Brandenburg gelegenen Ort **Kleinzerlang** am Hüttenkanal.

• *Übernachten/Essen, Fahrrad-/Bootsverleih* **Hotel Ambiente**, traditionsreiches Mittelklassehotel mit leicht gehobenem Restaurant, von der schönen Terrasse blickt man auf den Labussee. Fahrradverleih (5 €/Tag), Kajakverleih und Yachtcharter. EZ 43 €, DZ 70 €, Appartement 86 €, jeweils inkl. Frühstück, Hunde 4 €. Canower Allee 21, 17255 Canow, ✆ 039828-20053, 📠 039828-20085, www.ambiente-canow.de.

Gasthaus zur Schleuse, Pension und Restaurant mit bodenständiger Küche zu fairen Preisen; auch Eiscafé, Terrasse neben dem Haus. Sauna, Boots- und Fahrradverleih. EZ 42 €, DZ 63 €, Appartement 100 €, jeweils inkl. Frühstück. Auch Ferienhäuser. Im Winter nur am Wochenende geöffnet. Canower Allee 20, 17255 Canow, ✆ 039828-20392, 📠 039828-20138, www.gasthaus-zur-schleuse.de.

Marina Wolfsbruch, etwas außerhalb von Kleinzerlang; Retorten-Resort rund um eine eckige Marina (mit künstlicher Insel), etwas deplatziert im Wald gelegen. Neu und bestens organisiert. Mit Café, Restaurants, Bar, Boots- und Fahrradverleih, Yachthafen, Schwimmbad mit Innen- und Außenbecken sowie Wellnessbereich usw. Im Wolfsbruch, 16831 Rheinsberg/OT Kleinzerlang, ✆ 033921-87, 📠 033921-88845, www.marina-wolfsbruch.de.

Gasthof Büdnerhaus, traditionsreicher und beliebter Gasthof in Kleinzerlang, günstige Hausmannskost. Im Nov. geschlossen. 16831 Rheinsberg/OT Kleinzerlang, Dorfstr. 31, ✆ 033921-70289.

Heidekrug, etwa 2 km südlich von Canow, im winzigen Flecken Grünplan. (Anfahrt auf halbem Weg zwischen Diemitzer Schleuse und Canow nach Süden, dann auf Schotterpiste ca. 1,5 km durch den Wald.) Hotel in ruhiger Lage, kleiner Badesee beim Haus, Restaurant mit Terrasse. EZ 67 €, DZ 85–93 €, inkl. Frühstück. Dorfstr. 14, 17255 Grünplan, ✆ 039828-600, 📠 039828-20266, www.hotel-heidekrug-gruenplan.de.

• *Camping* **Camp am Labussee**, auf der Mirower Landstraße kommend ein knapper Kilometer vor Canow; lang gestreckter, einfacher Campingplatz direkt am See, mit

Im Stau – an der Diemitzer Schleuse

kleiner Badestelle und Bootsanleger. Erw. 5 €, Kinder bis 14 J. 1,50 €, Zelt 5–7 €, Wohnmobil 7 €, Hunde 1,20 €, Auto 2,50 €, Strom/Abfall 1,05 €. Mirower Landstr. 4, 17255 Canow, ✆ 039828-20272, ✆ 039828-20644, www.camp-am-labussee.de.

• *Bootsverleih* **Canu-Center Canow**, z. B. 1er-Kajak 17 €/Tag, 3er-Kajak 26 €/Tag, 3er-Kanadier 24 €/Tag, 4er-Kanadier 33 €/Tag, stündliches Mieten möglich, mehrere Tage günstiger; auch führerscheinfreie Motorboote. Am Canower See 2, 17255 Canow, ✆/📠 039828-20249, www.bootsverleih-canow.de.

Weiter nach Wustrow und Wesenberg → S. 190.

Auf dem Weg nach Rheinsberg durchquert man den nördlichen Teil des *Naturparks Stechlin-Ruppiner Land*. Die Landschaft ändert sich kaum, die Gegend ist vielleicht noch ein wenig waldiger und das Gewirr aus Seen, Kanälen und Flussläufen noch ein wenig labyrinthischer. Auf halbem Weg nach Rheinsberg passiert man **Zechli-**

nerhütte. Der hübsch am See gelegene Ort mit Restaurants, Boots-/Fahrradverleih und Campingplätzen in den umliegenden Wäldern (einer befindet sich auf der gegenüberliegenden Halbinsel) wird vor allem mit einem Namen in Verbindung gebracht: *Alfred Wegener*. Der bedeutende Meteorologe, Geophysiker und Polarforscher verbrachte hier nicht nur die Ferientage seiner Kindheit, auch als Erwachsener kehrte er immer wieder nach Zechlinerhütte zurück. Wegener (geb. 1880 in Berlin, gest. 1930 im Eis Grönlands) wurde u. a. als Pionier der Polarforschung und durch seine Forschungsfahrten nach Grönland bekannt. Erst posthum wurde seine theoretische Leistung gewürdigt: Die von ihm formulierte Theorie der Kontinentalverschiebung (1915 erstmals veröffentlicht in „Die Entstehung der Kontinente und Ozeane") war die Grundlage für die heute weitgehend unumstrittene Theorie der Plattentektonik. Ihm zu Ehren heißt das Institut für Polar- und Meeresforschung in Bremerhaven *Alfred-Wegener-Institut*.

Information **Touristinformation Zechlinerhütte** und *Alfred-Wegener-Gedenkstätte*. Rheinsberger Str. 14, 16831 Zechlinerhütte, ✆ 033921-70217, www.zechlinerhuette.com.

Geradewegs nach Süden (ob zu Wasser oder zu Land) ist bald Rheinsberg erreicht. Wendet man sich bei **Zechlinerhütte** nach Westen, erreicht man den *Flecken Zechlin* und das **Dorf Zechlin.** Hier liegt der *Mühlenhof*, ein empfehlenswertes Restaurant mitsamt *Mühlenmuseum*. Im Garten der ehemaligen Mühle dreht sich noch das Wasserrad. Die Ausstellung des Museums erstreckt sich über drei Stockwerke, die man über steile Stiegen erreicht. Diverse Maschinen veranschaulichen die Arbeitswelt des Müllers.

Mühlenmuseum: Mi–Mo 12–19 Uhr, Di geschlossen. Eintritt 1 €. Eingang über das Restaurant Mühlenhof.

• *Übernachten/Essen* **Mühlenhof**, *unser Tipp:* Im Untergeschoss der alten Mühle befindet sich die urige Mühlenschänke. Schön sitzt man auch auf der idyllischen Terrasse (mitsamt sich drehendem Mühlrad). Zur Saison gibt es Spargel aus eigenem Anbau, zudem sehr gute Fisch- und Fleischgerichte aus regionalen Zutaten (hervorragendes Gulasch), für das Gebotene geradezu günstig; zuvorkommender, freundlicher Service. Tägl. mittags und abends geöffnet, Di Ruhetag. Im Nebengebäude werden Ferienwohnungen vermietet (2 Pers. ab 38 €/Tag). Am Kunkelberg 14, 16837 Dorf Zechlin, ✆ 033923-70267, www.muehlenhof-zechlin.de.

Abstecher nach Rheinsberg

ca. 8800 Einwohner

„Das Schloß! – Das Schloß mußte besichtigt werden."

Kurt Tucholsky, *Rheinsberg*

Wir werden es nicht wagen, Tucholsky zu widersprechen: Ja, das Schloss zu Rheinsberg sollte selbstverständlich besichtigt werden. Eingebettet zwischen dem Grienericksee, der herrlichen Parkanlage und dem Stadtkern, ist das Gesamtensemble freilich auch ohne eingehende Inspektion des feudalen Prachtbaus unbedingt einen Besuch wert. Dem Schloss schräg gegenüber gehen der weitläufige, baumbestandene Markt und der sog. Triangelplatz ineinander über. Die zentrale Straße, die von Schloss und Markt aus parallel zum Ufer des Grienericksees nach Norden führt, heißt natürlich Königsstraße. Zurückversetzt vom Markt erhebt sich die St.-Laurentius-Kirche, der man nicht ansieht, dass ihr Baukörper im Kern aus dem 13. Jh. stammt (in der Saison Mo–Sa 10–13 und 14–16 Uhr, So 13–16 Uhr). Am Kirchplatz erinnert eine Keramikmanufaktur samt Museum an die lange Tradition der Keramik- und Porzellanproduktion in Rheinsberg. Nördlich des Schlosses findet sich am Grienericksee ein kleiner Hafen mitsamt Uferpromenade.

Am Rheinsberger Schloss

Zuallererst sind es zwei Namen, die mit dicken Lettern in den Annalen von Rheinsberg vermerkt sind: *Friedrich II.* und *Kurt Tucholsky*. Bevor Friedrich, damals noch Kronprinz, an den Grienericksee kam, war Rheinsberg kaum mehr als ein kleines Kaff neben einem in die Jahre gekommenen Herrensitz. Unter Friedrich begann nicht nur der Ausbau der Residenz, auch den Markt ließ er pflastern, die Häuser mit Ziegeln decken und verputzen, den Park anlegen. Nachdem 1744 der Bruder des nunmehr regierenden Königs Friedrich II., *Prinz Heinrich*, das Rheinsberger Schloss bezog, wurden die Um- und Ausbaumaßnahmen noch intensiviert. Kurt Tucholsky dagegen setzte der Stadt ein literarisches Denkmal, als er die Erinnerung an ein paar unbeschwerte Rheinsberger Urlaubstage in der luftig-leichten Liebesromanze *Rheinsberg. Ein Bilderbuch für Verliebte* verdichtete.

Der musischen Ader der beiden Hohenzollern Friedrich und Heinrich geschuldet, hat sich in Rheinsberg bis heute eine lebendige Musiktradition erhalten. Den Spielplan füllen die Kammeroper Schloss Rheinsberg und ihr Internationales Festival junger Opernsänger, die Rheinsberger Musikakademie, die Rheinsberger Musiktage zu Pfingsten, die Lange Nacht der Künste, Kirchenkonzerte und so fort (Infos unter www.kammeroper-schloss-rheinsberg.de und www.musikakademie-rheinsberg.de).

Es gibt also viele Gründe, um das schmucke Städtchen Rheinsberg zu besuchen. Vor allem aber, klar: Das Schloss muss besichtigt werden ...

Literatur Kurt Tucholsky, *Rheinsberg. Ein Bilderbuch für Verliebte*. Die vergnüglich zu lesende Lektüre über den vergnüglichen Aufenthalt von Claire und „Wölfchen" in Rheinsberg („Was isn diss?" „Nüchs, wie du dich auszudrücken beliebst." „Na, haber ..."). Tucholsky selbst bemerkte 1920 im Vorwort zur Neuauflage: „Aber was in dem Buch da ist: das weiß ich schon. Eine bessere Zeit und meine ganze Jugend." Unter anderem erschienen bei Rowohlt.

• *Information* In Rheinsberg gibt es zwei Touristinformationen:
Verkehrsverein Rheinsberger Seenkette, im Kavalierhaus des Schlosses am Markt. Mo–Sa 10–18 Uhr (im Winter nur bis 16 Uhr), So 10–16 Uhr. Am Markt, 16831 Rheinsberg, ✆ 033931-2059, ✆ 033931-34704, www.tourist-information-rheinsberg.de.

Rheinsberg Tourismus-Service, Königstraße 27, 16831 Rheinsberg, ✆ 033931-39510, ✆ 033931-34598, www.rheinsberg-tourismus.de.

Die offizielle Homepage der Stadt lautet www.rheinsberg.de.

• *Ausflüge* **Fahrgastschifffahrt Rheinsberg** (Reederei Halbeck), diverse Touren, z. B. nach Zechlinerhütte und zurück (in der Saison 2-mal tägl., 6,50 €/Pers.) oder bis Strasen und nach Röbel an der Müritz. Weitere Infos und Termine unter ✆ 033931-38619, www.schifffahrt-rheinsberg.de.

• *Bootsverleih* **Reederei Halbeck** verleiht auch Boote, vom Tretboot (6 €/Std., 26 €/Tag) über Ruderboot (5 €/Std., 20 €/Tag), Kajak (5 €/Std., 24 €/Tag) und Kanu (7 €/Std., 28 €/Tag) bis zu Motorboot (22 €/Std., 120 €/Tag) und Yacht (ab 26 €/Std., ab 155 €/Tag). April bis Okt. 9–18 Uhr. Am Yachthafen, ✆ 033931-38619.

• *Kutschfahrten* Kutschen für Stadtrundfahrten stehen im Sommer vor dem Eingang zum Schloss.

• *Übernachten/Essen* ****** Schlosshotel Rheinsberg (4)**, zweifellos die erste Adresse im Ort, hier soll schon Kaiser Wilhelm II. logiert haben (seither wurde natürlich kräftig renoviert); mit schicker Bar und Café (Tische auch draußen). Im stilvollen Restaurant wird gehobene Küche serviert. Auch Kochkurse. Sehr freundlicher Service. EZ 85 €, DZ 120 €, Juniorsuite 135 €, Prinz-Heinrich-Suite 155 €, jeweils inkl. Frühstück. Zentrale Lage direkt am Markt, Seestraße/Ecke Königstraße. Seestr. 13, 16831 Rheinsberg, ✆ 033931-39059, 📠 33931-34970, www.schlosshotel-rheinsberg.de.

Der Seehof (3), freundliches Hotel/Restaurant mit viel Charme, muss sich hinter dem benachbarten Schlosshotel nicht verstecken. Schöne, helle Zimmer, sehr gemütlicher Innenhof/Hofgarten, gutes und gelobtes Restaurant (3-Gänge-Menü 24,50 € bis 6 Gang-Menü 39,50 €, auch à la carte, mittleres bis leicht gehobenes Preisniveau). EZ 75 €, DZ 110 €, Suite 125 €, jeweils inkl. Frühstück. Seestr. 18, 16831 Rheinsberg, ✆ 033931-4030, 📠 33931-40399, www.seehof-rheinsberg.de.

Ratskeller (5), das Restaurant ist auch dank Tucholsky eine Institution, wenngleich der Gasthof, den vor Tucholsky schon Fontane kannte, abgerissen und an seiner Stelle ein Neubau errichtet wurde. Heute fährt der Ratskeller mit umfangreicher Speisekarte bei mittlerem Preisniveau auf, auch Menüs (19–25 €); freundlicher Service. Tägl. ab 11 Uhr. Markt 1, ✆ 033931-2264.

Fischgaststätte (2), zu einer Fischhandlung mit eigener Räucherei gehörendes Fischrestaurant am Hafen, sehr beliebt und nicht teuer. Mi–Mo 12–22 Uhr, warme Küche bis 21 Uhr; Di Ruhetag. Seestr. 19 a, ✆ 033931-39586.

Zum Jungen Fritz (6), Gast- und Logierhaus, heißt: zünftiges Wirtshaus mit 9 Zimmern (EZ ab 50 €, DZ ab 72 €). Im urigen Gasthaus kommt deftige märkische Küche auf den Teller, nachmittags Kaffee und Kuchen, ein paar Tische auch draußen. Zentral gelegen: Schlossstr. 8, 16831 Rheinsberg, ✆ 033931-4090, 📠 33931-40934, www.junger-fritz.de.

Café Tucholsky (1), mit schöner Terrasse an der Hafenpromenade/Ecke Kurt-Tucholsky-Straße; köstliche Kuchen, durchgehend warme Speisen, Live-Kaffeehausmusik und diverse Veranstaltungen. Auch Ferienwohnungen. Tägl. ab 11 Uhr. Kurt-Tucholsky-Straße 30 a, ✆ 033931-34370, www.tucholsky-cafe.de.

Sehenswertes

Schloss: Schon im 14. Jh. stand hier am See eine Burg zum Schutz der Ruppiner gegen die Mecklenburger im Norden. Zu Ruhm und Ehre kam Schloss Rheinsberg jedoch bekanntermaßen erst 1736, als Kronprinz Friedrich nebst seiner – ihm auf Geheiß des Vaters angetrauten – Gattin *Elisabeth Christine von Braunschweig-Bevern* das zuvor gründlich um- und ausgebaute Schloss als Residenz erhielt. Ab 1744 residierte hier Friedrichs jüngerer Bruder *Heinrich*, der bis zu seinem Tod im Jahr 1802 in Rheinsberg blieb, danach erhielt sein Bruder *Ferdinand* die Residenz. 1911 verhalf *Kurt Tucholsky* dem Schloss zu neuem Ruhm – ihm ist in einigen Räumen des Erdgeschosses eine Ausstellung gewidmet. Von 1953 bis 1990 diente das Schloss als Sanatorium für Diabetiker. 1991 wurde das Schlossmuseum eröffnet.

Tucholsky-Literaturmuseum: Bei einem Besuch von Schloss Rheinsberg sollte man die kleine Ausstellung im Erdgeschoss des Nordflügels auf keinen Fall auslassen. Zu sehen sind Zeitdokumente zu Tucholskys Leben, darunter einige Originale der „Weltbühne“ sowie Originalausgaben einiger Bücher und Schriften, die Tucholsky unter Pseudonym schrieb, Fotos und andere Dokumente. Zitate aus seinen Werken und Daten zu Tucholskys Leben runden die Ausstellung ab – und wer will, kann im ersten Nebenraum das beschwingte „Rheinsberg“ als Hörbuch genießen (von Anna Thalbach gelesen).

Der **Rundgang** durch das Schloss führt – das Treppenhaus im Nordturm hinaufkommend – vom Spiegelsaal im 1. Stock durch unzählige Kammern, Säle und Gemächer, von denen die meisten noch in der Originalausstattung erhalten, aber nur noch teilweise möbliert sind (das meiste Mobiliar wurde nach Heinrichs Tod 1802 veräußert). Zahlreiche Gemälde und einige Gobelins sind noch zu sehen. Zu den Höhepunkten im 1. Stock – Friedrich und seine Gattin logierten hier in getrennten Wohnungen – zählen der repräsentative *Spiegelsaal* (der größte Saal des Schlosses) sowie das *Turmkabinett* im Südflügel, in dem Friedrich seine Korrespondenzen und Schriften verfasste (u. a. den „Antimacchiavell" und den Briefwechsel mit Voltaire). Den *Rittersaal* mit seinen militärischen Anspielungen ließ Friedrich extra für die Besuche seines Vaters anfertigen. Zu sehen sind auch die damalige Wohnung von Prinz Ferdinand sowie die *Bibliothek* von Prinz Heinrich und dessen rekonstruiertes *Schlafzimmer* – diese Räume entstanden alle nach Friedrichs Zeit. Im Erdgeschoss gibt es weitere Räume, die von Heinrich gestaltet und bewohnt wurden (hier, in seiner Schlafkammer, starb er am 3. August 1802).

Der junge Fritz

Im letzten Raum des Rundgangs dokumentieren Fotos die Zeit von 1949 bis 1990, als Rheinsberg ein Sanatorium war, und die damit verbundenen baulichen Maßnahmen bzw. die Zerstörung der Sommerwohnung von Prinz Heinrich, die sich hier im Erdgeschoss befand.

Schloss: 1. April bis 31. Okt. Di–So 10–17 Uhr, sonst nur bis 16 Uhr, Mo geschlossen. Eintritt 6 €, erm. 5 €, im Winter nur 4 € (3 €), inkl. Audioguide. Kasse/Buchladen im früheren Marstall gegenüber vom Museum. Barrierefreier Zugang. Mühlenstr. 1, 16831 Rheinsberg, ✆ 033931-7260.

Tucholsky-Literaturmuseum: ganzjährig Di–So 9.30–12.30 und 13–17 Uhr. Der Eintritt für das Schloss gilt auch für das Literaturmuseum.

Schlossgarten: Durch den Fluss *Rhin* vom Schloss getrennt, erstreckt sich der Schlossgarten am Südufer des Grienericksees. Zunächst wurde er während der Anwesenheit von Kronprinz Friedrich im barocken Stil angelegt. Prinz Heinrich ließ die Anlage auf ihre heutige Größe erweitern und ergänzte diversen architektonischen Schmuck. Ein Spaziergang durch schattige Laubengänge und Alleen, vorbei an ausdrucksvollen Statuen und kunstvoll geschnittenen Hecken zu Felsengrotte, Heckentheater oder zum offenen „Salon", am Ufer des Sees entlang oder bis hinein in den Boberow-Wald runden den Rheinsbergbesuch ab.

Der Kronprinz in Rheinsberg

Als Friedrich nach Rheinsberg kam, war er noch nicht der Zweite und schon gar nicht der Große oder der Alte (Fritz nämlich). Er war nur Friedrich aus der Familie der Hohenzollern, Kronprinz von Preußen (1712–1786). Das bedeutete zum einen, dass er früher oder später für die Staatsgeschäfte des Königreichs verantwortlich zeichnen musste; und zum anderen, dass er vor seinen Ahnen zu bestehen hatte: Der Urgroßvater hatte sich den Beinamen *Der Große Kurfürst* erworben, der Großvater Brandenburg zum Königreich Preußen erhoben und der Vater Preußen dazu in Stand gesetzt, im europäischen Machtkonzert zu bestehen. Dass sich Friedrich seiner Ahnen als würdig erweisen und sie gar übertreffen würde, war zum Zeitpunkt seiner Ankunft in Rheinsberg nicht vorhersehbar, wenn nicht sogar unwahrscheinlich.

Der junge Friedrich war ein Schöngeist und so ganz der monarchische Gegenentwurf zum gestrengen Vater, König *Friedrich Wilhelm I.* (1688–1740), den man auch Soldatenkönig nannte. Der alte Hohenzoller war durch und durch Soldat, der junge liebte die französische Literatur; der alte hatte eine schlagkräftige Armee geformt, der junge spielte Querflöte; der alte war ein Protestant von calvinistischer Strenge, der junge ein Frei- und Feingeist. Entsprechend zerrüttet war das Verhältnis der beiden. Friedrich Wilhelm nannte seinen Sohn einen „Flötenspieler und Gecken“, während der Sohn die Uniform, des Vaters Lieblingsgarderobe, als „Sterbekittel“ bezeichnete. Der Konflikt fand seinen Höhepunkt in der versuchten Flucht des Kronprinzen während einer gemeinsamen Reise. Doch Friedrich wurde aufgegriffen, der Vater empfand die recht naive Aktion als Verrat wie auch als persönlichen Affront, und es heißt, es habe nicht viel gefehlt, und der aufbrausende Friedrich Wilhelm hätte seinen Sohn und Nachfolger hinrichten lassen. Seiner Majestät Wut bekam dafür ein anderer zu spüren: Hans Hermann von Katte, am Fluchtversuch beteiligter Vertrauter Friedrichs. Er wurde zum Tode verurteilt und der Kronprinz gezwungen, der Hinrichtung beizuwohnen. Da Friedrich aber in Ohnmacht fiel, blieb ihm erspart, der Vollstreckung ansichtig zu werden. Zu dem Zeitpunkt, an dem er die Schuld am Tod seines Freundes tragen musste und der eigenen Hinrichtung nur knapp entronnen war, war Friedrich 18 Jahre alt. In den folgenden Jahren übte sich Friedrich in Disziplin, versuchte dem Vater zu gefallen, heiratete auf Befehl, kam seinen militärischen Pflichten nach und führte ein Regiment in einen kurzen Feldzug.

Dann aber zog sich Friedrich zurück – nach Rheinsberg. Er widmete sich der Musik und seinen Büchern, er betrieb intensive philosophische und literarische Studien und verfasste seinen *Antimachiavell* (eine Streitschrift gegen die rohe Staatsräson in Machiavellis *Il Principe*). Er empfing Komponisten, Baumeister und Maler und begann einen regen Briefkontakt mit *Voltaire* (1694–1778), einem der führenden Köpfe der französischen Aufklärung. Vier Jahre sollte der Kronprinz in seinem Schloss in Rheinsberg verweilen und nannte diese Zeit die glücklichste seines Lebens. Am 31. Mai 1740 bestieg er als *Friedrich II.* den preußischen Thron. Noch im gleichen Jahr befand er sich im Krieg mit Österreich.

Zwar war Friedrich wohl der berühmteste der Rheinsberger Schlossherren, nicht minder nachhaltig aber wirkte sein Bruder *Prinz Heinrich* (1726–1802). 1744 hatte Friedrich II. Schloss Rheinsberg seinem kunstsinnigen Bruder vermacht. Die im Auftrag Heinrichs begonnene Erweiterung von Schloss und Park prägen das Gesamtbild der Anlage bis heute. Heinrich lebte mit seiner Prinzessin Wilhelmine im Rheinsberger Schloss bis zu seinem Tod im Jahr 1802.

Idyllisches Café in Wesenberg

Wesenberg

ca. 3200 Einwohner

Inmitten der lieblichen Kleinseenplatte liegt Wesenberg, ein sympathisches Städtchen mit schmuck hergerichteter Altstadt samt Burg.

In Wesenberg geht es ruhig zu. Kleinstädtisches Flair verbreitet das kompakte Zentrum, das von der Ringstraße fast umschlossen wird. Vom weitläufigen Markt sind es nur ein paar Schritte zur beschaulichen Burg. Unterhalb davon erstreckt sich eine schöne, große Grünanlage (mit Spielplatz) bis zum kleinen Hafen für Wasserwanderer am Woblitzsee (ein größerer Anleger befindet sich in der lang gestreckten Grünanlage nördlich des Stadtkerns).

Wesenberg liegt an der Oberen Havel-Wasserstraße. Der Woblitzsee ist einer der großen Havelseen, die sich nördlich des Städtchens ausdehnen und teilweise bereits in den Müritz-Nationalpark hereinreichen.

Wesenberg ist eine relativ junge Stadt. Nach der ersten Teilung Mecklenburgs ließ Fürst Nikolaus I. von Werle um 1250 eine Burg an der für ihn wichtigen Handelsstraße errichten. Im Schatten der Burg entstand eine Siedlung, die bald das Stadtrecht erhielt (1278). Mehrmals fiel Wesenberg an Brandenburg, bis es endgültig Mecklenburg zugeschlagen wurde. Wie für so viele Städte war auch für Wesenberg das 17. Jh. kein gutes Jahrhundert. Die Schrecken des Dreißigjährigen Krieges, die Pest und schließlich mehrere schwere Stadtbrände suchten Wesenberg heim. Die vielleicht größte Feuersbrunst tobte 1706 und soll nur ein einziges Haus verschont haben, auch Kirche, Kirchturm und Burg wurden schwer in Mitleidenschaft gezogen. Auch am Ende des Zweiten Weltkriegs nahmen Burg und Häuser durch Brände schweren Schaden, wurden aber sorgsam mit viel Aufwand wiederhergestellt und ergeben heute ein sehenswertes kleinstädtisches Ensemble.

Information/Verbindungen/Aktivitäten

• *Information* **Touristinformation**, in der Burg, sehr freundlich und hilfsbereit. Neben Hilfe bei der Unterkunftssuche, allgemeinen Auskünften usw. werden auch Stadtführungen organisiert. Von hier geht es auch in die Heimatstube und auf den Turm der Burg. Juni bis Aug. tägl. 10–18 Uhr, Mai und Sept. 10–17 Uhr, Okt. bis April 10–16 Uhr. Burg 1, 17255 Wesenberg, ✆ 039832-20621, 📠 039832-20383, www.wesenberg-mecklenburg.de.

• *Verbindungen* **Bahn**: Die Linie R 6 der Privatbahn ODEG verkehrt ca. 8-mal tägl. zwischen Neustrelitz und Mirow (in der Saison Sa/So bis zu 12-mal). Bahnhof am nordöstlichen Ortsrand von Wesenberg.

Bus: Linie 650 fährt mehrmals tägl. zwischen Neustrelitz und Mirow mit Halt in Wesenberg. Linie 649 ebenfalls mehrmals tägl. von Neustrelitz via Wesenberg nach Canow.

• *Boots-/Kanuverleih* **Jahn's Bootsverleih**, am kleinen Hafen hinter der Burg. Kajaks ab 16 €/Tag, 2er- und 3er-Kanadier ab 25,50 €/Tag, mehrtägige Miete günstiger; auch *Wasserwanderplatz* (Zelten möglich: 1,50 €/Pers., 4 €/Zelt). Vor dem Mühlentor 13, ✆ 039832-20568.

Kanu-Mühle, an der Straße Richtung Neustrelitz, über die Brücke, dann rechts. Kajaks ab 18 €/Tag, Kanadier ab 26 €/Tag (bis zu 10er-Kanadiern, 90 €/Tag), auch stundenweise möglich, mehrtägige Miete günstiger; zudem geführte Paddeltouren im Angebot (auch mehrtägig). Auch *Wasserwanderplatz*: Übernachtungsmöglichkeiten im Zelt, in der Holzhütte (wirklich nur eine kleine Hütte mit Bett, Tisch und fertig), in der Ferienwohnung oder im schönen Bootshaus am See. Havelmühle 1, ✆ 039832-20350, www.kanu-muehle.de.

• *Fahrradverleih* **Fahrradservice Rehfeldt**, 6,50 €/Tag. Mo–Fr 9–12 Uhr. Hohe Str. 9, ✆ 039832-20430.

Übernachten/Essen

Große Hotels sucht man in Wesenberg vergebens. Wenngleich es innerorts ein, zwei Übernachtungsmöglichkeiten gibt, sind es vor allem die Campingplätze der Umgebung, die Wesenberg als Standort interessant machen. Zwei schöne Hotels, das Borchard's Rookhus und die Villa Kunterbunt (→ „Nördlich von Wesenberg"), liegen am Ufer des Großen Labussees.

B & B-Pension Wesenberg, nicht zentral, aber in Wesenberg; vier schöne Doppelzimmer, im Haus gibt es auch eine Sauna, Parkplätze am Haus, Fahrradverleih für Hausgäste; sehr freundliche Leitung. DZ 55 €/Tag, keine Hunde. *Anfahrt* über den Zwenzower Weg (von der Stadtmitte Richtung Bahnhof, dann bei der Gabelung dreier Wege links). Bahnhofstr. 15, 17255 Wesenberg, ✆/📠 039832-20043, www.pension-wesenberg.de.

Außerhalb **Romantik-Hotel Borchard's Rookhus**, *unser Tipp!* Idyllisches, kinderfreundliches Hotel 3 km nördlich von Wesenberg (Richtung Zwenzow), am Westufer des Großen Labussees. Nur durch die Liegewiese (mit Sandstrand und Bootssteg) vom Wasser getrennt, schöne Terrasse mit Seeblick, ruhige Lage zwischen Wald und See. Die Zimmer gruppieren sich um das hufeisenförmige Gebäudeensemble, außerdem gibt es einen größeren Neubau nebenan. Besonders gemütlich finden wir die Zimmer im Fachwerk-Altbau unterm Dach. EZ 95 €, DZ mit Balkon im Altbau 120 €, DZ im Neubau 140–150 €, jeweils inkl. Frühstück, auch diverse Familienangebote. Mit Gourmet-Restaurant „Nikolaus" (→ unten). Kinderbetreuung, Sauna, Boots- und Fahrradverleih, in der knapp 2 km entfernten Villa Kunterbunt (S. 196) zudem Hallenbad und Wellnessbereich (Kosmetik, Massagen etc.). Ganzjährig geöffnet. Am Großen Labussee 12, 17255 Wesenberg, ✆ 039832-500, 📠 039832-50100, www.rookhus.de.

• *Ferienwohnungen/Ferienhäuser* **Villa Pusteblume** (siehe unten „Cafés"); **Kanu-Mühle** (siehe oben „Boots-/Kanuverleih"); **Camping und Ferienpark Havelberge** (→ „Nördlich von Wesenberg", S. 196).

• *Camping* Rund um Wesenberg gibt es mehrere Plätze, die meisten gehören zur Camping-Kette Haveltourist (www.haveltourist.de). Wasserwanderer können ihre Zelte auch an den beiden Wasserwanderrastplätzen aufstellen (→ Bootsverleih).

Am Kleinen Labussee, der einzige „Independent"-Platz rund um Wesenberg und ganz besonders nett, wenn auch recht einfach; Verleih von Fahrrädern, Ruderbooten und Kajaks; Kiosk und Imbiss, kleine Badestelle mit Bootsanleger, auch einfache **Bungalows und DZ** im neuen Haupthaus (dort auch die Sanitäranlagen). Erw. 3 €, Kinder 2–15 Jahre 2 €, Zelt 5–9 €, Wohnmobil/Wohnwagen 9–13 €, Strom 2 €. Geöffnet Mai bis Okt. Am Labus 1 b, 17255 Wesenberg, ✆ 039832-20813 (Winterhalbjahr ✆ 039832-20525), www.ihr-familienpark.de. *Anfahrt:* Etwa 2 km vom Zentrum Wesenbergs entfernt, am Kleinen Labussee; zunächst Richtung Bahnhof fahren, davor dann links in den Zwenzower Weg abbiegen und immer geradeaus (Richtung Zwenzow), dann vom Ortsrand aus nach etwa 1 km rechts ab (beschildert).

Camping am Weißen See, schöne, schattige Waldplätze unweit des Großen Weißen Sees, dort schöne Badestelle mit Steg und großer Liegewiese; kleiner Kiosk und eine Gaststätte mit Blick auf den See; außerdem Shop bei der Rezeption, Kanu- und Fahrradverleih. Erw. 4,90 €, Kinder 2–14 Jahre 3,40 €, Zelt 7,60–8.90 €, Wohnmobil 6 €, Strom 2,70 €, Hunde 3,20 €. Ganzjährig geöffnet. Kontakt über: Camping- und Ferienpark Havelberge, 17237 Groß Quassow/Userin, ✆ 03981-24790, 📠 03981-247999, www.havel tourist.de. *Anfahrt:* Zwei Varianten möglich, eine über die Verbindungsstraße von Wesenberg nach Zwenzow (dann links, ausgeschildert). Oder von Mirow auf der Landstraße kommend vor Wesenberg links ab und am Kleinen Weißen See vorbei (Achtung: unbeschrankter Bahnübergang).

• *Essen & Trinken außerhalb* **Restaurant Nikolaus**, im Hotel Borchard's Rookhus; im einmalig schönen, eleganten Ambiente eines Speisesaals aus vergangenen Zeiten, Blick auf den See, im Sommer mit Terrasse. Serviert wird regionale Fleisch- und Fischküche auf höchstem Niveau, 3-Gänge-Menü 30–36 €, Vorspeisen à la carte um 12 €, Hauptgerichte um 20 €. Tägl. mittags und abends geöffnet, nachmittags auf der Terrasse Kaffee und Kuchen. Am Großen Labussee 12, (Anfahrt s. oben, Hotel), ✆ 039832-500.

• *Cafés* **Villa Pusteblume**, sehr nettes Gartencafé nur wenige Schritte vom Marktplatz (Richtung Burg und Hafen) – man sitzt gemütlich zwischen Obstbäumen; köstliche hausgemachte Kuchen, netter und persönlicher Service. In der schönen alten Villa werden zwei *Ferienwohnungen* und am Woblitzsee zwei zu *Ferienhäuschen* umgebaute Bootshäuer (ein rotes und ein grünes, eines mit Ruderboot, eines mit Motorboot) vermietet; jeweils ab 40 €/Tag, Endreinigung 20 €. (Zum Spielzeugmuseum siehe unten.) Burgweg 1, 17255 Wesenberg, ✆ 039832-21305, www.villa.pusteblume@gmx.de.

Am Hafen, schöner, beliebter und gemütlicher Biergarten bei der Grünanlage zwischen Hafen und Burg, auch Imbiss; nur zur Saison geöffnet. ✆ 039832-21122.

Sehenswertes

Burg Wesenberg und Heimatmuseum: Die Burg wurde erstmals um 1250 errichtet. Immer wieder nahm sie mehr oder weniger Schaden durch Kriege und Stadtbrände. Ein letztes Mal brannte sie in den letzten Monaten des Zweiten Weltkriegs aus. Heute sind in der Burg die Touristinformation, die Stadtbibliothek und das Heimatmuseum untergebracht.

Im überschaubaren *Heimatmuseum* muss man zunächst an ein paar ausgestopften Tieren vorbei, bis man eine kleine Sektion über die Frühgeschichte, eine historische Schusterwerkstatt und eine forstwirtschaftliche Abteilung erreicht. Der wohl interessanteste Teil aber befindet sich im Nebengebäude: eine Ausstellung über die Geschichte der regionalen Fischerei. Im Eintrittpreis des Heimatmuseums ist auch die Besteigung des Burgturms enthalten, die man sich nicht entgehen lassen sollte – herrliche Aussicht über Stadt und See.

Heimatmuseum/Burgturm: Juni bis Aug. tägl. 10–18 Uhr, Mai und Sept. tägl. 10–17 Uhr, Okt. bis April tägl. 10–16 Uhr. Eintritt 2 €, erm. 1 €. Burg 1, 17255 Wesenberg, ✆ 039832-20621, www.wesenberg-mecklenburg.de.

Marienkirche: Die auf einem Feldsteinfundament errichtete Backsteinkirche entstand weitgehend im 14. Jh. Dem fast quadratischen, dreischiffigen Langhaus wurde ein langer Chorraum angefügt, der von einem sehenswerten Netzgewölbe abgeschlossen wird. An der Südseite der Kirche verdeckt eine uralte Linde den Blick auf den gotischen Stufengiebel, der sich über dem Seitenportal erhebt. Der Turm wirkt recht gedrungen – bei einem Brand im frühen 18. Jh. wurde er derart in Mitleidenschaft gezogen, dass man sich nicht mehr die Mühe machte, die oberen Teile wieder aufzubauen. Der Brand verwüstete auch das Innere des Gotteshauses, weite Teile der Ausstattung stammen deshalb aus der Mitte des 19. Jh. Sehenswert ist die aus dem 18. Jh. datierende Orgel von Johann Michael Röder.

Im Sommer tägl. 8–18 Uhr, außerhalb der Saison erhält man den Schlüssel im Pfarrhaus. Hohe Str. 22, ✆ 039832-20431.

Spielzeugmuseum in der Villa Pusteblume: In zwei kleinen Räumen auf der Rückseite der Villa Pusteblume sind Spielsachen aus vergangenen Tagen zu bestaunen – Modelleisenbahnen und -autos, ein Modell des Wiener Prater-Riesenrads, alte Grammophone und Schreibmaschinen, Radios und Klaviere in kunterbunter Anordnung.

Ostern bis Ende Okt. Mo und Mi–Fr 10–17 Uhr, Sa/So 13–17 Uhr, Di geschlossen; Nov. bis Ostern Mo, Mi–Fr 10–16 Uhr, Di, Sa, So geschlossen. Besichtigung auch nach Vereinbarung unter ✆ 039832-21305. Eintritt frei, man freut sich aber über eine Spende.

Wanderung 7: Rundwanderung/Radtour nördlich von Wesenberg

Charakteristik: einfache, kaum anstrengende Wanderung über Felder und am See und Waldrand entlang. Das letzte Stück führt durch Wald.

Länge/Dauer: ca. 11 km, reine Gehzeit etwa 3½ Stunden. Mit Fahrrad ca. 1½ Std., gut befahrbare Strecke.

Einkehr: in Klein Quassow, Imbiss/Kiosk beim Camping „Am Kleinen Labussee" sowie in Wesenberg.

Start/Info/Fahrradverleih: Start am Marktplatz in Wesenberg (Parkplatz in der Nähe), Radverleih bei Fahrradservice Rehfeldt wenige Schritte oberhalb des Marktplatzes, Hohe Straße 9 (→ S. 191).

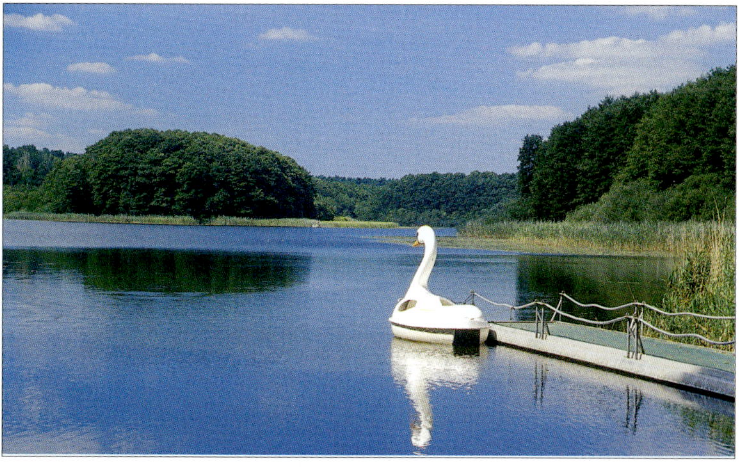

„Schwanensee" bei Wesenberg

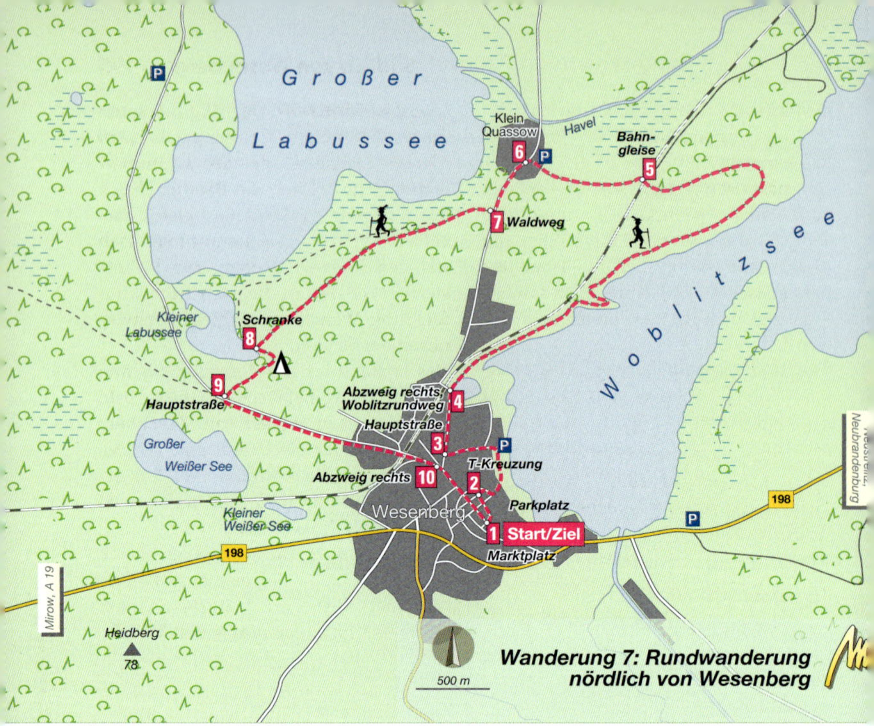

Wegbeschreibung: Am Marktplatz in Wesenberg (WP 01) biegt man an seinem unteren Ende nach links in die Seestraße ein, dieser ca. 200 m folgen, bei der T-Kreuzung (WP 02) rechts hinunter und bei der nächsten Möglichkeit wieder rechts in die Grabenstraße; kurz darauf erscheint linker Hand ein Parkplatz, hier geht es in den Radweg hinein (Beschilderung: *Anlegestelle*). Man folgt nun einer schönen, schattigen Allee, rechts liegt der See (der hier aber nicht zu sehen ist), links eine Reihe von Schrebergärten, bis man bei einem Parkplatz nach links (Beschilderung: *Groß Quassow*) in die Straße „In den Wällen“ einbiegt. Leicht bergauf geht es nun an einer großen Bushaltestelle mit Wendeplatz und einer Kindertagesstätte vorbei, bis man auf die Hauptstraße stößt (WP 03), in die man nach rechts einbiegt (Lindenstraße). Es geht an Wohnblocks vorbei, bald sieht man die Bahnschranke vor sich, wenige Meter vor den Bahngleisen nach rechts auf den Fahrradweg nach Groß Quassow/ Woblitzrundweg (WP 04) abbiegen und hier den schmalen Fußgänger-/Radweg nehmen.

Ein gutes Stück geht es nun an den Bahngleisen entlang, nach rechts fällt der Blick auf den nahen Woblitzsee, dann durch ein Birkenwäldchen und an Bootshäusern vorbei. An einer Picknickstelle kommt man rechter Hand nach wenigen Metern zum See, unser Weg führt hier aber geradeaus weiter an den jetzt oberhalb verlaufenden Bahngleisen entlang. Nach einem langen Holzsteg (Erlengrundbrücke) entfernt sich der Weg von der Bahn und verläuft nun längere Zeit parallel zum See. Links erstrecken sich Felder, rechts Bäume und Uferdickicht, dazwischen schimmert blau der See. Nach einer Linksbiegung geht es zwischen Feldern leicht bergauf, bald darauf ist ein lichter Kiefernwald erreicht. Nun am Rand des Kiefernwalds entlang (links Felder); man passiert eine Jagdhütte und gelangt nach einer Rechtskurve über eine Kuppe: Hier sind schon die Dächer von *Klein Quassow zu* sehen. Über die Bahngleise (WP 05) – hier ein Rastplatz – gelangt man nun auf breiterem Feldweg in den Ort.

An der Hauptstraße von Klein Quassow mit Parkplatz (WP 06) biegt man nun nach links Richtung Wesenberg ab; wenige hundert Meter nach dem Ortsschild geht es bei einem Warnschild (Schlangenlinien) nach rechts ab in den Waldweg hinein (WP 07), eine verrostete rot-weiße Schranke muss hier umgangen werden. Nun immer auf diesem lichten Waldweg bleiben (etwas langweilig), bis man nach zwei Kilometern (ab WP 07) erneut zu einer rot-weißen Schranke kommt (WP 08, Markierung: *rotes Eichhörnchen*). Der Weg führt nun durch den netten Campingplatz „Am Kleinen Labussee“, der See schimmert rechter Hand durch die Bäume. Durch den Camping hindurch und gleich darauf auf Asphaltstraße kommt man nach wenigen hundert Metern zur Hauptstraße (WP 09), in die man nach links Richtung Wesenberg einbiegt (Gehweg neben der Straße).

Das letzte Stück der Tour verläuft nun auf der wenig befahrenen Straße, bald sind die ersten Häuser von Wesenberg zu sehen; über die Gleise und geradeaus, bis die Hauptstraße (WP 10) erreicht ist, in die man nun nach rechts einbiegt. Nach etwa 150 m geht es geradeaus weiter (nicht dem Rechtsknick der Hauptstraße folgen) in Richtung Fußgängerzone und Marktplatz, dem Endpunkt und Startpunkt der Wanderung (WP 01).

Südlich von Wesenberg

Der östliche Teil der Kleinseenplatte, südlich von Wesenberg, ist weniger waldreich als die Gegend südlich von Mirow, doch öffnet sich hier eine nicht minder liebliche Landschaft: sanfte Hügel, überzogen von Feldern und kleinen Waldstücken, Wiesen in den Niederungen und Schilfgürtel an den Ufern der Seen und Flussläufe. Weithin sichtbar ist die neugotische Kirche von **Wustrow**. Das typische mecklenburgische Straßendorf liegt am *Plätlinsee*, der für Motorboote komplett gesperrt ist. Das wenige Kilometer entfernte **Strasen** ist ein unaufgeregtes Dorf mit Gasthaus und eigenwilliger Kirche (ein turmloser, in der zweiten Hälfte des 18. Jh. erbauter Backsteinbau mit Fachwerkflanke – oder ein Fachwerkbau mit Backsteinfront, je nach Blickwinkel). Quasi am Ellbogen des Ellbogensees schließlich liegt das unspektakuläre **Priepert**. Der *Ellbogensee* ist eine Wasserstraßenkreuzung: Von Norden (Kratzeburg, Blankenförde, Wesenberg) kommt über den Großen Priepertsee der Oberlauf der *Havel* und fließt in südöstlicher Richtung weiter nach Fürstenberg. Nach Westen hin führt der Ellbogensee zur Schleuse von Strasen, die die Havel mit dem Pälitzsee und damit mit der *Müritz-Havel-Wasserstraße* verbindet.

• *Übernachten/Essen* **Zum Löwen**, etwas älterer Neubau unweit der Schleuse. Mit Restaurant, Café und sehr schönem Biergarten direkt am Wasser. Der Service könnte besser sein, die Zimmer sind o. k. Fahrradverleih (8 €/Tag) und Verleih von Paddelbooten (15 €/Tag). EZ 41 €, DZ 64 €, 3er 82 €. Schleusengasse 11, 17255 Strasen, ✆ 039828-20285, 039828-20391, www.loewenhotel.de.

Ferienpark Ellbogensee, direkt am Ufer des Ellbogensees; weitläufiges Gelände unter Kiefern, Badebucht, Bootsanleger und Bootsverleih. Übernachten kann man in Blockhäusern (4 Pers. ab 107 €/Tag, in der Nebensaison deutlich günstiger). Am Ellbogensee 1, 17255 Strasen, ✆ 039828-259150, 039828-258151, www.h-h-ferienpark.de.

• *Camping/Kanuverleih* **Kanuhof Wustrow**, sympathischer und freundlicher Kanuverleih und Zeltplatz, nicht ausschließlich für Wasserwanderer; sehr schöner Platz auf grüner Wiese mit Obstbäumen. Erw. 6 €, Kinder ab 4 Jahre 4 €, Jugendliche bis 15 Jahre 5 €. Preisbeispiele für Boote: 1er-Kajak 7 €/Std., 18 €/Tag; 3er-Kanadier 7 €/Std., 28 €/Tag, 4er-Kanadier 9 €/Std.; 35 €/Tag. Geöffnet Ostern bis Mitte Okt. tägl. 9–19 Uhr. Dorfstr. 57 a, 17255 Wustrow, ✆ 039828-20083, 📠 039828-26481, www.kanuhof-wustrow.de.

Weiter Richtung Rheinsberg → S. 184.

Nördlich von Wesenberg: Rund um den Großen Labussee

Hinter den Quassower Tannen erstrecken sich westlich und nördlich von Wesenberg der *Große Weiße See*, der *Kleine Labussee* und der *Große Labussee*, an deren Ufer sich jeweils ein Campingplatz befindet. Zudem finden sich an der am Westufer des Großen Labussees entlang nach Zwenzow führenden, wenig befahrenen Straße zwei bemerkenswerte Hotels. Zwenzow selbst wie auch Klein Quassow am Ostufer des Großen Labussees sind nicht weiter der Rede wert.

• *Übernachten/Essen* **Villa Kunterbunt**, am südlichen Ortseingang von Zwenzow direkt in herrlicher Lage am See – unser *Übernachtungstipp* für Hundebesitzer und Erholungssuchende. „Das Wohlfühlhotel für Mensch und Hund", lautet der Slogan des Hauses, und das ist nicht übertrieben. Großer Garten, Bade- und Anlegesteg, Hundestrand, großes Wellnessangebot mit Hallenbad, Sauna, Dampfbad, Massagen, Kosmetik etc., es gibt auch ein abgegrenztes Doggy Spa. Übrigens: Hunde übernachten kostenlos. Nur acht ungemein behagliche und komfortable Zimmer sowie zwei Ferienhäuser im Garten (mit Seeblick). EZ 59 €, DZ 94 €, DZ mit Balkon und Seeblick 115 €, jeweils inkl. Frühstück. Bei den Ferienhäusern (2–3 Pers.) 4 Tage Mindestaufenthalt, 104–115 €/Tag, Frühstück extra (8,50 €). Ein Hausboot kann (auch mehrere Tage) gemietet werden (160 €/Tag). Ganzjährig geöffnet. Dorfstr. 50, 17237 Zwenzow, ✆ 039832-28100, 📠 039832-281022, www.villa-mv.de.

Ferien- und Landhotel Labussee in Klein Quassow; 13 einfache Ferienhäuser und 12 weitere Ferienwohnungen in dem kleinen, unspektakulären Ort nahe des Großen Labussees (Anlegestelle). Nebenan gutbürgerliche **Gaststätte** (im Sommer Terrasse), freundlich und hilfsbereit, relativ günstig: Ferienhaus für 4 Pers. 52 €/Tag, Ferienwohnung 57 €, für 6 Pers. 75 €. Auch Zeltplatz (Erw. 5 €, Wohnmobil plus 2 Pers. 15 €), Fahrrad- und Kanuverleih. Ferienwohnungen ganzjährig, die Gaststätte nur in den Sommermonaten tägl. 12–21 Uhr geöffnet. OT Klein Quassow, 17255 Wesenberg, ✆ 039832-20488, 📠 039832-20760, www.labussee.de.

• *Camping* Zu den Plätzen am Kleinen Labussee und am Großen Weißen See → Wesenberg/Camping.

Die folgenden Campingplätze gehören alle zur Haveltourist-Kette, Kontakt über die Zentrale: **Camping- und Ferienpark Havelberge**, 17237 Groß Quassow/Userin, ✆ 03981-24790, 📠 03981-247999, www.haveltourist.de.

Camping Zwenzower Ufer, in Zwenzow, lang gezogen direkt am Großen Labussee gelegen. Hohe Bäume spenden einigermaßen Schatten. Minimarket an der Straße, Imbiss, Badestelle und Wasserwanderrastplatz, sehr freundlich. Erw. 5,50 €, Kinder 2–14 Jahre 3,80 €, Zelt 5–10.80 €, Wohnmobil 6,70 €, Strom 2,70 €, Hunde 3,80 €. (Kontakt → oben)

Camping- und Ferienpark Havelberge, das Mutterschiff unter den Haveltourist-Campings liegt direkt am Wesenberger Haussee, dem Woblitzsee zwischen Wesenberg und Groß Quassow. Riesige Anlage mit zahllosen parzellierten und nicht parzellierten Plätzen, mehr als 70 Ferienhäuschen, dazu Restaurant, Badestelle, Plätze für Wasserwanderer, mehrere Bootsstege. Kanu- und Bootsverleih (auch organisierte Touren), Fahrradverleih und Hochseilgarten (→ unten). Erw. 6,10 €, Kinder 2–14 Jahre 4,10 €, Zelt 5,90–12 €, Wohnmobil 7,20 €, Strom 2,70 €, Hunde 4,10 € (Kontakt → oben).

FKK-Camping am Useriner See, etwa 1,5 km nördlich von Zwenzow, mitten im Wald, völlig abseits und bereits im Müritz-Nationalpark gelegen. Schatten unter hohen Kiefern, Badestelle am Useriner See; Bootsverleih und kleiner Laden. Erw. 5,50 €, Kinder 2–14 Jahre 3,80 €, Zelt 5–10.80 €,

Wohnmobil 6,70 €, Strom 2,70 €, Hunde 3,80 €. (Kontakt → oben)

• *Klettern* **Hochseilgarten Havelberge**, vier Kletterparcours im Kiefernwald, einer davon für Teams, da mit Bodensicherung. Erw. 14 €, Kinder 8–13 Jahre 8 €, Jugendliche 14–17 Jahre 12 €, auch Familienkarten. April bis Okt. tägl. ab 10 Uhr. Kontakt: Camping- und Ferienpark Havelberge (→ oben).

Familienfreundlich: Hotel am Großen Labussee

Nordwestlich von Zwenzow kommt man in einen abgelegenen Doppelort mit dem wohlklingenden Namen **Blankenförde-Kakeldütt**. Hier am Rand des Müritz-Nationalparks befindet man sich in einer recht idyllischen Ecke mitten im Nirgendwo. Und auch hier gibt es natürlich einen Dorfkrug und ein Kirchlein, aber auch einen sympathischen Campingplatz und ein Nationalparkzentrum. Letzteres befindet sich im Aufbau (zu einem Infopoint sollen sich in Zukunft Ausstellungen und ein Café gesellen) und unterhalb der schmucken Kirche. Die 1702 errichtete *St.-Nikolai-Kirche* ist ein backsteinerner Fachwerkbau mit holzverschaltem Turm. Auch die Innenausstattung stammt weitgehend noch aus dem 18. Jh. Bei dem vermeintlichen Chorgestühl handelt es sich übrigens um exklusive Sitzplätze verhältnismäßig betuchter Bauern, die sich beim Gottesdienst vom gemeinen Landvolk im wahrsten Sinn des Wortes absetzen wollten.

• *Camping* **Zum Hexenwäldchen**, sympathisch unsortierter Patz mit entsprechend alternativem Flair, direkt am Kleinen Jammelsee; viele Kinder, viele Hunde, Sanitäreinrichtungen nicht mehr ganz neu, aber o. k. Internetpoint in einem alten Wohnwagen, kleiner Laden, Gaststätte, Streichelzoo, Fahrradverleih (6,25 €/Tag). Es gibt eine kleine Badestelle mit Steg und Kanuverleih (z. B. 2er 20 €/Tag, ab dem 3. Tag 10 €; 4er 24 €/Tag, ab dem 3. Tag 12 €) – entsprechend dient der Platz auch als Wasserwanderrastplatz. Erw. und Jugendliche 3,50 €, Kinder 2–12 J. 2,40 €, Zelt je nach Größe 3,30–5,60 €, Wohnmobil 6,10 €, Auto 2,50 €, Strom 2,20 €. 17252 Blankenförde-Kakeldütt, ✆ 039829-20215, www.hexenwaeldchen.de.

Am südlichen Ufer des **Useriner Sees** liegt die gleichnamige Mühle (mit Kanuverleih, Badestelle und Kiosk). Der unspektakuläre Ort **Userin** befindet sich ein paar Kilometer nördlich am Ostufer des Sees. Der Useriner See ist einer der Großseen der Havel. Er befindet sich (wie der restliche Oberlauf der Havel) bereits im Müritz-Nationalpark und ist für Motorboote gesperrt. Der weitere Havel-Oberlauf darf auch von Paddlern streckenweise nur innerhalb der Betonnung befahren werden.

Der Hebetempel im Schlossgarten Neustrelitz

Neustrelitz und die Feldberger Seenlandschaft

Neustrelitz

ca. 22.500 Einwohner

Die gewissermaßen am Reißbrett geplante Residenzstadt präsentiert sich bis heute als beeindruckendes Gesamtkunstwerk. Das zur Residenz gehörende Schloss gibt es zwar nicht mehr, doch die einzigartige Stadtanlage und der schöne Schlosspark sind den Besuch unbedingt wert.

Wie bei barocken Planstädten üblich, ist der Grundriss der Stadt streng symmetrisch angelegt. Und so ist auch ihre Mitte symmetrisch, nämlich quadratisch gestaltet (mit einem kreisrunden Rondell im Zentrum), allerdings leicht abschüssig, dabei weitläufig und von klassizistischen Prachtbauten gesäumt. Acht Straßen erstrecken sich sternförmig vom Marktplatz aus, die *Strelitzer Straße* neben dem Rathaus dient dabei als Fußgängerzone und kleine Einkaufsmeile. Die *Seestraße* führt natürlich zum Hafen, und, wenig überraschend, trifft die *Schlossstraße* bald auf Orangerie und Schlossgarten. Letzterer ist alljährlich der Spielort für Deutschlands größtes Operettenschauspiel, die Schlossgartenfestspiele; wer also den Schlossgarten besichtigen möchte, sollte die Spielzeit meiden, denn dann ist alles abgesperrt und eingezäunt.

Für einen relativ kleinen See wie den Zierker See erscheint der Stadthafen von Neustrelitz recht groß, modern und dadurch auch etwas deplatziert. Aber auch wenn es sich beim Zierker See um eine Wasserstraßen-Sackgasse handelt, hat er zumindest einen Ausgang: Durch den Kammer-Kanal ist der Zierker See mit dem Woblitzsee verbunden und damit mit der oberen Havel-Wasserstraße.

Die Geschichte von Neustrelitz begann mit dem Brand des alten Strelitzer Schlosses 1712. Seitdem der sog. „Hamburger Vergleich“ von 1701 den Erbfolgestreit beendet und das Herzogtum Mecklenburg-Strelitz geschaffen hatte, regierte der Herzog vom alten Strelitz aus und stand nach dem Brand nun ohne Residenz da. Nach einigem Zögern beschloss der Herzog, das alte Schloss nicht wieder aufzubauen, sondern das Jagdschloss am Zierker See zu seiner neuen Residenz um- und ausbauen zu lassen. Ursprünglich hatte der Fürst vorgesehen, nur einen Regierungssitz zu errichten. Doch das erwies sich als wenig zweckdienlich, so dass dem neuen Schloss auch eine neue Stadt zur Seite gestellt wurde. Der federführende Baumeister von Schloss und Stadt war *Christian Julius Löwe*. Löwe schuf eine schmucke, spätbarocke Planstadt, die in ihren Grundzügen bis heute zu bewundern ist. Nur die Bürger blieben weg, so dass sich der Herzog genötigt sah, großzügig zu sein: kostenlosen Baugrund, 10 Jahre Steuerfreiheit, kostenloses Bauholz – ein Paradies für alle, die unweit des Schlosses ein Eigenheim zu errichten gedachten. Und damals nicht minder bedeutend: Seinen Untertanen gewährte der Herzog Zunft- und Religionsfreiheit. Dennoch dauerte es mehrere Generationen und erforderte diverse architektonische Veränderungen, bis aus dem spätbarocken Dorf neben dem Schloss eine veritable Residenzstadt wurde.

Nach Löwe war es Baumeister *Friedrich Wilhelm Buttel* (1796–1869), der das Gesicht der Stadt prägte. Der in der preußischen Provinz geborene Buttel war im zarten Alter von 24 Jahren zum Architekten von Mecklenburg-Strelitz berufen worden. Vorher hatte er u. a. bei keinem Geringeren als Schinkel gelernt, und Preußens größter Baumeister war es auch, der den jungen Buttel für den Posten in Neustrelitz empfohlen hatte. Auch wenn Kritiker meinten, Buttel hätte ruhig noch etwas länger in Berlin lernen können, ist die Bilanz des Architekten ganz ordentlich, besonders vor dem Hintergrund der notorischen Geldnot des Herzogs. Bis zu seinem Tod 1869 blieb Buttel im Dienst der Mecklenburg-Strelitzschen Herzöge. Seine Bautätigkeit begann er mit einem Wäschehaus am See, bald baute er am Schloss an, prägte zahlreiche Gebäude der Stadt (wie das von ihm umgestaltete Rathaus) und rund um den Schlossgarten – und er errichtete oder renovierte zahlreiche Kirchen

Die Blume von Neustrelitz

Dass sich Neustrelitz mit einer exotischen Blume schmückt, hat einen weit gereisten Grund: Der schottische Botaniker *Francis Masson* entdeckte während seiner langjährigen Südafrika-Expedition eine hoch aufragende Blume, deren Blüte sich wie ein orangener Kamm auffächert. Mit zahlreichen anderen Stauden sandte er sie 1773 zurück nach England, wo ihr Joseph Banks, Chef der Königlichen Botanischen Gärten, einen Namen gab. Um seine Königin Charlotte, die geborene Sophie Charlotte von Mecklenburg-Strelitz und Gattin Georgs III., zu ehren, taufte er die bemerkenswerte Blume nach dem Mädchennamen der Königin. Seither trägt die südafrikanische Schönheit den Namen *strelitzia reginae* (auch Paradiesvogelblume oder Kranichblume), während die ganze Gattung *Strelitzie* genannt wird.

Die so Geehrte ließ es sich nicht nehmen, ihrer Familie einige Jahre später eine Strelitzienstaude zu übersenden. So kam die erste *strelitzia reginae* 1818 in die Orangerie von Neustrelitz. Seit 1995 ist sie die offizielle Stadtblume von Neustrelitz.

Karte S. 210/211

in Neustrelitz sowie in der Region, z. B. die Klosterkirche in Malchow und die Schlosskirche in Neustrelitz. Stilistisch war Buttel dem Klassizismus seiner Lehrer verpflichtet und versuchte doch wie Schinkel darüber hinauszugehen: Seiner Ansicht nach waren die Bauten der Antike perfekt und damit nicht zu verbessern. Also bediente er sich bei der Gotik, was beispielsweise an der elegant verspielten Fassade und den schlanken Türmchen der neugotischen Schlosskirche, dem Hauptwerk Buttels, deutlich zu Tage tritt.

Heute hat in Neustrelitz kein Großherzog mehr die politischen Fäden in der Hand, auch das Schloss ist nicht mehr. Es brannte in den letzten Tagen des Zweiten Weltkriegs ab und wurde abgetragen. Der schöne, teils von Buttel, teils von Lennè geplante Schlossgarten aber erstreckt sich nach wie vor unterhalb der Schlosses.

Informationen und Adressen

• *Information* **Touristinformation** um die Ecke vom Rathaus am Marktplatz in der Strelitzer Straße; umfängliches Info-Material, auch (Wasser-)Wander- und Radtourkarten, Stadtführungen (auch abends) sowie geführte Radtouren (s. u.). Mai bis Sept. Mo–Fr 9–18 Uhr, Sa/So 9.30–13 Uhr, Okt. bis April Mo–Fr 9–12 Uhr, Mo–Do auch 13–16 Uhr, Sa/So geschlossen. Strelitzer Straße 1, 17235 Neustrelitz, ✆ 03981-253119, ✆ 03981-2396870, www.neustrelitz.de.

Info-Zentrum des Nationalparks, im gleichen Haus, gleiche Öffnungszeiten wie die Touristinformation, ✆ 03981-253106.

• *Stadtführungen/Radtouren* Eine **Führung durch die Residenzstadt** mit Besteigung des Turms der Stadtkirche bietet die Touristinformation an: von Mai bis Sept. jeden Sa um 10.30 Uhr, während der Schlossgartenfestspiele (Anfang/Mitte Juni bis Anfang/Mitte Aug.) zusätzlich Fr 15 Uhr und So 10.30 Uhr. Erw. 3 €, Kinder frei. Start bei der Touristinformation.

Stadtführung bei Nacht jeden Donnerstag: im Juni/Juli 21 Uhr, Aug. 20 Uhr und Sept. 19 Uhr. Start bei der Stadtkirche. Erw. 3 €, Kinder frei.

Geführte Radtour von Juni bis Aug. jeden Mittwoch: 35 km, ca. 6 Std. einschl. (Bade-) Pausen. Start um 10 Uhr an Touristinformation, zurück ca. 16 Uhr. Erw. 8 €, Kinder 4 €.

• *Ermäßigungen* Mit der *StrelitzCard* erhält man Ermäßigungen auf Schiff- und Bustickets sowie diverse Eintrittspreise. Erhältlich in der Touristinformation, Infos auch unter ✆ 03991-634691 oder www. strelitzcard.de.

• *Verbindungen* **Bahn**: Neustrelitz ist an die nähere und weitere Umgebung hervorragend angebunden: Mit dem **Regionalexpress** der DB stündlich nach *Berlin (Hbf tief)* sowie in anderer Richtung stündlich nach *Stralsund* via *Neubrandenburg;* alle 2 Std. nach *Rostock* via *Waren.* Zudem 1-mal tägl. **ICE**-Verbindung nach Rostock bzw. in Gegenrichtung über Berlin und Leipzig nach München.

Die **R 3** der Privatbahn ODEG verkehrt etwa 8-mal tägl. zwischen *Neustrelitz* und *Waren* (und weiter via *Malchow* nach *Parchim* und *Ludwigslust*). Die **R 6** fährt ca. 8-mal nach *Mirow* (in der Saison Sa/So bis zu 12-mal).

Bus: Stadtbusse starten am ZOB am Bahnhof, die rote Linie 1 fährt zum Hafen.

• *Fahrgastschifffahrt* Die **Neustrelitzer Fahrgastschifffahrt** bietet im Sommer mehrere Rundfahrten auf der *MS Antje* an (ab Stadthafen), von der 1-stündigen Bootstour über den Zierker See (5 €/Pers.) bis zur Drei-Seen-Tour (4 Std., 13 €/Pers.; Kinder bis 12 J. jeweils die Hälfte). ✆ 03981-205896, www.santanayachting-bootscharter.de.

• *Bootsverleih* **Santana-Yachting** in der Marina Neustrelitz, von Ruderboot, Kanu oder Kajak (3 €/Std., 25 €/Tag) über Motorboote ohne Führerschein (ab 11 €/Std., ab 40 €/Tag) bis zur Yacht (ab 80 €/Tag). Hier auch bewachte Parkplätze (10 €/Tag). ✆ 03981-205896, www.santanayachting-bootscharter.de.

• *Veranstaltungen* Europas größtes Operettenfestspiel, die **Schlossgartenfestspiele**, beginnen meist Mitte Juni und enden Mitte August. Begleitet werden die Spiele von einem auch über die Operette hinausreichenden musikalischen Programm. Infos und Tickets (ab 15 €) in der Touristinformation oder unter ✆ 03981-23930 bzw. www. schlossgartenfestspiele.de.

Das kulturelle Angebot der Stadt beschränkt sich nicht auf die Festspiele. Gemeinsam mit Neubrandenburg unterhält Neustrelitz ein **Theaterensemble** und eine

Farbenprächtiges Spektakel: die Schlossgartenfestspiele

Philharmonie (Infos unter www.theater-und-orchester.de).

Die **fabrik.** bietet alternatives Kulturprogramm, Kino, Kneipe, Galerie etc. Alte Kachelofenfabrik, Sandberg 3 a, ✆ 03981-203145, www.basiskulturfabrik.de.

• *Einkaufen* **Antiquariate im Marienpalais**, immenser Bestand, für Bibliophile ein Fest. Mo–Sa 13–18 Uhr. Hertelstr. 1, ✆ 03981-236868.

• *Baden* Das **Neustrelitzer Strandbad** befindet sich nicht, wie man meinen möchte, am großen Zierker See, sondern am kleinen Stadtsee, dem Glambecker See. Zentrumsnäher kann ein Badesee kaum liegen. Mit Sandstrand, Steg und Sprungturm, Liegewiese und Imbiss – nett. Im Sommer bei entsprechendem Wetter tägl. 10–20 Uhr. Erw. 1,50 €, Kinder 7–18 J. 0,75 €. Adolf-Friedrich-Str., ✆ 03981-256988.

Übernachten (Karte S. 202)

• *Übernachten* *** **Hotel Schlossgarten (6)**, stilvolles Hotel in enem hübschen klassizistischen Haus, ruhig in der Tiergartenstraße und dennoch zentral gelegen, nur 24 Zimmer, Reservierung daher empfehlenswert (zumal zur Festspielzeit). Im Haus befindet sich auch ein gehobenes Restaurant. EZ 65 €, DZ 96 €, inkl. Frühstück, in der Nebensaison deutlich günstiger. Tiergartenstr. 15, 17235 Neustrelitz, ✆ 03981-24500, 📠 03981-245050, www.hotel-schlossgarten.de.

Öko Hotel (1), sehr einladende, helle, zweckmäßig eingerichtete und günstige Zimmer, Ferienhäuser und Appartements in hübschen neuen, rot gestrichenen Holz-/Lehmhäusern hinter dem *Kulturzentrum Alte Kachelofenfabrik* (die *fabrik.*, zu der das Hotel auch gehört), dort auch ein sehr schöner Biergarten samt Kneipe/Restaurant sowie ein Programmkino (→ Nachtleben). EZ 45 €, DZ 55 €, Appartement 75 €, Ferienhaus (4 Pers.) 165 €, Frühstück extra (6,50 €/Pers.). Sandberg 3 a, 17235 Neustrelitz, ✆ 03981-203145, www.basiskulturfabrik.de.

Park Hotel Fasanerie (7), großer, dreiflügeliger Backsteinbau etwas außerhalb des Zentrums am Stadtrand, trotz der nahen Durchgangsstraße relativ ruhig, hinter dem Haus hübscher Garten mit kleinem Teich. Alles nicht mehr ganz taufrisch; professionell geführt, Konferenzräumlichkeiten, im Hotel ein leicht gehobenes Restaurant (regionale und internationale Küche, Steaks). Sauna, Fahrradverleih, Lobbybar. Zuletzt fand hier alljährlich Mitte August die Open-air-Schlagernacht statt. EZ 65 €, DZ 90 €, Karbe-Wag-

Karte S. 210/211

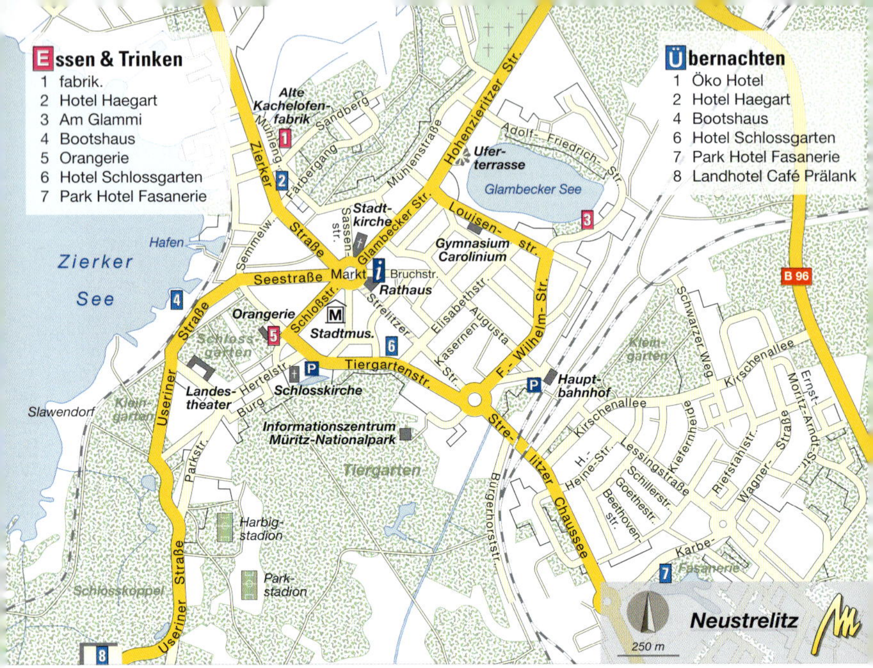

ner-Str. 59, 17235 Neustrelitz, ✆ 03981-48900, ℻ 03981-443553, www.parkhotel-neustrelitz.de.

Pension Bootshaus Neustrelitz (4), hervorragende Lage gegenüber vom Schlossgarten direkt am Zierker See, mit empfehlenswertem Terrassenrestaurant. Sieben gemütlich-schlichte Zimmer in Kiefernholzoptik unterm Dach, relativ günstig. DZ 70 € inkl. Frühstück. Useriner Str. 1, 17235 Neustrelitz, ✆ 03981-239860, ℻ 03981-237843, www.kaisers-bootshaus.de.

Hotel Haegart (2), traditionsreiches Haus unweit des Zentrums, innen gediegen; helle Zimmer, Restaurant mit schöner Terrasse im Hof, fahrradfreundlich (Bed & Bike: Fahrradgarage, Verleih, Werkstatt in der Nähe, Gepäcktransport etc.). EZ 60 €, DZ 75 €, inkl. Frühstück. Zierker Str. 44, 17235 Neustrelitz, ✆ 03981-203156, ℻ 03981-203157, www.hotel-haegert.de.

Ein **Wohnmobilstellplatz** befindet sich am Stadthafen.

• *Übernachten außerhalb* **Landhotel Café Prälank (8)**, freundliches Landhotel weit ab vom Schuss auf der anderen Seite des Zierker Sees; genauer gesagt reicht der hauseigene Steg in den Kleinen Prälanker See hinein, der wiederum mit dem Zierker See verbunden ist. Das Hotel ist sehr nett, unspektakulär und relativ günstig. Dank der idyllischen Lage ist Ruhe fast garantiert. Nebenan stehen zwei niedliche kleine Ferienhäuser (82 €/2 Pers.). Zum Hotel gehört ein *Restaurant* (regionale Küche). EZ 57 €, DZ 72 €, jeweils inkl. Frühstücksbuffet. Prälank Kalkofen 4, 17235 Neustrelitz, ✆ 03981-200910, ℻ 03981-203285, www.hotel-praelank.com.

Essen & Trinken/Nachtleben

Café/Restaurant Orangerie (5), in der ehemaligen Orangerie des Schlosses aus dem Jahr 1755, edles historisches Ambiente mit festlich eingedeckten Tischen, Terrasse zum Schlossgarten. Relativ kleine Auswahl, gar nicht mal so teuer: Menü 17–24 €, à la carte etwas mehr. Tägl. 11–21.30 Uhr. An der Promenade 22, ✆ 03981-237487.

Schlossgarten (6), das gehobene Restaurant des gleichnamigen Hotels (s. oben). Tiergartenstr. 15, 17235 Neustrelitz, ✆ 03981-24500, ℻ 03981-245050, www.hotel-schlossgarten.de.

fabrik. (1), die Kneipe der Kulturfabrik präsentiert sich gelungen stylish, aber dennoch gemütlich, der Garten lauschig und schön. Ideal nicht nur für den Absacker nach dem anstrengenden Urlaubstag, man kann hier auch ordentlich und günstig essen. Die Whiskykarte kann sich durchaus sehen lassen, auch die Weinkarte ist in Ordnung. Zum Kulturprogramm → Nachtleben. Sandberg 3 a, ✆ 03981-203145, www.basiskulturfabrik.de.

Bootshaus (4), gutbürgerliches Restaurant mit sehr schöner Terrasse direkt am Zierker See, deftige mecklenburgische Küche, nicht allzu große Auswahl, große Portionen zu akzeptablen Preisen, freundlicher Service. Useriner Str. 1, ✆ 03981-239860, ✆ 03981-237843, www.kaisers-bootshaus.de.

Am Glammi (3), schön gelegene Gaststätte mit bodenständiger Küche über dem (im Volksmund) gleichnamigen See (offiziell Glambecker See). Tägl. ab 11 Uhr, auch Cafébetrieb, nette Terrasse über dem See und dem Strandbad, Preise o. k. Adolf-Friedrich-Str. 11, ✆ 03981-2399884, www.am-glammi.de.

• *Nachtleben* Richtiges Programmkino, Galerie und Kleinkunst, super Kneipe und gemütlicher Biergarten, kurzum: das alternative kulturelle Leben der Stadt findet im *Kulturzentrum Alte Kachelofenfabrik*, kurz: in der **fabrik. (1)** statt. Sandberg 3a, ✆ 03981-203145, www.basiskulturfabrik.de.

Sehenswertes

In Neustrelitz einzelne Sehenswürdigkeiten zu benennen ist schwierig, denn: das spätbarock bis klassizistische Stadtbild ist die eigentliche Sehenswürdigkeit der sympathischen Kleinstadt.

Schlossgarten mit Orangerie: Über den *Schlossgarten* verteilt, finden sich zahlreiche Bauten, Brunnen, Büsten und Skulpturen. Im unteren Teil erhebt sich der zierliche Rundtempel, welcher der juvenilen Göttin Hebe geweiht ist. Der Hebetempel ist eine frühe Arbeit Buttels (um 1825) und bildete mit dem ehemaligen Schloss die zentrale Achse des Schlossgartens. Rechts davon liegt etwas erhöht die Gedächtnishalle für Königin Louise (→ S. 239). Auf der anderen Seite der Achse führt die Götterallee vom Zierker See zur *Orangerie*, die eine Handvoll Götterstatuen von Jupiter

Die Stadtkirche am weitläufigen Marktplatz

Am Glammi – die Badeanstalt am Neustrelitzer Stadtsee

bis Mars flankieren. Am augenfälligsten ist natürlich die klassizistische Orangerie selbst, die, 1755 erbaut, ab 1842 von Buttel zum heutigen Prachtbau umgestaltet wurde und derzeit ein Café/Restaurant beherbergt. Oberhalb des Schlossgartens erhob sich auf dem Hügel einst das Schloss. Nur die erhaltenen Fundamentreste und eine Gerüstkonstruktion, die den ehemaligen Mittelbau andeutet, mitsamt beistehendem *Aussichtstürmchen* lassen die Ausmaße des Schlosses erahnen.

Aussichtsturm: oberhalb des Schlossgartens beim ehemaligen Schloss, Mi–So 10–16 Uhr, bei Regen geschlossen (und, wie ein Schild informiert: „In alkoholisiertem Zustand kein Aufstieg!"). Erw. 1 €, erm. 0,50 €.

Schlosskirche: Das Hauptwerk von Friedrich Wilhelm Buttel. Die neugotische Kirche auf dem Schlosshügel entstand 1855–1859. Die reich verzierte Fassade schmücken schlanke Türmchen, Terrakotta-Ornamente und eine prächtige Rosette über dem Portal, flankiert von den vier Evangelisten. Heute wird die Schlosskirche als Skulpturengalerie mit wechselnden Ausstellungen und für Konzerte genutzt.

Geöffnet meist Mai bis Sept. Di–So 11-18 Uhr, bei Ausstellungswechsel eingeschränkt.

Marktplatz, Rathaus und Stadtkirche: Das schöne städtebauliche Ensemble säumt den weitläufigen Marktplatz. Die Anlage des quadratischen, spätbarocken Platzes selbst, mit einem Rondell in der Mitte und acht Straßen, die symmetrisch in den Platz münden, stammt von Löwe. Die dominanten Gebäude, Rathaus und Kirche, wurden von Buttel errichtet bzw. von ihm geprägt: Das klassizistische Rathaus entstand 1841–1843 nach Plänen des großen Neustrelitzer Architekten. Die Kirche war zwar bereits 1778 weitgehend fertiggestellt, ihr Turm wurde jedoch erst 1827–1831 von Buttel angefügt. Eine Turmbesteigung führt über 200 Stufen hinauf zur Aussichtsplattform, die einen herrlichen Ausblick und guten Überblick über die barocke Stadtanlage ermöglicht.

Stadtkirche/Turmbesteigung: Juli/Aug. Mo–Fr 10–12 und 15–17 Uhr (oder im Rahmen einer Stadtführung).

Stadtmuseum: Gleich unterhalb vom Marktplatz in einem unscheinbaren Gebäude auf zwei bescheidene Stockwerke verteilt, residiert schon seit 1973 das Neustrelitzer Stadtmuseum. Die Räumlichkeiten im Erdgeschoss informieren über die Geschichte der geplanten Residenzstadt vom frühen 18. bis ins 19. Jh., im Obergeschoss geht es um die „Verwandtschaft" im Hause Mecklenburg-Strelitz – u. a. dokumentiert mit Gemälden, Interieur, Alltagsgegenständen. Darüber hinaus gibt es übers Jahr wechselnde Ausstellungen.

Mai bis Sept. Di–So 11–18 Uhr, Mo geschlossen; Okt. bis April nur Di–Fr 10–16 Uhr, So 13–16 Uhr. Eintritt 2 €, erm. 1 €, Kinder bis 7 Jahre frei, Fotoerlaubnis 3 €. Schlossstr. 3, 17235 Neustrelitz, ✆ 03981-205874.

Slawendorf: Am Ufer des Zierker Sees kann man eintauchen in die Welt der vorchristlichen Slawen. Hier kann man nicht nur den „Altslawen" bei ihrem historischen Handwerk zusehen, man kann auch selber schmieden, töpfern, weben, filzen, flechten, Speckstein bearbeiten usw. Am Ufer liegt der weitgehend originalgetreue und fahrtüchtige Nachbau eines Slawenbootes. Im Dorf wird übrigens mit Slawentalern gezahlt. Diese erhält man beim Einlass zum Wechselkurs von einem Euro zu einem Taler (die am Ende auch wieder zurückgetauscht werden können). Vor allem Familien mit Kindern werden hier ihre Freude haben.

April bis Okt. 10–17 Uhr, letzter Einlass 16.30 Uhr. Erw. 3 €, Kinder 6–14 J. 1,50 €, Familienticket 8 €, Führungen und Fahrt mit dem Slawenboot auf Anfrage. ✆ 03981-237545 (außerhalb der Saison ✆ 03981-273135), www.slawendorf-neustrelitz.de.

Schlosskoppel: Ein urwüchsigeres Naherholungsgebiet als der Schlossgarten ist die Schlosskoppel, die sich im Rücken des Slawendorfes unweit des Zierker Sees ausdehnt. Ursprünglich eine Parkanlage des 19. Jh., hat sich das Waldgebiet über die Jahrzehnte wieder renaturiert. Durch den schönen Mischwald mit seinem vielfältigen Baumbestand (darunter die seltene Eibe und jahrhundertealte Eichen) führen mehrere Wanderwege.

Tiergarten: An den Schlossberg angrenzend, doch der Eingang befindet sich am oberen Ende der Tiergartenstraße (Richtung Bahnhof, ausgeschildert). Hier sind vor allem heimische (oder wieder heimische) Tiere wie Rotwild (oder Wölfe), aber auch ein paar Exoten wie Berberaffen oder Pumas zu bestaunen. Auf dem Areal gibt es einen Spielplatz und eine Gaststätte.

Mai und Sept. 9–18 Uhr, Juni bis Aug. 9–19 Uhr, Okt. bis April 9–16 Uhr. Erw. 3,50 €, erm. 2 €, Kinder 3–13 J. 1,50 €, Hunde 0,50 €, ✆ 03981-204490.

Zierker See: Der 3,9 Quadratkilometer große Haussee von Neustrelitz grenzt westlich an die Innenstadt. Vom Stadthafen starten die Bootsrundfahrten, hier beginnen auch zwei beschilderte Rundwege (9,5 und 12 km) um den Zierker See herum: über die Weiße Brücke, das Slawendorf (→ oben) und die Schlosskoppel (→ oben), mit einem Abstecher über den Franzosensteig zum Aussichtspunkt am Südufer des Sees. Nach knapp der Hälfte der Strecke erreicht man *Café Prälank* (→ Übernachten außerhalb) mit einem Findlingsgarten quasi nebenan. Die Rundwege verlaufen meist ein gutes Stück vom überwiegend sumpfigen Ufer entfernt.

Südlich von Neustrelitz

Nur rund vier Kilometer südöstlich von Neustrelitz liegt das beschauliche **Fürstensee** am gleichnamigen See, dessen Ufer den Müritz-Nationalpark (Teilgebiet Serrahn) begrenzt. Zu sehen gibt es in dem überaus ruhigen Ortsteil von Neustrelitz nichts, doch lädt eine große Badestelle am wunderbar klaren See zum Sprung ins kühle Nass ein. Die Ruhe kommt übrigens nicht von ungefähr: Motorboote sind auf dem Fürstenseer See mit seinem kaum bebauten Ufer verboten. Im Ort gibt es eine Dorfgaststätte und einige Ferienwohnungen.

Nationalpark Müritz – Teilgebiet Serrahn

Östlich von Neustrelitz erstreckt sich das 62 Quadratkilometer kleine Serrahner Teilgebiet des Müritz-Nationalparks. Als der Großherzog von Mecklenburg-Strelitz 1833 hier bei Serrahn ein Jagdschloss bauen ließ (1945 abgebrannt), wurde das gesamte Gebiet umzäunt und zur Privatjagd erklärt, die Unterkünfte der herzoglichen Forstaufseher („Heckenwärterhäuschen") im Parkgebiet aus der Zeit um 1850 sind noch zu sehen. Der Baumbestand interessierte die Großherzöge dabei weniger, man ließ einfach wild wachsen. So blieb der berühmte *Serrahner Buchenwald* erhalten, der heute als eines der wichtigsten Naturerbe der Gegend gilt. Eingebettet sind die wilden Buchenwälder in die Hügel einer Endmoränenlandschaft, umgeben von Feldern, Mooren und mehreren glasklaren Seen.

Das Serrahner Teilgebiet (wie auch das Kernland des Nationalparks) ist als Wandergebiet geradezu prädestiniert. Zu den interessantesten Touren zählt sicherlich der **Naturerlebnispfad** von Zinow nach Serrahn und zurück (8 km); nicht minder reizvoll ist der Wanderweg von Goldenbaum zum Südufer des Schweingartensees (Rundwanderung) sowie die Rundtour von der Steinmühle um den Grünower See. Vom Neustrelitzer Vorort Fürstensee führt eine 10 km lange Tour nach Goldenbaum im Herz des Nationalparks.

• *Information* Nationalpark-Information im Forsthaus von Serrahn. Mai bis Okt. tägl. 10–17 Uhr. ✆ 039821-40343.

• *Anfahrt* Von Neustrelitz auf der B 198 Richtung Woldegk – Zinow und Carpin liegen an der Strecke. Von Zinow geht es nach Serrahn, von Carpin rechts ab nach Goldenbaum und zur Steinmühle. **Busverbindungen** nur spärlich von Neustrelitz über Zinow und Carpin nach Goldenbaum (werktags 1-mal tägl.). Besser in Neustrelitz ein Fahrrad ausleihen.

Weiter auf der Straße von Fürstensee nach **Wokuhl** erreicht man einen großen Parkplatz, von dem markierte Wanderungen in den Nationalpark starten. Wokuhl selbst (ca. 10 km von Neustrelitz) ist kaum der Rede wert, insgesamt ist die ganze Gegend sehr ruhig und ländlich, ebenso die kleinen Ortschaften **Brückentin** (nur wenige Häuser) und **Dabelow**. Absolutes Highlight für Ruhesuchende ist das Inselhotel Brückentinsee (→ Übernachten). Eine schöne Badestelle findet man auch im östlich benachbarten **Kastaven** (ca. 3 km ab Dabelow).

• *Verbindungen* Ab Neustrelitz ZOB (am Bahnhof) mit **Bus 639** 3-mal tägl. über Fürstensee und Wokuhl nach Dabelow (und retour). Sa/So keine Verbindung.

• *Übernachten/Essen* **Inselhotel Brückentinsee**, *unser Tipp!* Die Oase liegt auf einer herzförmigen Insel im See; schon die Anreise über die schmale Holzbrücke lässt hoffen, und in der Tat landet man hier in absoluter Ruhe und Einsamkeit. Das Inselchen lädt zum Spaziergang ein, darüber hinaus werden geführte Touren durch den Naturpark Feldberger Seenlandschaft angeboten, Angeln im Brückentinsee sowie eine Blockhaussauna direkt am Wasser, *Tauchbasis* (auch Schnupperkurse) beim Hotel, zudem Ruderboot- und Fahrradverleih; Live-Cam zum Fischadlerhorst. Zimmer im Haupthaus mit komfortabel-gediegener Einrichtung zu angemessenen Preisen: EZ 65 €, DZ 109–121 €, 3-Bett-Zimmer 135–146 €, 4-Bett-Zimmer 160–172 €, jeweils inkl. Frühstück. Wir empfehlen allerdings die beiden Bungalows in herrlicher Lage direkt am See, mit eigenem Badesteg und Ruderboot vor der Haustür (etwas teurer: 2 Pers. 189 €/Tag inkl. Frühstück). *Restaurant* mit Terrasse im Grünen, tägl. ab 12 Uhr durchgehend warme Küche. Natürlich kommen hier Fische aus dem Brückentinsee auf den Teller – verfeinerte Küche zu leicht gehobenen Preisen. *Anfahrt:* knapp 15 km von Neustrelitz, auf der B 96 in südliche Richtung, links abbiegen Richtung Godendorf/Dabelow. 17237 Wokuhl-Dabelow, ✆ 039825-20247, 📠 039825-20240, www.inselhotel-brueckentinsee.de.

Mahn- und Gedenkstätte Ravensbrück (Fürstenberg/Havel)

25 Kilometer südlich von Neustrelitz liegt die Wasserstadt **Fürstenberg** (ca. 6500 Einwohner), so der offizielle Name. Und tatsächlich wird Fürstenberg von Wasser nahezu umschlossen – vom Röblinsee, dem kleinen Baalensee und dem Schwedtsee mit stadteigenem Yachthafen, und die Havel fließt hier auch noch durch. Am Ostufer des Schwedtsees findet sich die Mahn- und Gedenkstätte Ravensbrück.

Ab November 1938 errichtete die SS hier das **Frauen-Konzentrationslager Ravensbrück**, in dem von Frühjahr 1939 bis 1945 insgesamt 132.000 Frauen und Kinder inhaftiert waren. Im Frühling 1941 wurde ein Männerlager gebaut, im Sommer 1942 ein zusätzliches Jugendlager mit zusammen nochmals 21.000 Häftlingen. Ebenfalls 1942 entstand im östlichen Bereich des Lagergeländes eine Textilfabrik für Zwangsarbeiterinnen. Fast 100.000 Menschen kamen in Ravensbrück ums Leben.

Am 12. September 1959 weihte die DDR die „Nationale Mahn- und Gedenkstätte Ravensbrück" ein, zu der zunächst nur die Skulptur „Tragende" von Will Lammert (direkt am Schwedtsee), die Mauer der Nationen, das Krematorium und das als Rosenbeet gestaltete Massengrab zählten, außerdem ein erstes Lagermuseum. 1984 wurde die Gedenkstätte um das „Museum des antifaschistischen Widerstands" in der ehemaligen SS-Kommandantur ergänzt. Heute ist hier eine große Dauerausstellung zu sehen, die statt der abstrakten Opferzahlen Gesichter und Lebensläufe zeigt.

Bis 1994 war das Gelände in der Hand des sowjetischen Militärs. Ab Mitte der 1990er Jahren wurden auf dem Gelände weitere Gebäude zugänglich gemacht, darunter Teile des Industriehofs mit Textilfabrik; andere Bereiche sind heute wechselnden Ausstellungen vorbehalten. Hinzu kommen ein umfangreiches Archiv und Depot mit Gegenständen der ehemaligen Häftlinge sowie eine Fotothek, Mediathek und Bibliothek, die den Besuchern offen stehen. Die SS-Wohnhäuser außerhalb der Lagermauern beherbergen seit 2002 eine Internationale Jugendbegegnungsstätte; in einem der Häuser befasst sich eine Ausstellung mit dem weiblichen KZ-Personal – insgesamt gab es in Ravensbrück mehr als 3500 Aufseherinnen.

Das Gelände der Gedenkstätte ist von Mai bis Sept. Di–So 9–20 Uhr geöffnet, Okt. bis April Di–So 9–18 Uhr, Ausstellungen bis 17 Uhr, Mo geschlossen, Einlass bis 30 Min. vor Schließung. Eintritt frei. Straße der Nationen, 16798 Fürstenberg/Havel, ✆ 033093-6080, 📠 033093-60829, www.ravensbrueck.de.

• *Anfahrt/Verbindungen* 25 km südlich von Neustrelitz (B 96), vor Ort ausgeschildert. Mit der **Bahn** von 6 bis 16 Uhr stündl. von Neustrelitz bis Fürstenberg Hauptbahnhof, ab dort **Bus** nach Ravensbrück (ebenfalls ca. stündl.) oder in ca. 35 Min. zu Fuß (Beschilderung Gedenkstätte/Jugendherberge").

• *Übernachten* **Jugendherberge Ravensbrück**, gegenüber der Gedenkstätte in den ehemaligen SS-Wohnhäusern. Auch Jugendbegegnungsstätte (v. a. Geschichtsprojekte und internationale/interkulturelle Workshops). 99 Betten, JH-Ausweis erforderlich, Doppel-, 3-Bett- und 4-Bettzimmer; DZ sollten frühzeitig reserviert werden. Übernachtung inkl. Bettwäsche und Frühstück 18 €, mit Halbpension 22,50 €, Lunchpaket 4 €, Senioren (ab 27 Jahre) zahlen zusätzlich 3 €/Nacht. Straße der Nationen 3, 16798 Fürstenberg/Havel, ✆ 033093-60590, 📠 033093-60585, www.djh-berlin-brandenburg.de, jh-ravensbrueck@jugendherberge.de.

Karte S. 210/211

Romantische Seenlandschaft

Feldberger Seenlandschaft

Die Feldberger Seenlandschaft (mit dem gleichnamigen Naturpark) ganz im Südosten der Mecklenburgischen Seenplatte präsentiert sich landschaftlich wunderschön: Große und kleinere, oftmals geradezu „verwunschene“ Seen, uralte Buchenwälder, weite Felder und gleich mehrere Aussichtsberge, die herrliche Blicke auf die Landschaft erlauben, prägen das Bild. Die Gegend ist nicht nur durch Wanderwege bestens erschlossen, sondern auch ein wirkliches Paddelparadies – viele der glasklaren Seen sind durch Kanäle miteinander verbunden und ermöglichen damit auch die „Grand Tour“ bis hinunter nach Brandenburg. Kurzum: Im Vergleich mit den bekannten Wasserwanderwegen Müritz und „Alte Fahrt“ sowie von Mirow nach Rheinsberg kann sich die Feldberger Seenlandschaft durchaus sehen lassen. Hauptort und touristisches Zentrum ist Feldberg.

Feldberg

ca. 4900 Einwohner

Der staatlich anerkannte Erholungsort liegt in bester Lage eingebettet zwischen grünen Wäldern am Südufer des *Haussees*, in den die Halbinsel „Amtswerder“ wie eine Glühbirne hineinragt. Hier ist das Wasser nie weit – nur wenige hundert Meter südöstlich vom Zentrum liegt z. B. der *Schmale Luzin*, ein maximal 300 Meter breiter, ungemein idyllischer eiszeitlicher Rinnensee mit bewaldeter Steilküste, der nur mit Ruder- oder Elektrobooten befahren werden darf. Oder der weiter nördlich gelegene *Breiten Luzin* – einer der tiefsten Seen Mecklenburgs. Alle drei Seen sind durch Kanäle miteinander verbunden und damit ein Eldorado für Kanufahrer: Von hier kommt man auch bis hinunter zu Carwitzer See, Dreetzsee und Krüselinsee. Und wer sich lieber an Land bewegt, kann mit dem Fahrrad auf schmalen Straßen und Radwegen rund um den Haussee fahren und vom 143 Meter hohen Reiherberg an seinem Nordufer den Blick genießen. Ein netter Spaziergang führt rund um die Halbinsel Amtswerder mit ihren Badeplätzen und dem beliebten Fischgasthaus.

Naturpark Feldberger Seenlandschaft

Klare und fischreiche Gewässer, dichte Laubwälder, Hügel und Täler prägen den 360 Quadratkilometer großen *Naturpark Feldberger Seenlandschaft* – ein Gebiet, das für ausgedehnte Wanderungen wie geschaffen ist. Einen besonders schönen Weitblick über die seenreiche Landschaft hat man vom 120 Meter hohen *Hauptmannsberg* nördlich von Carwitz.
Entstanden ist diese durch Endmoränen geformte Landschaft gegen Ende der letzten Eiszeit vor ca. 15.000 Jahren; geologisch gehört das Gebiet zum heutigen *Naturpark Uckermärkische Seen*, der südlich und östlich an die Feldberger Seenlandschaft anschließt. Ebenfalls aus den Erdverschiebungen der letzten Eiszeit gingen die heutigen (teilweise sehr tiefen und schmalen) Seen hervor, wie auch der Flusslauf der Havel im heutigen Brandenburg.

Neben den insgesamt 69 Seen (und unzähligen Kleingewässern) mit bester Wasserqualität zählen die so genannten Kesselmoore und die urwüchsigen alten Buchenwälder zu den ökologischen Besonderheiten im Park. In ihrem Altholzbestand leben heute Arten, meist Insekten, die in jedem anderen Forstwald schon längst ausgestorben sind. Noch attraktiver zeigt sich die größere, manchmal auch sichtbare Fauna: Biber und Fischotter wurden hier erfolgreich angesiedelt, See- und Fischadler finden in den Feuchtgebieten einen reich gedeckten Tisch, sogar der seltene Schreiadler verbringt hier den Sommer – und Kraniche nutzen die feuchten Bruchwälder zur Brut.

Der 1997 gegründete Naturpark erstreckt sich grob zwischen Neustrelitz, Woldegk und Fürstenberg/Havel, im Westen deckt sich die Fläche des Parks mit der des Serrahner Teilgebiets des *Müritz-Nationalparks*. Gut die Hälfte der Fläche besteht aus Wald und Wasser, 45 % werden landwirtschaftlich genutzt und gerade mal 3 % entfallen auf Siedlungen, Straßen usw. Zentrum des Parks (auch sein touristisches) ist Feldberg, wo im dortigen Haus des Gastes die Naturpark-Informationsstelle residiert.

Naturpark Feldberger Seenlandschaft: Strelitzer Str. 42, 17258 Feldberger Seenlandschaft/OT Feldberg, ✆ 039831-52780, 039831-52789, www.naturpark-feldberger-seenlandschaft.de.

Der von seiner Backsteinkirche aus dem Jahr 1875 überragte Ort zeigt sich schmuck und nett herausgeputzt, doch sind es sicher mehr die umliegenden Naturschönheiten, die die Besucher in den Bann ziehen. Feldberg ist heute das touristische Zentrum der Gegend. Gemeinsam mit den umliegenden Ortsteilen (Conow, Cantnitz, Carwitz, Fürstenhagen, Krumbeck, Lüttenhagen, Wittenhagen u. a.) bildet es die Großgemeinde Feldberger Seenlandschaft mit insgesamt fast 5000 Einwohnern. Knapp die Hälfte davon lebt in Feldberg.

Die Gegend um Feldberg war vermutlich schon in der Bronzezeit besiedelt. Als gesichert gilt, dass im 8. Jh. n. Chr. auf dem heutigen Schlossberg (am Südwestufer des Breiten Luzin) eine große slawische Burg entstand. Erste Besiedlungsspuren auf dem Amtswerder, dem ältesten Teil des heutigen Feldberg, reichen bis ins 13. Jh.

zurück. Erstmals urkundlich erwähnt wird Feldberg im Jahr 1256. Nach dem Dreißigjährigen Krieg hatte der Ort schwer unter der Pest zu leiden.

Mitte des 19. Jahrhunderts erlebte Feldberg einen ersten Aufschwung als Wasserheilanstalt, die ersten Badegäste – zumeist aus Berlin – entdeckten die Sommerfrische. Es folgten Straßenbau (1869) und Anschluss an das Bahnnetz (1910), die Besucherzahlen stiegen mit Ausnahme der beiden Weltkriege kontinuierlich an. 1965 zählte man schon 12.000 Gäste, 1972 kam schließlich die Ernennung zum „staatlich anerkannten Erholungsort". Berühmtester Bürgermeister von Feldberg (wenn auch wider Willen) war übrigens kein Geringerer als *Hans Fallada*, der im Sommer 1945 von der sowjetischen Besatzungsmacht kurzzeitig zu dem Amt zwangsverpflichtet wurde.

Information/Adressen

- *Information* **Haus des Gastes**, Touristinformation und Kurverwaltung von Feldberg, im Zentrum an der Hauptstraße (Strelitzer Straße). In der Hochsaison (Mitte Juli bis Anfang Sept.) Mo–Fr 9–18 Uhr, Sa 10–15 und So 10–13 Uhr, sonst Mo–Fr 9–18 Uhr, Sa 10–12.30 Uhr, So geschlossen. Strelitzer Straße 42, 17258 Feldberg, ✆ 039831-2700, www.feldberger-seenlandschaft.de.
- *Verbindungen* **Bus**: Haltestellen im Zentrum an der Strelitzer Straße. Etwa 10-mal tägl. nach Neustrelitz, 3-mal über Burg Stargard nach Neubrandenburg, 3-mal nach Krumbeck und Bredenfelde, 5-mal Fürstenhagen und 6-mal Carwitz. Die nächstgelegenen Bahnhöfe befinden sich in Neustrelitz und Fürstenberg/Havel.

Luzinfähre: nur ein Katzensprung ist es von Feldberg zum Schmalen Luzin, wo man mit der handbetriebenen Fähre zum Hullerbusch (Hotel und Fußweg nach Carwitz) übersetzen kann. Das Boot verkehrt jede volle und jede halbe Stunde, von Mai bis Okt. Mo–Fr 10–17 Uhr, Sa/So 9–18 Uhr, im Juli/Aug. Mo–Fr 10–18 Uhr, Sa/So 9.30–19 Uhr. Ab der Hullerbusch-Seite fährt die Fähre jeweils eine halbe Stunde später, von Nov. bis April nur nach Absprache. Pro Person 1 €, Kinder 0,50 €, Fahrrad 1 €. ✆ 039831-20315, www.luzinfaehre.de.

- *Naturkundliche Führungen* **Ranger Tours** bietet naturkundliche Touren im Elektroboot auf dem Schmalen Luzin an, Dauer ca. 2½ Std., 12 €/Person, Kinder 9 € (Abfahrt am Hotel Altes Zollhaus). Zudem gibt es naturkundliche Wanderungen (ca. 2 Std.,

4 €/Person, Kinder 3 €, mind. 20 Teilnehmer) sowie ganztägige Kanutouren (mind. 6 Teilnehmer); auch Bootsverleih (15–25 €/Tag). Weitere Infos und Anmeldung: Ranger Tours, Fred Bollmann, Erfurthstr. 7, 17258 Feldberger Seenlandschaft, ✆ 039831-22174, ✆ 039831-22847, www.ranger-tours.de.

Auch **Albert Westphal** bietet naturkundliche Führungen durch den Naturpark Feldberger Seenlandschaft an: von Mai bis Okt. jeden Do 14 Uhr. Dauer ca. 2,5 Std., Erw. 5 €, Kinder 3 €. Treffpunkt am Hullerbuscher Ufer der Luzinfähre. Weitere Infos: ✆ 039831-20760.

• *Kanu- und Fahrradverleih* **Ruhepuls Sporttouristik**, auf der Halbinsel Amtswerder am Haussee, mit herrlicher kleiner Seeterrasse (→ Cafés). Im Angebot sind 1er- und 2er-Kajaks (7–9 €/Std. bzw. 18–25 €/Tag) sowie 2er- bis 4er-Canadier (8–11 €/Std. bzw. 23–29 €/Tag). Zudem Wanderruderboote verschiedener Größen (pro Person ca. 7,50 €/Tag). Auch Rückholung bei One-Way-Touren (gegen Gebühr). Fahrradverleih: 4 €/ Std., 9,50 €/Tag, ab dem 3. Tag günstiger. Mai bis Sept. (bei schönem Wetter auch bis Okt.), tägl. 9.30–19.30 Uhr, Mi und Sa bis 22.30 Uhr. Amtsplatz 50, OT Feldberg, 17258 Feldberger Seenlandschaft, ☏ 039831-22909, ℻ 039831-22908, www.ruhepuls.com.

Bootsverleih am Schmalen Luzin, an der Feldberger Seite der Luzinfähre. Mai bis Okt. werktags ab 10 Uhr, Sa/So ab 9 Uhr, im Juli/Aug. tägl. ab 9 Uhr. 1er-/2er-Kajak 4–5 €/Std. (15–20 €/Tag), 2er- bis 4er-Kanu 5–7 €/Std. (20–22 €/Tag), Ruderboot 4 €/Std. (15 €/Tag), Elektroboot 8 €/Std. (30 €/Tag). Fahrrad 6 €/Tag. ☏ 039831-52877, ℻ 039831-20315, www.luzinfaehre.de.

• *Tauchen* **Tauchcenter Feldberg** im Hotel Deutsches Haus. Schnuppertauchen (35 €), Anfänger- und Fortgeschrittenenkurse (Open Water Diver 349 €), auch für Kinder. Kompletter Ausrüstungs- und Flaschenverleih, Flaschenfüllung. Tauchschüler erhalten im Hotel Sonderkonditionen. Strelitzer Str. 18, 17258 Feldberg, ☏ 039831-22339, www.tauchcenter-feldberg.de.

• *Bootstouren* Mit der **Fahrgastschifffahrt Eberhardt** Rundfahrten auf dem Haussee, dem Breiten Luzin und dem Lütter See (bei entsprechender Nachfrage tägl. 14 Uhr). Dauer 2–2½ Std., ca. 7,50 €/Pers. Weitere Infos bei der Pension am See, Strelitzer Str. 40 (beim Haus des Gastes) sowie unter ☏ 039831-20275, www.pension-am-see-feldberg.de.

• *Baden* Badestellen am Westufer und Nordufer des Amtswerders, weitere kleine und größere Badestellen am Schmalen Luzin östlich von Feldberg sowie am Südwestufer des Breiten Luzin unterhalb des Hüttenberges (nördlich von Feldberg). Ein weiterer Badestrand befindet sich am Nordufer des Breiten Luzins (südlich von Lichtenberg).

Übernachten/Essen & Trinken

• *Hotels* **Altes Zollhaus (4)**, knapp 2 km nordöstlich von Feldberg am Damm zwischen Breitem und Schmalem Luzin, herrliche Lage am See, Restaurant und Café mit Seeterrasse (→ Essen). 32 Zimmer und ein separates Saunahaus am See, Boots- und Fahrradverleih. EZ 75 €, DZ 106–122 €, im Gästehaus EZ 46 €, DZ 74 €, jeweils inkl. Frühstück. Am Erddamm 31, 17258 Feldberger Seenlandschaft, ☏ 039831-500, ℻ 039831-50269, www.romantik-am-see.de.

Landhaus Stöcker (8), sehr nettes Hotel in einer Gasse im Zentrum; nur wenige Zimmer und baumbestandener Garten am See. Mit *Restaurant* (mittags und abends geöffnet, Mo Ruhetag, Reservierung erbeten); derzeit entsteht ein Neubau, in dem neben vier weiteren Zimmern auch ein großer Wellnessbereich untergebracht sein wird. EZ 80–90 €, DZ 115 €, inkl. Frühstück. Strelitzer Str. 8–10, OT Feldberg, 17258 Feldberger Seenlandschaft, ☏ 039831-2710, ℻ 039831-271113, www.landhaus-stoecker.de.

Hotel Deutsches Haus (9), unweit vom Landhaus Stöcker; zentrale Lage, mit schöner Terrasse direkt am See, hier befindet sich auch das Tauchcenter Feldberg (→ Tauchen). 14 Zimmer, freundliche Einrichtung mit hellen Kiefernmöbeln, EZ 45 €, DZ 68 €, inkl. Frühstück. Mit *Restaurant*, Spezialität ist hier Räucherfisch. Strelitzer Str. 15a, 17258 Feldberg, ☏ 039831-20340, ℻ 039831-20972, www.deutscheshaus-feldberg.de.

Stieglitzenkrug (1), Restaurant (→ Essen) und Pension, idyllisch im Wald oberhalb des Haussees nördlich von Feldberg gelegen. Beim Krug beginnen Wanderwege, die ins Naturschutzgebiet führen. Einfache Zimmer, EZ 45 €, DZ 74 €, inkl. Frühstück. Auch Ferienhäuser. *Anfahrt:* Ein guter Kilometer vom Zentrum entfernt, beschildert, die letzten 100 Meter auf Waldweg. Schlichter Damm 10, 17258 Feldberg, ☏ 039831-20375, ℻ 039831-20374, www.stieglitzenkrug.de.

• *Appartements* **Haus Seenland (10)**, im Zentrum und direkt am See; mit großem Garten, Badesteg. Sorgsam restauriertes altes Stadthaus, neu dagegen die Balkone zum See, im Inneren viel Holz und Dielenböden, altes Fachwerk. Komfortable Ausstattung, geschmackvolle Einrichtung, Appartements mit Küchenecke. Im Sommer gibt es zudem ein Terrassencafé. Appartement für 2 Pers. je nach Größe und Ausstattung 58–80 €/Tag, 4 Pers. 73–85 €. Strelitzer Str. 4, 17258 Feldberg, ☏ 039831-2222, ℻ 039831-22233, www.luzin.de.

Drostenhaus (7), als der Amtswerder noch eine Insel war, befand sich hier das fürstliche Schloss, zu sehen sind noch die mittelalterlichen Fundamente eines Rundturmes. Das heutige Drostenhaus stammt aus dem späten 18. Jh. und wurde vor einigen Jahren restauriert, heute sind hier moderne und komfortable Ferienappartements untergebracht. Sauna am See, Liegewiese, Badestelle und Bootsanleger, Fahrrad- und Bootsverleih. Für 2 Pers. 60–75€/Tag, 4 Pers. 75–95 €, 6 Pers. 105–140 €, Frühstück 6 €/Person. Amtsplatz 4, OT Feldberg, 17258 Feldberger Seenlandschaft, ✆ 039831-52790, 📠 039831-52799, www.drostenhaus.de.

• *Jugendherberge* **JH Feldberg (3)**, schön oberhalb des Feldberger Haussees in einem Waldstück gelegen, einen guten Kilometer nördlich vom Zentrum (nördliche Ortsausfahrt Richtung Schlicht, dann beim Stieglitzenkrug rechts ab, beschildert). Sehr ruhig, idyllischer Blick auf den See; Übernachtung 17,35 € inkl. Frühstück, Senioren 20,95 €; Halb- und Vollpension möglich. Robert-Kahn-Weg 1, 17258 Feldberg, ✆ 039831-20520, 📠 039831-22178, www.jh-feldberg.de.

• *Camping* **Camping am Bauernhof (2)**, relativ großer Platz ca. 2 km nordöstlich von Feldberg/Zentrum (noch vor dem Hotel Altes Zollhaus links ab, auf der Landenge zwischen dem Breiten Luzin und dem Haussee); nicht mehr ganz neu, aber o. k., an den ehemaligen Bauernhof erinnert der Streichelzoo des Campings; eigene Badestelle und dazugehörige Liegewiese am Breiten Luzin. Ganzjährig geöffnet. Erw. 5 €, Kinder (2–13 J.) 3 €, Stellplatz 3–11 €, Wohnmobil 4–8 €, Hunde 3 €, Auto 2,50 €, Strom 2 €. Hof Eichholz, 17258 Feldberg, ✆ 039831-21084, ✆ 039831-21534, www.campingplatz-am-bauernhof.de.

Weiterer Campingplatz in **Carwitz** (S. 219) sowie am Südufer des **Dreetzsees** (S. 224).

• *Übernachten außerhalb* **Alte Schule** in Fürstenhagen → „Um den Carwitzer See".

Hotel Hullerbusch (12) → „Carwitz/Übernachten", S. 219.

Forsthaus am See, das ruhig am Lütter See gelegene Haus beherbergt heute ein freundliches Hotel samt Restaurant (Letzteres in der Hochsaison tägl. geöffnet, sonst nur Mo–Fr 11.30–15 und 16.30–20 Uhr, Mi Ruhetag) – gehört zur Alten Schule in Fürstenhagen. Nur sechs Zimmer und eine Suite (daher Reservierung empfehlenswert), alle Zimmer mit Seeblick. EZ 65 €, DZ 75 €, mit Terrasse/Balkon 80 €, Suite 90 €. *Anfahrt:* knapp 7 km vom Feldberger Ortszentrum Richtung Fürstenwerder, dann links ab. Fosthaus am See 1, Lichtenberg, 17258 Feldberger Seenlandschaft, ✆ 039831-20344, ✆ 039831-22023, www.hotelforsthaus.de.

• *Essen & Trinken* **Altes Zollhaus (4)**, beliebtes Restaurant in herrlicher Lage am Breiten Luzin, auch Café, mit idyllischer schmaler Seeterrasse, Tische direkt am Wasser; innen rustikale Holzromantik, aus der Küche kommen v. a. Mecklenburger Gerichte, leicht erhöhtes Preisniveau, tägl. mittags und abends geöffnet. Auch Übernachtungsmöglichkeit im Haus (EZ 75 €, DZ 106 €, mit Seeblick 122 €, Suite 144 €) oder im nahe gelegenen Gästehaus (EZ 46 €, DZ 74 €, jeweils inkl. Frühstück), Letzteres ist allerdings direkt an der Straße gelegen. Auch Bootsverleih (5 €/Std., 20 €/Tag) und Fahrradverleih (7 €/Tag). *Anfahrt*: vom Kreisel im Ortszentrum gut 2 km Richtung Fürstenwerder. Am Erddamm 31, ✆ 039831-500, ✆ 039831-50269, www.romantik-am-see.de.

Fischereihof (6), auf dem Amtswerder, einfaches und sehr beliebtes Gasthaus in einer kleinen Hütte mit schöner Terrasse zum See und Blick auf Feldberg; nur wenige Tische, die schnell besetzt sind (abends besser reservieren). Günstige Fischspezialitäten aus eigenem Fang, eigene Räucherei (auch Verkauf); die Feldberger Fischpfanne ist hier für 9,50 € zu haben, generell kostet kein Fischgericht über 10 €. Di–So 11–2 Uhr, Mo Ruhetag. Fischereihof 2, ✆ 039831-20205.

Waldrestaurant Stieglitzenkrug (1), gehört zur gleichnamigen Pension, idyllische Lage oberhalb des Haussees nördlich von Feldberg. Restaurant in Waidmannsoptik, mit großer Terrasse; nicht teuer, gutbürgerliche, mecklenburgisch geprägte Küche, Spezialität des Hauses: Pute vom Spieß. Mittags und abends geöffnet. Schlichter Damm 10, ✆ 039831-20375.

Restaurant Hullerbusch (12) → S. 219.

• *Cafés/Snacks* **Bistro am See „Ruhepuls" (5)**, gehört zum gleichnamigen Boots- und Fahrradverleih (→ oben). An der Westseite des Amtswerders (wenige Gehminuten vom Parkplatz); Kaffee und Kuchen auf dem Holzsteg, herrlich zum Sitzen am See. Auch kleine Gerichte auf der Karte. Mai bis Sept./Okt. tägl. 9.30–19.30 Uhr, Mi und Sa bis 22.30 Uhr. Amtsplatz 50, ✆ 039831-22909.

Luzinfähre (11), Kaffee und Kuchen sowie Snacks gibt es im Kiosk an der Feldberger Seite der Luzinfähre; von Mai bis Okt., werktags ab 10 Uhr, Sa/So ab 9 Uhr, Juli/Aug. tägl. ab 9 Uhr. Hier auch Boots- und Fahrradverleih. ✆ 039831-52877, ✆ 039831-20315, www.luzinfaehre.de.

Sehenswertes

Mit spektakulären Sehenswürdigkeiten ist Feldberg nicht gerade gesegnet, hervorzuheben ist aber die **Stadtkirche**, die kaum zu übersehen quasi als Wahrzeichen über dem Ort thront. Ursprünglich befand sich hier eine Fachwerkkirche, die aber 1870 niederbrannte und von 1872 bis 1875 als kreuzförmiger Backsteinbau im neugotischen Stil an gleicher Stelle wiedererrichtet wurde. In der Kirche finden regelmäßig Konzerte statt.

Mo–Fr 14–17 Uhr und zu Veranstaltungen.

Heimatstube Feldberg: Das Museum auf dem Amtswerder widmet sich der Geologie und Geschichte der Stadt Feldberg von der Bronzezeit bis zu den Anfängen des

Ein Paradies für Paddler: die Feldberger Seenlandschaft

Erholungstourismus; weitere Schwerpunkte sind der Naturpark Feldberger Seenlandschaft sowie *Hans Fallada*, der im benachbarten Carwitz lebte und kurzzeitig Bürgermeister von Feldberg war.

Mai bis Okt. Mo, Mi, Fr 14–16 Uhr, Sa/So 10–12 und 14–16 Uhr, im Winter geschlossen. Eintritt 1 €, Kinder 0,50 €. Amtsplatz 36, 17258 Feldberg, ✆ 039831-20676.

Sehenswertes Feldberg/Umgebung

Waldmuseum „Lütt Holthus" in Lüttenhagen: Das 1999 eröffnete Museum im knapp drei Kilometer westlich von Feldberg gelegenen Ort bietet viel Anschaulichkeit in Sachen Wald und allem, was dazugehört: Neben zahlreichen Präparaten der heimischen Fauna gibt es einen begehbaren Fuchsbau, für Ohr und Nase originale Geräusche und Gerüche aus dem Wald, dazu Dokumentationen zum Baumbestand und dem Lebensraum Wald in den verschiedenen Jahreszeiten. Ein weiterer Bereich ist wechselnden Ausstellungen vorbehalten.

Naturschutzgebiet Heilige Hallen: Der vermutlich älteste Buchenwald Deutschlands, südlich des Waldmuseums gelegen, fiel schon vor 150 Jahren dem Strelitzer Großherzog Georg als besonders schützenswert auf. Seit 1938 sind die Heiligen Hallen (so genannt wegen des dichten Blätterdachs der Bäume) Naturschutzgebiet. Die fast 50 m hohen Riesen sind teilweise über 350 Jahre alt. Wegen Abbruchgefahr alter Äste darf das Gebiet nicht betreten werden, ein beschilderter Forstweg führt um das Kerngebiet herum. Das Forstamt Lüttenhagen veranstaltet Führungen zum Naturschutzgebiet (s. u.)

Museum: Mai bis Sept. Di–So 10–18 Uhr, Okt. bis April Di–Sa 13–16 Uhr. Erw. 2 €, Kinder 1 €. Führungen zu den Heiligen Hallen Juni bis Aug. jeden Do 9.30–12.30 Uhr, Erw. 3 €, Kinder 1,50 €. Weitere Infos und Anmeldung beim Waldmuseum. Forsthof 2, ✆ 039831-59125, www.luett-holthus.de.

• *Anfahrt* Von Feldberg nach Lüttenhagen und weiter Richtung Lychen, das Museum steht rechts der Hauptstraße. Den Parkplatz zu den Heiligen Hallen erreicht man, wenn man vom Museum noch ein Stück weiter auf der Hauptstraße Richtung Lychen fährt, nach wenigen hundert Metern auf der linken Seite.

Karte S. 210/211

Fährmann hol über – die Personenfähre über den Luzin

Lenné-Park in Krumbeck: Nach einer langen Phase der Vergessenheit wurde der Garten acht Kilometer nördlich von Feldberg erst 1989 aus Anlass des 200. Geburtstags seines Erschaffers rekultiviert. Der Park wurde 1832 nach Plänen von *Johann Peter Lenné* (1789–1866) angelegt, einem der bedeutendsten Gartenarchitekten seiner Zeit – eines seiner bedeutendsten Werke ist der Park von Schloss Sanssouci in Potsdam. In Mecklenburg plante er u. a. die Parkanlagen Schloss Basedow und Schloss Kittendorf sowie auch Teile des Schlossgartens von Neustrelitz wurden nach seinen Vorgaben gebaut.

Ein Spaziergang durch den verwunschenen Park führt durch hohen alten Baumbestand und über kleine Brücken, die die Teiche mit ihren schilfbestandenen Ufern überspannen, es gibt sogar eine Insel. Der Fußweg zweigt beim renovierten Gutshaus ab, eine Tafel mit dem Lageplan des Parks findet sich an der einzigen Straße in Krumbeck.

Anfahrt Von Feldberg nach Möllenbeck, dort rechts ab auf die B 198 Richtung Woldegk; bei Bredenfelde wieder rechts, ab hier noch 2 km, beschildert. Die kürzere Strecke von Feldberg über Schlicht ist zwar nur 8 km lang, davon sind die letzten 4 km allerdings nicht asphaltiert, voller Schlaglöcher und für das Auto eine Tortur.

Wanderung 8: Rundtour von Feldberg nach Carwitz und zurück

Charakteristik: Eine schöne, abwechslungsreiche Wanderung, die auch als Ganztagestour geeignet ist – mit zahlreichen Picknick- und Badestellen auf dem Weg. In Carwitz lockt das sehenswerte Hans-Fallada-Museum, auf dem Rückweg an der Luzinfähre gibt es Kaffee und Kuchen; wer noch Energie hat, kann dort ein Boot mieten. Nur wenige Steigungen auf der Strecke, tolle Aussichtspunkte, teilweise auch einsame Wegabschnitte im Wald. Für Radler nicht durchgehend geeignet, teils sandiger und/oder unebener Waldboden (Fahrradverleiher S. 211).

Länge/Dauer: ca. 14 km Länge, reine Gehzeit ca. 4½ Std.

Einkehr: In Feldberg mehrere Cafés/Restaurants (s. oben), ebenso in Carwitz (S. 219). Auf dem Rückweg Restaurant/Café Hullerbusch (schöne Terrasse) sowie an der Anlegestelle der Luzinfähre. Zwischendurch zahlreiche Picknickplätze.

Start/Parken: Startpunkt ist der Kreisel in Feldberg, wo es zur Halbinsel Amtswerder geht. Parkmöglichkeit am Weidendamm (Straße Richtung Halbinsel) oder auf der Halbinsel selbst. Weiterer Parkplatz (WP 03) oberhalb der Fähre am Schmalen Luzin, wer dort parkt, beginnt die Wanderung entsprechend später.

Wegbeschreibung: Vom Ausgangspunkt (WP 01), dem besagten Kreisel im Zentrum von Feldberg, an dem auch die Gemeindeverwaltung residiert, folgt man ein kurzes Stück der *Prenzlauer Straße* stadtauswärts (in südöstliche Richtung). Nach ca. 150 m geht es – gegenüber der Bushaltestelle – rechts hinauf auf den **Fischersteig** (WP 02). Der führt, erst gepflastert, dann als Sandweg in einer Allee zwischen Wohnhäusern, stetig bergauf. Am Ortsrand erscheinen ein Schild „Schmaler Luzin – Fähre“ sowie eine *gelbe Markierung*. Wenige Meter später geht man geradeaus in den Wald hinein – *nicht* dem Verlauf des größeren Weges folgen, dieser biegt nach links ab.

Auf steinigem Weg geht es nun geradeaus durch eine schöne Allee, bald darauf gelangt man zu einem **großen Parkplatz** (WP 03), von dem es hinunter zur Fähre geht. Hier biegen wir jedoch nach rechts auf einen Pfad ab (Beschilderung: *„Ziegenwiese 2 km“*). Dieser schmale Pfad verläuft zunächst an einem Feld entlang, dann aber in den Wald hinein und am Hochufer entlang – links unterhalb blitzt der Schmale Luzin durch die Bäume. Nach knapp 2 km erreichen Sie eine Wiese und einen Feldweg am Waldrand, in den man nun nach links einbiegt (WP 04), die Wiese liegt rechter Hand.

Aus dem Feldweg wird nun ein schmalerer Weg, der – nach einer Holzbegrenzung – hinunter führt zu einer einladenden Badestelle mit Liegewiese: **„Das Schmal“**, so genannt, da sich hier die schmalste Stelle des Schmalen Luzin befindet (WP 05), der See ist hier nur 70 m breit. Die angrenzende Liegewiese ist übrigens die besagte Ziegenwiese, eine beliebte Badestelle bei Kanufahrern.

Der Pfad führt nun direkt am Ufer entlang in südliche Richtung, vorbei an ein paar Badestegen und kleineren Badestellen sowie einer größeren Badestelle, bis man aus dem Wald heraus zu einer großen **Liegewiese mit Badestelle** gelangt (WP 06) – die angrenzenden Häuser gehören schon zum Ort *Carwitz*. Oberhalb der Liegewiese angekommen, biegt man nach links in die Hauptstraße von Carwitz ein und folgt dieser ganz durch den Ort hindurch bis zum **Hans-Fallada-Museum** (S. 219) (WP 07).

Zurück vom Museum auf der Hauptstraße geht es gegenüber von Spielplatz und Feuerwehrhäuschen nun rechts hinauf, der Beschilderung *„Hullerbusch*

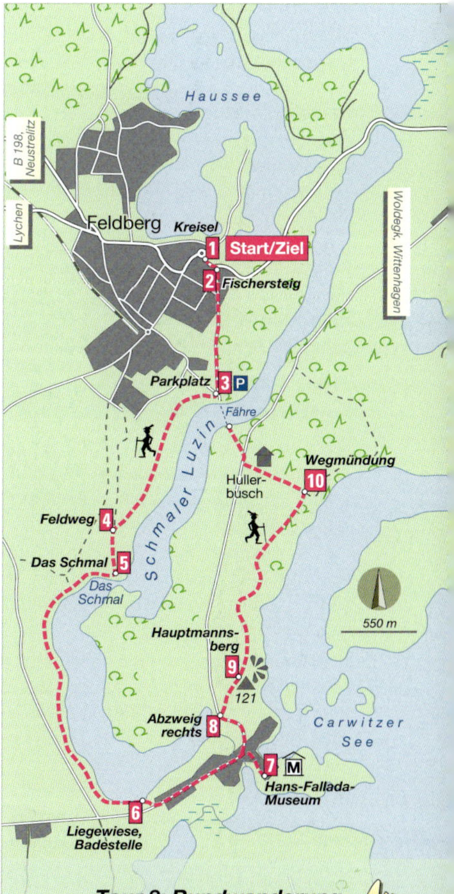

Tour 8: Rundwanderung von Feldberg nach Carwitz

2,0" folgen. Nach wenigen hundert Metern auf Asphaltstraße geht man bei einem Schild (WP 08) einen Pfad von der Straße rechts hinauf zum *„Naturschutzgebiet Hauptmannsberg"* (beschildert). Auf sandigem Pfad verläuft die Wanderung nun an Wiesen und lichtem Baumbestand vorbei, bald erreicht man ein bronzezeitliches Hügelgrab (unspektakulär) und gleich darauf den **Aussichtsplatz am Hauptmannsberg** (WP 09) mit herrlichem Blick auf den Carwitzer See mit seinen kleinen Inseln. Tische und Bänke unter schattenspendenden Bäumen laden hier zum Picknick ein.

Weiter dem Pfad folgend, geht es nun bergab und in den Wald hinein, an einer Abzweigung führt der Weg geradeaus zu einem weiteren schönen Rast- und Aussichtsplatz (nur wenige Meter entfernt). Unser Weg führt aber nach *links* weiter. Ein schöner Weg durch lichten Wald, bald darauf passiert man den weiten „Zansen-Blick" (Aussichtspunkt). Bergauf und bergab geht es dann wieder durch den Wald, bis man zu einer **Wegmündung** gelangt (WP 10). Rechts ab geht es hier zum „Lehrpfadabschnitt Hullerbusch", doch wir wandern nach links auf dem breiteren Waldweg *(Markierung: schräger grüner Balken)*.

An zwei kleinen und ungemein idyllischen Gehöften vorbei erreicht man das einladende *Hotel Hullerbusch* (S. 219) rechts des Weges und erreicht sogleich eine Asphaltstraße, in die man nach rechts einbiegt, um dann sofort halblinks dem *Pfad zur Luzinfähre* zu folgen. Auf dem Pfad durch den Wald und anschließend über viele Treppen hinunter, gelangt man schließlich zur Fähre.

Fähre Die **Luzinfähre** verkehrt jede volle und jede halbe Stunde. Von Mai bis Okt. Mo–Fr 10–17 Uhr, Sa/So 9–18 Uhr, im Juli und Aug. Mo–Fr 10–18 Uhr, Sa/So 9.30–19 Uhr (ab der Hullerbusch-Seite Fähren jeweils eine halbe Stunde später). Von Nov. bis April nur nach Absprache. Erw. 1 €, Kinder 0,50 €, Fahrrad 1 €. ✆ 039831-20315, www.luzinfaehre.de.

Nach dem Übersetzen mit der Fähre bietet sich der **Imbiss** an der Anlegestelle für eine kleine Rast an (hier auch Kanu- und Fahrradverleih → S. 212). Ansonsten geht es über Treppen hinauf zum Parkplatz und von dort auf dem Fischersteig zurück zum Startpunkt.

Carwitz

ca. 300 Einwohner

Ein ungemein idyllisches Dorf, auf einem Hügelrücken zwischen vier miteinander verbundenen Seen gelegen und in Sachen Beschaulichkeit dem benachbarten – und ungleich größeren – Feldberg vorzuziehen. Hübsche, alte Bauernhäuser ziehen sich an der Dorfstraße entlang, gleich am Ortseingang eine alte Windmühle, gegenüber der Badestrand am Schmalen Luzin. Das Dorfende markiert das unbedingt sehenswerte Fallada-Museum (S. 219) mit der Halbinsel Bohnenwerder dahinter. Carwitz haben auch andere schon entdeckt, und so teilt man sich hier die Freude am Idyll.

Berühmt wurde der Ort, einst nur ein uraltes kleines Fischerdorf, durch den Schriftsteller *Hans Fallada*, der Carwitz von 1933 bis 1945 zu seinem Zuhause gemacht hatte und hier einige seiner bedeutendsten Werke schrieb. Falladas Urne ruht seit 1981 auf dem Carwitzer Dorffriedhof – ein stiller und wunderschöner Platz mit schöner Aussicht über den See. Die benachbarte Kirche, ein Backsteinbau aus dem frühen 18. Jh., ist tagsüber leider meist geschlossen. Zwischen Mai und September finden hier die **Carwitzer Sommerkonzerte** statt (Programm in der Touristinformation Feldberg); zudem Konzerte und Diavorträge in der „Alten Scheune" (→ Essen & Trinken).

Verbindungen/Übernachten/Essen/Baden

• *Verbindungen* **Bus** etwa 6-mal tägl. von und nach Feldberg. **Luzinfähre** → S. 218.

• *Übernachten* **Hotel Hullerbusch**, das abgelegen stille, aber äußerst stilvolle Hotel im Gutshaus gehört zwar von Amts wegen zu Feldberg, ist aber mit dem Auto ausschließlich über Carwitz (2 km nördlich des Orts) zu erreichen – wer unmotorisiert anreist, kann von Feldberg die Luzinfähre nehmen und ein gutes Stück abkürzen (Achtung: steiler Aufstieg von der Anlegestelle zum Hotel). Das Gutshaus in ruhiger Waldlage (und mit parkartigem Garten) bietet historisches Ambiente mit ein wenig Jägerflair, im Erdgeschoss mehrere Speiseräume und eine besonders nette Terrasse. Die 8 Zimmer und 2 Suiten sind in gediegener Eleganz eingerichtet. Sauna und Fahrradverleih, zudem stehen Ruderboote und Angelausrüstung zur Verfügung. Sehr freundlicher Service, nette Atmosphäre. Ganzjährig geöffnet. DZ 90 €, Suite 100 €, jeweils inkl. Frühstück. Hullerbusch 12, 17258 Feldberger Seenlandschaft/OT Carwitz, ✆ 039831-20243, ℻ 039831-20866, www.hotel-hullerbusch.de.

Campingplatz am Carwitzer See, netter, einfacher Wiesencamping am Ortseingang auf der rechten Seite (von Feldberg kommend); freundliche und unkomplizierte Betreiber, eigene Badestelle und Liegewiese, Ruderboot- und Kanuverleih am Platz. Lebensmittelkiosk. Ins „Zentrum" von Carwitz sind es ca. 400 m. Erw. 7 €, Kinder 5 €, Stellplatz 7 € (nur Zelt 3,50 €), Hunde 3 €. Geöffnet Ende April bis Anfang Okt. Carwitzer Str. 78, 17258 Feldberger Seenlandschaft, ✆/℻ 039831-21160, www.campingplatz-am-carwitzer-see-klein-und-fein.de.

Camping am Dreetzsee → „Um den Carwitzer See".

• *Essen & Trinken* **Restaurant Hullerbusch**, im gleichnamigen Hotel; liegt zwar knapp 2 km nördlich von Carwitz, lohnt den Weg aber nicht zuletzt wegen der netten Terrasse. Mittags und abends geöffnet, mecklenburgische Hausmannskost zu mittleren Preisen, nachmittags Kaffee und Kuchen. Adresse → Übernachten.

Mehrere Cafés und Restaurants reihen sich entlang der Carwitzer Hauptstraße, z. B.:

Carwitz Eck, Kaffee, Kuchen und Eis auf der Terrasse (auch Restaurant). Carwitzer Str. 83.

Alte Scheune, der Biergarten bietet Deftiges; Mo Ruhetag, im Sommer samstags Livemusik. Carwitzer Str. 33.

• *Baden* Große **Badestelle** mit Bootsanleger am westlichen Ortsrand von Carwitz am Südufer des Schmalen Luzin, außerdem eine Badestelle östlich von Carwitz auf der Halbinsel Bohnenwerder.

Idyllisches Carwitz

Hans-Fallada-Museum

Hier hat er sich 1933 niedergelassen, der Schriftsteller *Rudolf Ditzen* alias *Hans Fallada*, dessen Roman „Kleiner Mann – was nun?" aus dem Jahr 1932 ihn zu Weltruhm brachte. Angesichts der Idylle, die der einstige kleine Bauernhof (Büdnerei) mit

Hans Fallada (1893–1947)

Ein bewegtes Leben lebte der am 21. Juli 1893 in Greifswald geborene *Rudolf Ditzen,* besser bekannt unter seinem Pseudonym *Hans Fallada,* der Name, mit dem er später weltbekannt werden sollte. Mit zarten 18 Jahren hatte der Sohn eines Reichsgerichtsrats nicht nur schon mehrere Gymnasien besucht, sondern auch einen gemeinschaftlichen Selbstmordversuch mit seinem Jugendfreund überlebt – den Freund dagegen hatte er im „Duell" erschossen. Es folgte der erste von vielen (Zwangs-)Aufenthalten in einer Nervenheilanstalt, die später durch diverse Entziehungskuren und Gefängnisstrafen ergänzt wurden. Ditzens erster Roman, *Der junge Goedeschal* erschien 1920 bereits unter Pseudonym – der *Hans* aus „Hans im Glück" und der *Fallada* aus der „Gänsemagd", beides Märchen der Gebrüder Grimm. Rudolf wollte mit dem Pseudonym wohl auch die leidgeprüften Eltern schonen, die kurz zuvor den jüngeren Sohn im Ersten Weltkrieg verloren hatten.

In Berlin, wohin er inzwischen übersiedelt war, verlor sich Ditzen in schwieriger Gesellschaft: Zu exzessivem Alkoholkonsum kamen Drogen- und Tablettensucht, die ihn bald bei diversen Anstellungen auf Landgütern in Schlesien und Schleswig-Holstein begleiteten. Finanziert hat Ditzen seine Sucht immer wieder durch Unterschlagung, was ihn in den 1920er-Jahren mehrfach ins Zuchthaus brachte. Die Wende brachten die geordneten Verhältnisse einer Anstellung als Lokalredakteur in Neumünster und die Heirat mit Anna „Suse" Issel im Jahr 1929. Ein Jahr später wurde das erste von drei gemeinsamen Kindern geboren, und Ditzen fand eine Anstellung bei seinem Verleger Ernst Rowohlt in Berlin, am Puls des damaligen literarischen Lebens in Deutschland.

Mit seinem im Sommer 1932 erschienenen Erfolgsroman *Kleiner Mann – was nun?* (der Geschichte eines kleinbürgerlichen Arbeitslosen, der mit Frau und Kind ums Überleben kämpft) traf Ditzen den Nerv der Zeit mit ihren politischen Wirren und explodierenden Arbeitslosenzahlen am Vorabend der nationalsozialistischen Machtergreifung. Das Buch wurde zum Bestseller und in mehrere Sprachen übersetzt. Nach einigen unerfreulichen Begegnungen mit der SA – Ditzen wurde im April 1933 ohne Angabe von Gründen für 11 Tage inhaftiert – entschloss sich die Familie, den Großraum Berlin zu verlassen und fand bald das Anwesen im mecklenburgischen Carwitz, weit weg von der Hauptstadt.

In der selbst gewählten Abgeschiedenheit von Carwitz erlebte Ditzen zunächst eine produktive Schaffensperiode, zudem konnte er sich den lang gehegten Traum von einem eigenen kleinen Bauernhof erfüllen. 1934 erschien der Gefängnisroman *Wer einmal aus dem Blechnapf frisst.* Sein Verhältnis zu den Nationalsozialisten äußerte sich zunächst als eine Mischung aus innerer Emigration und anbiedernder Anpassung, wie sie sich in seinem vielfach kritisierten, regimegefälligen Vorwort zu diesem Buch zeigte. Doch bald drehte sich auch für Fallada der Wind, spätestens, als das Propagandaministerium die Entfernung seiner Bücher aus öffentlichen Bibliotheken verfügte, dazu kamen immer wieder feindselige Rezensionen seiner Werke.

Rudolf Ditzens Arbeitsgerät

Ditzen verlegte seine Erzählkunst auf Kinderbücher und Märchen, harmlos und unpolitisch, dazwischen litt er immer wieder unter Nervenzusammenbrüchen und Depressionen, gefolgt von mehr oder minder langen Sanatoriumsaufenthalten. An seinem *Wolf unter Wölfen* (1937), einem Roman über die Inflation 1923 in der Weimarer Republik, fand Reichspropagandaminister Goebbels Gefallen. Doch schon den Folgeroman (*Der Eiserne Gustav*, 1938) musste Ditzen regimekonform umschreiben – der Druck auf den Autor wuchs zusehends. Den Plan einer Emigration immer wieder verwerfend, entschied Ditzen 1939, in Deutschland zu bleiben, und versuchte das Regime mit unpolitischen, historisch unverfänglichen Erzählungen zu bedienen – wobei er abwechselnd hofiert und schikaniert wurde. Die meisten Freunde waren da schon ins Exil gegangen (einige sogar in Haft gestorben), und im beschaulichen Carwitz wurde es für die Ditzens zunehmend ungemütlich, zahlreiche Denunziationen machten ihnen das Leben schwer. Seine Autobiografie *Heute bei uns zu Haus* (1943) war das letzte Werk, das vor Kriegsende veröffentlicht wurde.

Nach dem Einmarsch der Sowjets im April 1945 in Feldberg bestellten diese den politisch unauffälligen Ditzen zum Bürgermeister des Ortes. Im Herbst des gleichen Jahren zog er – inzwischen geschieden und mit einer fast 30 Jahre jüngeren Fabrikantenwitwe neu verheiratet – nach Berlin um, wo Ditzen sein letztes großes Werk in Angriff nahm: *Jeder stirbt für sich allein* (1946), die Geschichte eines Ehepaars im Widerstand, seine persönliche Stellungnahme und der erste antifaschistische Roman in Deutschland nach 1945.

Rudolf Ditzen starb am 5. Februar 1947 an Herzversagen. Seine Urne ruht seit Sommer 1981 auf dem Dorffriedhof von Carwitz.

... und noch ein Idyll: am Carwitzer See

seinem herrlichen Seegrundstück bis heute ausstrahlt, wird man fast ein wenig neidisch auf das wunderschöne Domizil, in dem Fallada – so die einhellige Meinung seiner Biographen – die beste und produktivste Zeit seines Lebens verbracht haben soll, wenn auch von den Nationalsozialisten an der Veröffentlichung seiner oft sozialkritischen Literatur gehindert.

Carwitz und Umgebung hat Fallada in seinen Werken aus der Zeit 1933–1945 häufig verewigt, beispielsweise in seinen Erinnerungen *Heute bei uns zu Haus* (1943) und in dem Kinderbuch *Fridolin der freche Dachs* (1944). Das Carwitzer Anwesen kaufte Fallada von den Einnahmen seines Romans *Kleiner Mann – was nun?* im Jahr 1933 und siedelte mit seiner Frau und den beiden Kindern Ulrich und Lore von Berkenbrück hierher um. Es folgten mehrere Umbauten, z. B. der Anbau der Veranda im Erdgeschoss, der Umbau von Küche und Badezimmer, im Obergeschoss weitere neue Räume und ein Balkon, auch die Scheune wurde ausgebaut. Die Ditzens unterhielten hier eine kleine Landwirtschaft mit Hühnern, Obst- und Gemüseanbau, einer Obstbaumplantage sowie eigener Imkerei, dazu Kutschpferd, Hund und Katze.

Nach der Scheidung 1944 und Falladas Tod im Jahr 1947 lebte seine ehemalige Frau Anna Ditzen noch einige Zeit hier, verkaufte das Anwesen aber 1965 an einen Verlag. Nach massiven baulichen Veränderungen entstand ein Ferienheim für Kinder. Ab 1996 wurde das Wohnhaus unter Mithilfe von Ditzens Söhnen und der 1983 gegründeten Hans-Fallada-Gesellschaft originalgetreu rekonstruiert und stellt heute den Zustand der Jahre zwischen 1933 und 1944 dar. Die Scheune wurde restauriert und beherbergt heute einen Veranstaltungsraum, das Archiv und den Sitz der Hans-Fallada-Gesellschaft.

Der **Rundgang** durch das Museum führt vom Eingangsbereich in die rekonstruierten Wohnräume der Familie: das Wohn- und Arbeitszimmer von 1938 mit Falladas Schreibtisch, das Esszimmer, in dem in einer Vitrine Falladas Totenmaske aufbewahrt wird, die für damalige Verhältnisse überaus moderne Küche und die einem Wintergarten ähnliche helle Veranda. Im Schlafzimmer sind alle Werke Falladas in Erstausgabe zu sehen, im Esszimmer zudem zahlreiche Fotos von Familie und Freunden, die der Schriftsteller z. T. selbst aufgenommen hat. Im Obergeschoss sind die Originalmanuskripte Falladas (engstens beschriebene linierte Blätter) und Szenenfotos aus den Verfilmungen seiner Romane ausgestellt; in einem Nebenraum werden zwei Filme über Fallada gezeigt.

Wunderschön ist auch der Garten des Anwesens mit dreieckigem Blumenbeet, Obstbäumen und dem Sitzplatz am Seeufer – ein echtes Idyll! Ein Spaziergang führt vom Fallada-Haus in östlicher Richtung auf die Halbinsel Bohnenwerder, von deren Anhöhe sich ein schöner Ausblick bietet.

Alljährlich am Wochenende um den 21. Juli finden hier die **Hans-Fallada-Tage** mit diversen Veranstaltungen (Lesungen, Konzerte, Ausstellungen etc.) statt. Nähere Infos und Programm im Museum sowie in der Touristinformation Feldberg.

April bis Okt. Di–So 10–17 Uhr, Nov. bis März Di–So 14–16 Uhr, Mo geschlossen. Weitere Öffnungszeiten nach Vereinbarung. Eintritt 3 €, erm. 1,50 €, Kinder bis 6 J. frei, Audioguide (ca. 1 Std.) 1,50 €, Foto-/Videoerlaubnis 1 €.

Begegnung im Kirchfried

„Carwitzer Lesestunde“ von Mai bis Sept. jeden Fr um 20 Uhr in der Scheune. Zum Bohnenwerder 2, 17258 Feldberger Seenlandschaft/OT Carwitz, ✆/℡ 039831-20359, www.fallada.de.

Um den Carwitzer See

Eine liebliche Landschaft erstreckt sich östlich und südlich von Feldberg und Carwitz. Rund um den Carwitzer See und den Dreetzsee verstecken sich zwischen einer Handvoll größerer und kleinerer Seen idyllische Dörfer in den Hügeln. **Fürstenhagen** ist beispielsweise so ein schmuckes Dorf mit schöner Feld- und Backsteinkirche (1868/69), eine der letzten Bauten des Neustrelitzer Architekten *Friedrich Wilhelm Buttel*, und einem bemerkenswerten Hotel-Restaurant gleich dahinter.

Im Straßendorf **Thomsdorf** ist mit dem *Kunsthandwerkerhof* und den *Thomsdorfer Kunstkaten* ein wenig kulturelles Leben entstanden. Die heute turmlose Kirche von Thomsdorf stammt aus dem 13. Jh. und beherbergt einen spätgotischen Altar. Eine Badestelle gibt es bei Thomsdorf am Südufer des Carwitzer Sees. Auf halbem Weg von Thomsdorf nach Carwitz findet sich am südlichen Ende des *Dreetzsees* ein großer Campingplatz. Noch weiter südlich und gänzlich ab vom Schuss liegt die beliebte Ausflugsgaststätte *Krüseliner Mühle* ungemein idyllisch am Ufer des gleichnamigen Sees.

• *Übernachten/Essen* **Alte Schule**, hinter der Kirche von Fürstenhagen versteckt sich das gehobene Restaurant von Florian Löffler und Nadine Gala. Saisonale Küche mit regionalen Gerichten, 3-Gänge-Menü um 40 €, 4-Gänge-Menü um 50 €. Mi–So ab 18 Uhr geöffnet, Mo/Di Ruhetag. Florian Löffler veranstaltet auch Kochkurse (Termine und Themen im Internet oder telefonisch, Anmeldung erforderlich). Die Alte Schule ist auch ein Hotel mit schönen Zimmern; EZ 65 €, DZ 75 €, 3er 90 €, 4er 96 €. Zur Alten Schule 5, 17258 Fürstenhagen/Feldberger Seenlandschaft, ☎ 039831-22023, 📠 039831-22031, www.hotelalteschule.de.

Krüseliner Mühle, beliebte Ausflugsgaststätte mit schöner Seeterrasse, am abgelegenen Südufer des idyllischen Krüseliner Sees (südlich von Carwitz) gelegen, eingebettet zwischen Wasser, Wald und Wiesen. Sehr freundlich. Nur Ostern bis Mitte Okt. ab 12 Uhr bis ca. 20 Uhr geöffnet. Auch Ferienwohnungen (diese aber ganzjährig). Sauna am See. Wer mit dem Auto anreist, sollte die Mühle von Carwitz aus anfahren, die Piste von Thomsdorf war zuletzt für Pkw kaum passierbar. Krüseliner Mühle, 17258 Mechow, ☎ 039820-30441, 📠 039820-30249, www.krueseliner-muehle.de.

Gutshof Conow, nicht im gleichnamigen Weiler, sondern in Wittenhagen; hier findet sich das Gasthaus *Zum Wildschwein* (innen urig, außen Biergarten, tägl. geöffnet, Di Ruhetag, ☎ 039831-22165) sowie ein Reitstall mit Pferdepension und die Kunsthalle (→ Kunst). Zansenweg 7, 17258 Wittenhagen/Feldberger Seenlandschaft, ☎ 039831-22165, www.gut-conow.de.

• *Camping* **Camping am Dreetzsee**, schattiger Waldplatz am südlichen Ufer des Dreetzsees; Badestelle, Liegewiese und Stege am See, Gaststätte, Shop, Sportmöglichkeiten. Erw. 4,70 €, Kinder 4–14 Jahre 2,50 €, Zelt 2,50–5 €, Caravan/Wohnmobil 5 €, Pkw 2 €, Strom 1,50 €. *Bootsverleih* (z. B. 1er-Kajak 8 €/6 Std., 13 €/Tag, 3-er-Kanadier 12 €/6 Std., 18 €/Tag, Ruderboot 6 €/6 Std., 11 €/Tag oder Tretboot 13 €/6 Std., 18 €/Tag) und *Fahrradverleih* (4 €/6 Std., 6 €/Tag). Auch kleine Holzhäuser werden vermietet (68 €/Tag). Thomsdorf 51, 17268 Boitzenburger Land, ☎ 039889-746, 📠 039889-55106, www.dreetzseecamping.de.

• *Kunst* **Kunsthalle Wittenhagen**, wechselnde Ausstellungen, Malerei und Plastiken, tägl. 11–18 Uhr, Di geschl. Zansenweg 4, ☎ 039831-22831, www.gut-conow.de.

Kunsthandwerkerhof Thomsdorf, Keramik-, Kerzen und Filzwerkstatt auch zum Mitbasteln (Anmeldung erforderlich), Brotbacken im Steinofen, Kunsthandwerkermarkt (Termine tel. erfragen), Galerie (auch Malkurse) usw. Im Hof befindet sich auch das *Café Klönstuw*. Mai bis Sept. 10–18 Uhr. Thomsdorf 36 a, ☎ 039889-86241, www.kunsthandwerkerhof-thomsdorf.de.

• *Einkaufen* **Thomsdorfer Kunstkaten**, Gemälde und Zeichnungen (Galerie und Verkauf), Skulpturen und Keramik, aber auch Schmuck und Souvenirs sowie eine Bilderrahmenwerkstatt. April bis Okt. tägl. außer Mo 10–18 Uhr. Thomsdorf 42, ☎/📠 039889-4735, www.thomsdorfer-kunstkaten.de.

Woldegk

ca. 4000 Einwohner

Die Mühlenstadt. Fünf historische Windmühlen stehen noch in dem Städtchen am Rand der Helpter Berge genannten Hügelkette. Doch außer der in der Tat hohen Dichte an Windmühlen ist Woldegk nicht weiter erwähnenswert. Drei der Mühlen stehen etwas erhöht über dem Ort pittoresk beieinander. In einer ist das *Mühlencafé* untergebracht (Mo Ruhetag), in einer anderen, ein schmucker, restaurierter Holländer aus dem Jahr 1883, das *Mühlenmuseum*. Auf der Wiese zwischen den Mühlen befindet sich ein großes Spielfeld. Doch hier wird natürlich nicht Gartenschach gespielt, sondern, klar, Mühle.

Museum in der Holländermühle: April bis Sept. tägl. 10–12 und 13–16 Uhr, März bis Okt. Di–Fr 10–12 und 13–16 Uhr, Sa/So 13–16 Uhr. Infos unter ☎ 03963-211384.

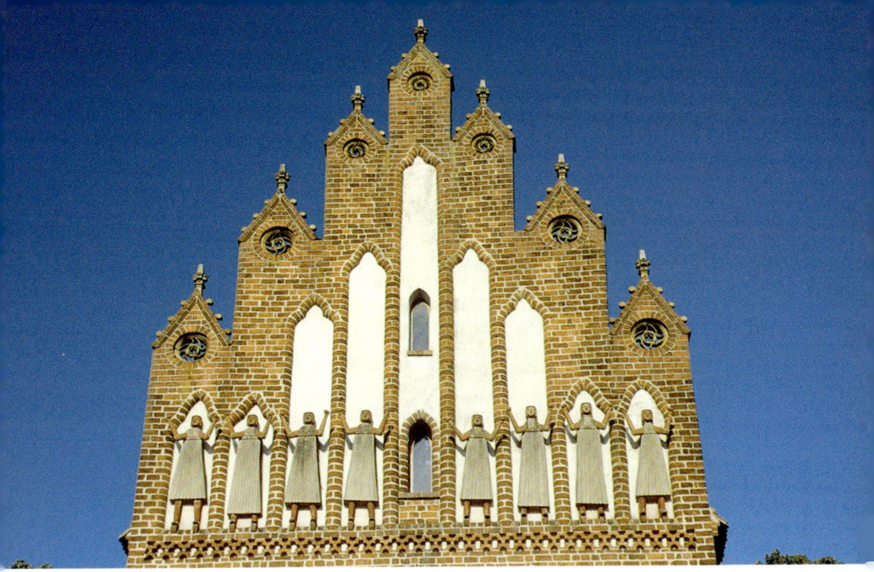

Backsteingotische Giebelkunst

Neubrandenburg und der Tollensesee

Neubrandenburg

ca. 66.700 Einwohner

Die „Vier-Tore-Stadt". Neubrandenburg, eines der Wirtschaftszentren Mecklenburgs, ist vor allem innerhalb der Stadtmauern sehenswert. Hier finden sich einige ansehnliche Beispiele Norddeutscher Backsteingotik.

Die kreisfreie Stadt ist, was man kaum vermuten möchte, mit über 65.000 Einwohnern nach Rostock und Schwerin die drittgrößte Stadt Mecklenburg-Vorpommerns und verweist die traditionsreichen Hansestädte Wismar, Stralsund und Greifswald auf die Plätze. In puncto Attraktivität wird es für Neubrandenburg allerdings schwieriger, einen Spitzenplatz zu erreichen – wer ist schon begeistert angesichts trostloser Plattenbauten an überdimensionierten Zufahrtsstraßen nebst einschlägigen Discountern, Tankstellen und Autowaschanlagen ...

Hat man sich aber erstmal bis zu den mittelalterlichen Stadtmauern vorgearbeitet, zeigt die Stadt ihr zweites, deutlich schöneres Gesicht: Neben dem mächtigen, noch fast vollständig erhaltenen Stadtwall sind es vor allem die vier aufwändig gestalteten Stadttore aus dem 14. und 15. Jh., welche die architektonischen Glanzpunkte in Neubrandenburg setzen – nicht ohne Stolz nennt man sich deshalb auch „Vier-Tore-Stadt". Ebenso sehenswert sind die pittoresken mittelalterlichen Wiekhäuser, in die Stadtmauer eingebaute Fachwerkhäuser (und ehemalige Wehrtürme), die heute u. a. Restaurants und Kneipen beherbergen. Ein Spaziergang entlang der Stadtmauer lohnt also in jedem Fall. Nicht ganz so idyllisch zeigt sich das Zentrum innerhalb der Stadtmauer. Die geradlinigen Straßenzüge und eintönigen Bauten aus der Nachkriegszeit wirken nicht eben romantisch, Blickfang am groß angelegten Marktplatz ist der sog. Kulturfinger aus den 1960ern. Über drei Viertel der his-

torischen Bausubstanz gingen beim Großbrand der Innenstadt im Frühling 1945 verloren – am heute so nüchtern wirkenden Markt stand einst das Rathaus aus dem 16. Jh. wie auch das herzogliche Palais aus dem 18. Jh. Jüngste archäologische Grabungen beim Bau einer Tiefgarage am Marktplatz brachten diverse Zeugnisse des mittelalterlichen Marktplatzes wie auch des alten Rathauses und der herzoglichen Residenz zutage.

Verlässt man das Zentrum in südwestlicher Richtung, gelangt man nach gut einem Kilometer an das Nordufer des *Tollensesees*, der einen Großteil der Freizeitqualität Neubrandenburgs ausmacht. Zwei Strandbäder, Ausflugsschiffe, ein Wassersportzentrum und Bootsverleiher bieten Entspannung, besonders Sportliche können den landschaftlich sehr reizvollen See auch auf dem Fahrrad umrunden (35 km, S. 234).

Geschichte

Die erste Ansiedlung am Nordufer des Tollensesees befand sich im heutigen Broda, als dort im Jahr 1170 das gleichnamige Kloster entstand. Die eigentliche, planmäßige Stadtgründung erfolgte aber erst 1248 durch den brandenburgischen Markgrafen *Johann I.*, dem Neubrandenburg seinen Namen verdankt: als „neues" Brandenburg. Es entstand ein typisches mittelalterliches Stadtgebilde mit Marktplatz, Stadtbrunnen, Zunfthäusern und Verkaufsbuden, mit etwas abseits gelegener Stadtkirche und dem Franziskanerkloster. Die Stadtbefestigung bestand zunächst aus einem kreisrunden Holzzaun, etwa ab 1300 wurde die Stadtmauer mit ihren Toren und Wiekhäusern sowie dem äußeren Wall gebaut – Schutz für eine wohlhabende Handelsstadt, die ihr Auskommen u. a. in der Tuchmacherei und Bierbrauerei hatte. 1298 fällt Neubrandenburg – ebenso wie das *Land Stargard*, zu dem es bis dahin gehörte – an das mecklenburgische Fürstenhaus. Im Zuge der Reformation wird aus dem Franziskanerkloster ein Armenhaus; am Marktplatz entsteht 1585–1588 das neue Rathaus im Renaissancestil.

Das 17. Jh. bringt für Neubrandenburg eine ganze Serie von Unglücken, angefangen mit einem Stadtbrand (1614) über die Pest bis hin zur Besetzung der Stadt im Dreißigjährigen Krieg – zunächst durch *Wallensteins* Truppen (1627), dann, noch verheerender, durch die Landsknechte des Grafen *Tilly*. Ein weiterer großer Stadtbrand im Jahr 1676, von dem gerade eine Handvoll Häuser verschont blieben, gab Neubrandenburg den Rest (ein drittes verheerendes Feuer ereilte die Stadt im Jahr 1737). 1701 entstand das neue Herzogtum Mecklenburg-Strelitz, ab 1708 vertrat Neubrandenburg den Stargarder Kreis im Landtag (als sog. „Vorderstadt").

Einen Aufschwung erlebte die Stadt, als sich 1775 *Herzog Adolf Friedrich IV. von Mecklenburg-Strelitz* für Neubrandenburg als Sommerresidenz entschied und hier sein Palais bauen ließ – die Stadt war mittlerweile zum bürgerlichen und kulturellen Zentrum der Gegend avanciert, hinzu kam die reizvolle Lage unweit des Tollensesees. Zwar mussten für das Sommerpalais und seine Nebengebäude weite Teile des gewachsenen mittelalterlichen Marktplatzes weichen, doch schenkte der Herzog den Neubrandenburgern auch ein Schauspielhaus, heute das älteste Theater Mecklenburgs.

Der wohl bedeutendste norddeutsche Mundartdichter *Fritz Reuter* lebte und arbeitete von 1856 bis 1863 in Neubrandenburg. Gewohnt hat er u. a. in einem Eckhaus in der Stargarder Straße, unweit des Stargarder Tors (heute das Café im Reuterhaus).

1864 wurde eine Bahnlinie von Güstrow nach Neubrandenburg gebaut, in den folgenden Jahrzehnten schaffte man den Schienenanschluss nach Berlin, Lübeck, Stettin und Stralsund. Ende des 19. Jh. setzte dann im Zuge der Industrialisierung eine vergleichsweise rege Bautätigkeit außerhalb der Stadtmauern ein.

Kriegswichtig wurde Neubrandenburg unter den Nationalsozialisten ab 1939. Im selben Jahr entstand südöstlich der Stadt das Kriegsgefangenenlager Fünfeichen (ab 1945 sowjetisches Internierungslager, 1948 abgerissen), zwei Jahre später richteten die NS-Militärs auf dem Tollensesee eine Torpedoversuchsanstalt ein (nach dem Zweiten Weltkrieg gesprengt). Seit 1943 befand sich in Neubrandenburg ein Außenlager des Frauen-Konzentrationslagers Ravensbrück, dessen Zwangsarbeiterinnen in der ansässigen Rüstungsindustrie arbeiten mussten. Bei der gewaltsamen Einnahme der Stadt durch die Rote Armee am 29. April 1945 wurden über 80 % der Altstadt durch einen Großbrand zerstört, darunter auch der Marktplatz mit Rathaus und herzoglichem Palais, in dem sich eine bis heute verschollene Kunstsammlung befand.

Seit 1952 war Neubrandenburg eine von 14 Bezirksstädten der DDR, womit eine schnell wachsende Industrie (Maschinenbau, Reifenherstellung, militärische Ge-

Mudder Schulten – Reuters resolute Bäckersfrau aus Neubrandenburg

Mudder-Schulten-Brunnen, Mudder-Schulten-Stuben und auch das Fahrgastschiff auf dem Tollensesee hört auf den Namen „Mudder Schulten" – der resoluten Dame begegnet man in Neubrandenburg quasi an jeder Straßenecke. Ihre Geschichte verdankt Neubrandenburg keinem Geringeren als Fritz Reuter, der die unerschrockene Bäckersfrau in seiner 1866 entstandenen Satire „Dörchläuchting" verewigte. Zugetragen haben soll sich die Geschichte in den 1770er Jahren, als Herzog *Adolf Friedrich IV.* hier seine Sommerresidenz bezog. Der Herzog kaufte bei Bäcker Schulze Brot in großen Mengen, dachte aber nicht daran, die dazugehörigen Rechnungen zu bezahlen, sondern ließ Jahr um Jahr anschreiben und reagierte auch auf schriftliche Zahlungserinnerungen nicht.

Schließlich kam es zum Showdown zwischen der Bäckersfrau und dem Herzog – auf der Straße und in aller Öffentlichkeit. Entschlossen präsentierte sie ihm die offene Rechnung, der Herzog soll angesichts solcher Respektlosigkeit wutentbrannt „impertinentes Frauenzimmer" ausgerufen haben. Dargestellt ist eben jene Szene auf dem Mudder-Schulten-Brunnen (gegenüber dem Fritz-Reuter-Denkmal) am Platz zwischen Bahnhof und Innenstadt. 1923 stiftete ein Kaufmann den Brunnen für den Marktplatz, nach der Zerstörung der Innenstadt Ende des Zweiten Weltkriegs wurde er am Nordrand der Stadtmauer aufgestellt.

räte) sowie der Neubau ganzer Stadtviertel (überwiegend „Platte") einhergingen; die Bevölkerung stieg sprunghaft und erreichte mit rund 90.000 Einwohnern im Jahr 1989 ihren Höhepunkt. Seitdem ist die Zahl der Bewohner um über 20.000. gesunken

Information/Verbindungen/Veranstaltungen etc.

• *Information* **Stadtinfo Neubrandenburg**, am Markt im Zentrum. Umfängliches Informationsmaterial, kostenloser Stadtplan. *Stadtführungen* von Mai bis Sept. jeden Mi und Sa um 11 Uhr ab Treffpunkt Stadtinfo – mit „Mudder Schulten" oder „Marktfrau Stine" durch die Altstadt (Dauer ca. 1,5 Std., 3,50 €/Person, Kinder bis 10 J. frei). *Nachtwächterführungen* von Juni bis Aug. jeden Fr um 21 Uhr ab Friedländer Tor (ca. 1,5 Std., 4 €/Person, Kinder bis 10 J. frei). Infos und Anmeldung in der Stadtinfo. Mo–Fr 10–19 Uhr, Sa bis 18 Uhr, So 10–14 Uhr, im Winter eingeschränkt. Stargarder Str. 17, 17033 Neubrandenburg, ✆ 01805-170330, ✆ 0395-5667661, www.neubrandenburg.de.

Wiekhaus: ursprünglich Teil der Verteidigungsanlage, heute Bar

• *Verbindungen* **Bahn**: zwischen 6.30 und 20.30 Uhr stündlich Verbindung über Burg Stargard nach Neustrelitz, mind. alle 2 Std. mit dem Regionalexpress (RE) weiter über Fürstenberg/Havel nach Berlin Hbf., ebenso mind. alle 2 Std. mit dem RE über Demmin und Grimmen nach Stralsund, etwa alle 2 Std. nach Stettin (Polen); stündl. über Stavenhagen, Malchin und Teterow nach Güstrow (im stündlichen Wechsel mit der Privatbahn „Ostseeland Verkehr"). Die Ostseeland Verkehr fährt auch alle 2 Std. über Strasburg und Pasewalk nach Ueckermünde. Der Bahnhof befindet sich am Nordrand der Altstadt.

Bus: zentrale Haltestelle (ZOB) nur wenige Meter vom Bahnhof entfernt. Gute Verbindungen in die umliegenden Orte, u. a. etwa stündlich über Klein Nemerow und Groß Nemerow nach Waren, häufig auch über Penzlin nach Waren, ebenso häufig Verbindungen über Woldegk nach Strasburg sowie nach Friedland. Darüber hinaus mehrmals tägl. Verbindungen nach Burg Stargard, Alt Rehse, Stavenhagen, Malchin und Teterow, nach Feldberg und Lüttenhagen sowie nach Altentreptow (und z. T. weiter nach Greifswald). Tickets am ZOB.

Schiff: das *Linienschiff MS Rethra* verkehrt im Sommer 3-mal tägl. vom Badehaus (ca. 1,5 km südlich der Altstadt) über den Tollensesee mit Halt in Gatsch Eck, Klein Nemerow und Nonnenhof. 1-mal tägl. auch mit Fahrt nach Prillwitz (durch das Naturschutzgebiet). Einfache Fahrt 4 €, erm. 2 €, nach Prillwitz 2 € Zuschlag, Fahrrad 2 € pro Strecke. Von Juli bis Sept. auch am Samstagabend (20 Uhr ab Badehaus). Infos und Buchung unter ✆ 0395-3500524, www.neu-sw.de.

• *Ausflugsschiffe* Mit der **Mudder Schulten** in den Sommermonaten 3-mal tägl. Rundfahrten auf dem Tollensesee mit Fahrt durch den Kanal in die Lieps (Naturschutzgebiet), im Mai und Okt. nur 2-mal tägl., am Mo und im Winter keine Fahrten. 9–11 €/Pers., Kinder unter 14 J. die Hälfte, Fahrrad und Hunde kostenlos. Abfahrt am Anleger beim Badehaus, Stopps sind an allen Anlegestellen des Sees möglich. Weitere Infos und Buchung: ✆ 0395-5841218; www.fahrgastschiff-mudderschulten.de.

• *Sonstiges* **Fahrrad- und Bootsverleih**, u. a. beim *Freizeittreff im Kulturpark* am Nordufer des Tollensesees nahe der Oberbachbrücke. Fahrräder, Ruder-, Tret- und Elektroboote, Kiosk vorhanden. Mai bis Okt. bei halbwegs gutem Wetter tägl. 10–19 Uhr. Parkstr. 15, ✆ 0395-5665352 oder 0171-2174716, ℻ 0395-5708058, www.freizeittreff-behn.de. Boots- und Fahrradverleih auch am *Wassersportzentrum* ca. 2 km südlich vom Zentrum. Augustastr. 7, ✆ 0395-3683535 oder 0171-4013488.

Kanu- und Kajakverleih, ein Stück nordwestlich vom Zentrum, nahe dem Fluss gelegen. Touren auf der Tollense bis hinauf nach Altentreptow (auch geführte Touren). 1er-Kajak 20 €/Tag, 4er-Kanu 40 €/Tag, jeweils inkl. voller Ausstattung. Abholservice möglich. Nur April bis Okt. tägl. 9–20 Uhr. Krügerkamp 3, ✆/℻ 0395-5841488, ✆ 0173-7983580, www.kanuverleih-nb.de.

Wasserski-Seilbahn, am Reitbahnsee nördlich vom Zentrum, Ende März bis Ende Okt. geöffnet. Auch Kurse. Reitbahnweg 90, ✆ 0395-4216161, www.wasserski-nb.de.

Golfclub Mecklenburg-Strelitz, 9-Loch-Platz am südöstlichen Ufer des Tollensesees bei Groß Nemerow (→ „Rund um den Tollensesee").

• *Baden* Zwei Bäder am Nord- bzw. Nordostufer des Tollensesees: Das **Strandbad Broda** ist zentrumsnäher am Nordufer (nach der Oberbachbrücke) in der Seestraße (✆ 0395-5822166); das **Augustabad** liegt ca. 2,5 km südlich des Zentrums in der Lindenstraße (✆ 0395-3681831). Beide mit Sandstrand, Liegewiese und Beachvolleyballfeld, die Wasserqualität ist sehr gut und wird seit vielen Jahren mit der „Blauen Flagge" ausgezeichnet. Nur in den Sommermonaten und bei entsprechendem Wetter geöffnet.
Bademöglichkeit auch im **Reitbahnsee** nördlich des Zentrums.

• *Veranstaltungen* Im Rahmen der **Festspiele Mecklenburg-Vorpommern** finden im Sommer in der Konzertkirche (St. Marien) Konzerte statt, aktuelle Programme bei der Stadtinfo oder unter www.festspiele-mv.de.

Vier-Tore-Fest alljährlich am letzten Wochenende im August – hauptsächlich um die vier Stadttore und im Zentrum: zahlreiche Konzerte, Shows etc.

Neubrandenburger Jazzfrühling im April und **Kulturherbst am Tollensesee** Mitte Sept. Programme zu beiden in der Stadtinfo.

Weberglockenmarkt, der historische Weihnachtsmarkt in Neubrandenburg; ab dem 1. Adventssonntag.

Übernachten/Essen & Trinken (Karte S. 230)

• *Übernachten* **Radisson SAS (1)**, zentrale Lage direkt am Marktplatz, kaum zu übersehen, größtes Hotel der Stadt mit 190 komfortablen Zimmern. Viele Geschäftsreisende, auch Tagungshotel, von allen Zimmern kostenloser Internet-Zugang (Kabel oder WLAN). EZ ab 79 €, DZ 96–116 €, jeweils inkl. Frühstück; Hunde sind erlaubt. Treptower Str. 1, 17033 Neubrandenburg, ✆ 0395-55860, ℻ 0395-5586625, www.neubrandenburg.radissonsas.com.

*** **Parkhotel (8)**, zentrumsnah, aber wenig idyllisch am Stadtring, nur einen Steinwurf vom Stargarder Tor entfernt (Anfahrt von dort stadtauswärts auf der Neustrelitzer Straße, dann rechts ab). Modernes Gebäude mit Restaurant (im Sommer auch Terrasse), auf Geschäftsreisende ausgerichtet, Parkplatz am Haus. EZ 65 €, DZ 90 €, jeweils inkl. Frühstück. Windbergsweg 4, 17033 Neubrandenburg, ✆ 0395-55900, ℻ 0395-5590200, www.parkhotel-nb.de.

Badehaus (7), schöne Lage gleich bei der Anlegestelle und direkt am See, mit Restaurant und sehr einladendem Biergarten (→ Essen & Trinken). Zwar ein Stück vom Zentrum entfernt, aber sicher die beste Lage in Neubrandenburg, wie wir finden. 13 Zimmer und 3 großzügige Suiten, modern und freundlich bunt eingerichtet, zumeist mit Balkon. Nicht teuer: EZ 58 €, DZ 78 €, Suite 85 €, jeweils inkl. Frühstück. Hunde sind erlaubt. Parkstr. 3 und 4, 17033 Neubrandenburg, ✆ 0395-5719240, ℻ 0395-57192422, www.badehaus-am-see.de.

• *Essen & Trinken* **Restaurant Lohmühle (6)**, das uralte Mühlenhaus am Stargarder Tor wurde erstmals 1354 erwähnt, heute befindet sich hier ein einladendes Restaurant in historischem Ambiente und mit ausnehmend freundlichem Service. Gute Küche bei mittlerem Preisniveau. Im Sommer mit Biergarten. Mittags und abends geöffnet, So nur mittags, kein Ruhetag. Stargarder Tor 4, ✆ 0395-5442843, www.lohmuehle-gasthaus.de.

Karte S. 235

Wiekhaus 45 (5), in einem der in die Stadtmauer eingefügten mittelalterlichen Fachwerkhäuser (Wiekhäuser) findet sich dieses traditionsreiche und gemütliche Restaurant mit einladender Atmosphäre. Im Sommer auch einige Tische draußen an der Stadtmauer. Auf den Teller kommt traditionelle mecklenburgische Küche zu mittleren bis leicht gehobenen Preisen. Tägl. ab 11 Uhr durchgehend geöffnet. 4. Ringstr. 44 (am Ende der Pfaffenstraße), ✆ 0395-5667762, www.wiekhaus.de.

Mudder Schulten Stuben (2), gegenüber von Stadtmauer und den berühmten Wiekhäusern, äußerlich das genaue Gegenteil: ein nüchterner 50er-Jahre-Bau; erfreut sich dennoch großer Beliebtheit, sehr freundlicher Service und bekannt gute, relativ günstige mecklenburgische Küche; davor ein kleiner, schattiger Biergarten mit Blick auf Stadtmauer und Wiekhäuser. Tägl. ab 11 Uhr durchgehend bis ca. 23 Uhr. 4. Ringstr. 425, ✆ 0395-5823766.

Badehaus (7), Restaurant und Biergarten in herrlicher Lage direkt am Wasser, mecklenburgische Küche mit saisonalem Einschlag, auch Vegetarisches, mittleres Preisniveau. Tägl. 11–22 Uhr. Parkstr. 3 und 4, ✆ 0395-5719240, www.badehaus-am-see.de.

• *Übernachten/Essen außerhalb* **Seehotel Heidehof** in Klein Nemerow → „Rund um den Tollensesee" S. 236.

Alte Münze, Schenke und Hotel in der Burg Stargard (S. 237).

• *Nachtleben* **Foyercafé im Schauspielhaus (3)**, Kaffee, Cocktails und Snacks vor oder nach dem Theater. Mit WLAN, Raucher- und Nichtraucherbereich. Tägl. 18–2 Uhr, So/Mo 20–24 Uhr, Pfaffenstr. 22, ✆ 0176-63045348.

Cocktailbar Winehouse (4), neben dem Wiekhaus 45, 4. Ringstr. 45, ✆ 0395-5663056.

• *Übernachten/Essen in der Umgebung*

Park Hotel Schloss Rattey, romantisches Schloss, umgeben von einem herrlichen Park mit uralten Eichen und Weinbergen (!), etwa 30 km östlich von Neubrandenburg. Das prächtige Herrenhaus aus dem frühen 19. Jh. ist stilvoll eingerichtet. Im Erdgeschoss befindet sich in schicken Salons ein gutes Restaurant (tägl. mittags und abends geöffnet, im Winter werktags nur abends, Sa/So auch über Mittag). An den Wänden hängen Gemälde aus der Künstlerkolonie Worpswede. Im Haus auch Sauna und Fahrradverleih. EZ 68 €, DZ 76–95 €, Suite ab 105 €. *Anfahrt:* Von Neubrandenburg auf der B 104 nach Osten, dann auf die A 20 (Richtung Berlin), gleich die nächste Ausfahrt (Friedland/Woldegk) wieder runter und links Richtung Friedland, in Schönbeck dann rechts abbiegen nach Rattey. Rattey 21, 17349 Rattey, ✆ 03968-255010, ℻ 03968-255050, www.schlossrattey.de.

Wein aus Mecklenburg – die Winzer zu Rattey

Wein aus Mecklenburg, nein, das ist kein gekelterter Sauerampfer und auch kein süß-gepanschter Rinnsteinheimer, sondern ein traditionsreiches Unternehmen, das die Winzer von Rattey seit 1999 wiederbelebt haben – mit beachtlichem Erfolg. Rund um das Schloss reifen u. a. die Rebsorten Müller-Thurgau, Phönix und Regent. Wir testeten den roten Landwein (Regent) und waren von dem Ergebnis durchaus angetan. Die Erzeugnisse der angesichts des Breitengrads doch recht exklusiven Lage haben aber ihren Preis. Für eine Flasche Landwein muss man etwa 14 € rechnen. Beim Schloss gibt es einen Hofladen, der So 14–17 Uhr geöffnet hat, ansonsten muss man klingeln oder sich im Restaurant des Schlosshotels melden. Der Winzer ist normalerweise im Weinberg, kommt aber zum Laden. Besichtigungen des Weinguts sind sonntags möglich, telefonische Anmeldung ist aber ratsam, ✆ 03968-255010.

Sehenswertes innerhalb der Stadtmauern

Zu besichtigen in der Stadt der **vier Tore** gibt es zunächst einmal selbige. Verbunden sind die mittelalterlichen Eingangspforten durch eine fast vollständig erhaltene **Stadtmauer** aus der Zeit um etwa 1300. Wir empfehlen einen Spaziergang entlang der Innenseite der Stadtmauer von Tor zu Tor – dabei passiert man auch die berühmten mittelalterlichen **Wiekhäuser**, die einst als Verteidigungsanlagen in regelmäßigen Abständen in die Mauer eingebaut und später als Fachwerkhäuser in Wohnraum umgewandelt wurden. Noch heute sind 24 der ursprünglich über 50 Häuser erhalten. Nach außen hin war die 2300 Meter lange und sieben Meter hohe Stadtmauer zusätzlich von einem 60 Meter breiten Wall umgeben, der bis heute als grüner Gürtel das Zentrum umgibt. Bemerkenswert an der fast kreisrunden Verteidigungsanlage ist, dass ihre vier Tore nicht symmetrisch angeordnet sind.

Das älteste Tor der Stadt ist das **Friedländer Tor** an der Nordostecke der Stadtmauer (um 1300). Zur Feldseite hin ist es noch romanisch geprägt, wohingegen die Stadtseite schon im gotischen Stil gestaltet ist. Im angrenzenden Zollhaus befindet sich heute das Tor-Café. Nur wenige Gehminuten in südliche Richtung stößt man auf das **Neue Tor**: Tatsächlich ist es das „neueste“, also jüngste Tor der Stadt (zweite Hälfte des 15. Jh.), von dem aber – im Gegensatz zum noch fast vollständig erhaltenen Friedländer Tor – nur noch das Haupttor erhalten ist. Auffällig sind in den Blendnischen die acht etwa lebensgroßen Terrakotta-Backstein-Figuren mit erho-

Karte S. 235

benen Armen (sog. „Adorantenhaltung"), deren Bedeutung bis heute strittig ist. Sie findet man auch, diesmal neun an der Zahl, in den Blendnischen des **Stargarder Tors** (ca. 1350) am Südende der Stadtmauer. Ob es sich dabei um Engel oder Jungfrauen oder aber einfach um die Ratsherren der Stadt handelt, lässt sich nicht feststellen, ebenso wenig ist das Geschlecht der Figuren unter wallendem Gewand zu erahnen.

Das **Treptower Tor** an der Westseite der Stadtmauer ist das repräsentativste und höchste der vier Tore. Es entstand in der Blütezeit der Gotik Ende des 14./Anfang des 15. Jh. und beeindruckt nicht nur durch seine beachtliche Höhe von 32 Metern, sondern auch als besonders elegantes Beispiel Norddeutscher Backsteingotik. In seinem Inneren residierte seit 1873 das Städtische Museum, heute das **Regionalmuseum Neubrandenburg**: Die Ausstellung zur *Ur- und Frühgeschichte* zeigt zahlreiche Funde aus der Bronze-, Germanen- und Slawenzeit, die meisten aus der Umgebung von Neubrandenburg; zudem sind Modellbauten und Nachbildungen zu sehen, Schautafeln erläutern die Besiedlungsgeschichte der Region. Gegenüber vom Treptower Tor steht die *Vierrademühle* aus dem Jahr 1271. Hier ist heute die *Ausstellung zur Stadt- und Regionalgeschichte* des Regionalmuseums untergebracht, die anhand zahlreicher Bilder und Fotos, Alltagsgegenstände, Waffen etc. die Stadtgeschichte Neubrandenburgs vom 13./14. Jh. bis in die jüngste Vergangenheit dokumentiert.

Regionalmuseum Neubrandenburg: Di–So 10–17 Uhr, Eintritt 3 €, erm. 1,50 €. Treptower Str. 38, 17033 Neubrandenburg, ✆ 0395-5551271, www.museum-neubrandenburg.de.

Ganz am Nordende des Stadtrings – hier öffnet sich die Stadtmauer ohne Tor – stößt man etwa gegenüber dem Bahnhof auf das **Fritz-Reuter-Denkmal** von 1893. Mecklenburgs berühmtester Schriftsteller lebte von 1856 bis 1863 in Neubrandenburg. Ihm gegenüber erinnert der **Mudder-Schulten-Brunnen** (1923) an Reuters literarische Satire „Dörchläuchting", in der die Bäckersfrau Mudder Schulten in aller Öffentlichkeit die Schulden des Herzogs einklagt, wie es die Szene der Brunnenfiguren darstellt (→ „Mudder Schulten", S. 227). Der Brunnen wurde erst 1945 hier aufgestellt, zuvor stand er auf dem durch den großen Brand zerstörten Marktplatz.

Von Denkmal und Brunnen sind es nur wenige Schritte in westlicher Richtung zum **Fangelturm** aus dem 15. Jh., ein 25 Meter hoher Wehrturm, der bestiegen werden kann (Näheres bei der Stadtinfo). Sein Name rührt von den Gefangenen her, die hier bis ins 19. Jh. eingekerkert waren. Innerhalb der Stadtmauer stößt man unweit des Turms auf das ehemalige **Franziskanerkloster** (Mitte des 13. Jh.), von dessen ursprünglicher Bausubstanz jedoch nur wenig erhalten ist. Das heutige Gebäude stammt in weiten Teilen aus dem 14. Jh., im Lauf der Jahrhunderte diente es vor allem als Alten- und Armenhaus der Stadt. Die zugehörige **Klosterkirche St. Johannis** entstand ebenfalls Mitte des 13. Jh. und wurde nach diversen Bränden im 14. Jh. erweitert, im 15. Jh. entstand der Chorraum im gotischen Stil. Eine Renovierung im neugotischen Stil fand Ende des 19. Jh. statt. St. Johannis ist heute die Hauptkirche von Neubrandenburg.

Von hier sind es auf der Stargarder Straße in südliche Richtung nur wenige Gehminuten zum weitläufigen **Marktplatz**, den moderne Gebäude wie das Radisson-SAS-Hotel, das Marktplatz-Center und der sog. „Kulturfinger" umrahmen. Letzterer, mit offiziellem Namen **Haus der Kultur und Bildung** (HKB), stammt aus dem Jahr 1965 und ist mit 56 Metern eines der höchsten Gebäude der Stadt, von dessen Aussichtsplattform man einen hervorragenden Blick über Neubrandenburg und den Tollensesee hat (Marktplatz 1).

Nur ein Stück weiter südlich (die Stargarder Straße weiter Richtung Stargarder Tor) liegt rechter Hand die **St. Marienkirche**, ein mächtiger gotischer Hallenbau aus dem späten 13. Jh., der im 17. und 19. Jh. mehrfach umgebaut und bei dem verheerenden Stadtbrand 1945 stark beschädigt wurde. Mitte der 70er Jahre begann man mit dem Um- und Wiederaufbau des Gotteshauses, 2001 wurde hier schließlich die Eröffnung als **Konzertkirche Neubrandenburg** gefeiert. In den Sommermonaten ist die Konzertkirche Austragungsort der *Festspiele Mecklenburg-Vorpommern*, aber auch sonst finden hier in der Regel mehrmals wöchentlich oft hochkarätige Veranstaltungen statt – Konzerte, Oper, Operette, Ballett, Musical etc.

Veranstaltungsprogramm und Onlinetickets unter www.konzertkirche-nb.de; Infos/Tickets auch unter ☏ 0395-5595127 oder ☏ 0395-5595128. Besichtigungszeiten unregelmäßig; an proben- und veranstaltungsfreien Tagen 10–17 Uhr; nähere Infos bei der Stadtinfo oder ☏ 0395-55950.

Repräsentativer Stadtzugang: das Stargarder Tor

Kunstsammlung Neubrandenburg: Unweit der Konzertkirche in einem restaurierten Fachwerkgebäude in der Großen Wollweberstraße. Der Schwerpunkt der rund 5000 Werke umfassenden Sammlung (viele davon allerdings im Depot) liegt auf zeitgenössischer Kunst – überwiegend von ostdeutschen Künstlern. Ein Teil der Räumlichkeiten ist wechselnden Ausstellungen vorbehalten. Darüber hinaus gibt es eine Fachbibliothek (Di 10–12 und 14–16 Uhr).

Di–So 10–17 Uhr, Eintritt 3 €, erm. 1,50 €, Familien 6 €, Kombikarte mit Regionalmuseum 5 €. Führung 2,50 €. Termine für öffentliche Führungen auf Anfrage. Große Wollweberstr. 24, 17033 Neubrandenburg, ☏ 0395-5551290, www.kunstsammlung-neubrandenburg.de.

Sehenswertes außerhalb der Innenstadt

Kapelle St. Georg: Die kleine frühgotische Backsteinkapelle aus dem 14. Jh. befindet sich wenige Gehminuten westlich des Treptower Tors an der Rostocker Straße. Ursprünglich gehörte die Kirche zum *Kloster Broda* (am Tollensesee, nicht mehr erhalten) und diente als Spital für Kranke und Aussätzige. Der Turm wurde im Barock angefügt.

Amtshaus Broda: Das Amtshaus unweit des Sees auf dem Klosterberg entstand auf den Fundamenten des Klosters Broda aus dem Jahr 1244. Die Zeiten überstanden hat nur ein Keller mit Kreuzrippengewölbe, darüber wurde später ein Fachwerkbau errichtet (18. Jh.). Die Stadtinfo Neubrandenburg bietet Führungen im Amtshaus Broda (und im Gewölbe) an.

Rund um den Tollensesee

In sanften Hügeln rollt das Land zu den Ufern des Tollensesees aus. Lang gestreckt liegt der See in der lieblichen, von eiszeitlichen Moränen geformten Landschaft. Bei einer Breite von durchschnittlich zwei Kilometern und einer Länge von etwa elf Kilometern ist der See mit einer mittleren Tiefe von 20 Metern (maximal 33 m) vergleichsweise tief. Seine Entstehung wurde ursprünglich mit einer eiszeitlichen Gletscherzunge erklärt. Neuere Untersuchungen gehen davon aus, dass der See das Ergebnis eines riesigen Abflusskanals unter dem Gletscher ist, dass also abfließendes Schmelzwasser einen gewaltigen Tunnel unter dem Eis und zugleich das Becken des späteren Tollensesees ausgespült hatte.

Idyllischer Zungenbrecher: das Tollenseseer Seeufer

Im Norden bei Neubrandenburg verbinden zwei Bäche den See mit dem Flüsschen Tollensee (das bei Demmin wiederum in die Peene mündet), im Süden schließt die Lieps an, die als Teil des *Naturschutzgebiets Nonnenhof* für privaten Bootsverkehr gesperrt ist. Ein 800 Meter langer Kanal verbindet Tollensesee und Lieps.

In gewisser Weise flankiert wird der Tollensesee von zwei sehenswerten Burgen: zuvörderst die mittelalterliche **Burg Stargard** beim gleichnamigen Städtchen im Osten sowie die **Alte Burg** von **Penzlin** im Westen. Ganz im Süden findet sich das frühklassizistische **Schloss Hohenzieritz**, in dem noch heute eine Gedenkstätte an Königin Luise erinnert, die hier 1810 im Alter von 34 Jahren verstarb.

Radtour um den Tollensesee

Die schöne Tour ist ca. 35 km lang und verläuft weitgehend auf Radwegen (beschildert). Beginnend in Neubrandenburg, führt sie zunächst ufernah durch das Nemerower Holz nach Klein Nemerow und weiter nach Süden am Golfplatz vorbei. Von hier aus geht es zur B 96 und ein Stück parallel zur Bundesstraße bis Usadel. Hier rechts ab und nahe am Südufer der Lieps entlang bis Prillwitz. Man durchquert Prillwitz wie auch das folgende Zippelow und biegt kurz darauf rechts ab. Der Weg führt bald durch Neu Wustrow und bis Alt Rehse. Von hier aus geht es wieder ufernah, diesmal aber am Westufer des Tollensesees, durch das Brodaer Holz zurück nach Neubrandenburg.

Tützpatz
Pripsleben
Röckwitz
Schossow
Barkow
Altentreptow
Werder
Beseritz
Grischow
Dahlen
Salow
Friedrichshof
Wolde
Brunn
Wolkow
Wildberg
Groß Teetzleben
Neddemmin
Rossow
Staven
Tollense
Podewal
Neverin
Knorrendorf
Breesen
Lebbin
Kalübbe
Trollenhagen
Gädebehn
Woggersin
197
Glienke
Neuenkirchen
Ihlenfeld
104
NEUBRANDENBURG
Warlin
Rühlow
Blankenhof
Groß Helle
Sponholz
Lapitz
Passentin
Neuendorf
Pragsdorf
Puchow
Wulkenzin
Slawendorf Passentin
Mallin
Lindenbergviertel
Cölpin
Neu Rhäse
Lindenhof
Alte Burg
192
Bargensdorf
Quastenberg
104
Penzlin
Klein Nemerow
Burg Stargard
Alt Rehse
Rowa
Tollensesee
Groß Nemerow
Wustrow
Holldorf
Ballin
Teschendorf
Schloss Hohenzieritz
Lieps
Prillwitz
96
Ballwitz
Cammin
Hohenzieritz
Usadel
193
Bredenfelde
Quadenschönfeld
198
Krumbeck
Blumenholz
Wanzka
Blankensee
Rollenhagen
Watzkendorf
Weisdin
Rödlin
Möllenbeck
Thurow
Zierke
Rödliner See
Breiter Luzin
Zierker See
Schlossgarten
NSG Feldberger Hütte
Carpin
Dolgen
Weitendorf
Neustrelitz
Bergfeld
Feldberg
Haussee
Grünow
Lüttenhagen
Müritz-Nationalpark (Serrahner Teilgebiet)
Schweingartensee
NSG Heilige Hallen
Kammerkanal
Strelitz Alt
Groß Quassow
Fürstensee
3 km
Neubrandenburg und rund um den Tollensesee

• *Übernachten/Essen* **Seehotel Heidehof**, das Hotel in Klein Nemerow liegt geradezu idyllisch direkt über dem Ufer des Tollensesees. Die Ruine der Klosterscheune nebenan erinnert daran, dass das heutige Hotel auf dem Grund eines ehemaligen Johanniterstützpunkts steht. Das Restaurant serviert gute Küche zu etwas gehobenen Preisen, auch Vegetarisches (tägl. 12–22 Uhr). Vom wintergartenähnlichen Anbau und von der Terrasse schöner Blick auf den See und die Anlegestelle, der Service dagegen könnte für den Anspruch des Hauses zuweilen etwas routinierter zu Werke gehen. EZ 59 €, DZ 75–85 € (je nach Größe), jeweils inkl. Frühstück. Auch Fahrradverleih (8 €/ Tag). Seestr. 11, 17094 Klein Nemerow, ✆ 039605-2600, ✆ 039605-26066, www.seehotel-heidehof.de.

Hotel Bornmühle, beim Golfplatz; das Haus gehört zum Seehotel Heidehof. EZ 80 €, DZ 110 €. ✆ 039605-600, www.bornmuehle.de.

• *Sport* **Golfclub Mecklenburg-Strelitz**, 9-Loch-Platz am südöstlichen Ufer des Tollensesees bei Groß Nemerow, etwa 10 km südlich von Neubrandenburg, An der Bornmühle 1 a, 17094 Groß Nemerow, ✆ 039605-27376, www.golf-mv.de.

Burg Stargard

ca. 4500 Einwohner

Die Wehr-Architektur auf dem Hügel gab der Kleinstadt nicht nur ihren wehrhaften Namen, sie beschert ihr auch eine gewisse Bekanntheit unter den Reisezielen in Mecklenburg – die meisten Besucher kommen, um die mittelalterliche Burg zu besichtigen. Dabei ist das Siedlungsgebiet von Stargard ungleich älter. Schon 3000 v. Chr. lebten Menschen auf diesem Höhenzug, wie Grabungsfunde belegen. Nach der Völkerwanderung siedelten Slawen auf dem Burgberg, errichteten über vorgefundenen Ruinen eine Burganlage und gaben ihr den Namen *stari gard*, „alte Burg". Im 12. Jh. herrschen die Pommern über das stargardsche Land, Anfang des 13. Jh. nehmen die brandenburgischen Askanier die alte Burg, die nahe Siedlung und das umliegende Land in Besitz. Die Siedlung erhält 1258 das brandenburgische Stadtrecht. Auf dem Hügel lässt der brandenburgische Markgraf zwischen 1248 und 1271 die (neue) Burg errichten, die im 13. und 14. Jh. zu den bedeutendsten Wehrbauten im Nordosten Deutschlands zählt und in ihrem Kern bis heute erhalten ist. 1298 gelangt die Burg Stargard als Mitgift an *Heinrich den Löwen* und wird mithin mecklenburgisch. Mitte des 16. Jh. wurde die Burg umgebaut und diente gut hundert Jahre später im Dreißigjährigen Krieg *General Tilly* zeitweilig als Hauptquartier. Danach wurde es still um die Burg. Teile der Anlage verfielen, andere werden bis heute genutzt. 1926 wurde die Burg von der Stadt Stargard aufgekauft (die sich seither Burg Stargard nennt). In den 1990ern wurde die Anlage gründlich saniert.

Die **Burg** Stargard ist die nördlichste Höhenburg Deutschlands. An mittelalterlicher Bausubstanz erhalten hat sich u. a. das *Untere Tor* (13. Jh.), über das man die Vorburg betritt, sowie die *Alte Münze* (13. Jh.) in der *Hauptburg*, ursprünglich das Brauhaus, im 18. Jh. die Münzpräge, heute gemütlicher Gasthof und Hotel, und schließlich die *Kapelle*. Das *Krumme Haus*, das wie die Alte Münze in die bis zu vier Meter starke Außenmauer der Hauptburg integriert war (und wegen der Krümmung der Ringmauer seinen Namen erhielt), brannte 1919 ab und ist heute als Ruine erhalten. Auch der *Bergfried* stammt ursprünglich aus dem 13. Jh., brannte aber nach einem Blitzschlag 1647 aus und verfiel zur Ruine. *Friedrich Wilhelm Buttel* ließ ihn 1821–1823 zu einem Aussichtsturm ausbauen, von dem man bis heute einen prächtigen Ausblick genießt. Um 1500 wurde in der Vorburg der *Marstall* auf den Ruinen der mittelalterlichen Stallungen errichtet, der heute das *Museum* beherbergt. Aus der Zeit der großen Umbauarbeiten im 16. Jh. stammt das *Obere Tor*, über das man in den *Burghof* der Hauptburg gelangt. Angesichts der atmosphärischen Burganlage, die direkt einem Ritterroman entsprungen sein und

Weit schweift der Blick über das Land, die Stadt und den Turnierplatz

die perfekte Kulisse für eine mannhafte Tjoste darstellen könnte, wundert es nicht, dass hier einmal im Jahr ein Mittelalterfest stattfindet, bei dem es natürlich auch zu Lanzenstechen und Schwertkampf kommt.

Allerdings ist die Burg nicht der einzige Grund, der einen Besuch der kleinen **Stadt** rechtfertigen würde. Burg Stargard liegt idyllisch eingebettet zwischen den Hügeln einer eiszeitlichen Grundmoräne. Ein paar kopfsteingepflasterte Sträßchen erstrecken sich rund um den zentralen Markt. Sein heutiges Aussehen bekam Burg Stargard vor allem in der zweiten Hälfte des 18. Jh., nachdem ein verheerender Brand 1758 große Teile des Städtchens zerstört hatte. Auch die Stadtkirche *St. Johannes*, im Kern aus dem 13. Jh., wurde in dieser Zeit wieder auf- und umgebaut. Unweit des Zentrums liegt in einem schönen Waldgebiet der *Tierpark Klüschenberg*. Am südöstlichen Ortsausgang schlängelt sich eine *Sommerrodelbahn* den Hügel hinunter.

- *Information* **Touristinformation Burg Stargard**, Mai bis Sept. Mo–Fr 9–12 und 12.30–17 Uhr, Sa 9–13 Uhr, Okt. bis April Mo–Fr 9–12 und 12.30–16 Uhr. Am Markt 3, 17094 Burg Stargard, ✆ 039603-20895, 📠 039603 28177, www.burg-stargard.de.
- *Burgführung* Mai bis Sept. Sa/So 14 Uhr, Anmeldung bei der Touristinformation. Treffpunkt am Parkplatz bei der Burg. Auch Stadtführungen werden angeboten. Termine bei der Touristinformation.
- *Veranstaltungen* **Burgfest**, das wichtigste Fest in Stargrad; fröhliches Mittelalterspektakel auf der Burg – mit Gauklern, Händlern, mittelalterlicher Musik, Falkenvorführungen und natürlich Ritterkämpfen und Lanzenstechen. Jeweils am 2. Wochenende im August. Infos auch unter www.burgfest-stargard.de.

Rosenfest, am ersten Juliwochenende.

- *Verbindungen* **Bahn**, mit dem Regionalexpress stündl. nach Neubrandenburg und weiter nach Stralsund; in die andere Richtung nach Neustrelitz (und alle 2 Std. weiter direkt nach Berlin).
- *Übernachten/Essen* **Zur Alten Münze**, Gasthof und Hotel in der mittelalterlichen Burg, sehr freundlich und urgemütlich; das Essen schmeckt und die Preise sind (auch angesichts der exklusiven Unterbringung im mittelalterlichen Brauhaus, später Münzpräge) moderat. Sehr schön sitzt man auch außen auf der Terrasse mit Blick auf den Burghof. 14 Zimmer stehen zur Verfügung.

Karte S. 235

DZ je nach Größe und Ausstattung 80–95 € inkl. Frühstück. Burg 5, 17094 Burg Stargard, ☎ 039603-2700, 📠 039603-27027, www.hotel-burggasthof-zuraltenmuenze.de.

Jugendherberge, der große Bau an der Straße nach Dewitz wirkt ein wenig wie ein Sanatorium, tatsächlich diente die Jugendstilvilla ursprünglich als Forst- und Gartenbauschule. Großes Außengelände mit diversen Sportstätten, innen stehen ein großer Saal, Seminarräume, Billardzimmer und sogar Partyraum und Sauna zur Verfügung. Übernachtung 18,15 € inkl. Frühstück, 21,15 € für Senioren über 26, auch Halbpension möglich; auch einige 2-Bett- und Familienzimmer mit Bad. Dewitzer Chaussee 7, 17094 Burg Stargard, ☎ 039603-20207, 📠 039603-20255, www.jh-burg-stargard.de.

• *Aktivitäten* **Museum der Stadt Burg Sargard**, das Museum im Marstall der Burg präsentiert Gegenstände aus Arbeitswelt und häuslichem Alltag, darunter Handwerksutensilien und eine historische Schlafstube. Daneben gibt es wechselnde Ausstellungen. Mai bis Sept. Di–So 10–17 Uhr, Okt. bis April Di–Do 10–16 Uhr, Sa/So 13–16 Uhr. Erw. 3 € (gilt auch für den Bergfried). Burg 1, 17094 Burg Stargard, ☎ 039603-22852.

Sommerrodelbahn, über 700 m ist sie lang, überwindet 30 m Höhenunterschied und bietet 8 Steilkurven. März bis Okt. tägl. 10–18 Uhr (Juli/Aug. bis 20 Uhr). Erw. 2 €, 5er-Ticket 8 €; Kinder (5–14 J.) 1,50 €, 7er-Ticket 8 €. Am Ortsrand Richtung Teschendorf rechts ab und vor dem Sportplatz gleich wieder links, beschildert. Rosenstr. 1a, ☎ 039603-23226, www.rodelbahn-burgstargard.de.

Tierpark Klüschenberg, kleiner Tierpark in einem 10 Hektar großen Wald; zu sehen gibt es heimische Tiere wie Fasane, Damwild und Frettchen, aber auch exotische, wie Ozelots, diverse Affen und auch Kängurus. Mai bis Sept. tägl. 8–17 Uhr (Sa/So bis 18 Uhr), April/Okt. tägl. 8–16.30 Uhr (Sa/So bis 17 Uhr), Nov. bis März tägl. 8–16 Uhr. Erw. 3 €, Kinder 2 €. Klüschenbergstr. 14a, ☎ 039603-20226, www.tierpark-klueschenberg.de.

Hohenzieritz und Prillwitz

Strahlend weiß präsentiert sich das prächtige Schloss Hohenzieritz in der lieblichen Landschaft südlich des Tollensesees. Der Herzog von Mecklenburg-Strelitz ließ das barocke Herrenhaus in der zweiten Hälfte des 18. Jh. zu dem stattlichen, frühklassizistischen Schloss umbauen, das nun als beliebter Sommersitz diente. Dazu ließ *Herzog Karl* den herrlichen englischen Landschaftspark anlegen, unter Leitung des Engländers *Archibald Thomson*, der wahrscheinlich auf Vermittlung der Schwester Karls, der englischen Königin *Charlotte*, nach Mecklenburg kam. Untrennbar verbunden ist das Schloss Hohenzieritz mit dem Namen *Luise*, ihres Zeichens Prinzessin von Mecklenburg-Strelitz (da Tochter von Karl von Mecklenburg-Strelitz) sowie Königin von Preußen (da vermählt mit dem preußischen König *Friedrich Wilhelm III.*). Während eines Besuchs bei ihrem Vater auf Schloss Hohenzieritz nämlich verstarb Königin Luise 1810, gerade einmal 34 Jahre jung. Der trauernde Vater widmete drei Jahre nach dem frühen Tod der Tochter im Sterbezimmer eine Gedenkstätte, die bis 1945 existierte und schließlich im Jahr 2000 wieder eingerichtet wurde.

Das Schloss selbst ist heute Sitz des Amtes des Müritz-Nationalparks. Die Ausstellung im Schloss umfasst nur zwei Räume, einen Vorraum, in dem über Luisens Leben informiert wird, und das Sterbezimmer mit der liegenden Büste der toten schönen Königin. Der Umfang der ausgestellten Exponate hält sich allerdings in Grenzen, man sollte nicht zu viel erwarten – umso schöner kann sich ein Spaziergang durch den herrlichen Landschaftsgarten mit Luisentempel (2007 renoviert) gestalten.

Gedenkstätte: April bis Okt. Di–Fr 10–11 und 14–15 Uhr (in der Hochsaison durchgehend), Sa/So 14–17 Uhr. ☎ 039824-20020. **Nationalparkamt**: Schlossplatz 3, 17237 Hohenzieritz, ☎ 039824-2520, www.nationalpark-mueritz.de.

Unweit von Hohenzieritz liegt am Südufer der Lieps der kleine, unspektakuläre Weiler **Prillwitz** mit Bootsanlegestelle, kleinem Strandabschnitt und dem *Jagdschloss zu Prillwitz* (1888–1890). Die Lieps, durch einen Kanal mit dem Tollensesee

Königin Luise von Preußen (1776–1810)

Lange vor Regenbogenpresse und Paparazzi hatte Preußen seine Königin der Herzen. Schön und anmutig wie Romy Schneider, volksnah wie Silvia von Schweden, früh verstorben wie Diana. So blieb sie jung und schön in Erinnerung, ideal für einen Mythos. Als Königin Luise 1810 in Hohenzieritz starb, trauerte Preußen.

Wie keine andere Frau an der Seite eines preußischen Herrschers war Luise in den Blickpunkt der Öffentlichkeit gelangt, ganz ohne Skandale und Herrscher-Arroganz. Im Gegenteil. Ihr erster öffentlicher Auftritt mag dafür beispielhaft genannt sein: Zur Verlobung in Berlin angekommen, wird Luise unter großer Anteilnahme der Bevölkerung Unter den Linden ein Empfang bereitet, ein Mädchen trägt ihr dabei ein Gedicht vor. Allen Etiketten zum Trotz umarmt die Prinzessin das Kind in einer spontanen Geste. „Alle Herzen flogen ihr entgegen", berichtet der Dichter de la Motte Fouqué. Luise hatte in der Tat alles, um die Rolle als Volkes Liebling auszufüllen: Sie war hübsch und anmutig, dabei unprätentiös und warmherzig, liebenswürdig und bescheiden, nachgerade bürgerlich. Damit war sie genau die richtige Frau an der Seite des wohl bürgerlichsten unter den Herrschern der Hohenzollern. Ihr Ehemann *Friedrich Wilhelm III.* (1770–1840) fügte sich nur schwer in das Amt des preußischen Herrschers. Er war kein Soldatenkönig, kein Alter Fritz und schon gar kein moralisches Leichtgewicht wie sein Vater, *Friedrich Wilhelm II.* Vielmehr war er bescheiden, ein wenig bieder, aufrichtig und voller Zweifel ob der eigenen Fähigkeiten. Er zeigte sich selbst lieber als Familienvater, denn als kraftstrotzender Souverän, und er bemühte sich um die Sittlichkeit zu Hofe, die sein Vater recht flexibel gehandhabt hatte.

Die 17-jährige Luise ehelicht den sechs Jahre älteren preußischen Kronprinzen am 24. Dez.1793. 1795 wird der Thronfolger, der spätere *Friedrich Wilhelm IV.*, geboren – 10 Kinder wird Luise zur Welt bringen. Ein Jahr später reist die junge Familie nach Neustrelitz und Hohenzieritz, um Luises Vater, mittlerweile Herzog von Mecklenburg, zu besuchen. Nachdem der „dicke Lüderjahn", wie Friedrich Wilhelm II. vom Volksmund genannt wurde, früh und verbraucht 1797 gestorben war, sah sich das Kronprinzenpaar, nunmehr in Amt und Würden, vor immensen Aufgaben. Der Staatshaushalt war zerrüttet, das Ansehen Preußens in Europa lädiert, die Verwaltung überfordert. Bei allen Herausforderungen schien das die Beziehung des Königspaars kaum zu ändern. Luise war Friedrich eine enge Vertraute. Ein Zeichen dafür war, dass sich König und Königin, in höfischen Kreisen kaum denkbar, duzten, das Paar lebte bescheiden und gab sich in der Öffentlichkeit volksnah und bürgerlich.

Politisch spielt die eher überschaubar gebildete Luise nur eine indirekte Rolle. Sie setzt sich bei ihrem Gatten vehement für *Karl vom und zum Stein* und *Karl August von Hardenberg* ein und bereitet so ein Stück den Weg für die großen Reformer Preußens. Auch als Napoleon sich anschickt, die Grundfesten Europas zu erschüttern und Preußen in eine verheerende Niederlage stürzt, bleibt Luise ihrer Linie treu. Zuerst begleitet sie ihren Gemahl in den Krieg, flieht nach der Niederlage mit ihm zunächst nach Berlin, dann weiter nach Ostpreußen und reist schließlich persönlich (und auf Betreiben Hardenbergs) zum verhassten Korsen nach Tilsit. Zwar beeindruckten sich die charismatische Luise und Bonaparte gegenseitig, doch nützen sollte der Bittgang wenig. Napoleons Friedensbedingungen gegenüber Preußen sind hart. Und es sollte zwei Jahre dauern, bis der französische Kaiser dem preußischen König gestattet, in die preußische Hauptstadt zurückzukehren. Im Winter 1809 erreichen Friedrich Wilhelm und Luise Berlin, ein halbes Jahr später reist sie allein zu ihrem Vater nach Hohenzieritz, erkrankt schwer und stirbt überraschend am 19. Juli 1810. Schnell wurde die populäre Königin – nicht zuletzt geliebt wegen ihres so mutigen Tilsiter Canossagangs – zum Gegenstand fast mythischer Verehrung.

verbunden, ist allerdings Teil des Naturschutzgebietes Nonnenhof und daher für den privaten Bootsverkehr gesperrt. Das Jagdschloss wirkt etwas spukig, es könnte glaubhaft als Kulisse für einen Krimi à la „Mausefalle" dienen; heute ist hier ein Hotel samt Restaurant untergebracht.

• *Übernachten/Essen* **Jagdschloss zu Prillwitz**, im ruhig gelegenen Schloss stehen 15 individuell eingerichtete Zimmer zur Verfügung. EZ 60 €, DZ 85 €, Familienzimmer (4 Pers.) 115 €. Das Restaurant serviert mecklenburgische Küche (auch Wild und Fisch) zu leicht gehobenen Preisen; innen gediegen, sehr schön sitzt man draußen auf der Terrasse. Restaurant in der Saison Mi–So mittags und abends geöffnet (nur bis 21.30 Uhr), in der Nebensaison eingeschränkt (Mo und Di Ruhetag), sicherheitshalber anrufen. 17237 Prillwitz, ✆ 039824-20345, 📠 039824-20346, www.jagdschloss-prillwitz.de.

Penzlin und die Alte Burg

Das kleine, beschauliche Städtchen **Penzlin**, das im Jahr 1226 das Stadtrecht erhielt, entstand an einer einst wichtigen Handelsstraße. An der höchstgelegenen Stelle der Stadt und damit weithin sichtbar steht die im Kern frühgotische Kirche *St. Marien*. Wegen ihres niedrigen Turms, der nach einem Brand im 18. Jh. ein niedriges Dach aufgesetzt bekam, wirkt sie recht gedrungen. Berühmtester Sohn der Stadt ist *Johann Heinrich Voß* (1751–1826), der, wenngleich in der Nähe von Waren geboren, hier aufwuchs. Der Dichter ist heute vor allem wegen seiner profunden Übersetzung antiker Texte in Erinnerung, darunter zuvorderst die kongeniale Übersetzung von Homers Ilias und der Odyssee.

Im Mittelalter entwickelte sich Penzlin im Schatten einer schmucken Burg. Bereits im 9. Jh. soll sich an dieser Stelle ein Wehrbau erhoben haben, ihre heutige Gestalt erhielt die **Alte Burg Penzlin** weitgehend im 16. Jh. Mit der Sanierung in den 1990er Jahren ordentlich aufgehübscht, erhebt sich hier heute eine Ritterburg wie aus dem Märchenbuch. Weniger märchenhaft ist, wofür die Burg Penzlin in der frühen Neuzeit und dank des Museums auch heute wieder steht: Hexenprozesse und Hexenbrennen. In der Burg Penzlin fanden nicht nur Prozesse gegen „Hexen" statt, im Keller gibt es eigene Hexenverliese, in die Mauer eingelassene Nischen, in denen man die „Hexe" anketten konnte, ohne dass sie den Boden berührte. Das war laut dem „Hexenhammer", der inoffiziellen Gebrauchsanweisung für Hexenjäger aus dem Jahr 1486, notwendig, um zu verhindern, dass die Hexe über die Erde Kraft vom Teufel schöpfen konnte.

Außen idyllisch, innen gruselig ...

Das **Museum für Magie und Hexenverfolgung in Mecklenburg** präsentiert zwar nicht allzu viele Ausstellungsstücke, informiert aber mittels Schautafeln über die „Hexen", Hexenverfolgung und -prozesse in Mecklenburg. Allerweltsmagie, Hexerei in der Kunst und als Topos in den Werken von Barlach sind weitere Themen. Sehr interessant zeigen sich die Innenräume der Alten Burg selbst: die rußgeschwärzte Küche gleich am Eingang, der Rittersaal, natürlich der (Folter-)Keller und das Verließ der Burg.

Museum Alte Burg Penzlin: Mai bis Okt. 9–17 Uhr, Sa/So 10–17 Uhr, Nov. bis April Di/Mi 10–13 Uhr, Sa/So 13–16 Uhr. Erw. 3 €, Kinder 2 €, Familienkarte 7,50 €, Auch Führungen. Alte Burg 1, 17217 Penzlin, ✆ 03962-210494, www.penzlin.de. In der Burg befindet sich auch die Schänke *Zum Hexenkeller*, innen ritterlich-urig, außen im Hof mit Biergarten. ✆ 03962-257900. Das **Burgfest** findet jedes Jahr Mitte August statt.

... Burg Penzlin und der Folterkeller

Slawendorf Passentin

In der Nähe des kleinen Dorfs Passentin findet sich seit einigen Jahren das historische Projekt Slawendorf. Die Wahl des Ortes war nicht zufällig, archäologische Funde legen eine frühmittelalterliche Besiedlung nahe. Zahlreiche Lehm- und Holzbauten auf dem weitläufigen Gelände, belebt mit historischem Handwerk, lassen den Besucher in die Lebenswelt des Mittelalters eintauchen. Die Hütten demonstrieren die Bautechnik der Slawen, vom Fachwerk mit Lehmziegeln über lehmverputztes Weidegeflecht bis zum stabilen Blockbau. Die Handwerkstechniken darf man auch selbst ausprobieren, vom Filzen, Töpfern und Schmieden bis zum Spinnen (Anmeldung notwendig). Einige der Hütten dienen zudem als Heuhotel. Und für das leibliche Wohl ist in dem freundlichen Slawendorf auch gesorgt, u. a. mit ganz slawen-untypischem Kaffee und Kuchen.

Voraussichtlich Ostern bis Sept. geöffnet, evtl. etwas länger (u. a. wetterabhängig). Mo–Fr 10–16 Uhr, Sa/So 11–17 Uhr, Erw. 3 €, Kinder 2 €, Familienkarte 8 €. Übernachtung in der Hütte 20 €, Kinder 15 €, jeweils inkl. Frühstück. Historisches Handwerk zum Mitbasteln nach Voranmeldung. *Anfahrt*: Auf halber Strecke zwischen Neubrandenburg und Penzlin bei Mallin nach Westen abbiegen, dann noch 2 km bis Passentin. Dorfstraße, 17127 Passentin, ✆ 03962-210105.

Alt Rehse

Am südwestlichen Ufer des Tollensesees steht ein Dorf wie aus dem Bilderbuch: schmucke, backsteinerne Fachwerkhäuschen, rohrgedeckt, von Bäumen beschattet und von gepflegten Gärten umgeben – ein Musterdorf samt Gutshaus und idyllischem Park. Doch die Geschichte von Alt Rehse ist weniger idyllisch. 1934 wurden die Eigentümer des Gutshofs enteignet, das Gelände dem Hartmannbund, dem Berufsverband der Ärzte, übertragen, das alte Dorf abgerissen und als ein Musterdorf wiederaufgebaut, um hier schließlich 1935 die „Führerschule der Deutschen Ärzteschaft" zu eröffnen. Alt Rehse war zum medizinischen Zentrum der nationalsozialistischen Rassenlehre geworden: Hier wurden junge Ärzte, aber auch Apotheker, Hebammen und gesundheitspolitische Funktionäre in „Erbbiologie" und „Ras-

Karte S. 235

senhygiene“ geschult und die Grundlagen für Euthanasie, Zwangssterilisation und medizinische Menschenversuche in der NS-Diktatur gelegt. Eine von einem gemeinnützigen Verein initiierte Ausstellung dokumentiert heute im Gutshaus die nationalsozialistische Vergangenheit des Dorfes.

Ausstellung im Gutshaus: Zuletzt April bis Aug. tägl. 12–18 Uhr, Sept. bis März tägl. 10–16 Uhr. Gutshaus 1, 17217 Alt Rehse, ✆ 03962-221123, www.ebb-alt-rehse.de.

Westlich und nördlich von Neubrandenburg

Reuterstadt Stavenhagen

ca. 6000 Einw.

Reuterplatz und Reuterstraße, ein Reutermuseum und davor eine Reuterstatue, Reuterschule, Reuterapotheke, Reuter-Eiche ... ganz offensichtlich befindet man sich in einer Reuterstadt.

In Stavenhagen geboren, prägt er das Erscheinungsbild des Städtchens bis heute: Fritz Reuter, *der* Dichter Mecklenburgs. Natürlich gab es ein Stavenhagen vor Fritz Reuter – im Jahr 1230 wurde es erstmals erwähnt, 1264 mit dem Stadtrecht ausgestattet, im Dreißigjährigen Krieg zerstört. Tatsächlich aber ist die beschauliche Stadt, die seit 1949 offiziell den Namen Reuterstadt trägt, ohne ihren berühmten Sohn kaum denkbar. Ihm zu Ehren steht, genauer gesagt: thront seine Statue über dem Marktplatz und vor dem ehemaligen Rathaus, das (ihm zu Ehren) in ein Literaturmuseum umgewandelt wurde. Für die Stadtverwaltung bedeutete das keinen Abstieg, zog sie doch nur um die Ecke in das schmucke Schloss um, das weitgehend aus dem 18. Jh. stammt. Ebenfalls aus dem 18. Jh. stammt die Stadtkirche von Stavenhagen (Mo–Fr 10–12 und 14–17 Uhr, Sa 10–12 Uhr, So nach dem Gottesdienst), nur einen Steinwurf vom Markt entfernt. 2010 wird übrigens ein Festjahr für das Städtchen sein, denn dann feiert Stavenhagen und mithin ganz Mecklenburg Reuters 200. Geburtstag. Aber nach so viel Reuter hätte wohl auch Fritz selbst gesagt: Nu is auch man wieder gut!

Mecklenburgs großer Erzähler

• *Information* **Stadtinformation**, im Hof des Literaturmuseums, Mo–Fr 9–17 Uhr, Sa/So 10–17 Uhr. Markt 1, 17153 Stavenhagen, ✆ 039954-279835, 📠 039954-279834, www.stavenhagen.de.

• *Verbindungen* **Bahn**: etwa stündl. nach Neubrandenburg und in anderer Richtung via Malchin und Teterow nach Güstrow.

• *Übernachten/Essen* **Hotel Kutzbach**, traditionsreiches, eher einfaches Hotel im Zentrum, sehr freundlich; Restaurant mit gutbürgerlicher Küche. EZ 42,50 €, DZ 64 €. Malchiner Str. 2, 17153 Stavenhagen, ✆ 039954-21096, www.hotel-stavenhagen.de.

Fritz Reuter – Mecklenburgs Dichter

Der Dichter, der mit seiner volksnahen, humorvollen Erzählstimme seine Zeitgenossen einnahm, hat bis heute überall in Mecklenburg Spuren hinterlassen. Kaum ein Ort im Land, den Reuter auch nur flüchtig bereiste, der nicht des großen, niederdeutschen Erzählers erinnert. Fritz Reuter wurde am 7. Nov. 1810 als Sohn des Bürgermeisters von Stavenhagen geboren. Ab 1824 besuchte er mit mäßigem Erfolg das Gymnasium zunächst in Friedland, dann in Parchim. Es folgte ein lustlos betriebenes Studium der Rechte in Rostock, später in Jena – der Vater wollte den Sohn in seinen Fußstapfen sehen, der Sohn sah lieber in den Krug. Wegen der Mitgliedschaft in einer Burschenschaft wird Reuter 1833 verhaftet, zum Tode verurteilt und sogleich zu 30 Jahren Festungshaft begnadigt. Es ist die Zeit der Reaktion, in der der Ruf nach (nationaler) Einigkeit und Recht und Freiheit als Hochverrat und Majestätsbeleidigung geahndet wird. Aus den 30 Jahren Festungshaft werden, dank der Begnadigung durch Friedrich Wilhelm IV., sieben Jahre. Doch die waren hart genug, auch wenn für Reuter (auf Betreiben des Vaters) die letzten davon unter erleichterten Haftbedingungen in der Festung Dömitz verbrachte.

Nach der Entlassung fällt es Reuter schwer, sich wieder einzugliedern. Die Wiederaufnahme des Studiums in Heidelberg scheitert an schweren Alkoholproblemen. Reuter bricht das Studium zum Leidwesen des Vaters ab und geht bei seinem Onkel, Pastor in Jabel bei Malchow, gewissermaßen in Reha. Nach einer Weile begann Reuter in Demzin als „Strom" (Volontär) in der Landwirtschaft zu arbeiten. In dieser Zeit traf er *Hoffmann von Fallersleben*, der ihm riet, seine humoristischen Anekdoten auch und gerade über die Festungshaft zu Papier zu bringen. Nach einem weiteren trunksuchtbedingten Zusammenbruch folgt ein erneuter Aufenthalt beim Onkel und später ein bescheidener Neuanfang als Lehrer in Treptow (heute Altentreptow). Reuter, inzwischen verheiratet, begann nun ernsthaft und mit zunehmendem Erfolg zu schreiben. 1856 zog das Paar nach Neubrandenburg, wo Reuter seine produktivsten Jahre erlebte. Mit dem Verleger *Dethloff Carl Hinstorff* in Wismar begann eine für beide Seiten lukrative Zusammenarbeit. Von nun an lebte Reuter nicht nur von seiner Schreiberei, er avancierte auch zu einem der meistgelesenen Schriftsteller seiner Zeit. In Neubrandenburg entstand zunächst das Poem *Kein Hüsung* (1856), dann seine erste längere Erzählung in niederdeutscher Sprache *Ut de Franzosentid* („Aus der Franzosenzeit", 1859). 1862 griff Reuter von Fallerslebens Anregung auf und schrieb über seine Festungszeit *(Ut mine Festungstid)*, kurz darauf folgte der erste Teil des autobiographisch gefärbten Gesellschaftsromans *Ut mine Stromtid*. Diesen Roman schloss er in Eisenach ab, wohin die Reuters 1864 gezogen waren. Mit dem distanzierten Blick von Eisenach nach Mecklenburg schuf er 1866 mit *Dörchläuchting* eine bissige Satire über seine Heimat.

Reuters Arbeit auf komödiantische Mundartdichtung zu reduzieren hieße jedoch, die politische und soziale Dimension seines Werks zu verkennen. Der volkstümliche Humor Reuters zeigt sich immer wieder durchsetzt von einem scharfsinnigen und kritischen Blick auf die gesellschaftlichen Verhältnisse des 19. Jahrhunderts. Fritz Reuter starb am 12. Juli 1874 in Eisenach.

Café am Markt, Restaurant und Café, entsprechend Kaffee und Kuchen und gutbürgerliche Küche. Etwas zurückversetzt vom Markt, mit Terrasse an der Fußgängerzone. Malchiner Str. 9, ✆ 039954-22241.

• *Nachtleben* **Tankhaus**, großer Live-Club mit Konzerten, Disco, Parties, Pub; am nördlichen Ortsausgang. Schultetusstr. 47 b, ✆ 039954-31710, www.tankhaus.de.

Sehenswertes

Fritz-Reuter-Literaturmuseum: Das im ehemaligen Rathaus von Stavenhagen am Marktplatz untergebrachte Museum ehrt den größten Sohn der Stadt, der (als Bürgermeistersohn) in diesem Gebäude geboren wurde. Im Obergeschoss sind in mehreren Räumen Reuters Handschriften, Möbel, Bilder und sonstige Zeitdokumente sowie Zeichnungen von Fritz Reuter selbst zu sehen; Schautafeln informieren über sein Leben und seine Zeit. Zum Museum gehört eine über 15.000 Bände umfassende Fachbibliothek. Im Museum finden regelmäßig Lesungen, Vorträge und weitere Veranstaltungen statt.

Im Nebengebäude ist in zwei Räumen eine sehenswerte Ausstellung zu Leben und Werk des mecklenburgischen Malers *Ernst Lübbert* (1879–1915) zu sehen. Lübbert verbrachte seine Jugend in Stavenhagen.

Fritz-Reuter-Literaturmuseum: Mo–Fr 9–17 Uhr (letzter Einlass 16.45 Uhr), Do bis 20 Uhr, Sa/So 10–17 Uhr. Führungen (mind. 5 Teilnehmer) tägl. 14 Uhr. Erw. 4 €, erm. 2 €, Kinder 1 €. Am Markt 1, 17153 Stavenhagen, ✆ 039954-21072, www.fritz-reuter-literaturmuseum.de.

Schloss: Unweit vom Marktplatz, ein Stück hinter dem Rathaus, steht das von einem kleinen Park umgebene Stavenhagener Schloss. An der Stelle einer mittelalterlichen Burg, die im 17 Jh. in Ruinen lag, wurde um 1740 das barocke Schloss errichtet, in dem heute die Stadtverwaltung untergebracht ist. Stavenhagen und seinem Schloss setzte Reuter ein Denkmal mit seiner Erzählung *Ut de Franzosentid* (Aus der Franzosenzeit, 1859), die sich die Zeit der napoleonischen Besatzung zum Thema nimmt. Folgerichtig wurde im Gewölbe des Schlosses eine Zweigstelle des Fritz-Reuter-Literaturmuseums eingerichtet. Die Dauerausstellung befasst sich mit der Franzosenzeit in Mecklenburg 1806–1813, zu sehen sind militärhistorisch interessante Exponate wie kolorierte Lithographien von Uniformen, eine umfangreiche Waffensammlung, aber auch Gegenstände des Alltags, Zeichnungen, Gemälde und literarische Zeugnisse dieser Jahre.

Ausstellung im Gewölbe: Tägl. 9–17 Uhr, Sa/So 10–17 Uhr (letzter Einlass 16.45 Uhr). Infos über das Fritz-Reuter-Literaturmuseum.

Stavenhagen/Umgebung

▸ **Ivenack:** Wenige Kilometer östlich von Stavenhagen findet sich in dem schmucken, komplett unter Denkmalschutz stehenden kleinen Ort ein weitläufiges, feudales Ensemble mit Schloss, Marstall, Teehaus und Kirche, das teils noch der Renovierung harrt. Eine weite, von Backsteinhäuschen gesäumte Straße aber führt zur eigentlichen Attraktion: die berühmten **Ivenacker Eichen**. Schon Fritz Reuter schwärmte von dem lichten Wald, und die Bäume in dem um 1800 angelegten Park sind in der Tat eindruckvoll und altehrwürdig. So manche der Eichen bringt es auf 500 bis 1000 Jahre, manche haben einen Stammumfang von bis zu neun Metern. Freilaufend und wenig scheu streunt Damwild durch dieses Waldidyll am Ivenacker See. Im Park finden sich auch ein Café und ein barocker Pavillon, in dem eine Ausstellung über Eichen zu sehen ist.

Park: Tägl. 9–18 Uhr, Sa/So 10–18 Uhr (das Tor bleibt aber normalerweise offen), Eintritt 1,50 €. **Café**: Mai bis Okt. tägl. 11–17.30 Uhr (Kaffee, Kuchen und Snacks). **Ausstellung**: Mai bis Okt. Mo–Fr 9–18 Uhr, Sa/So 10–18 Uhr.

Märchenschloss Basedow

Mecklenburgische Schweiz

Sanfte Hügel, Felder und Weiden, uralte Bäume, stattliche Gutshäuser, Schlösser – und hier und da spiegelt die Oberfläche eines Sees das satte Grün der Wiesen und Wälder. Wer Ruhe in unmittelbarer Naturnähe sucht, ist hier genau richtig.

So hat also auch Mecklenburg seine Schweiz. Doch neben den vielen kleinen und mehr oder weniger unbekannten Schweizen gehört die mecklenburgische zu der Handvoll Landschaften mit eidgenössischem Namenszusatz, die auch touristisch von Interesse sind. Die Mecklenburgische Schweiz kann sich getrost in die illustre Reihe mit der Fränkischen, Sächsischen oder Holsteinischen Schweiz stellen. Wie es heißt, soll die Bezeichnung auf *Georg von Strelitz* zurückgehen. Zur Zeit der Romantik und darüber hinaus war es schick, hügligen Gegenden die Bezeichnung Schweiz anzuhängen – so schick, dass eine Generation später Theodor Fontane witzeln sollte, die Schweizen würden immer kleiner ... Georg von Strelitz nun ließ sich bei einem Besuch auf Burg Schlitz angeblich zu dem Ausruf hinreißen: So hat auch Mecklenburg seine Schweiz! Hätte er es nicht getan, hieße die Gegend vielleicht Ulrichshusener Gebürg, Basedower Berge oder Teterower Alpen, so aber ist es eben die Mecklenburgische Schweiz geworden und geblieben.

Das typisch schweizerische an der Mecklenburgischen Schweiz fällt allerdings ziemlich reliefarm aus. Mehr als 110 Meter Höhenunterschied sind nirgendwo zu überwinden, jedenfalls nicht am Stück. Aber das muss in einem Bundesland, dessen höchste Erhebung 179 Meter misst, wohl genügen. Nichtsdestotrotz wird man bei einem Abstecher in die „Mecklenburgische“ mit einer zauberhaften Landschaft belohnt. Rund um die beiden großen Seen erstreckt sich der 1997 gegründete *Natur-*

Karte S. 246/247

park Mecklenburgische Schweiz und Kummerower See. Geologisch gesehen gehören der Malchiner und der Kummerower See zusammen, sie entstanden durch einen eiszeitlichen Tunnel unter dem Gletscher, durch den Schmelzwasser abfloss und die Niederung aus dem Land spülte. So erstreckt sich zwischen ihnen auch heute noch

eine von Kanälen durchzogene Senke, die nur unwesentlich über dem Meeresspiegel liegt. Hier befindet sich mit *Malchin* auch das unspektakuläre Zentrum der Gegend. Der *Malchiner See* ist mit einer Wassertiefe von durchschnittlich kaum mehr als zwei Metern (maximal elf Meter) ausgesprochen flach, während der deutliche größere *Kummerower See* im Schnitt acht Meter und maximal etwa 25 Meter tief ist.

Um die Seen herum und besonders um den südlich gelegenen Malchiner See findet sich das Herzstück der Mecklenburgischen Schweiz. Über sanften Hügeln erstrecken sich Felder und Wiesen, Weiden und Mischwälder. Dazwischen finden sich kleine Dörfer mit alten backsteinernen Kirchen – und immer wieder prächtige Schlösser mit alten Parkanlagen. Dabei ist die Dichte feudaler Prachtbauten rund um den Malchiner See beachtlich: Hier erheben sich mit Ulrichshusen, Burg Schlitz und Basedow, um nur die wichtigsten zu nennen, eindrucksvolle Zeugnisse aus vergangener gutsherrlicher Zeit. Letztere ist zwar eindeutig vorbei, doch dienen die meisten repräsentativen Bauten bis heute als exklusive Behausung, zumeist als noble Hotelanlage.

www.naturpark-mecklenburgische-schweiz.de

Malchin

ca. 7700 Einwohner

Die Stadt zwischen Kummerower und Malchiner See ist neben Teterow eines der Zentren der Mecklenburgischen Schweiz. Der Ort geht auf eine slawische Siedlung zurück und erhielt 1236 das Stadtrecht. Bis 1918 traf sich im alten Rathaus – immer abwechselnd mit dem Rathaus von Sternberg – der mecklenburgische Landtag. Das heutige Rathaus aber ist nur noch im Kern, also im Keller, gotisch, der zeitgenössische Bau stammt aus der ersten Hälfte des 20. Jh. Generell sollte man in Malchin nicht zu viel Sehenswertes erwarten, im Zweiten Weltkrieg wurde das Städtchen gründlich zerstört. Den Krieg überdauert haben Teile der mittelalterlichen Stadtbe-

Mecklenburgische Schweiz
Karte S. 246/247

festigung, darunter auch zwei Stadttore und der Fangelturm aus dem 15. Jh., sowie die Kirche **St. Johannis**. Die backsteingotische dreischiffige Basilika wurde in der ersten Hälfte des 15. Jh. über den abgebrannten Resten eines romanischen Vorgängerbaus errichtet. Das imposante Bauwerk erhebt sich auf einem eigenwilligen Grundriss. Der wuchtige Turm mit der barocken Haube steht nämlich nicht mittig im Schiff, sondern nordwärts abschließend, da er von der angebauten Kapelle abgedrängt scheint. Die mit ihrem Chor nach Süden ausgreifende einschiffige Marienkapelle erzeugt so ein eigenwilliges „L" im Grundriss. Im Inneren ist vor allem der kostbare geschnitzte Altar aus dem 14. Jh. und die prächtige, zum Teil barocke Orgel bemerkenswert. Die Kirche ist Mo–Fr 11–17 Uhr geöffnet (im Winter nur bis 15 Uhr).

• *Information* **Touristinformation Malchin**, Mitte Mai bis Mitte Sept. Mo–Fr 10–17 Uhr (Juli/Aug. auch Sa 9–11 Uhr), in der Nebensaison nur Mo–Fr 10–12 und 13–17 Uhr. Am Markt 1 d, 17139 Malchin, ✆ 03994-640111, www.malchin.de.

• *Übernachten/Essen* **Hotel Marcus**, einfaches 2-Sterne-Haus am Markt hinter dem Rathaus, freundlich und günstig, mit Restaurant. EZ 35 €, DZ 60 €, 3er 80 €. Am Markt 13, 17139 Malchin, ✆ 03994-23890, ✆ 03994-238923, www.hotel-marcus.de.

Auch vom nahen Dorf **Remplin** an der B 104 sollte man nicht zu viel erwarten. Das Gutshaus ist blass und umgeben von Platte, auch der Lenné-Park wirkt einfallslos. Wenigstens gibt's einen Fußballplatz, möchte man meinen, gäbe es da nicht dieses eigentümliche Türmchen – mit dem es folgende Bewandtnis hat: Ende des 18. Jh./ Anfang des 19. Jh. herrschte mit *Friedrich II. Hahn* (nach 1802 Friedrich II. Graf von Hahn) ein aufgeklärter Fürst über das Land. Sein Interesse für Astronomie ließ ihn nahe seinem Gutshaus eine Sternwarte errichten. Im 20. Jh. zur Ruine verfallen, konnten seit den 1980er Jahren dank eines engagierten Fördervereins noch die Reste des Rundturms von 1802 gesichert und wieder aufgebaut werden. So kommt es, dass im beschaulichen Remplin heute die älteste erhaltene Sternwarte Deutschlands steht (www.sternwarte-remplin-ev.de).

Keine zwei Kilometer südwestlich von Remplin steht in einem winzigen Weiler eine romantische, überwucherte Kirchenruine. Der malerische und fotogene Backsteinbau von **Alt Panstorf** stammt wahrscheinlich aus dem späten 14. Jh.

Um den Kummerower See

Am Westufer des Kummerower Sees fallen die hügeligen Ausläufer der Mecklenburgischen Schweiz jäh in die Senke ab, die das Schmelzwasser eines eiszeitlichen Tunnels unter den gigantischen Gletschern ausspülte. Durch den See fließt die Peene in nordöstliche Richtung zur Ostsee. Mit seinen 32,5 km^2, ca. zehn Kilometer lang und maximal 25 Meter tief, ist er der viertgrößte Mecklenburg-Vorpommerns. Während das Westufer stark versumpft und verschilft und somit kaum zugänglich ist (Ausnahme ist Salem am Südwestufer), finden sich in den Weilern am Ostufer einige Campingplätze und Hotels. Von den Orten am See besitzt **Verchen** am Nordufer einige touristische Relevanz, neben zwei Stränden mit Liegewiesen gibt es am See auch ein Kinder- und Jugendhotel (mit 140 Betten), Restaurants, Cafés sowie Kanu- und Fahrradverleih. Etwa einen Kilometer westlich von Verchen befindet sich die *Aalbude*, hier fließt die Peene aus dem See und weiter nach Demmin. Eine kleine Fähre (s. unten) führt hier übers Wasser (Restaurant am anderen Ufer, dort auch Wasserwanderrastplatz) – zum Glück: Wanderer und Fahrradfahrer ersparen sich so einen immensen Umweg, da Dargun sonst nur über die Stadt Demmin zu erreichen wäre.

Wie gemalt: die Mecklenburgische Schweiz

Am östlichen Ortstrand von Verchen startet ein knapp drei Kilometer langer *Naturlehrpfad* am Seeufer entlang (bis Gravelotte); die schmale Landstraße verläuft ein Stück abseits des Sees über Hügel und Felder.

Gravelotte am Ostufer des Sees besteht in der Hauptsache aus dem gleichnamigen Hotel und Camping am See. Idyllischer ist allerdings das etwas landeinwärts gelegene **Meesiger**, ein kleines Dorf mit alten Häuschen. Das südlich gelegene **Sommersdorf** ist eine wenig spektakuläre, weitläufige Gemeinde mit schmuckem Gutshaus; etwa einen Kilometer entfernt befindet sich ein netter Campingpark direkt am See. **Kummerow** dagegen gibt sich gänzlich unspektakulär.

Am Westufer bietet **Salem** mit seiner Kolping-Familienferienstätte einen der wenigen direkten Zugänge zum Wasser, hier endet auch die Draisinenstrecke ab Dargun (s. unten). Auf schmalem Sträßchen geht es über weite Felder, bis plötzlich der mächtige Kirchturm von **Neukalen** auftaucht. Der 2000-Einwohner-Ort liegt am Peenekanal und gut zwei Kilometer westlich des Sees mit seinen sumpfigen Ufern, Blickfang von Neukalen ist die besagte Kirche, eine gotische Backsteinkirche aus dem 14. Jh., aber auch die fotogenen Bootshäuschen an der Peene. Ein Fahrradweg führt von hier zur *Aalbude*, wo man im Sommer mit der Fähre nach Verchen übersetzen kann.

Verbindungen/Übernachten/Essen

• *Verbindungen* **Bus**: bescheidene Verbindungen: von Malchin aus mehrmals tägl. nach Kummerow, zudem mehrmals tägl. über Salem und Neukalen nach Dargun, z. T. auch weiter nach Demmin. Von dort nach Verchen, Meesiger und Sommersdorf. Keine Busverbindung zwischen Sommersdorf und Kummerow.

Fähre Aalbude: von 10. April bis 31. Aug. tägl. 9–21 Uhr, 1. Sept. bis 20. Okt. tägl. 10–18 Uhr; Fahrten jeweils nach Bedarf, im Winter kein Verkehr. Erw. 0,80 €, ermäßigt 0,50 €, Fahrrad 0,50 €.

• *Übernachten/Camping* **Hotel Gravelotte**, das einzige Hotel auf weiter Flur, direkt am See gelegen. Alpenländisches Flair mit

Mecklenburgische Schweiz
Karte S. 246/247

dunklen Holzbalkonen, Restaurant und Wellnessbereich, Garten und Streichelzoo. EZ ab 57 €, DZ ab 67 €, Familienzimmer 92 €, jeweils inkl. Frühstück. Am Kummerower See, 17111 Gravelotte, ✆ 039994-7210, 📠 039994-721127, www.hotel-gravelotte.de.

Camping Meesiger Gravelotte, fast direkt am See, mit Strand; weitläufiger Platz, unterteilt in Plätze für Zelte und Wohnwagen/-mobile, auch Wasserwanderrastplatz. Schattiges, nicht immer ebenes Gelände, Kiosk, Anlegestelle, Bootsverleih und Fahrradverleih. Person 3,50 €, Wohnwagen/-mobil 3–4 €, Zelt 2–2,60 €, Auto 2 €. Geöffnet 1. April bis 30. Sept. Am Kummerower See, 17111 Meesiger, ✆ 039994-10732, www.campingplatz-meesiger-gravelotte.de.

Campingpark Sommersdorf, schöner Platz etwa 1 km nordwestlich des gleichnamigen Ortes direkt am See gelegen, nette abgeschiedene Lage; sehr freundliche Betreiber. Mit Strand und Anlegestelle, Ponyweide, Spielplatz, kleiner Laden und Imbiss. Erw. 5,20 €, Kinder die Hälfte, Stellplatz 8,10 €, „Camp and Bike" 4,60 €, Pkw 2,50 €, Hund 2,70 €. Ganzjährig geöffnet. 17111 Sommersdorf, ✆ 039952-2973, 📠 039952-2974, www.campingtour-mv.de.

• *Essen & Trinken* **Gaststätte Aalbude**, bei Verchen auf der anderen Seite der Peene, die hier den Kummerower See verlässt. Ausflugsrestaurant mit Terrasse, Fisch und Fischbrötchen. Von der Darguner Seite nur zu Fuß oder mit dem Fahrrad zu erreichen, von der Verchener Seite aus mit der Fähre. Aalbude 2, ✆ 039959-27679.

• *Sonstiges* **Draisinenstrecke** → Dargun S. 251.

Dargun

ca. 5000 Einwohner

An einem nordwestlichen Ausläufer der Senke, in die der Malchiner und der Kummerower See eingebettet sind, liegt das Städtchen Dargun, flankiert vom schlanken, lang gestreckten *Klostersee*, der im 13. Jh. aufgestaut worden war. Dargun entwickelte sich im Schatten einer einst mächtigen Klosteranlage mit wechselvoller Geschichte. Bereits 1172 gründeten Mönche aus Dänemark hier ein Kloster. Schon eine Generation später (1199) verließen die Mönche ihr Kloster und schlossen sich den Gründern des Klosters von Eldena an. Zehn Jahre später reaktivierten Zisterzienser aus Bad Doberan das Darguner Kloster, das in der Folgezeit aufblühte und sich zu einem der bedeutendsten Klöster in Mecklenburg entwickelte. Nach der Re-

Noch als Ruine wuchtig: Dargun

formation wurde das Kloster nicht nur säkularisiert und mithin aufgelöst, sondern zu einer vierflügligen Schlossanlage umgebaut (Mitte des 16. Jh.). 1945 fielen *Schloss* und *Klosterkirche* einem Großbrand zum Opfer. Übrig geblieben von beiden sind die imposanten Ruinen, umgeben von einem hübschen barocken *Schlossgarten* (einst der Klostergarten) mitsamt *Pavillon*, der heute als Standesamt dient. Von der Straße aus führt eine Kastanienallee am Schlosspark vorbei auf das *Gelbe Tor* (17. Jh.) zu, dahinter stehen die noch erhaltenen Wirtschaftsgebäude, so das Brau- und Kornhaus, in dem heute u. a. ein Café untergebracht ist. Dem Gelben Tor gegenüber steht die Schlossruine, deren Innenhof als Spielort für Konzerte dient. Am kleinen Parkplatz beim Schlossgarten finden sich die Überreste des ehemaligen Pforthauses (13. Jh.). Daneben beherbergt das einstige Gästehaus des Klosters das Heimatmuseum von Dargun *(Uns Lütt Museum)*; zu sehen sind u. a. Exponate zum häuslichen Alltag, zur handwerklichen und landwirtschaftlichen Arbeitswelt sowie zur historischen Eisenbahn.

• *Information* **Stadtinformation** in der Kloster-/Schlossruine; Mai bis Sept. Di–Fr 10–12 und 13–17 Uhr, Sa/So 13.30–16.30 Uhr, Mo geschl., Okt. bis April Mo–Fr 10–12 Uhr, Mo–Do auch 13–16 Uhr. Sa/So geschl. Führungen zuletzt Mi 10 Uhr, Treffpunkt am Gelben Tor. Kloster- und Schlossanlage, 17159 Dargun, ✆ 039959-22381, 📠 039959-21389, www.dargun.de.

• *Aktivitäten* **Uns Lütt Museum**: April bis Okt. Sa/So 13.30–16.30 Uhr (Juli/Aug. auch Mi/Do), Erw. 2 €, Kinder 0,50 €, Führungen sind auch außerhalb der Öffnungszeiten möglich (einschl. Kloster- und Schlossanlage). Auskünfte unter ✆ 039959-20381.

Draisinenbahn, der Bahnhof von Dargun ist Startpunkt und Ausleihstation für eine Draisinenstrecke. Auf den stillgelegten Bahngleisen führt die 17 km lange Tour von Dargun nach Salem am südwestlichen Ufer des Kummerower Sees. Ausleihe 9–11 Uhr, Rückgabe 14–18 Uhr. Öffnungszeiten zuletzt von Mitte April bis Okt. Pro Tag und Draisine 40 €. ✆ 039959-27804, www.naturparkdraisine.de.

Um den Malchiner See

Rund um den Malchiner See befindet man sich im Herzen der Mecklenburgischen Schweiz. Viele der herrschaftlichen Schlösser in der Umgebung sind heute Nobelherbergen. Um den schilfgesäumten See stehen in lieblicher Landschaft die stattlichen Schlösser Basedow und Schorssow sowie etwas weiter entfernt Ulrichshusen, Blücherhof und Burg Schlitz. Eine Radtour rund um den See ist sowohl von Teterow als auch von Malchin aus möglich.

Basedow

Das Dorf unweit des Malchiner Sees hat nicht nur angesichts seiner Größe (kaum 800 Einwohner) erstaunlich viel Sehenswertes zu bieten. Ins Auge fällt natürlich zuerst das fotogene Schloss mit seiner detailreichen Fassade; der zuletzt noch unrestaurierte, klassizistische Marstall sowie der herrliche Lenné-Park schließen sich an. Auf der anderen Seite des Dorfteichs befindet sich die alte Schmiede, die inzwischen restauriert ist und heute als Café dient, ein weiteres Café hat sich im geräumigen früheren Schafstall aus dem 18. Jh. eingerichtet. Und zu guter Letzt ist auch die schmucke Kirche von Basedow einen Besuch wert.

Erstmals urkundlich erwähnt wird die Siedlung 1247. Von 1337 bis 1945 ist Basedow im Besitz der Familie Hahn (seit 1802 Grafen). Die für die Region bedeutende Familie machte Basedow zu ihrem Stammsitz und zeichnete sich für die rege Bautätigkeit verantwortlich. Von der früheren Burg sind allerdings nur noch ein paar Ruinen übrig, die sich malerisch in den Landschaftsgarten einpassen und Ziegen als

Mecklenburgische Schweiz
Karte S. 246/247

Refugium dienen. Die Ursprünge des heutigen **Schlosses** gehen auf die Zeit um 1550 zurück. In den folgenden Jahrhunderten wurde es immer wieder umgebaut und erweitert, zuletzt Ende des 19. Jh. im verspielten Stil der Neorenaissance. So präsentiert sich das prächtige Schloss heute in der Architektur verschiedenster Stile und mit einer abwechslungsreichen, detailfreudigen Fassade – ein Foto dieses vielgestaltigen Baudenkmals fehlt heute in keiner Werbebroschüre zur Mecklenburgischen Schweiz. Angrenzend an das Schloss erstreckt sich der ebenso bemerkenswerte Landschaftspark, der ab 1825 von dem großen Gartenarchitekten *Peter Joseph Lenné* angelegt wurde.

Auch der **Kirche** ist die Jahrhunderte dauernde Bautätigkeit anzusehen. Ihr ältester Teil ist ein spätromanischer, feldsteinerner Chor aus dem 13. Jh., dem ein schmucker backsteingotischer Giebel aufgesetzt wurde. Wie der Chorgiebel stammt auch das Langhaus aus dem 15. Jh., der backsteinerne Bau erhebt sich auf einem Feldsteinsockel und ist zum Chor hin ebenfalls mit einem Blendgiebel geschmückt. Auch der Sockel des Kirchturms stammt aus dem Mittelalter, der Turm selbst wurde Mitte des 19. Jh. gebaut und zeigt sich neugotisch verspielt. Bemerkenswert ist die Innenausstattung des Gotteshauses, darunter ein kostbarer Renaissance-Altar und vor allem eine reich verzierte, barocke Orgel.

Kirche: Mai bis Okt. Mo–Sa 11–17 Uhr, So 13.30–17 Uhr.

• *Führungen* durch Dorf und Schlosspark veranstaltet Christel Müller bis zu 5-mal tägl., Führungen ins Schloss ab 10 Teilnehmern. Treffpunkt vor dem Schloss, Anmeldung ratsam. Dorfstr. 31, ✆ 039957-20150, www.gaestefuehrerin-mueller.de.

• *Essen & Trinken* **Alter Schafstall**, rustikales Café samt Bauernmarkt, neben Kaffee und frischem Kuchen auch einfache Gerichte wie Eintopf; zudem kann man neben landwirtschaftlichen Produkten auch Kunsthandwerkliches und Naturkosmetik erwerben. Das Café ist tatsächlich in einem großen, renovierten Stall untergebracht, schön kann man auch draußen sitzen. April bis Okt. tägl. 10–18 Uhr. ✆ 039957-20454, www.alter-schafstall-basedow.de.

Marens Café-Schmiede, auch in der restaurierten früheren Schmiede am Dorfteich (gegenüber vom Schloss) ist ein hübsches Café untergebracht; Kaffee, Kuchen und Imbiss. Mai bis Okt. tägl. ab 10 Uhr. ✆ 039957-29856.

Südlich um den Malchiner See herum

Folgt man der Straße von Malchin weiter südlich um den Malchiner See, passiert man etwa zwei Kilometer nach der Abzweigung Richtung Basedow das in einem kleinen Waldgebiet gelegene **Seedorf**. In dem Weiler findet sich in einem Backsteinhaus ein uriger Tante-Emma-Laden – nach Basedow die einzige Verpflegungsmöglichkeit weit und breit – sowie ein etwas abseits im Wald wie auch am Seeufer gelegener Campingplatz. Nach weiteren sechs Kilometern ist **Dahmen** erreicht, ein unspektakulärer Ort, der aber über einen einfachen Campingplatz direkt am See und über eine Jugendherberge verfügt. Ähnlich unspektakulär ist **Ziddorf**, ein Straßendorf an der B 108 von Waren nach Teterow. Hier gibt es eine alte Wassermühle aus dem Jahr 1866 (mit Museum und Kunsthandwerksmarkt) sowie die Abzweigung zum Schloss Schorssow.

• *Übernachten* **Campingpark Seedorf**, ein Stück hinter dem Ortsausgang von Seedorf (Richtung Dahmen), rechts ab; von der Landstraße führt ein Waldweg zu dem netten, einfachen und unparzellierten Platz am Malchiner See. Schöne Badestelle samt Liegewiese, Kiosk, Imbiss, Kanu- und Fahrradverleih. Der Platz gehört zum Campingplatz in Dahmen, die Preise sind nahezu identisch (→ Campingplatz Dahmen). Geöffnet Anfang April bis Ende Okt. Campingplatz 1, 17139 Basedow/OTSeedorf, ✆ 039957-29139, 📠 039957-29139, www.campingpark-seedorf.de.

Campingplatz Dahmen, einfacher Campingplatz direkt am See mit Badestrand, unparzelliert, auch Fahrrad- und Bootsverleih (8 €/Std., 25 €/Tag), Biergarten. Erw. 4,80 €, Kinder 2–12 Jahre 2,90 €, Zelt 4,10–4,80 €, Wohnwagen 4,80 €, Wohnmobil 6,50 €, Auto 2 €, Strom 2 €. Es gibt auch einfache Ferienwohnungen. Geöffnet Anfang April bis Ende Okt. Am Erlengrund 1, 17166 Dahmen, ☏ 039957-29139, 📠 039957-29486, www.campingplatz-dahmen.de.

Jugendherberge Dahmen, große Anlage mit über 120 Betten; zahlreiche Sportmöglichkeiten, z. B. Volleyballfeld und Tischtennisplatten, innen eine Kegelbahn. Auch DZ mit Bad vorhanden, die man aber früh buchen sollte. Übernachtung ab 17,50 € inkl. Frühstück, Senioren ab 27 J. 20,50 €. Dorfstr. 14, 17166 Dahmen, ☏ 039933-70552, 📠 039933-70650, www.djh-mv.de.

„Ulrichs Haus" beherbergt heute ein Hotel

Schloss Ulrichshusen

Ungemein idyllisch erhebt sich Schloss Ulrichshusen über die liebliche Landschaft. Hier findet sich auf engstem Raum all das, was die Mecklenburgische Schweiz ausmacht: ein romantisches Hotel, eingebettet in einen kleinen Landschaftspark, beide malerisch am Ufer eines kleinen Sees inmitten sanfter Hügel gelegen. Ein Idyll: kleine Straßen mit Kopfsteinpflaster, weite Felder, verwachsene Waldstücke, Weiden und Wiesen und hie und da ein kleines Bauerndorf wie das nahe *Rambow.*

Der Name lässt richtig vermuten: Ulrichshusen war in der Tat „Ulrichs Haus" – Ulrich von Maltzans bescheidenes Eigenheim, das er 1562 als mit Wall und Graben befestigtes Herrenhaus errichten ließ. Mehrfach abgebrannt (zuerst im Dreißigjährigen Krieg, zuletzt 1987), erwarben ferne Nachkommen der von Maltzans das bis auf die Grundmauern zerstörte Anwesen; bis ins Jahr 2001 bauten sie das Schloss zu einem schicken Hotel um, das wohl zu den schönsten Mecklenburgs zu zählen ist. Auch der Landschaftspark um das Schloss zeigt sich wieder gepflegt und belebt. Jenseits der Reste des Burggrabens ist in dem ehemaligen (komplett umgestalteten) Pferdestall heute ein gemütliches Restaurant untergebracht, die Konzertscheune nebenan dient als Veranstaltungsort der Festspiele Mecklenburg-Vorpommern.

Mecklenburgische Schweiz
Karte S. 246/247

• *Übernachten/Essen* **Schloss Ulrichshusen**, stilvolle und individuell eingerichtete Zimmer im Schloss selbst, im ehemaligen Pferdestall sowie in der Stellmacherei; zudem Appartements im unweit gelegenen Gutspark. Im einstigen Pferdestall residiert auch das Restaurant *Am Burggraben*, hier gibt es regionale Küche in urgemütlichem Ambiente, schön und mit Blick auf das Schloss sitzt man auf der Terrasse; auch Cafébetrieb. EZ 120 €, DZ 130 €, jeweils inkl. Frühstück. Seestraße 14, 17194 Ulrichshusen, ✆ 039953-7900, ℻ 039953-79099, www.ulrichshusen.de.

Taubenhaus und Blücherhof

Blücherhof und Umgebung

Südlich des Weilers Klocksin (unweit der B 105, auf halbem Weg von Waren nach Teterow links ab) befindet sich der **Blücherhof**. Das ehemalige Rittergut aus dem späten 18. Jh. wurde Anfang des 20. Jh. im neobarocken Stil umgebaut. Zum Schloss (heute in Privatbesitz) gehören eine nahezu vollständig erhaltene Gutsanlage mit ehemaligen Stallungen und großem Wirtschaftsgebäude sowie ein sehenswerter Park. Das Wirtschaftsgebäude wurde und wird Stück für Stück restauriert und beherbergt bereits Ferienwohnungen. Inmitten der Gutsanlage steht ein bemerkenswertes kleines Türmchen, das ehemalige Taubenhaus, heute eine hübsches Café. Der frühere Besitzer des Blücherhofs, der Zoologieprofessor Alexander König, ließ hier Anfang des 20. Jh. einen außergewöhnlichen dendrologischen Park anlegen, in dem bis heute zahlreiche heimische und exotische Gehölze zu bewundern sind.

Der Park ist zugänglich: April bis Okt. 9–18 Uhr, Nov. bis März 10–16 Uhr, Eintritt 2 €.

Südlich von Klocksin erstreckt sich eine kleine Seenkette: Östlich des Blücherhofs liegt der *Flache See*, gefolgt vom *Tiefen See*, der in den *Hofsee* übergeht, an den wiederum der *Bergsee* anschließt. Hier befindet man sich bereits am Rand der Nossentiner Heide (S. 109).

Zwischen Hofsee und Bergsee liegt das verschlafene Dorf **Alt Gaarz**. Hier am Ufer des Bergsees gibt es eine schöne Badestelle, um den See herum führt ein Rundwanderweg durch das *Naturschutzgebiet Seen- und Bruchlandschaft südlich Alt Gaarz.* Der benachbarte 120-Einwohner-Flecken **Neu Gaarz** ist der Hauptort der hiesigen Gemeinde. Im wenigen Kilometer entfernten **Sommerstorf** (hier wurde 1751 *Johann Heinrich Voß* geboren; S. 240) schließlich findet sich eine schmucke gotische Feld-Backsteinkirche aus dem frühen 14. Jh. sowie, inmitten lieblicher Landschaft, das Hotel samt Reitanlage *Alter Landsitz*, das einer Vorabendserie problemlos als Kulisse dienen könnte.

• *Übernachten/Essen* **Hotel Alter Landsitz**, freundliches Landhotel in Sommerstorf mit großer, ausnehmend schöner Reitanlage. 38 helle Zimmer, Wellnessbereich mit finnischer Sauna. EZ ab 55 €, DZ ab 80 € jeweils inkl. Frühstück. Schön ist auch das Restaurant *Le Jardin* mit Wintergarten und Terrasse; gute Küche zu angemessenen Preisen, freundlicher Service (tägl. mittags und abends geöffnet). *Reitunterricht* (Schnupperkurse, Arrangements oder Einzelunterricht für Anfänger und Fortgeschrittene), Gastboxen, Reithalle, Turnierplatz. Reitanlage zu Sommerstorf, Ausbau 8, 17194 Sommerstorf, ✆ 039926-840, ✆ 039926-84116, www.hotelambiente.com.

Ferienwohnungen im Blücherhof, ordentliche, günstige Ferienwohnungen im ehemaligen Wirtschaftsgebäude des Blücherhofs, freundlich und vor allem sehr ruhig. Herberge Blücherhof, Parkstr. 3, 17194 Klocksin/OT Blücherhof. ✆ 039933-71908, ✆ 039933-71910, www.herberge-bluecherhof.de.

Café Dubenhus, kleines Café im schmucken ehemaligen Taubenhaus inmitten des Blücherhofs, sympathisch und freundlich; hausgemachte Kuchen und Torten, auch Sanddornprodukte. Während der Saison tägl. 11–18 Uhr (je nach Besucheraufkommen auch länger), April und Okt. ab 13 Uhr, März nur Sa/So ab 13 Uhr. ✆ 0170-5486588.

Die Bären sind los – vor dem Portal der „Burg"

Weiter nach Waren → S. 125.

Burg Schlitz

Mit Burg Schlitz erhebt sich inmitten eines grünen Landschaftsparks ein strahlend weißes, prachtvolles Schloss. *Graf Hans von Schlitz* ließ es ab 1806 errichten – und es sollte 18 Jahre dauern, bis der Bau vollendet war: eine dreiflügelige, klassizistische Anlage, die der Graf der romantischen Befindlichkeit der Zeit entsprechend „Burg" Schlitz nannte. Ebenfalls aus einer romantischen Laune heraus soll hier der Name „Mecklenburgische Schweiz" geprägt worden sein (S. 245). In den 1990er Jahren wurde das Schloss komplett saniert und beherbergt heute eines der nobelsten Hotels Mecklenburg-Vorpommerns samt Gourmetrestaurant im Rittersaal – das Mitführen angemessener Garderobe versteht sich hier von selbst.

Von der Verbindungsstraße von Waren nach Teterow erreicht man Burg Schlitz über eine herrschaftliche Allee; in dem das Schloss umgebenden weitläufigen Landschaftspark versteckt sich die ein oder andere sehenswerte Architektur, beispielsweise der elegante *Nymphenbrunnen*, der 1903 in Berlin entstanden war und in den 1930er Jahren nach Burg Schlitz umzog. Unweit des Schlosses erhebt sich die hübsche kleine *Karolinenkapelle*, die aus der Zeit des Schlosses stammt.

Im Park der Burg Schlitz

• *Übernachten/Essen* **Schlosshotel Burg Schlitz**, denkbar luxuriöse Herberge mit großzügigen, eleganten und selbstverständlich individuell, teils mit Biedermeier-Mobiliar eingerichteten Räumlichkeiten – edel vom Parkett bis zum Kronleuchter. Zudem schicke Salons, Spa-Lounge und stilvolle Bar. All der Luxus hat natürlich seinen Preis: EZ 190–220 €, DZ 255–275 €, Suite 285–500 € (exklusive Frühstück, aber das spielt nun keine Rolle mehr). Auch das kulinarische Angebot ist vom Feinsten. Das Schlosshotel beherbergt das edle Gourmet-Restaurant *Rittersaal*, in dem der gebürtige Rostocker und Sternekoch *Tom Wickbold* wirkt (nur abends, Mo Ruhetag, Reservierung ratsam). Etwas günstiger, aber noch immer gehoben isst man in der *Brasserie Louise* (tägl. ab 11 Uhr, auch Café). Burg Schlitz, 17166 Hohen Demzin, ✆ 03996-12700, ℻ 03996-127070, www.burg-schlitz.de.

Am Nordufer des Malchiner Sees

Und noch ein Schloss, das als schickes Hotel inmitten der Mecklenburgischen Schweiz zum Entspannen einlädt: Schloss Schorssow. In **Ziddorf**, einem Straßendorf an der B 105, zweigt hinter der alten *Wassermühle* aus der Mitte des 19. Jh. (heute Töpferei) die Straße zum Weiler **Schorssow** ab. Bevor man ihn erreicht, passiert man zunächst das *Schloss Schorssow*. Ursprünglich ein Herrenhaus aus der Mitte des 18. Jh., wurde es ab 1808 im klassizistischen Stil zur heutigen dreiflügeligen Schlossanlage umgebaut. Malerisch liegt das Anwesen am Ufer des kleinen *Haussees*. In Schorssow selbst, das nur aus einer Handvoll Häuser besteht, gibt es einen Landgasthof und ihm gegenüber eine Badestellestelle am Haussee. Von der mittelalterlichen *Kirchenruine* sollte man nicht allzu viel erwarten.

Folgt man der Straße am Nordufer des Malchiner Sees weiter, erreicht man die winzigen Flecken Bülow und Bristow. Beide bestehen nur aus wenigen Häusern, in beiden finden sich unsanierte Gutshöfe sowie bemerkenswerte kleine Dorfkirchen. Zuerst wird **Bülow** erreicht, dessen prächtiges Gutshaus zuletzt noch erhabene Patina ausstrahlte und geduldig der Restaurierung harrte. Am Ufer des Malchiner Sees gibt es eine Anlegestelle. Die Bülower Kirche stammt aus der zweiten Hälfte des 13. Jh.

Die sehenswerte Kirche in **Bristow** (Ende 16. Jh.) gehört zu den ersten Kirchen Mecklenburgs, die nach der Reformation gebaut wurden und zählt damit zu den ältesten protestantischen Kirchen des Landes. Die für eine Dorfkirche ungewöhnlich prächtige Renaissanceausstattung rund um den ca. 1600 geschaffenen Schnitzaltar stiftete die Familie Hahn (→ auch Basedow S. 251). Die Kirche war zuletzt nur unregelmäßig geöffnet, alle zwei Wochen wird ein Gottesdienst gefeiert (So 10.30 Uhr; das Pfarramt befindet sich in Bülow). Die Gutsanlage entstand weitgehend im

19. Jh., das Gutshaus brannte 1919 ab; bemerkenswert ist vor allem der runde Geflügelturm aus dem Jahr 1891.

• *Übernachten/Essen* **Schloss Schorssow**, stilvolles Hotel in klassizistischem Gebäude, herrliche Lage am Haussee inmitten eines kleinen Landschaftsparks. Wellnessbereich. Die Zimmer befinden sich im Schloss selbst sowie, etwas günstiger, im Residenzgebäude nebenan. Im Schloss: EZ 116 € (mit Seeblick 137 €), DZ 168 € (mit Seeblick 189 €), Suite 189–305 €. Im Residenzgebäude: EZ 95 € (Turmzimmer 110 €), DZ 126 € (Turmzimmer 158 €), Suite 168–257 €, jeweils inkl. Frühstück. Gehobenes, ausgezeichnetes *Restaurant* (Gault Millau, Slowfood), für weniger festliche Anlässe gibt es den Weinkeller; schöner Wintergarten, Terrasse am See. Am Haussee 3, 17166 Schorssow, ✆ 039933-790, 📠 039933-79100, www.schloss-schorssow.de.

Landhotel Schorssow, bodenständiges Hotel am Ortseingang von Schorssow rechter Hand, rustikales Ambiente; zum Haus gehört ein Restaurant, das gutbürgerliche Küche serviert; auch Cafébetrieb, mit Terrasse. Fahrradverleih für Hausgäste. EZ 49 €, DZ ab 71 €, mit Terrasse 79 €, jeweils inkl. Frühstück. Am Haussee 4, 17166 Schorssow, ✆ 039933-70645, 📠 039933-70327, www.landhotel-schorssow.de

Teterow

ca. 9200 Einwohner

„Hier stehen Sie im Mittelpunkt" – das touristische Motto von Teterow ist auch wörtlich zu verstehen. Das Städtchen gilt als geographischer Mittelpunkt des Landes. Womit die Teterower weniger gerne werben: Die Stadt am Teterower See gilt auch als das Schilda von Mecklenburg.

Teterow liegt am südlichen Rand des Teterower Beckens, einer von eiszeitlichen Gletschern ausgeschliffenen Senke. Diese ist, anders als das benachbarte Malchower Becken, heute weitgehend verlandet. Nur unmittelbar nördlich der Kleinstadt erstreckt sich der Teterower See mit seinem zergliederten, weitgehend sumpfigen Ufer. Teterow und die weitflächige Niederung markieren den nordwestlichen Rand der Mecklenburgischen Schweiz. Schon in slawischer Zeit gab es auf der Insel im Teterower See eine Burg, von der aber kaum mehr bekannt ist, als dass sie 1171 zerstört wurde. Eine Siedlung auf dem heutigen Stadtgebiet wird erstmals 1272 erwähnt, sie lag damals wie heute an der Straße von Rostock nach Malchin.

Im Mittelalter war die Stadt befestigt, wie sich am Grundriss des Zentrums gut erkennen lässt: Der ehemaligen Stadtmauer folgend, führt die Ringstraße kreisrund um die Altstadt. Von der Verteidigungsanlage sind noch zwei der drei Stadttore erhalten: das Rostocker und das Malchiner Tor. Zwischen beiden verläuft die Hauptstraße über den Marktplatz mit dem neubarocken Rathaus, das 1910 an Stelle des marode gewordenen alten Rathauses errichtet wurde. Inmitten dieser übersichtlichen Straßenführung – ein fast symmetrisches Gitter mit zentralem, quadratischem Marktplatz zwischen der Ringstraße – fällt der Standort der Stadtkirche auffallend aus dem Rahmen: Im Grundriss der Stadt steht sie ziemlich schief hinter dem Rathaus. Die legendenreichen Teterower haben dafür eine einleuchtende Erklärung: Ursprünglich sei die Kirche nicht *am*, sondern *auf* dem Marktplatz errichtet worden, also in der Stadtmitte, wie es sich gehört. Die Bürger aber, die schnell von Tor zu Tor wollten, waren nun gezwungen, um die Kirche herumlaufen. Doch weil man eine Kirche, wenn sie im Weg steht, nicht einfach wieder abreißt, *verschob* man sie mit vereinten Kräften, holte dabei aber zu viel Schwung. So schlitterte das gewichtige Bauwerk weiter als geplant und kam, so schief, wie es heute vorzufinden ist, zum Stehen. Und tatsächlich: Steht man vor dem Rathaus auf dem Marktplatz, kann man beide Tore sehen. Bei der Kirche erinnert eine Skulptur an die übereifrige Krafttat der lauffaulen Bürger. Ein weiteres Denkmal steht für eine andere Art von Geschichten, die Teterow auch nicht wirklich zur Ehre gereichen: der *Hechtbrunnen* auf dem Marktplatz.

Der Teterower Hecht

Die Geschichte vom Teterower Hecht steht beispielhaft für den Ruf des Städtchens, das Schilda von Mecklenburg zu sein. Und die Geschichte geht so: Vor vielen vielen Jahren fing ein Teterower Fischer im Teterower See einen kapitalen Hecht. Der Fisch war für den Geburtstag der Bürgermeisterin bestimmt, doch für die Festgesellschaft war der Hecht viel zu gewaltig, wäre doch die ganze Stadt davon satt geworden. Also vereinbarten die Ratsherren mit dem Fischer, den opulenten Fang für das Schützenfest aufzuheben. Doch bis dahin waren es noch ein paar Tage. Wie aber sollte man den prächtigen Fisch bis dahin frisch halten? Guter Rat war teuer, aber den Teterowern kam eine wunderbare Idee, die das Problem lösen sollte: Sie beschlossen, dem Hecht eine Glocke um den Hals zu binden und ihn wieder in den See zu setzen. Und um die Stelle auch schnell wieder finden zu können, schnitzten die findigen Teterower eben dort eine Kerbe in ihr Boot.
Nach dem Hecht sucht man noch heute – es wird vermutet, dass er die Glocke abstreifen konnte ...

- *Information* **Tourist-Information** am Marktplatz, Mai bis Sept. Mo–Fr 9–18 Uhr (Juli/Aug. auch 10–13 Uhr), Okt. bis April Mo–Fr 9–17 Uhr. Markt 9, 17166 Teterow, ✆ 03996-172028, 📠 03996-187795, www.teterow.m-vp.de.
- *Veranstaltungen* **Bergring-Rennen**, traditionelles Motorradrennen am Bergring alljährlich zu Pfingsten. Infos unter ✆ 03996-172935, www.bergring-teterow.org.

Hechtfest, alljährlich am Wochenende vor Pfingsten.

- *Übernachten* **Schloss Teschow** → Umgebung von Teterow.

Jugendherberge Teterow, nördlich der Altstadt auf dem Weg zu Teterower See und Burgwallinsel, unweit der Badestelle am See; die „Herberge am See" besteht aus zwei Backsteingebäuden. Übernachtung 16,50 €, Senioren ab 27 J. 19,50 €, jeweils inkl. Frühstück. Auch DZ (3 € Aufschlag) sowie die Möglichkeit, auf dem Gelände zu zelten. Am Seebahnhof 7, 17166 Teterow, ✆ 03996-172668, 📠 03996-158812, www.jugendherberge-teterow.de.

- *Essen & Trinken* **Gasthaus Stadtmühle**, ein Stück unterhalb der Kirche in schöner Lage am Stadtteich. Das hübsche, gemütlich-rustikale Gasthaus ist, wie der Name verrät, in Teterows ehemaliger Mühle untergebracht. Hier gibt es einen schmackhaften Mecklenburger Rippenbraten. Freundlicher Service. Tägl. mittags und abends geöffnet. Mühlenstr. 1, ✆ 03996-152300.

Café auf dem Marktplatz gegenüber vom Rathaus.

Sehenswertes

Kirche St. Peter und Paul: Die dreischiffige Backsteinkirche, in ihrem Kern spätromanisch, entstand weitgehend im 14. Jh. Mitte des 14. Jh. wurde der Chor eingewölbt, aus dieser Zeit stammen auch die verblassten Reste der Wandmalereien im Kreuzrippengewölbe. Auch über das Hauptschiff spannt sich ein schönes Kreuzrippengewölbe (vermutlich frühes 15. Jh.). Zur Zeit der Reformation verlor St. Peter und Paul vieles von seiner Innenausstattung. Erhalten geblieben ist u. a. der gotische Schnitzaltar aus dem frühen 15. Jh.

Rostocker Tor, Malchiner Tor: Die beiden schmucken Backsteinbauten liegen an der alten Handelsstraße zwischen Rostock und Malchin, die mitten durch die Altstadt führt. Beide wurden im 15. Jh. gebaut, beide sind im Grundriss quadratisch und mit schönen gotischen Giebeln geschmückt. Das Malchiner Tor, dessen Giebel im 17. Jh. abgerundet wurden, diente ab dem 19. Jh. bis 1945 als Stadtgefängnis, heute ist hier das Stadtmuseum untergebracht, das über die slawische Burganlage und die Arbeitswelt der hiesigen Handwerker und Ackerbauern informiert; der Kerker ist noch erhalten und erinnert an die frühere Nutzung des Turms.

Stadtmuseum im Malchiner Tor: zuletzt Di–Fr 10–12 und 13–17 Uhr, So 14–17 Uhr, Mo und Sa geschlossen. Am Südring 1, ✆ 03996-172827.

Teterower See, Burgwallinsel: Nördlich von Teterow erstreckt sich der buchtenreiche *Teterower See*, der mit einer mittleren Tiefe von vier Metern relativ flach ist und dessen Ufer weitgehend von Schilf bestanden ist. Im See liegt lang gestreckt die *Burgwallinsel*; ihren Namen verdankt sie einer slawischen Burg, die hier einstmals stand, von der aber nur noch Teile des Walls erhalten sind. Die Insel ist vom westlichen Ufer aus mit einer Seilfähre erreichbar. Auf dem Weg dorthin passiert man bei der Jugendherberge eine kleine Badestelle. Auf der Burgwallinsel befindet sich heute ein Hotel samt Restaurant.

Fähre: Das kleine Fährboot fährt in der Saison tägl. ab 10 Uhr. Erw. 0,50 €, Kinder 0,25 €.

Bergring: Berühmt ist das Städtchen auch wegen des *Teterower Bergring-Rennens*. Das Motorradrennen fand erstmals 1930 statt und lockt alljährlich zu Pfingsten etwa 30.000 Motorsportfreunde in die Mecklenburgische Schweiz. Der 1877 Meter lange Bergring gilt als die schönste Grasbahnstrecke Europas (www.bergring-teterow.org).

Umgebung von Teterow

▸ **Schloss Teschow**: Die frühere Gutsanlage am östlichen Ufer des Teterower Sees wurde jüngst komplett saniert, Schloss Teschow ist heute ein nobles Golf- und Wellnesshotel. Umgeben ist das Anwesen von zwei Golfplätzen, einem kleinen Park und Pferdeweiden. In einer alten Scheune serviert die gemütliche Gutsschänke mecklenburgische Küche.

• *Übernachten/Essen* **Schloss Teschow**, nobles Hotel mit fast 100 Zimmern und Suiten; das Golf- und Wellnesshotel verfügt über einen großen Spa-Bereich, zwei Golfplätze (9- und 18-Loch) und Driving-Range. Zudem Golfunterricht, Shop etc. Das Hotel bietet auch kulinarisch einiges, vom noblen Feinschmeckerrestaurant über Thai-Küche und Bar bis zur rustikalen *Gutsschänke*. Letztere ist gemütlich in einer restaurierten Scheune untergebracht; freundlicher Service, bodenständige mecklenburgische Küche, gutes Bier. EZ ab 100 €, DZ ab 140 €, Suite ab 180 €, jeweils inkl. Frühstück, in den Nebengebäuden etwas günstiger; zahlreiche Arrangements im Angebot. Gutshofallee 1, 17166 Teschow, ✆ 03996-1400, ✆ 03996-140100, www.schloss-teschow.de.

Glückliche Gänseleben – dank Johann Heinrich von Thünen

▸ **Thünen-Museum Tellow**: Ein land(wirt)schaftliches Idyll. Die weitläufige Gutsanlage ca. elf Kilometer nordwestlich von Teterow ist gewissermaßen das Flächenmonument eines wegweisenden Projekts aus dem 19. Jh. Der 1783 geborene *Johann Heinrich von Thünen* war ein sattelfester Agrar- und Wirtschaftswissenschaftler, der nicht nur als Landwirtschaftstheoretiker wirkte, sondern in Tellow ein Mustergut aufbaute und führte. Thünen gilt als Begründer der landwirtschaftlichen Betriebslehre, er forschte an Theorien zur landwirtschaftlichen Produktion und Raumstruktur. Außerdem setzte er sich für angemessene Löhne ein und machte sich als Sozialreformer einen Namen, als er für seine Gutsarbeiter 1848 beispielsweise eine Altersversicherung einführte. Thünens 1826 publizierter erster Teil seines Hauptwerks trägt den ausladenden Titel *Der isolierte Staat in Beziehung auf Landwirtschaft und Nationalökonomie, oder Untersuchungen über den Einfluß, den die Getreidepreise, der Reichthum des Bodens und die Abgaben auf den Ackerbau ausüben.*

Die malerische Gutsanlage lädt zu einem Spaziergang ein. Im Gutshaus informiert eine Ausstellung über Johann Heinrich von Thünens Leben und Wirken. Hinter dem Gutshaus dehnt sich ein schöner, kleiner Landschaftspark rund um einen malerischen Teich aus. Am Eingang zur Anlage sind in einer ehemaligen Scheune ein Café und ein Laden untergebracht (Museumskasse); auch die *Speichergalerie* findet sich hier, die zuletzt eine Fotoausstellung zu den Gutshäusern der Umgebung zeigte.

Museum: Mai bis Sept. tägl. 9–17 Uhr, Okt. bis April tägl. 9–16 Uhr. Erw. 3 €, erm. 1,50 €. Museumskasse im Gutsladen (s. u.).

Das Thünengut ist nicht nur ein landwirtschaftliches Museum, hier gibt es auch einfache, günstige **Ferienwohnungen**, eine Jugendbegegnungsstätte, Tagungsräume, Veranstaltungen etc.

Zum **Café** in der Thünenscheune gehört ein **Gutsladen**, der Wein, Honig, Kosmetika, Töpferwaren und andere Souvenirs verkauft (✆ 039976-54122). Hier befindet sich auch die Kasse für das Museum.

Thünen-Museum Tellow, 17168 Warnkenhagen/OT Tellow, ✆ 039976-5410, 📠 039976-54116, www.thuenen-museum-tellow.m-vp.de. Fachportal zu Johann Heinrich von Thünen: www.thuenen.de.

Anfahrt: Das Thünengut liegt etwa 11 km nordwestlich von Teterow; von Teterow auf der B 108 Richtung Rostock, dann links ab (beschildert).

Register